长江和珠江三角洲及港澳特别行政区

统计年鉴

Yangtze River Delta & Pearl River Delta and Hong Kong & Macao SAR Statistical Yearbook

2006

国家统计局国际统计信息中心 编

Compiled by International Statistical Information Center

National Bureau of Statistics

中国统计出版社

China Statistics Press

(京)新登字041号

图书在版编目（CIP）数据

长江和珠江三角洲及港澳特别行政区统计年鉴．2006/国际统计信息中心编．
－北京：中国统计出版社，2006.10
ISBN 7-5037-5065-0

I.长… II.国… III.①统计资料－长江流域－2006－年鉴②统计资料－珠江三角洲－2006－年鉴③统计资料－香港－2006－年鉴④统计资料－澳门－2006－年鉴 IV.C832-54

中国版本图书馆CIP数据核字（2006）第117989号

长江和珠江三角洲及港澳特别行政区统计年鉴－2006

作　　者／国际统计信息中心
责任编辑／徐　涛
E-mail／yearbook@stats.gov.cn
装帧设计／大　路
出版发行／中国统计出版社
通信地址／北京市西城区月坛南街57号　　邮政编码／100826
办公地址／北京市丰台区西三环南路甲6号
网　　址／www.stats.gov.cn/tjshujia
电　　话／(010)63376862　(010)63376907（邮购）　(010)68783172（书店）
印　　刷／科伦克三莱印务(北京)有限公司
经　　销／新华书店
开　　本／880×1230mm　1/16
字　　数／824千字
印　　张／25.75　20彩页
版　　别／2006年12月第1版
版　　次／2006年12月北京第1次印刷
书　　号／ISBN 7-5037-5065-0/F·2395
定　　价／298.00元

编辑说明

一、《长江和珠江三角洲及港澳特别行政区统计年鉴－2006》是一部全面反映我国长江三角洲、珠江三角洲及港澳地区社会经济发展情况的资料性年鉴。本书收录了1978—2005年长江三角洲16个城市、珠江三角洲14个城市和港澳地区社会经济统计资料。

二、本年鉴分为三大部分：

（一）综述与分析篇。该篇包括国家统计局国际统计信息中心总报告，上海市、江苏省、浙江省和广东省四篇分报告，以及特约稿。

（二）统计数据篇。该篇包括三部分内容：

1.综合表。

2.长江三角洲与珠江三角洲所辖的30个地级市和县主要社会和经济发展指标数据，主要有：⑴行政区划和自然资源；⑵国民经济核算；⑶人口、就业和工资；⑷固定资产投资；⑸价格指数；⑹人民生活；⑺农业；⑻工业、能源和建筑业；⑼交通运输和邮电；⑽国内贸易；⑾对外贸易和旅游；⑿财政和金融；⒀城市建设和环境保护；⒁教育、科技、文化、卫生；⒂社会福利和其他。

3.香港和澳门特别行政区统计数据。

（三）企业竞争力篇。该篇包括工业、贸易、旅馆、房地产、建筑业等企业的排名。

三、本年鉴所列指标的计量单位均采用公制。

四、本年鉴的资料来自上海、江苏、浙江、广东三省一市统计局上报资料。本年鉴中香港和澳门特别行政区统计资料分别由香港特别行政区政府统计处、澳门特别行政区政府统计暨普查局提供，国家统计局国际统计信息中心进行编辑。

五、一些数据的合计数或相对数，因受进位的影响，不一定等于分项的累加。

六、本年鉴中的符号使用说明："空格"表示无该项统计数据或该项统计数据不详；"－"表示数据不足本表最小单位数；"＃"表示其中的主要项。

七、读者对本书中有关数据及分析方面的问题进行咨询或意见反馈，请与国家统计局国际统计信息中心国际统计处联系　电话：（010）63376362，传真：（010）63376361

PREFACE

I. Yangtze River Delta & Pearl River Delta and Hong Kong & Macao SAR Statistical Yearbook 2006 is an annual publication, which covers social and economic statistical data of 16 cities of the Yangtze River Delta, 14 cities of the Pearl River Delta, Hong Kong and Macao SAR from 1978 to 2005, therefore reflects various aspects of social and economic development of the Yangtze River Delta, the Pearl River Delta, Hong Kong and Macao SAR.

II. The book consists of three chapters

i Overview and analysis

This chapter includes two general reports which provided by International Statistical Information Center of National Bureau of Statistics, four individual reports provided by Shanghai city and Jiangsu, Zhejiang, Guangdong province, and several contributing articles.

ii Statistical data

This chapter includes three sub- chapters, namely the general report form, the data of main social and economic development indicators of 30 prefecture-level cities and counties belong to the Yangtze River Delta & Pearl River Delta, and the statistical data of Hong Kong& Macao SAR. Sub- chapter two contains the following fifteen parts, 1. Division of Administrative Areas and Natural Resources; 2. National Accounts ;3. Population, Employment and Wages; 4. Investment in Fixed Asset s; 5. Price Indices;6. People's Livelihood; 7. Agriculture; 8. Industry, Energy and Construction; 9. Transport, Post and Telecommunication Services; 10.Domestic Trade; 11. Foreign Trade and Tourism; 12. Government Finance and Banking;13. City Construction and Environment Protection;14. Education, Science and Technology, Culture and Public Health;15. Social Welfare and others.

iii Competitive forces of enterprises

This chapter includes rank list of enterprises of industry, trade, hotel, real estate and construction sectors etc.

III. The units of measurement used in this book are internationally standard measurement units.

IV. The statistics of this yearbook are mainly obtained from reported data of statistical bureaus of three provinces and one municipality directly under the central government, namely Shanghai city ,Guangdong province, Jiangsu province and Zhejiang province, statistics on Hong Kong Special Administrative Region and Macao Special Administrative Region as included in this yearbook are provided by the Department of Census and Statistics of the Government of Hong Kong Special Administrative Region, the Department of Census and Statistics of the Government of Macao Special Administrative Region, and edited by International Statistical Information Center of National Bureau of Statistics.

V. Some aggregations or rates/ratios may not be equal to the sum of the series because of rounding.

VI. Notations used in this yearbook:

" (blank) " indicates the data unavailable;"-" indicates that the figure is not large enough to be measured with the smallest unit in the table;" # " indicates the major items of the total.

VII. Any consultations needed or any suggestions you'd like to give on the data and analysis of this book, please don't be hesitate to contact the International Statistical Division of International Statistical Information Center, National Bureau of Statistics.

Tel: (010)63376362,Fax:(010) 63376361

《长江和珠江三角洲及港澳特别行政区统计年鉴－2006》

Yangtze River Delta & Pearl River Delta and Hong Kong & Macao SAR Statistical Yearbook

目录

CONTENTS

第一部分　综述与分析篇
Part 1 Overview and Analysis

第二部分　统计数据篇
Part 2 Statistical Data

一、综合表
General Report Form

二、长江三角洲和珠江三角洲统计数据

Statistical Data of Yangtze River Delta and Pearl River Delta

(一)行政区划和自然资源

Divisions of Administrative Areas and Natural Resources

(二)国民核算

National Accounts

(三)人口、就业和工资

Population, Employment and Wages

(九)运输和邮电

Transportation, Post and Telecommunication Services

(十)国内贸易

Domestic Trade

(十一)对外贸易和旅游

Foreign Trade and Tourism

(十二)财政和金融

Government Financial and Banking

(十五)社会福利和其他

Social Welfare and Others

三、香港和澳门特别行政区统计数据

Statistical Data of Hong Kong & Macao SAR

第三部分 企业竞争力篇

Part 3 Competitive Forces of Enterprises

长江和珠江三角洲地区企业排名

Rank of Enterprises in Delta of Yangtze River and Pearl River

第一部分　综述与分析篇

Part 1　Overview and Analysis

2006年长江和珠江三角洲经济发展比较研究

A Comparative Analysis of Yangtze River Delta and Pearl River Delta Economic Development in 2006

国际统计信息中心

长江三角洲（简称长三角）和珠江三角洲（简称珠三角）作为全国最具活力的两大经济区（简称双三角），在过去一年的发展中，经济总量进一步提升，对外开放程度进一步加大，经济的稳定性和协调性进一步增强，区域一体化进程进一步加快。但其在经济发展中，仍存在着区域资源整合与流动不充分，产业结构梯度开发不够等问题。

一、长江和珠江三角洲经济持续、稳定发展

（一）经济总量稳步提高

2005年双三角地区生产总值（GDP）达到52022亿元，占全国国内生产总值（183085亿元）的28.4%，比上年的27.8%提高了0.6个百分点。其中，长三角地区生产总值突破30000亿元大关，达到33963亿元，继2003年突破20000亿元后，再迈上新的台阶。珠三角地区生产总值18059亿元，比上年增加2730亿元。

（二）经济增长稳中趋缓

受宏观调控的影响，2005年双三角经济增长率均比上年有所减缓。其中，长三角经济增长13.5%，比上年减缓1.9个百分点；珠三角增长15.8%，减缓0.3个百分点。但两个三角洲经济增长仍均高于全国10.2%的平均水平。

（三）对外贸易迈上新台阶

2005年，长三角实现贸易总额5024亿美元，比上年增长25.2%；珠三角实现贸易总额4107亿美元，增长20.2%。对外贸易均迈上新台阶。双三角贸易总额达9131亿美元，占全国的64.2%。其中出口额占全国的

2001-2005年长三角与珠三角GDP总量比较

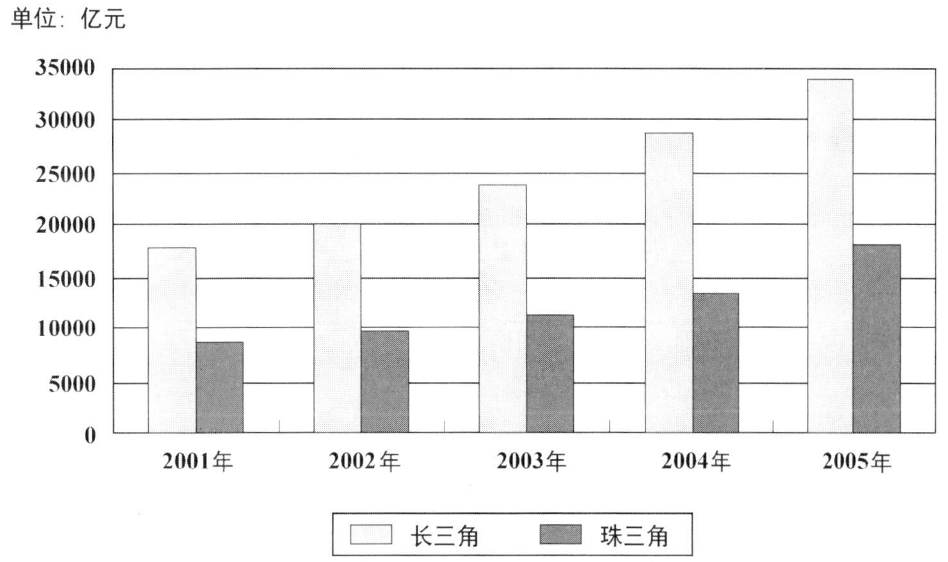

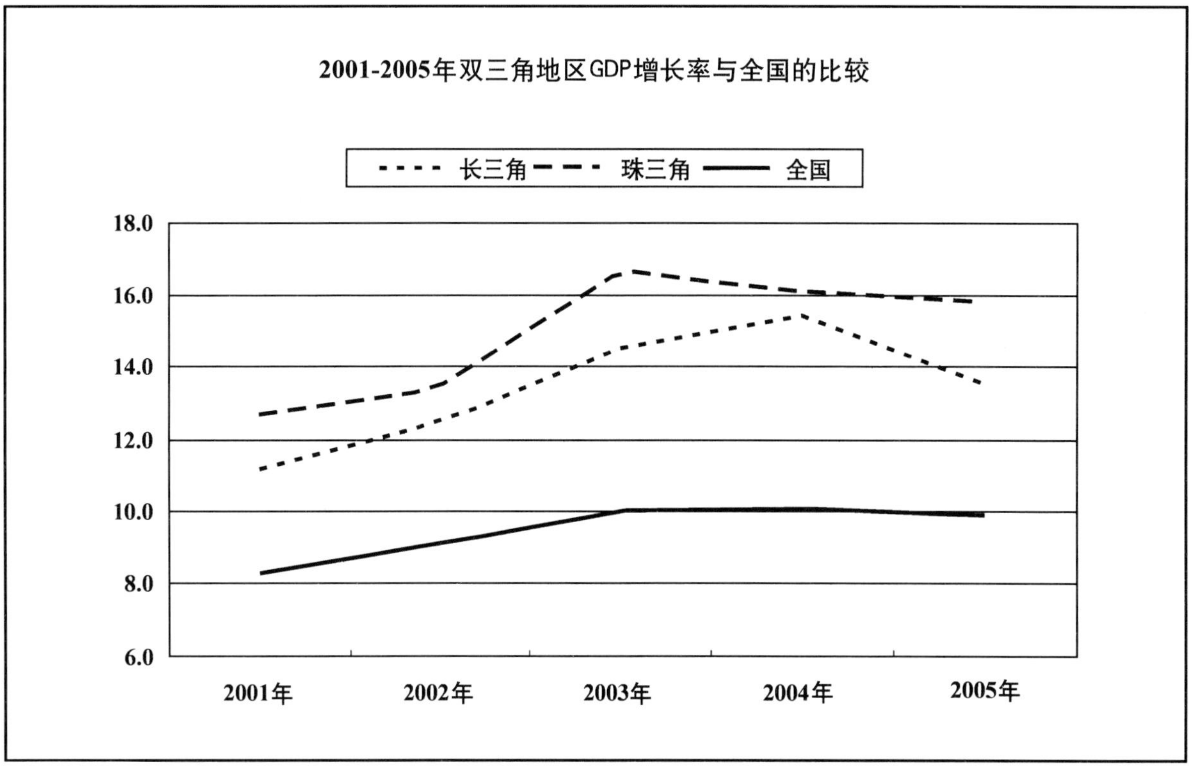

2001-2005年双三角地区对外贸易总额与全国比较

单位：亿美元

	2001年			2005年		
	对外贸易总额	出口总额	进口总额	对外贸易总额	出口总额	进口总额
长三角	1381	641	740	5024	2759	2265
珠三角	1684	776	908	4107	2270	1836
双三角合计	3065	1417	1648	9131	5029	4100
全　国	**5097**	**2661**	**2436**	**14219**	**7620**	**6600**
长三角占全国比重(%)	27.1	24.1	30.4	35.3	36.2	34.3
珠三角占全国比重(%)	33.0	29.2	37.3	28.9	29.8	27.8
双三角合计占全国的比重(%)	60.1	53.3	67.7	64.2	66.0	62.1

66%，进口额占全国的62.1%。

（四）实际利用外资进一步增加

2005年双三角外商直接投资额为378亿美元，比上年增加35亿美元；占全国的59.3%，比上年的53.6%提高5.7个百分点。其中长三角占全国的41.3%，比上年提高3.5个百分点；珠三角占全国的17.9%，比上年

2001-2005年双三角地区全社会固定资产投资与全国比较

单位：亿元

地区	2001	2004	2005	2005年比上年增长%
长三角	6449	13633	16172	18.6
珠三角	2547	4544	5297	16.6
双三角合计	8996	18176	21469	18.1
全　国	**37213**	**70477**	**88604**	**25.7**
双三角合计占全国的比重（%）	24.2	25.8	24.2	

提高2.1个百分点。双三角地区仍是我国吸引外资最多的地区。

(五)固定资产投资保持稳健增长

2005年，长三角完成固定资产投资16172亿元，比上年增长18.6%；珠三角完成5297亿元，比上年增长16.6%。虽然受宏观调控和基数较大的影响，投资增幅比上年有不同程度回落，增速也均低于全国平均水平，但双三角固定资产投资仍比上年新增3293亿元，占全国新增额的18.1%。

(六)居民收入增长、生活水平提高

2005年双三角城乡居民收入稳定增长，生活水平得到进一步提高，生活质量进一步改善。

2005年两个三角洲城镇居民家庭人均可支配收入都高于全国平均水平。其中长三角为15607元，比全国高出48.7%；珠三角为17477元，比全国高出66.6%。两个三角洲农村居民人均纯收入，也比全国平均水平高出近一倍，其中长三角为7109元，是全国的2.2倍；珠三角为6331元，是全国的1.9倍。

(七)财政收入再创新高

2005年双三角财政收入总额为4385亿元，比上年增长31%。占全国的比重为13.9%，比上年的12.7%提高1.2个百分点。其中长三角财政收入为3174亿元，比上年增长31.5%，占长三角地区生产总值的比重由8.3%提高到9.3%；珠三角为1211亿元，比上年增长29.4%，占珠三角地区生产总值的比重由6.1%提高到6.7%。

二、长三角与珠三角经济发展的地区比较

作为对全国经济发展具有较大带动作用的两大经济区，双三角在经济活力、对外开放、吸引外资及产业结构优化升级方面具有很多共同点，但它们的经济发展也存在差异和不同。

2001-2005年双三角地区城镇居民家庭人均可支配收入与全国比较

单位：元/人

	2001	2002	2003	2004	2005
长三角	10132	10762	12087	13795	15607
珠三角	14799	14653	16033	16681	17477
全　国	**6860**	**7703**	**8472**	**9422**	**10493**

2001-2005年双三角地区农村居民人均纯收入与全国比较

单位：元/人

	2001	2002	2003	2004	2005
长三角	4886	5195	5604	6290	7109
珠三角			5827	6210	6331
全　国	**2366**	**2476**	**2622**	**2936**	**3255**

2001-2005年双三角地区财政收入与全国比较

单位：亿元

地区	2001	2002	2003	2004	2005
长三角	1322	1553	1960	2413	3174
珠三角	736	769	863	936	1211
双三角合计	2058	2322	2823	3348	4385
全　国	**16386**	**18904**	**21715**	**26396**	**31628**
双三角合计占全国的比重(%)	12.6	12.3	13.0	12.7	13.9

(一)长三角经济总量大于珠三角

2005年长三角GDP总量达33567亿元,珠三角GDP总量达18059亿元,长三角是珠三角的1.86倍。而2000年长三角是珠三角的1.92倍,2004年是1.89倍。这表明两地区经济总量的差距在逐渐缩小。

(二)经济均保持高速增长,但珠三角增速快2.3个百分点

2005年双三角经济均保持快速增长。长三角经济增长13.5%,珠三角经济增长15.8%,珠三角比长三角快2.3个百分点。从历史来看,珠三角经济增长速度也高于长三角。2000－2005年,珠三角平均经济增长速度比长三角快1.5个百分点。

(三)珠三角人均GDP高于长三角

珠三角流动人口占了相当大的比重,且该比重远远大于长三角。2005年珠三角以常驻人口计算的人均GDP仍高于长三角以户籍人口计算的人均GDP,人均经济效益明显好于长三角地区。2005,珠三角人均GDP(常驻人口平均)为41990元,长三角(户籍人口平均)为40612元,珠三角仍比长三角高3.4%。

(四)双三角城乡居民收入不平衡

近几年,双三角城乡差距在进一步扩大。2005年长三角城镇居民人均可支配收入15607元,农村居民人均纯收入为7109元,前者是后者的2.2倍。而2000年前者只是后者的2倍。2005年珠三角城乡差距大于长三角。2005年,珠三角城镇居民人均可支配收入17477元,而农村居民人均纯收入只有6331元,前者是后者的2.8倍。

(五)长三角财政收入是珠三角的2.62倍

2005年,长三角财政收入为3174亿元,珠三角为1211亿元,长三角财政收入是珠三角的2.62倍。这种差距随着长三角经济近几年的崛起有扩大的趋势,2004年长三角财政收入是珠三角的2.58倍,2003年是2.28倍,2002年是2.02倍。

(六)长三角对外贸易发展以较高速度超过珠三角

近几年长三角对外贸易以较高速度增长,2005年,长三角对外贸易总额比上年增长25.2%,珠三角外对贸易总额增长20.17%,长三角比珠三角快5个百分点。2004年长三角比珠三角快18.8个百分点。到2005年,长三角对外贸易总额占全国的比重从2001年的27.09%上升到35.33%。而珠三角对外贸易总额占全国的比重

2001年－2005年双三角地区对外贸易总额比较

	2001年		2004年		2005年	
		比上年增长(%)		比上年增长(%)		比上年增长(%)
贸易额(亿美元)						
长江三角洲	1381	11.73	4012	44.85	5024	25.21
进口	641	13.45	1929	42.15	2265	17.42
出口	740	11.92	2083	47.42	2759	32.45
珠江三角洲	1684	11.67	3418	26.04	4107	20.17
进口	776	9.92	1596	26.47	1836	15.04
出口	908	7.20	1822	25.65	2270	24.58
全　国	**5097**	**7.46**	**11545**	**35.66**	**14219**	**23.16**
进口	2435	8.17	5612	35.95	6599	17.61
出口	2661	6.78	5933	35.39	7619	28.43
占全国的比重(%)		年增长百分点		年增长百分点		年增长百分点
长江三角洲	27.09	1.03	34.75	6.17	35.33	0.58
进口	26.32	1.23	34.37	1.11	34.32	-0.05
出口	28.22	1.29	35.11	2.87	36.21	1.10
珠江三角洲	33.04	1.25	29.60	-4.51	28.88	-0.72
进口	31.87	0.51	28.44	-2.13	27.82	-0.62
出口	34.12	0.14	30.71	-2.39	29.79	-0.92

由2001年的33.04%下降到28.88%。长三角在我国对外贸易的发展中具有越来越重要的地位。

（七）产业结构趋同

2005年长三角和珠三角的一、二、三产业结构分别为4：55：41和3：51：46。这种产业构成与全国相比有较明显的特点。一是第一产业均比全国水平低10个百分点左右；二是第二、三产业比重不同程度地高于全国水平。但两个三角洲相比较，具有明显的特点：一是制造业成为双三角经济发展的主动力。双三角第二产业比重分别为55%和51%，不仅远远高于全国平均47%的水平，也是世界各国中的最高水平。在双三角所辖的30个市中，第二产业比重超过60%的就有6个，低于50%的只有4个。其中苏州市的第二产业比重甚至高达66.6%。二是吸引外商直接投资占全国的59.3%、进出口贸易额占全国64.2%的双三角地区，是我国成为世界加工厂的主战场。三是第三产业发展空间很大。双三角的第三产业比重比2004年世界平均水平低20多个百分点，比低收入国家的51.5%也低近10个百分点。

2001-2005年双三角地区三次产业结构比较

单位：%

	第一产业			第二产业			第三产业		
	2001	2004	2005	2001	2004	2005	2001	2004	2005
长三角	6.6	4.6	4.1	51.7	55.8	55.0	41.7	39.6	40.9
珠三角	5.3	3.8	2.8	49.5	53.8	50.9	45.2	42.4	46.3
全国平均	14.1	13.1	12.5	45.2	46.2	47.3	40.7	40.7	40.2

三、长三角和珠三角经济发展的新特点

2005年是"十五"计划的最后一年，双三角地区全面贯彻落实科学发展观，着重调整产业结构，注重经济发展的效益和质量，经济发展呈现出又快又好的良好格局。

（一）经济运行的稳定性进一步增强

作为全国经济发展最快的两个地区，双三角的经济发展速度已连续多年保持两位数以上的增长。进入21世纪，长三角经济年平均增长13.1%，珠三角年平均增长14.6%。虽然上一轮宏观调控使这两个地区的固定资产投资有所减少，增幅回落，但消费、出口的较快增长弥补了投资拉动的减弱，仍带动该地区经济保持稳步、快速地增长。

（二）高新技术产业获得长足发展

2005年双三角地区进一步优化产业结构，在保证第一产业稳定增长的同时，大力推进二、三产业的发展，尤其是高新技术产业持续大幅增长。

2005年上海高新技术产业完成工业总产值4827亿元，比上年增长22%，占全市工业总产值的比重达29%，比上年提高0.4个百分点。江苏高新技术产业产值占规模以上工业的比重达24.3%，比上年提高0.53个百分点。浙江规模以上高技术产业增加值385亿元，比上年增长21.1%。其中，集成电路、光通讯设备、微波通信设备、移动电话机和计算机等产品产量分别比上年增长8.4%、16.2%、46.7%、29.9%和17.3%。

2005年广东高技术制造业完成工业增加值202亿元，比上年增长20.6%。电子信息、电气机械及专用设备、石油及化学三大新兴支柱产业完成增加值4065亿元，增长19%。森工造纸、医药、汽车三大潜力产业增加值645亿元，增长25.5%。

（三）注重资源、环境的承载能力

"十一五"时期是全面实现小康社会的重要时期，要全面贯彻落实科学发展观，其中重要一条就是立足节约资源、保护环境、推动发展。"十一五"规划国家提出了单位GDP能源消耗降低20%，单位工业增加值用水量降低30%及主要污染物排放总量减少10%等几个约束性指标。双三角地区在这方面也先行一步。

上海2005年万元GDP能耗为0.88吨标准煤，在全国属较低水平。2006年的节能指标是万元GDP能耗下降4.4%；COD排放量五年要消减15%；二氧化硫排放量要消减35%。把突破能源、环境的"硬约束"作为一项重要工作来抓。

江苏环境保护工作得到加强。年末全省共有环境监测站14个，设立自然保护区31个。建成烟尘控制区142

个，面积达0.3万平方公里；建成环境噪声达标区207个，面积为0.24万平方公里。城市污水集中处理率78.2%、生活垃圾无害化处理率96%，分别比上年提高2.1个和2.6个百分点。2005年，江苏万元GDP能耗为0.92吨标准煤。

珠三角由于经济结构中重工业、高污染的产业占的比重较小，在能耗的控制方面一直做得较好。2005年广东省万元GDP能耗0.79吨标准煤，名列全国前茅。环境综合治理和保护方面也取得较好成绩。全省已建成烟尘控制区161个，建成环境噪声达标区244个。至2005年12月，全省建成水处理厂79座，日处理水能力634万吨。建成19座符合标准的生活垃圾无害化处理场。在生态绿化方面也取得明显成果。全年完成宜林荒山造林、迹地更新、低产低效林改造面积153.49千公顷，义务植树8455.49万株；年末实有封山育林面积170.22千公顷。森林覆盖达57.5%。截止到2005年底，全省建立森林、湿地和野生动植物类型自然保护区237个，总面积107.2万公顷，占全省陆地面积的6%；建成生态示范区189个，比上年增加24个，总面积335.6万公顷。

(四)经济区一体化进程进一步加快

2005年长三角区域合作硕果累累。涉及环保、信息资源、人力资源、交通、旅游等广泛领域。

信息共享平台不断拓展。《上海市、江苏省、浙江省信用体系建设区域合作推进方案》提出“信用长三角”，力求实现三省市网络信息共享平台的试运行、三地信用工作信息的相互交流、企业信息的相互查询。目前已确定了“长三角”信用体系建设区域合作的工作目标：力争2006年前，共同制定区域内三方信用信息标准，完成信用信息的分级管理，实现基本信用信息的共享和信息定期更新新机制，制定信用服务机构跨省市服务导则和建立信用服务机构失信通报制度；争取2007年前，建立针对企业和个人的联合奖惩机制；争取2010年之前，形成较为完善的区域信用管理政策法规体系。

2006年，“长三角区域规划”将出台，着重研究解决区域内分工、协调区域内各地区共同关注但单一省市又难以自行解决的重大问题，以及区域合作的政策措施。具体包含9大内容：即长三角发展所面临的综合交通、能源、土地利用、生态环境建设与保护、城镇空间布局、产业发展、人才资源开发、创新能力建设和区域国际竞争力。

区域交通体系日臻完善。围绕国家长三角高速公路和城际轨道交通规划，沪苏浙将重点推进高速公路和铁路项目的衔接，2005年年底将完成《长三角综合交通规划方案》。在城际轨道交通项目启动方面，上海至南京城际轨道交通项目的预可行性研究报告和可行性研究报告的编制及审查工作已经完成；宁杭城际铁路项目前期研究工作也已开始；上海－南通铁路预可行性报告编制完成，崇明至启东过江通道工程可行性报告和相关专题研究工作也已完成。

“无障碍旅行区”雏形实现。通过积极完善旅游合作协调机制，沪苏浙加大了旅游市场拓展和项目开发合作的力度，共同构建“长三角无障碍旅游区”。2005年7月，国家旅游局批复将三省市编制的《长三角区域旅游发展规划》作为重点项目，纳入全国“十一五”旅游发展规划的编制计划中。目前，三省市正积极创造条件促进长三角区域内旅游专业人才的柔性流动，相互认可业务资质证书，实行导游管理信息、执法信息的共享。

生态环境保护全面推进。以规划编制、联合治理太湖、海洋生态环境保护为重点，三省市共同开展了长三角环境保护规划的编制工作。2005年10月。国家环保总局召开长江中下游水污染防治规划编制会议，标志沪苏浙之间又一个环保合作项目即将启动。

四、双三角经济发展的建议

(一)整合资源、形成合力，共同参与竞争

要针对各市区资源与经济发展优势进行整体规划和定位，只有明确每个城市的不同功能定位，做好资源整合，才能迸发新活力，真正做到从地理概念到全面整合与发展的过渡。

(二)协同调整产业结构

长三角城市群之间应向产业结构的梯度发展、层次开发倾斜，避免区内的过度竞争。逐步形成互补、共赢的梯度开发优势。珠三角地区经济经过了长时期的快速发展，增速开始减缓，土地、人力等资源不足问题凸显，需要进行产业结构优化和升级。鼓励珠三角产业向山区及东西两翼转移，加快山区及东西两翼经济发展，促进珠三角产业结构优化升级，推动全省经济加快发展、率先发展、协调发展。珠三角的产业转移，是一个双赢的战略，既解决了珠三角地区土地和劳动力资源不足，腾出空间，发展高技术、高增长、高效益的产业，也可使落后地区通过承接珠三角的技术、资金、管理，发展经济。

（三）进一步转变经济增长方式

应转变发展模式，把提高自主创新能力作为产业结构升级优化的中心环节，优先发展现代服务业和先进制造业，推进高技术产业等关键领域的重点突破。

改革开放以来，中国经济的起飞发源于珠三角和长三角，中国经济做大做强的希望也将在长三角和珠三角！

（执笔：杨京英　郑泽香　任小燕）

长三角经济：增长稳定　发展协调

——2005年长三角16城市经济发展情况简析

Stable Growth and Harmonious Development of Yangtze River Delta Economy: A Brief Analysis of Economy Development of 16 Cities of Yangtze River Delta in 2005

上海市统计局

2005年，长三角地区积极贯彻中央宏观调控政策，不断加快区域经济一体化进程和经济增长方式转变，经济发展的稳定性和协调性进一步增强。总体经济保持平稳较快增长，主要经济指标增幅仍高于全国平均水平。与此同时，长三角16城市经济发展也呈现出一些值得关注的问题，如工业经济效益回落、吸收外资增势趋缓等。这些现象的出现，可能会影响长三角区域经济的持续发展和在全国经济发展中的地位，需引起重视。

一、长三角地区经济运行的主要特点

1.经济平稳快速增长，江苏8城市经济增速领先

2005年，长三角16城市共实现地区生产总值33963亿元，按可比价格计算，比上年增长13.5%，增幅同比回落1.9个百分点，但总体经济仍保持在较快区间运行。全年经济增长呈现稳定态势。一季度增长13.6%，上半年增长13.3%，前三季度增长13.3%，全年增长13.5%。从增幅看，居前5位的分别是江苏省的南通（15.4%）、苏州（15.3%）、南京（15.2%）、无锡和常州（均为15.1%），江苏省的其他3个城市增幅也均达到15%；而浙江7城市中，最高舟山增长15%，最低宁波、杭州增长12.5%。从总量看，居前5位的分别是上海（9143.95亿元）、苏州（4026亿元）、杭州（2918.61亿元）、无锡（2805亿元）和宁波（2446.4亿元）。16城市中，除扬州、镇江、泰州3个城市GDP增幅比上年略有提高外，其余城市的增幅均有所回落。其中，嘉兴回落幅度最大，为3.4个百分点；宁波第二，回落3个百分点；上海和杭州并列第三，均回落2.5个百分点。

2.二三产业稳步发展，经济增长结构进一步优化

2005年，长三角地区产业结构继续保持“二三一”的基本格局。16城市共计实现第二产业增加值18452.53亿元，比上年增长14.4%，增幅同比回落3.1个百分点；第三产业增加值13727.44亿元，增长13.3%，增幅同比提高0.9个百分点。二、三产业共同推动区域经济发展，16城市三次产业增加值占GDP的比重分别为4.1%、55%和40.9%。与上年比，第二产业比重上升0.2个百分点，第三产业比重上升0.2个百分点。与全国比，第三产业比重高出全国平均水平1个百分点，而第二产业比重高出全国7.5个百分点，体现了长三角地区制造业发展的集聚优势。从第三产业占GDP的比重来看，16城市中，有50%的城市比重比上年明显提高，其中位于长三角南翼的杭州和宁波提高幅度最大，分别为0.8个和0.9个百分点。16城市中，上海第三产业比重超过50%，达到50.5%；南京、杭州、舟山3个城市的比重也相对较高，均超过40%；而GDP总量较大的苏州由于制造业比较发达，第三产业比重相对较低，仅为31.2%，位居15位，略高于泰州。

3.工业产销情况良好，节能降耗成效初显

2005年，长三角地区工业生产保持快速增长。16城市共计实现工业增加值16958.04亿元，比上年增长14.9%，增幅高出全国平均水平3.5个百分点。完成规模以上工业总产值62708.52亿元，比上年增长22.7%。从增幅看，湖州和扬州2个城市的增幅超过30%；南京、泰州、镇江、台州、苏州等13个城市的增幅超过20%；上海增长13.9%，增幅在16城市中相对较低。从总量看，居前5位的分别是上海、苏州、无锡、杭州和宁波，均在4700亿元以上。16城市的工业生产产销衔接状况良好，工业产品销售率保持较高水平，均在96%以上，

其中，南通最高，达到98.9%；嘉兴、上海、宁波、杭州、湖州、苏州6个城市也在98%以上。在工业生产较快增长的同时，长三角地区进一步加大节能降耗力度，工业用电量增幅回落。全年16城市的工业用电量为2849.8亿千瓦小时，比上年增长15.7%，增幅同比回落2.3个百分点。有10个城市的工业用电量增幅比上年回落，其中，泰州回落幅度最大，为13.7个百分点；舟山第二，为11.3个百分点；上海第三，为9.1个百分点。

4.三大需求结构改善，共同驱动经济增长

国家宏观调控政策效应进一步显现，16城市“三大需求”结构明显改善，共同驱动区域经济增长。

市场销售持续旺盛。2005年，长三角地区16城市共计实现社会消费品零售总额10738.87亿元，比上年增长15.2%。虽然16城市消费品零售总额的增幅仍低于固定资产投资，但两者的差距已由上年的9.9个百分点缩小为3.4个百分点，占全国消费品零售总额的比重也由上年的15.8%上升到16%，消费对区域经济的贡献度明显增强。从增幅看，16城市消费市场发展均衡，除上海由于基数较大，增长11.9%外，其余城市增幅均在14%至16.5%之间。其中居前5位的分别是常州(37%)、苏州(16.5%)、南京和无锡(均为16.3%)、南通(16.2%)。从总量看，居前3位的分别是上海(2972.97亿元)、南京(1005亿元)和杭州(975.43亿元)。

固定资产投资增幅回落。2005年，长三角地区16城市共计完成全社会固定资产投资16171.82亿元，比上年增长18.6%；增幅同比回落4个百分点，比全国平均水平低5.3个百分点。其中，南通、泰州和常州3城市的增幅较高，均超过30%；而绍兴、上海、杭州等7个城市的增幅均低于16城市的平均水平。从总量看，上海、苏州、南京、杭州、宁波和无锡6城市均超过1300亿元。在国家加强对房地产市场调控的政策效应下，长三角地区的房地产投资增幅大幅回落。16城市共计完成房地产开发投资3666.54亿元，比上年增长12.5%，增幅同比回落28.6个百分点。常州、绍兴、苏州、南京和嘉兴5城市的回落幅度较大，均超过50个百分点；无锡、镇江和扬州3城市的回落幅度超过30个百分点。从区域板块看，江苏8城市完成房地产开发投资1312.82亿元，增长16.9%，增幅同比回落43个百分点；浙江7城市完成房地产开发投资1106.86亿元，增长15.2%，增幅回落21个百分点；上海完成房地产开发投资1246.86亿元，增长6.1%，增幅回落24.3个百分点。

外贸出口继续保持快速增长。2005年，长三角地区16城市共计实现外贸出口商品总额2759.14亿美元，比上年增长32.5%。但增幅同比回落14.9个百分点，主要是受国际贸易保护主义加剧和美国、欧盟等对我国纺

2005年长三角地区主要城市固定资产投资完成情况

城市	全社会固定资产投资		房地产开发投资	
	总量(亿元)	增长(%)	总量(亿元)	增长(%)
上海	3542.55	14.8	1246.86	6.1
江苏8城市	7411.92	23.1	1312.82	16.9
#南京	1402.72	16.7	296.14	1.1
无锡	1336.04	19.9	226.79	16.0
常州	769.80	30.8	114.27	16.7
苏州	1870.14	20.3	414.33	23.9
南通	815.26	34.3	80.05	34.8
浙江7城市	5217.35	15.3	1106.86	15.2
#杭州	1386.68	15.3	407.96	24.2
宁波	1336.30	21.1	258.20	10.2
嘉兴	703.46	10.7	120.95	5.9
绍兴	676.13	7.5	103.33	-10.9

织品进口设置的高关税政策的影响。16城市中，除南通、扬州和镇江外贸出口总额增幅比上年提高外，其他城市的增幅均有不同程度的回落。其中，舟山回落幅度最大，为28.5个百分点；其次是上海回落28.2个百分点，绍兴回落22.6个百分点，苏州回落12.3个百分点。从增幅看，苏州、无锡、扬州和泰州4城市均超过40%；嘉兴、台州、南京等8城市在30%至40%之间。从总量看，上海、苏州共完成外贸出口商品总额1635.17亿美元，占长三角外贸出口商品总额的59.3%；宁波、杭州、无锡和南京共完成外贸出口商品总额718.24亿美元，占26%。

5.政府和个人所得继续增加，经济运行质量稳定趋好

财政收入保持快速增长。2005年，长三角地区16城市共计完成地方财政收入3173.54亿元，比上年增长30.8%，为区域经济发展提供了有力支撑。从总量看，居前5位的分别是上海（1417.4亿元）、苏州（316.78亿元）、杭州（250.46亿元）、宁波（212.38亿元）和南京（211.07亿元）。从增幅看，居前3位分别是绍兴（49.5%）、苏州（44.3%）、宁波（40%）、苏州和镇江（均为26.4%），领先于浙江7城市的增长。

居民收支水平不断提高。2005年，随着经济的快速发展，长三角地区城市居民收支水平不断提高。从收入看，16城市居民人均可支配收入均突破万元，大大超过全国10493元的平均水平。其中，上海居民的可支配收入水平最高，达到18645元；浙江省的台州、宁波、绍兴、杭州分别居第二至第五位，领先于江苏8城市。从收入构成看，工薪收入仍是居民家庭收入的主要来源。在16城市居民家庭收入中，绍兴的人均工薪收入最高，达到14402元；扬州的工薪收入最低，为7353元。从收入增幅看，除宁波与全国9.6%的速度持平外，其他15城市均明显高出全国平均水平。居前5位的依次是江苏省的南京（19.9%）、无锡（17.8%）、扬州（15.5%）、泰州（14.7%）和镇江（14.1%）。从支出看，16城市城镇居民人均消费性支出均超过7300元。其中除南通、扬州、泰州3城市外，其余城市居民人均消费支出均超过万元。人均消费支出最高的城市是苏州，达到14551元；台州第二，为14423元；上海第三，为13773元。从支出构成看，服务性消费支出增长迅速。在16城市居民家庭人均服务性消费支出中，上海居民人均服务性消费支出最高，为4447元；泰州增速最快，达到41.1%。从消费倾向看，16城市的居民消费倾向均处于60至90%的区间，大部分比上年有所提高。其中消费倾向超过75%的有4个城市，分别是苏州（89.4%）、镇江（87.9%）、杭州（80.9%）和台州（78.8%）。上海为73.9%，位居第六位。

市场物价基本稳定。2005年，长三角地区16城市居民消费价格水平温和小幅上涨，价格指数最高的为常州，达到102.8；其次是绍兴和苏州（均为102.4）、苏州（102.4）、镇江（102.2）、南京（102.1）；台州居末位，为100.6。上海居第15位，为101。

二、区域经济发展比较分析

1.上海经济总量领先，其他城市发展加快

从总量看，上海的各项主要经济指标继续稳居首位，在区域经济发展中发挥着重要的核心作用。2005年，上海的GDP达到9143.95亿元，占16城市GDP总量的比重已超过四分之一，达到27.3%；社会消费品零售总额接近三成，达到27.7%；外贸出口约占三分之一，达到32.9%；全社会固定资产投资超过二成，达到21.7%；外商直接投资实际到位金额超过四分之一，达到26%。在发展速度上，各城市发挥各自优势，加快了经济发展。2005年，上海的主要经济指标增幅相对于长三角其他城市，处于较靠后位次，而南通、湖州、镇江、扬州等中小城市的主要经济指标增速位次均比上年有所前移。

2.江苏经济整体发展普遍较好

2005年，随着沿江高速、苏北铁路和润扬大桥的相继通车，苏中、苏北地区的交通条件明显改善，经济增长的区位优势和成本优势日益显现。从总量看，江苏8城市GDP 占16城市总量的比重为43.1%，高出浙江7城市13.2个百分点；规模以上工业总产值、社会消费品零售总额和固定资产投资总额分别占45.2%、41.9%和45.5%，高出15.6个、11.5个和12.7个百分点；外贸出口商品总额、外商投资直接到位金额和地方财政收入分别占43.4%、48.2%和32%，高出19.7个、21.8个和8.9个百分点。从增幅看，江苏8城市GDP 比上年增长15.2%，高出浙江7城市2.2个百分点；规模以上工业总产值、社会消费品零售总额和固定资产投资总

额分别增长27.1%、16.2%和23.1%，高出2.7个、1.8个和5.2个百分点；外贸出口商品总额、外商投资直接到位金额和地方财政收入分别增长40.6%、25.1%和25.2%，高出8.7个、12.3个和5.9个百分点。

3.区域经济对全国的贡献继续提高

2005年，长三角地区16城市主要经济指标增速明显高于全国平均水平，经济总量进一步扩大，占全国比重不断提高，继续成为全国经济的“领头羊”。从增幅看，16城市GDP比上年增长13.5%，虽增幅同比回落1.9个百分点，但仍高出全国平均水平3.3个百分点；工业增加值增长14.9%，回落3.6个百分点，高出全国3.5个百分点；外贸出口总额增长32.5%，回落14.9个百分点，高出全国4.1个百分点。从总量看，16城市主要经济指标总量占全国的比重除全社会固定资产投资总额比上年回落0.9个百分点外，其他经济指标均有所上升。其中，GDP占全国的比重达18.3%；社会消费品零售总额占16%，提高0.2个百分点；外贸出口商品总额占36.2%，提高1.1个百分点；外商直接投资实际到位金额占43.7%，提高5.4个百分点。

上年增长22.7%，增幅同比回落6.7个百分点；实现利润总额3048.13亿元，增长6.7%，增幅回落近20个百分点，高出全国平均回落水平4.5个百分点。其中，南京、扬州、杭州、宁波、上海等城市利润回落明显，南京实现利润总额仅增长0.3%，增幅比上年回落78个百分点；杭州实现利润增长2.8%，回落16.7个百分点；宁波实现利润增长3.4%，回落19个百分点；而上海实现利润比上年下降10.8%，是16城市中唯一出现下降的城市。

2.外资流入势头明显减缓

近年来，外向型经济发达的长三角地区吸收外资增势出现趋缓态势。2005年，16城市外商直接投资实际到位金额263.33亿美元，比上年增长3.5%，增幅同比回落18.4个百分点。其中，扬州外资实际到位金额下降30.1%；无锡下降4.2%；镇江增长6.5%，增幅同比回落93.5个百分点；杭州实际到位金额增长21.5%，回落18.3个百分点；宁波实际到位金额增长10%，回落11.8个百分点；上海实际到位金额增长4.7%，回落7.1个百分点。

2005年长三角地区与全国主要经济指标比较

指　标	总　量			增　速（%）	
	长三角	全国	长三角占全国比重(%)	长三角	全国
生产总值（亿元）	33567.15	183085	18.3	13.5	10.2
全社会固定资产投资总额（亿元）	16171.82	88604	18.3	18.6	25.7
社会消费品零售总额（亿元）	10738.87	67177	16.0	14.5	12.9
外贸出口总额（亿美元）	2759.14	7620	36.2	32.5	28.4
外商直接投资实际到位金额(亿美元)	263.33	603	43.7	8.8	-0.5

三、长三角地区经济发展需关注的问题

虽然目前长三角地区总体经济仍保持快速增长，各主要经济指标增幅仍高于全国水平，但各城市普遍存在工业经济效益回落、吸收外资增势趋缓等现象，对长三角地区经济持续增长可能带来一定影响，需引起密切关注。

1.工业经济效益普遍出现较大幅度回落

2005年，长三角地区受宏观调控、市场、价格等多种因素的影响，工业生产和经济效益增幅双双回落。16城市共计完成规模以上工业总产值62708.52亿元，比

从长三角地区看，外资是推动经济增长的重要外部动力，起着推动产业结构调整升级和增加出口的重要作用；而利润是企业经营成效的标准和投资扩大的基础。因此，外资、利润增幅双双回落将对长三角经济持续增长产生不利的影响。从表面上看，经济效益回落和外资增势趋缓与宏观调控、成本增加、产业转变等因素有关，但根本的原因还在于长三角各城市长期以来经济结构、产业结构、增长模式处于雷同状态，各城市难以发挥比较优势，因此在相同的宏观经济环境下表现出基本一致的发展态势。这也进一步表明，长三角地区原有的经济

增长方式已越来越难以拉动经济的持续快速增长。长三角地区要继续保持在全国的整体领先地位，继续发挥经济增长极和“领头羊”作用，必须大力实施发展战略转变，切实增强自主创新能力，加快推动结构优化升级，致力实现经济增长方式转变，全面增强国际竞争力和可持续发展能力。

（执笔：张东琴　核稿：秦丽萍）

江苏推进新一轮沿江开发的绩效与趋势

Performance and Tendency for Jiangsu Province in Promoting A New Round of Development of the Areas along the Yangtzi River

江苏省统计局

新一轮沿江开发是江苏借鉴世界大河流域开发经验、构筑国际制造业转移平台、在更高层次上推动区域经济共同发展而作出的重要战略举措。自2003年6月实施开发以来，沿江地区以科学发展观统领全局，经济社会发展取得显著进展，正日益成为江苏经济新增长点和动力源，为促进全省经济又快又好发展、实现“两个率先”提供了重要引擎。

一、日趋凸现的集聚和传导效应

新一轮沿江开发的加速推进，为进一步加快沿江地区的发展带来了极其宝贵的契机和更广阔的空间。沿江地区作为江苏经济社会发展核心区域、先导区域的地位更加强化。2005年，沿江8市以占全省47.3%的面积、55.2%的人口，提供了占全省79.9%的GDP和76.5%的财政总收入。在2004年全国百强县评比中，沿江8市包揽了江苏上榜的18个县(市、区)。沿江开发区域的6个市区和15个县市，2005年总人口占全省的1/3(34%)、土地面积近占1/4(24%)，而提供的GDP(49%)、规模以上工业利税(52.4%)、财政总收入(47.2%)、居民储蓄存款(51.5%)所占份额均在1/2左右。

——增长速度集体“领跑”。得益于良好的政策环境、自身增长动力的增强，加上与2002年开始的新一轮经济周期的重叠效应，沿江8市经济增长速度持续加快。2003-2005年，沿江8市地区生产总值年递增16.0%，超过12%左右年均增速的预期目标，比同期全省平均快1.7个百分点。2005年，在国家宏观调控政策的作用下，沿江8市继续在全省乃至长三角地区和全国保持领先优势，GDP增速达15.2%，分别比浙江环杭州湾7市、上海市高1.8个和4.1个百分点；8个市的经济增长率均在15%以上，其中南通达到15.4%，苏州、常州分别达到15.3%和15.2%，无锡和南京市均为15.1%，扬州、镇江、泰州三市并驾齐驱均为15.0%。

——总量规模迅速扩大。沿江地区经济发展不断实现新跨越，综合实力增强。2005年，沿江8市完成地区生产总值14633.7亿元，按可比价计算，比2002年的8231.0亿元提高56.1%。2002年，沿江8市中只有苏州经济总量超过2000亿元(2080.4亿元)，到2005年，苏州、无锡、南京三市分别超过2000亿元，分别为4026.5亿元、2804.7亿元和2411.1亿元，南通、常州从不足1000亿元分别上升到1472.1亿元和1303.4亿元，镇江、扬州、泰州从略高于500亿元上升到871.7亿元、922.0亿元和822.3亿元。2005年，江苏沿江8市经济总量占长三角地区的比重为43.1%，比浙江的三角洲部分和上海市分别高13.2个和16.1个百分点。

——产业结构不断优化。沿江8市产业结构层次经过多年的调整，正逐步向高度化方向转换。以高新技术为主导、现代制造业为主体、大企业为支柱、现代物流业相配套的沿江工业走廊已初步形成。沿江8市三次产业结构比例由2002年的7.0∶53.5∶39.5调整为4.5∶59.6∶35.9，其中工业比重由47.1%提高到53.8%，呈现出第一、第三产业比重下降，第二产业比重上升的格局。与全省8.0∶56.6∶35.4、长三角地区4.1∶55.3∶40.6和全国12.4∶47.3∶40.3的三次产业构成比例相比较，可以看出，沿江8市的农业比重较低，第二产业比重较高，第三产业比重不够高，工业是带动这一地区经济增长的主要动力。这一结构特征与该地区大力推进工业结构的高加工度化和资本技术密集型工业的发展密切相关，是经济发展特定阶段的必然结果。

——传导纽带作用显现。沿江地区承南启北，是连接苏南、苏中和苏北三大区域的重要纽带。沿江开发战略的实施，对加快崛起苏中、全面提升苏南、辐射带动苏北，形成全省新的整体优势起到了积极作用，其如佩鲁所讲的“增长极”地位已基本确立。2005年以来，苏中、苏北的部分主要指标增速开始超过苏南，显示出良好的发展势头，城镇固定资产投资增幅分别为34.2%和32.4%，比苏南高14.3个和12.5个在百分点；规模以上工业增加值增幅分别为24.2%和22.6%，比苏南高2个和0.4个百分点；外商直接投资增幅为37.5%和27.5%，比苏南高10.1个和0.1个百分点。

——全面小康进程加快。经济发展的根本宗旨是富民，使人民享受改革发展成果。沿江8市在经济快速发展、社会事业长足进步的基础上，“两个率先”进程明显加快。根据《江苏省全面建设小康社会主要指标》测算，2005年南京（23个）、无锡（23个）、常州（21个）、苏州（22个）、南通（23个）、扬州（22个）等6个市有20个及以上指标达到了省定时序进度，镇江、泰州均有19个指标完成了时序进度。对照四大类18项25个指标的目标值，苏州、无锡市全面达到了江苏省全面小康指标，人均GDP、城乡居民收入等均超过目标要求。昆山、张家港、常熟、吴江、太仓和江阴市成为全省首批全面小康达标的6个县级市。

二、多轮驱动的发展路径

沿江开发地区的经济发展呈现出工业化和城市化互动、国际化和市场化并进，以园区建设为载体，产业集聚、扩张企业规模、外资和民资并举为手段的发展路径。

（一）承接国际资本和产业转移，形成产业集聚优势

近年来，国际资本和产业大举向中国转移，有着良好经济底蕴的长三角成为跨国公司的首选宝地，成为FDI最集中和水平最高的区域。沿江地区又可谓是江苏对外开放时间最早、程度最深、水平最高的区域。目前世界500强企业中已有150多家落户在沿江地区。从总量来看，2005年沿江8市实际利用外资123.8亿美元，分别占长三角、全国的近一半和五分之一，比浙江杭州湾地区的69.5亿美元、上海的68.5亿美元高出78.1%和80.7%。其中苏州实际利用外资达51.2亿美元，居上海之后列长三角16城市的第2位。

外商直接投资对带动区域内的产业集聚、结构升级起到了重要作用。目前该区域业已形成竞争优势明显、颇具规模的加工制造业集群区域，基本形成了四大产业集群：一是汽车及零部件产业集群。形成了以整车制造为龙头，以发动机、机械传动件和汽车电子设备制造为

2005年江苏沿江8市及开发区域经济发展一览

指标名称	计量单位	沿江8市				沿江开发区域	
		实际数	占江苏比重(%)	占长三角比重(%)	占全国比重(%)	实际数	占江苏比重(%)
地区生产总值	亿元	14633.7	79.9	43.2	8.0	8973.6	49.0
第一产业	亿元	651.4	44.6	47.1	2.8	363.9	24.9
第二产业	亿元	8723.7	84.2	46.6	10.1	5253.3	50.7
# 工业	亿元	7872.9	84.3	46.5	10.3	4702.0	50.4
第三产业	亿元	5258.6	81.0	38.1	7.1	3356.4	51.7
全社会固定资产投资	亿元	7411.9	84.8	45.5	8.4	4513.1	51.6
社会消费品零售总额	亿元	4496.7	78.9	41.9	6.7	2793.8	49.0
进出口总额	亿美元	2225.1	97.6	44.3	15.6	763.1	33.5
其中：出口	亿美元	1198.2	97.4	43.4	15.7	419.5	34.1
外商直接投资	亿美元	123.8	93.9	47.0	20.5	64.5	49.0
财政一般预算收入	亿元	1020.1	77.1	32.0	6.9	622.8	47.1
年末居民储蓄存款	亿元	8695.7	82.2	38.2	6.2	5447.4	51.5

注：沿江开发区域包括南京、镇江、常州、扬州、泰州、南通6个市区和句容、扬中、丹阳、江阴、张家港、常熟、太仓、仪征、江都、泰兴、靖江、如皋、通州、海门、启东15个县市。

重点的产业链。二是船舶制造产业集群。南通30万吨级油轮、泰州10万吨级的散装和集装箱货船、南京的汽车滚装船组成了沿江壮观的造船产业大军，全年完成钢质船舶近200万综合吨，约占全国总产量的五分之一。三是新材料产业集群。依托沿江的石油化工、精细化工企业，重点发展了市场容量大、技术含量高、附加价值高的新材料产业，并通过进一步延伸产业链形成以新材料为主体的产业集群。四是电子信息产业集群。以芯片设计制造和新型显示器为重点，延伸发展配套产品，形成差别化的产业集群。2005年，沿江8市工业增加值7872.9亿元，占地区生产总值的"半壁江山"(53.8%)，占全省的84.3%；实现高新技术产业产值7601.2亿元，占全省的95.9%。

州45.3%，其中苏南5市均超过全省平均50.5%的水平。南京都市圈、苏锡常都市圈功能强化，已总体形成包括特大、中、小城市和小城镇、等级层次明显的城镇体系，产生了较高的城市群体能级效应。沿沪宁铁路、沿长江地区的大中城市规模不断扩大，城乡一体化水平不断提高，城乡界限已变得相当模糊。城市化进程的加快，使大中城市经济中心的辐射与带动作用增强，区域内生产要素的集聚和流动性提高。

从国际实践看，许多国家都因沿江开发而崛起一批经济发达的核心城市。全长约1400公里的莱茵河，其沿岸22.4万平方公里的流域是欧洲和世界重要的重化工制造中心和城市密集带，沿岸的科隆正是在跨江发展后迅速成为德国重要的城市。在江苏沿江开发进程中，

2005年沿江8市工业和高新技术产业发展情况

	工业增加值(亿元)	占GDP比重(%)	高新技术产业产值(亿元)	占全省比重（%）
合　计	7881.9	54.0	7601.2	95.9
南京市	1066.0	44.2	1236.8	15.6
无锡市	1587.0	56.6	1312.2	16.6
常州市	716.4	55.0	609.1	7.7
苏州市	2520.3	62.6	3085.2	38.9
南通市	672.7	45.7	426.2	5.4
扬州市	450.4	48.8	272.1	3.4
镇江市	464.5	55.7	325.0	4.1
泰州市	404.6	49.4	334.8	4.2

（二）构建园区推动型城市化模式，形成辐射带动优势

工业化与城市化存在互为因果、互动并进的关系。上世纪80年代，以农村工业化为主要推动力，苏南乡镇企业的发展带动了农村小城镇建设；自90年代后半期，抓住长三角城市带形成的机遇，开发区建设的加快扩展了城市和城镇面积，加速了工业向园区集中、人口向城市集中、住宅向社区集中的"三集中"趋势，开创了以资本带动、制造业发展、开发区建设为主要推动力的"园区经济推动型"城市化发展新模式，大大加快了沿江地区的城市化进程。2005年，沿江8市非农就业人员比重达81.0%，比2002年提高11个百分点；各市的城市化水平，南京76.3%、无锡67.0%、常州60.4%、苏州65.0%、南通45.8%、扬州48.3%、镇江59.1%、泰大运输量、大用水量、大吞吐量和大用地量的产业快速成长，广泛吸引了海内外资金、技术、人才等生产要素流入城市，在沿江两岸带动形成了颇具规模、各具特色的园区产业群，为城市发展提供了"产业支撑"。2005年，江苏沿江8市已有各类省级以上开发区69个，其中国家级开发区12个，开发区进出口、出口和实际利用外资总额分别占全省总量的69.7%、66.8%和68.9%。出口加工区、保税区、保税物流中心等功能增强，保税仓储、保税物流园区、保税区进出口等规模迅速扩大。

（三）激发市场主体活力，形成体制机制优势

经过多年的体制改革，沿江地区所有制结构不断得到调整，经济增长呈现国资、外资和民资"三轮驱动"格局，市场机制对资源配置的基础性作用明显增强。从民营经济的发展情况看，沿江地区民营经济多是在乡镇

企业和国有企业改制基础上发展的，因而企业基础较好，近年来发展开始加快。2005年末，苏州市私营企业登记注册户数10.27万家，注册资金1946亿元，分别比上年增长25.2%和49.7%。年末全市共有规模以上民营工业企业3465家，占规模以上工业企业数的51.4%；完成工业总产值2900亿元，增长23.7%。常熟市2005年新增民营经济注册资本101.1亿元，净增注册资本75.08亿元，新增超1000万元私营企业166家，均创历史新水平；民营品牌经济亮点纷呈，波司登、隆力奇、梦兰民企品牌入选首届全国民营企业品牌竞争力50强。2005年无锡市民营经济实现增加值1415.1亿元，占当年全市GDP总量的50.4%。无锡尚德太阳能电力有限公司在纽约证券交易所上市，成为中国内地首家在该交易所挂牌上市的民营高科技企业，成为江苏第一家在美国上市的企业。

（四）依托丰富的科教文化资源，形成创新驱动优势

沿江地区科研水平较高，基础研究和应用研究均在全国占有重要地位，成为推动经济成长的重要支撑力。2005年，南京市用于研究与发展（R＆D）经费支出相当于国内生产总值的2.4%，无锡1.5%，常州1.6%、苏州1.46%、南通1.0%、扬州1.45%、镇江1.26%、泰州1.0%。该地区还是我国的教育精粹之地，培养了大批优秀人才，专业技术人才密度比较高。2005年末，南京拥有在宁普通高等学校（不含部队院校）38所，在校学生50.4万人。发达的科技教育文化，为该地区经济发展提供了强大的人才资源保障，积蓄了较强的知识技术优势和充足的发展潜能。

三、值得关注的几个问题

沿江地区发展快于全省，发展中遇到的问题早于全省，发展中的矛盾也大于全省，特别是还存在一些亟待解决的深层次矛盾和问题，面临着资源环境制约的严峻挑战。

——产业结构总体层次不够高。目前，沿江地区制造业结构调整线路接近，沿江各产业基地出现较多的重复建设和产业雷同，导致部分行业过度竞争，影响了沿江产业带的增长质量和效益。服务业发展滞后，尤其是现代服务业发展不够充分。沿江8市服务业增加值比重（35.9%），低于世界中等收入国家水平。2005年8个城市的三次产业结构均呈现“二、三、一”分布，三产比重除南京（46.9%）、无锡（37.8%）外均低于全省平均水平。产业结构整体上趋向于偏重。

——高技术研发能力偏弱。沿江地区尚未成为以研究与开发为支持的制造基地，缺少核心技术和拥有自主知识产权的强势产业和企业仍然是沿江制造业的软肋，自主国际驰名品牌很少。一些高新技术产品大多停留在劳动密集型的加工装配环节，自主技术创新水平偏低。由于高附加值的服务业和制造业中的服务性业务发展不足，只能给外国企业“打工”，不仅消耗了大量不可再生资源，承受着环境污染的压力，而且所创造的利润的大头也不在自己手里。

——居民富裕程度不够高。2005年度长江三角洲地区十六城市居民可支配收入平均为16585元（简单平均），十六城市居民可支配收入全部突破1万元大关。从长三角的16个城市看，上海和杭州湾地区城市居民的收入要高于江苏沿江八市的水平，南京、常州、镇江、南通、扬州和泰州位居后6位，苏州和无锡分别居第6位和第8位。从农民收入情况看，2005年长三角16市农村居民人均纯收入江苏的苏州市为最高，达到8393元，无锡市8004元列第4，常州市7002元居第10，南京市6225元、镇江市5916元、南通市5501元、扬州市5215元、泰州市5102元分列第12—16位。总体上看，江苏沿江大部分城市的农民收入排名靠后。

——商务成本上升的压力逐渐增大。商务成本包括要素成本和交易成本两大部分。前者主要为劳动力、土地和资本等生产要素价格，后者是投资软环境给企业商务活动增加的成本。随着政府服务效率、各类配套法规的完善等，交易成本一般会趋于降低。近年来，沿江地区土地、劳动力和资源等要素成本逐步上升，综合商务成本呈递增势头，低成本竞争优势正在受到削弱。2005年，苏南8市规模以上工业企业每百元销售收入提供的税金为4.06元，比2002年上升50.4%；在岗职工平均工资达到2.3万元，增长29.2%；房地产价格更是一路上扬，如苏州市2002年全市商品房预售均价每平方米2472元，2003年、2004年分别为3038、4086元，2005年达到4501元。土地短缺更是造成商务成本上升的一个重要因素，部分引资项目由于土地问题而无法签约落地。

——工业化带来的资源环境问题凸显。随着工业化

特别是重化工业以及城市化的迅猛发展，沿江地区资源供应紧张和环境污染问题逐步显现，影响可持续发展。虽然近年来通过规划和立法、严把新建项目审批关、建立立体环境监测系统、污水集中处理、水环境综合整治、大力发展循环经济、强化对各级自然保护区的保护力度等措施，对长江沿岸的生态环境进行保护，并且取得了明显成效，做到了经济发展与生态建设的同步推进，但仍然存在隐患。

四、前景广阔的发展趋势

目前，沿江地区已进入一个关键的发展阶段和重要的转型期。2005年，沿江地区人均GDP达到33667元（按常住人口计算），按现行汇率折算，约合4170美元，其中苏州、无锡超过6000美元。根据经济理论和国际经验，沿江地区正处于工业化的中期阶段，其中苏南地区总体上已进入工业化的高级阶段。未来沿江地区经济发展的基本走向是：产业结构在调整中优化、低消耗、低排放、集约化、高效益的新型工业化快速推进，工业化逐步实现转型；农村人口进一步向二三产业转移，城乡统筹的力度加大，城市化加速发展；在更高层次和更广范围内参与国际竞争与合作，加快从招商引资向招商选资、招才引智转变，国际化程度提升；制度创新不断寻求新的突破，体制性障碍逐步消除，市场化进入完善期；将成为中国先进生产力发展最旺盛的地区之一，以及具有强大竞争力的国际制造业聚集带，发达文明、充满活力的滨江城市带，生态良好、风景优美的大江风光带。

（一）经济中长期增长潜力巨大。"十一五"及后几年，沿江地区完全有可能保持10%以上的经济增长速度。巨大的市场需求、比较充分的发展要素供给条件、坚实的制造业基础、增势强劲的开放型经济、日渐增强的民营经济活力、比较完备的基础设施、快速提升的城市化聚合力、丰富的科技教育资源，使这一地区累积了较强的增长潜能，能够进一步提高资源配置效率，促进结构升级，从而在国际国内竞争中处于比较有利的地位。预计到"十一五"期末，江苏沿江地区人均生产总值可达7000美元左右，处于世界银行划分的中上收入国家和地区的平均水平。

（二）经济增长方式转换应当取得重大进展。随着各项改革的深化和技术进步，沿江地区经济增长方式由粗放型向集约型进一步转变，有可能具备比过去更为有利的体制条件和物质技术基础。按照科学发展观的要求，该地区将下大力气调整经济结构，主要依靠科技进步、提升劳动者素质来提高要素配置效率，大力发展高新技术产业，推动能耗低、污染少的服务业加快发展，遏制高耗能行业过快增长，追求经济效益、社会效益和环境效益的统一。但增长方式转变的任务仍然十分艰巨，除了体制缺陷以外，还会受到所处经济发展阶段等一些客观因素的制约。

（三）资本驱动向创新驱动的能力将得到较大提高。根据波特提出的经济发展"四阶段论"，即生产要素导向阶段、投资导向阶段、创新导向阶段、富裕导向阶段，沿江地区目前处于以大规模投资推动向创新驱动经济成长的阶段。在这一转变进程中，大力发展能够提高产业竞争力、促进新型工业化、实现可持续发展的应用技术，充分发挥技术进步对产业优化升级的巨大推动作用，努力占领战略性高技术的制高点，将为这一地区的跨越式发展提供强力支撑。

（四）人力资源应当得到更好开发。随着沿江开发战略向纵深推进，先进制造业、高新技术等产业带在长江两岸蓬勃兴起，沿江地区产业布局已基本成形，迫切需要一批高精尖人才。提高人口素质，加大人力资源开发力度，充分发挥人力资源充裕的优势，实现创业形态从农民企业家创业到民营企业家创业，再到科技企业家创业的不断提升，让眼界宽、思路宽、胸襟宽的科技企业家成为今后新增创业的主流，成为这一地区未来社会发展领域的战略重点。

（五）人民群众将从经济增长中得到更多实惠。预计"十一五"期间，投资率逐步下降，而消费率尤其是其中的居民消费率可能适当提高。在投资和消费关系的合理变动中，城乡居民就业和增收渠道会逐步拓宽，人均收入将持续增长，恩格尔系数将进一步下降，消费结构不断转型升级，人民生活水平有较大提高，社会保障体系逐步健全完善，生活质量将进一步改善，全面小康社会建设加快推进。

（六）环境承载力和竞争力进一步增强。按照人与自然和谐相处的理念，沿江地区在保护中开发，在开发中保护，始终将加强环境保护和生态建设放在重要位置，土地岸线资源得到集约利用，环境综合整治效果明显。今后该地区将实行最严格的环境保护措施，大力加强环境建设及其体制创新，严格项目建设的环保标准，坚决杜绝一些低水平、重污染的重复建设项目进入沿江，同时加大对工业污染的治理，限制和淘汰重污染企业，环境质量将得到改善和提高，经济与环境逐步协调，人与自然趋向和谐共生。

（执笔：刘兴远）

长三角地区开发开放和环杭州湾经济大发展

Economic Leap Forward around Hangzhou Bay under Circumstances of Yangtze River Delta Development and Openning

浙江省统计局

长三角地区跨江、浙、沪两省一市，传统地理意义上的长三角包括江苏沿江8市即苏南（南京、扬州、苏州、无锡、南通、镇江、常州、泰州）、浙江环杭州湾6市（杭州、宁波、嘉兴、湖州、绍兴、舟山）和上海全市，共15个城市作为长三角的核心区域。2003年长三角区域论坛会上，浙江台州市被长三角接纳为又一新成员，这一举措说明长三角概念已从传统的地理和计划概念向市场和经济概念突破。因此考虑到行政区域的相对稳定性，也为分析研究方便，除特别说明的，本文所指的长三角范围不仅包括长三角传统地理意义上的15城市，也包括苏北和浙西南，涵盖江苏、浙江、上海两省一市，共25个市（24个地级市，1个直辖市），土地面积21.1万平方公里，人口1.4亿人。

一、长三角开放开发成效显著

1.中国经济发展的最亮点。改革开放20多以来，该地区经济整体呈现快速发展的趋势。从分阶段看，改革开放初期的10多年，该地区相对于同期珠三角的较快发展和较高的对外开放度，其经济增长缓慢，地区生产总值（GDP）占全国的比重呈下降趋势，从1978年的17.7%下降到1990年的16.2%。历史车轮行驶至20世纪90年代，以上海浦东开发开放为标志，长三角跨入充满活力、引领全国经济增长的崭新发展时期。1991−2005年，年均地区生产总值增长13.9%，高于同期全国3.8个百分点。地区生产总值占全国的比重不断攀升，2005年，长三角以占全国2.2%的陆地面积、10.8%的人口，创造了占全国22.4%的地区生产总值。分地区看，1991−2005年，江苏生产总值年均增长13.7%，2005年经济规模达到18272亿元，居全国第三位；浙江年均增长14.3%，总量13438亿元，连续10年列江苏之后居全国第四位；上海年均增长12.2%，总量9154亿元，连续3年居全国第7位。2005年长三角地区人均GDP达到28906元，达到3530美元，为全国平均水平的2.2倍，接近世界中上收入国家平均水平，其中上海达到约6300美元。2005年两省一市完成地方财政收入3807亿元，占全国的25.6%。人均财政总收入2698元，大大高于全国1142元的平均水平。总体上看，长三角地区在改革开放以后，经济龙头地位日益显现，在2005年全国综合实力百强县评比中，该地区占有近一半席位。综合竞争力处于国内前列，据中国社会科学院《2004中国城市竞争力报告》，从经济、文化、科技、环境等综合因素分析，对2004年国内200个城市综合竞争力进行比较，上海的综合竞争力指数名列第一，与往年相比，2004年城市综合竞争力的一个显著特征就是江浙两地城市的竞争力明显提高。杭州、宁波、苏州和无锡四市竞争力分列5～8位，南京、温州、常州、绍兴、台州、嘉兴、南通等城市进入前50强，显示出强劲的上升势头。10多年来上海已发展成为全国金融与服务中心，乃至向国际金融中心迈进，与此同时，江苏的外向型经济和浙江的民营经济以及各地的制造业经济快速发展，携手共进，创造了90年代以来全国发展速度最快、开放程度最高、投资环境最佳、经济内在素质最好的奇迹，成为近年来中国经济发展的最亮点。

表1　90年代以来全国及江浙沪经济发展情况

地　区	GDP（亿元）		GDP年均增长(%)
	1990年	2005年	1991-2005年
全　国	18667.8	182320.6	10.1
江　苏	1416.5	18272.1	13.7
浙　江	904.6	13437.9	14.3
上　海	781.7	9154.2	12.2

2.产业结构全面提升。随着长三角地区经济的持续增长，其产业结构优化升级。2005年全区三次产业结构的配置格局依次为5.7：53.9：40.4，产业结构的变动趋势是第一产比例持续下降，第二、三产业比重持续上升，与全国相比，2005年第一产业比重低6.8个百分点，第二、三产业比重分别高6.6个和0.2个百分点。与1990年相比，第一产业比重下降14.2个百分点，第二、三产业比重分别上升2.5个和11.7个点。在产业结构调整中，制造业尤其是重化工业和高新技术产业的迅速发展是长三角地区经济走向辉煌的重要体现。随着全球经济结构调整和产业跨区域、跨国界转移，一些大型跨国公司逐渐把生产基地移入长三角地区以获得中国内地和亚太市场的机会，长三角地区原有的生产能力在新的经济条件下进一步发展壮大。2005年，苏州、绍兴等地的工业增加值占当地GDP的比重分别高达62.6%和54.7%，长三角地区正逐渐成为我国重要的生产中心和制造业基地。与此同时，随着市场竞争的日益剧烈，地区原有的不适应市场竞争的生产制造企业正逐渐被淘汰，一些新兴生产企业不断涌现，资本密集型、知识密集型产品比重逐渐提高，推动了该地区生产制造能力与市场开拓能力的增强，处于工业化中期的长三角正朝着工业化后期迈进。在第三产业内部，长三角地区金融保险业、交通运输业、物流业、文化艺术、广播传媒、房地产业、科学研究和综合技术服务业等现代服务业发展更为突出，交通运输、邮电通讯、金融服务、科学教育、房地产业进入全国先进行列。以金融保险业为例，2004年，上海、江苏、浙江的金融保险业增加值分别达到741亿元、633亿元和480亿元，分别排全国第一、二、五位。长三角地区业已成为全国第三产业特别是金融服务和科学研究发展的核心区域，对全国经济发展和产业结构调整和优化发挥着积极的示范和推动作用。

表2　90年代以来全国及江浙沪产业结构变化情况

地　区	三次产业比例	
	1990年	2005年
全　国	26.9: 41.3: 31.8	12.5: 47.3: 40.2
江　苏	25.1: 48.9: 26.0	8.0: 56.6: 35.4
浙　江	24.9: 45.1: 30.0	6.6: 53.4: 40.0
上　海	4.4: 64.7: 30.9	0.9: 48.6: 50.5

3.对外开放水平显著提高。1990年随着国家实施上海浦东开放开发战略以及中国市场经济体制的逐步成熟和融入经济全球化进程的加快，长三角对外经济贸易环境发生了深刻而重大的变化，不断迎接着来自各个方面的挑战，并在克服困难、解决问题中不断发展壮大。浦东开发开放形态开发和功能开发并举，苏州工业园区以及昆山、吴江等地的台资工业园区先后崛起，江浙沪一大批经济技术开发区和高新技术开发区不断涌现，长三角对外开放出现了崭新的局面，进入了对外开放水平提高最快的时期。2005年地区进出口总额超过5000亿美元，达到5215亿美元，比1990年增长35.4倍，占全国的比重从1990年的12.4%提高到36.7%。其中江苏2005年进出口首次双双超过千亿美元，出口1229.8亿美元，进口1049.6亿美元，均列全国第二位。引进外资规模迅速扩大，尤其是近几年来，利用外资进入了以注重提高项目质量、调整优化投资结构、转变外资经济增长方式新的发展时期。2005年，全区实际利用外商直接投资277.5亿美元，占全国的46%，比1990年增长74.8倍，年均增长33.5%。在利用外资数量成倍扩大的同时，结构水平和质量也稳步提高。上海的整车制造业正是由上海大众、上海通用这样的合资企业领军，上海的电子信息产品制造业也离不开上海贝尔、上海西门子这样的企业。至2005年底，上海功能性外资公司达到424家，是我国除香港以外拥有这类公司最多的地区，其中跨国公司地区总部124家，投资性公司130家，外资研发中心170家。另外江浙两地积极引导外商投资更多地投向或参与教育、科研、医疗、内贸、旅游以及社会福利等，把扩大第三产业的对外开放作为近年来利用外资新的增长点。江苏外商投资服务业较快增长，吸收外资主要分布在现代物流、公用设施、信息咨询、社会服务等领域，是江苏利用外资增幅最高的产业。2005年，江苏新增第三产业外资项目1128个，协议注册外资75.6亿美元，实际到帐外资17亿美元，其中新增3000万美元以上的第三产业大项目有28个，占全部3000万美元以上项目数的18.8%，第三产业实际外商直接投资额占全省比重由2000年的6.8%上升到2005年末的11%左右。在浙江，随着服务贸易领域开放度的加大和CEPA的进一步实施，交通运输、房地产、信息传输和计算机服务业等实际利用外资成为浙江引进外资的一大

亮点，2005年浙江第三产业实际外商直接投资额占全省比重为17%。

二、环杭州湾地区在长三角的地位及发展成就和差距

环杭州湾地区位于浙江的东北部，近沪临苏，包括杭州、宁波、绍兴、嘉兴、湖州、舟山6城市，辖21区12市13县，是浙江经济、科技、文化发达地区，土地面积4.57万平方公里，2005年人口2340万人，分别占长三角的21.7%和16.7%，人口密度每平方公里512人，是全国人口密度较高的地区之一，但与上海的2080人和苏南的800人相比，密度相对较低。2005年，其生产总值占长三角的21.8%，地方财政收入占17.4%，人均生产总值高于长三角30%，是全国的2.7倍。

在上世纪90年代浦东开发开放的示范、辐射和带动作用下，该地区抓住机遇，加快发展，成为浙江现代化进程最快的区域。其主要表现：1、综合实力显著提高。2005年，环杭州湾实现生产总值8924亿元，比1990年的574亿元增加8350亿元，按可比价格计算增长8.4倍，年均增长16.1%，比长三角平均速度高2.2个百分点，比上海和江苏速度高3.9个和2.4个百分点。GDP在长三角中的比重由1990年的18.5%上升到2005年的21.8%，人均GDP达到38230元，（折约4667美元），相当于上海的比率由1990年的36.2%提高到2005年的74.1%，与江苏的比率也由102%上升到156%。城乡居民收入和财政收入也表现出同样的趋势。在近几年国家统计局公布的《中国综合实力地级以上百强城市报告》中，环杭州湾6城市均列入百强城市行列。从国家统计局历届测评百强县情况看，这一区域百强县的个数也在不断增加。从1991年的10个增加到2004年的23个，占2004年长三角列入百强县（48个）的近一半。在23个百强县中，被命名为中国纺织生产基地的萧山，20多年来 GDP以年均超过15%的速度增长，2005年GDP超过585亿元，人均生产总值49934元，分列浙江县域第一和第二位；拥有亚洲最大的轻纺专业市场的绍兴县，2005年完成GDP387亿元，人均GDP54946元，分列浙江县域第二和第一。2、区域产业集群格局明显。近年来，环杭州湾地区大力整合提升各类工业园区，引导企业进园进区集聚发展。在这一趋势引导下，众多小企业逐步走上“专业化、特色化”的联合之路。在短短的十几年里，环杭州湾区域的“块状经济”迅速发展并提升到具有一定规模的专业化分工协作特点的产业群。在环杭州湾，除了发展较快的信息技术产业，还有基础厚实的传统产业。以化纤产业群为例，在全国同行业销售收入前30名企业中，集聚于环杭州湾区域的就有约1/3，成为中国最重要的化纤产业带之一。发达的化纤产业群又为杭州湾沿岸的纺织业提供了强大的上游产业链，仅绍兴一个县，纺织面料就占了全国总产量的1/4左右。此外，嘉善的木业、海宁的皮革经编、慈溪的家电、嵊州的领带、余姚的塑料和宁波的服装，在全国乃至全球市场上都占据优势地位。与此同时，随着浙江经济融入长三角经济圈步伐的加快，先进经营理念、技术、外资的纷纷涌入，环杭州湾的产业群正在发挥集聚升级效应，进行着新的产业结构提升和优化。

但环杭州湾在经济快速发展的同时，在很多方面，尤其是在发展外向型经济，提高经济整体发展水平，增强发展后劲等方面，与长三角经济较发达的上海和苏南相比还存在不小的差距。一是环杭州湾对外开放水平相对较低。2005年该地区出口依存度为55.3%，分别相当于上海和苏南的68.0%和82.2%。实际利用外资67.6亿美元，虽然与上海相当，但和苏南的差距较大，环杭州湾仅为苏南（427亿美元）的15.8%。二是环杭州湾经济发展后劲相对不足。从投资分析，2005年环杭州湾全社会固定资产投资4680亿元，仅相当于苏南的63%。从企业装备程度分析，2004年上海、苏南平均每人拥有工业企业规模以上固定资产净值平均余额分别为32683元和20138元，比环杭州湾（17399元）高出87.8%和15.7%。三是经济整体发展水平相对落后。(1)土地利用效率较低。2005年，上海和苏南单位面积产出(GDP/区域面积）分别为14430万元和3009万元，分别为环杭州湾的7.4倍和1.6倍。(2)全社会劳动生产率水平（GDP/平均从业人员）相对低下。2004年，上海和苏南的全社会劳动生产率分别为90311元/人和75230元/人，分别为环杭州湾的164%和137%。(3)固定资产投资效益相对较低。2005年上海和苏南的固定资产投资效益（GDP/全社会固定资产投资）分别为2.6和2.0，均高于环杭州湾1.9的水平。(4)国民经济中非农产业比重相对较低。2005年环杭州湾生产总值中第二、三产业合计比重为93.7%，分别比上海和苏南底5.4和

1.9个百分点。(5)教育和科技力量较弱。2004年上海和苏南每百万人分别拥有高等院校4.4和3.4所，比环杭州湾高57%和21.4%，2004年上海和苏南每万人高校在校大学生分别为307人和341人，比环杭州湾高出56.6%和74%。2004年苏南每万人拥有专业技术人员分别为664人，相当于环杭州湾的1.3倍(因上海资料缺乏所以不作比较)。根据2000年人口普查资料，杭州湾地区人力资本质量并不高，就业人口平均受教育时间只有8.17年，比江苏沿江八市的8.56年要少0.39年，比上海少了2年。从高素质就业人数看，2000年杭州湾地区每万就业人口中拥有大专以上受教育程度的人数为468人，与苏南568人相比，要低近五分之一。加快提高我省的人口素质成为全面建设小康社会和率先基本实现现代化的重要任务。

三、走向大发展的环杭州湾

20多年的改革开放尤其是以浦东为龙头的开发开放以来，使长三角成为我国经济、科技和文化最发达的地区之一，在全国经济发展中的核心地位不断增强，同样环杭州湾也在发展中不断壮大。展望未来，新的前景更加美好，各方面的较好发展环境为环杭州湾的发展带来了难得的机遇。从全球形势分析，经济全球化趋势进一步强化，国际制造业加速向长三角转移，有利于环杭州湾地区更快融入世界经济，更大范围地分享国际资金、技术、资源和市场机会。以信息技术、生命科学为先导的新科技革命，为杭州湾地区利用后发优势，改造提升传统经济，拓展新兴产业，实现跨越式发展提供了重要机遇。从全国形势分析，近年来，国内经济持续稳定较快增长。从2002年下半年起，我国经济进入一个新的增长周期。当前我国经济仍处于这一轮增长周期的高平台上，增长惯性依然较强。2003-2005年经济增长率分别达到10.0%、10.1%和10.2%。另外不断扩张的国内需求为长三角经济增长提供了强劲的动力，上半年，全国全社会固定资产投资42371亿元，同比增长29.8%，增速比上年同期加快4.4个百分点。社会消费品零售总额36448亿元，同比增长13.3%，扣除价格因素，实际增长12.4%，增速比上年同期加快0.4个百分点。出口4286亿美元，增长25.2%，继续快速增长。从长三角区域整体发展分析，如今长三角区域经济一体化进程加速推进，一是区域重大交通基础设施的一体化建设取得突破性进展。上海国际航运中心建设、杭州湾跨海大桥建设以及各类城市间的高速公路、轻轨建设都为长三角一体化建设打下了基础。二是长三角一体化发展的相关体制机制建设取得重要进展。政府间共识达到新高度，各领域的交流不断加深，举措务实，签定了一系列省市间的合作协议，工商、金融、信息服务平台一体化建设加速进行。从各地发展规划分析，各地根据本地区"十五"时期发展情况以及对未来经济发展前景的分析，都提出了较高的发展目标。上海以宽广的全球视野和敏锐的战略思维，准确把握发展大势，把未来发展放在经济全球化的大趋势下，放在全国发展的大背景下，牢牢抓住战略机遇，积极应对新的挑战，坚定不移地朝着既定目标前进。在优化结构、提高效益、降低消耗的基础上，上海生产总值目标"十一五"时期年均增长9%以上。江苏提出到2010年全省总体全面建成小康社会，届时，生产总值比2000年增长1.4倍左右，年均增长9.1%，人均生产总值超过24000元，城镇居民人均可支配收入达到16000元左右，农村居民人均纯收入达到8000元左右。浙江也提出了到2010年全省基本实现全面小康社会，全省生产总值年均增长9%左右，GDP达到20000亿元左右，人均生产总值达到40000元左右。从环杭州湾自身条件分析，环杭州湾区位条件优越。其区域紧邻上海、江苏，通江达海，区域内外交通发达，随着杭州湾跨海大桥、沪杭高速铁路等重大交通项目的规划与建设，"同城效应"日益显著。综合实力较强。2004年环杭州湾地区有19个县(市)进入全国社会经济综合百强县行列，积累了进一步发展的强劲动力。发达的特色块状经济在全国乃至全球市场上已经占有重要地位，形成了初步专业化经济优势，为培育具有国际竞争力产业集群提供了坚实基础。经济资源富集。环杭州湾地区集中了浙江省主要的深水港口、滩涂、高校与专业技术人才资源，建有秦山核电站、嘉兴电厂、北仑电厂等大型能源企业，拥有钱塘江、太湖等江河湖泊，为产业带发展提供了有力资源保障。本地区还汇集了海、江、湖、溪、山、岛等多种自然景观，是长三角重要的旅游休闲胜地和人居天堂。体制富有活力。环杭州湾地区民营经济活力充沛，机制灵活，政府职能加快转变，市场体系较为发达，市场化进程较快，形成了充满创新活力的体制基础。总之，国际国内较好的发展环境和长三角全面发展、优势互补、共同发展的新一轮区域经济合作格局以及环杭州湾的自身条件都为“环杭州湾”的再次腾飞提供了良好的契机。

同时我们也应该清醒地看到环杭州湾发展面临的问题和挑战。一是经济增长还是建立在粗放型的增长方式之上。近年来经济的高速增长和重工业化趋势，进一步加剧了该地区能源和交通的紧张，建设用地集约化较底，区域和城乡发展还不平衡，资源和环境的压力将随着经济的快速发展而越来越大，后续发展存在潜在忧患，还有来自于人口的挑战，以及城市人口密度过大，人口、资源环境与经济发展之间的矛盾将越来越突出，必然给城市的可持续发展带来挑战，另外劳动密集型的传统产业仍占较大比重，即使是高新技术产业，其技术含量也较为有限。二是江浙沪三地协调机制还不完善，可以说，长三角区域经济一体化发展的最大问题和障碍就是行政区划和自然经济区划的不整合所造成的体制问题。尽管长三角地区各行政区域经济得到了快速发展。但由于经济活动的空间受制于行政区划范围，导致了以下两个方面的消极影响：首先是直接导致了资源不能在更加广阔的区域范围内进行有效配置，降低了资源配置的效率。其次是由于地方政府都有追求经济效益最大化的趋同性，客观上造成了严重的产业结构同构化，而适合一定区域发展的优势产业却得不到很好的发展。如从三地发展规划来看，产业结构趋同化趋势仍十分明显，犹以制造业为盛。2003年上海推出的“173”计划主要面向世界五百强企业，与江苏和浙江展开吸引外资的竞争。而江苏的沿江开发战略也是酝酿已久，在新一轮规划中，江苏省400多公里的长江岸线和沿线8个城市都被囊括在内，将重点发展装备制造、化工、冶金和现代物流四大产业。构建环杭州湾产业带，实质也是建设先进制造业基地的连绵带，因此两省一市产业结构趋同化趋势也是环杭州湾地区发展面临的又一挑战。

尽管目前环杭州湾在长三角区域经济一体化发展的道路上还面临着许多区域整体利益的矛盾与摩擦，以及区域可持续发展等方面还存在着许多深层次的问题和障碍，这些都对环杭州湾经济的发展带来影响。但这些都只是发展中的问题，也只有通过区域经济社会的不断持续发展才能逐步加以解决，长三角区域经济一体化发展的步伐将继续向前。应该说实施“环杭州湾”发展战略作为浙江经济新一轮腾飞的切入点的时机也已经成熟，为此浙江在2003年做出重大战略举措：接轨上海，扩大开放，培育发展环杭州湾产业带，走新型工业化道路，使之成为先进制造业基地。“潮起正是扬帆时”，可以预测，只要我们进一步解放思想，抓住机遇，坚持树立和落实科学发展观，加快经济增长方式的转变，推进先进制造业建设，努力提升现代服务业的发展水平，环杭州湾地区作为具有现代化活力的城市群，必将为浙江以及长三角的繁荣乃至全国经济的持续较快发展作出新的更大的贡献。

（执笔：潘强敏）

珠三角经济集聚——扩散趋势研判

An Analysis on the Economic Cluster and Spread Tendency of Pearl River Delta

广东省统计局

在实施“走出去”战略和产业转移中，珠三角经济扮演着重要的角色，正处于总体加速集聚、优势企业逐渐扩散的新时期。分析研判其经济集聚与扩散的走势，有助于明确未来的发展路径。

一、 趋势：经济总体仍在集聚 优势要素尝试扩散

集聚与扩散，是中心城市发展规律之一。作为城市群的珠三角，上世纪80年代承接港澳地区的加工业，90年代承接国外和台湾的电子信息产业，逐步建立起现代制造业，带动了劳动力、资金、技术、信息等生产要素的集聚。珠三角得天独厚的区位优势，国外及港澳台资金、技术及管理经验的流入，五湖四海奔涌而来的劳动大军，国内外市场需求的拉动，国家优惠政策的鼓励和市场经济机制的确立，这些有利要素的循环累积，成就了珠三角的辉煌。进入新世纪，珠三角为拓展发展空间，正在实施“走出去”战略，发起泛珠三角经济合作，主动推进经济扩散。

(一)经济集聚呈现稳中有升趋势

1.综合实力在调整中继续升高。根据统计模型测算，“十五”时期珠三角的综合优势指数稳中有升。2001－2005年分别为140.3、140.1、140.8、140.9和141.5，五年间上升1.1个百分点。期末各经济区域综合优势指数比较，珠三角高出东翼、西翼、山区81.3个、84.2个和89.7个百分点。这表明珠三角的经济集聚处于稳中有升时期，其经济实力在全省列居领先地位。

2.经济集聚力不断增强。2001－2005年珠三角的增强律指数为78.1、78.8、79.4、79.8、79.9，五年间上升了2.6%。其中，城市质量指数为59.7、60.4、60.9、61.2、61.7，五年间上升4.0%；经济结构指数和人口结构指数保持基本平稳。珠三角核心区深圳、广州、东莞、佛山、珠海、中山6个市集聚力特别强大，其土地面积仅占全省的10.7%，集聚了全省常住人口的37.0%，一般预算收入的80.4%，产出全省70.5%的GDP，人财物份额高出土地面积比重26.3个、69.7个和59.8个百分点。

3.经济集聚力从核心区向周边地区延伸和扩展。2005年，综合优势指数高于全省平均水平的市均分布在珠三角核心区，分别是深圳357.9、广州188.9、东莞163.6、珠海160.4、佛山159.7、中山144.8。核心区周边的惠州、江门、肇庆综合优势指数分别为84.9、79.4和54.2，低于珠三角平均水平54.6个、62.1个和87.3个百分点。呈现出以深圳——东莞——广州为经济增长轴、珠三角核心区为集聚中心、向外逐层波浪状推进的经济格局。

(二)主动推进生产要素向区外扩散

空间经济学认为，当经济集聚到一定阶段，转为扩散是不以人的意志为转移的客观规律。90年代后期，我国提出实施“引进来”和“走出去”相结合的开放战略，此后珠三角部分地区企业尝试到东南亚、印度等地投资设厂，通过收购国外企业进入国际市场，资金、技术开始向国外扩散；2004年，广东倡导泛珠三角合作，促进9+2各省区资源配置的优化和生产要素的流动，其中包括珠三角资金、技术向省外扩散。

1.珠三角经济从集聚到扩散的转折点若隐若现。2001－2005年，反映未来发展的指向律指数分别为62.2、61.3、61.4、61.1、61.0，五年间指向律指数在波动中下降2.4%，下降幅度虽不大，但指向律指数在徘徊中走低。其中，2001－2005年发展需求指数分别为37.9、37.8、37.6、37.6、37.4，五年间下降1.6%；发展潜力指数分别为24.3、23.5、23.7、23.5、23.6，五

年间下降3.7%。指向律指数以及发展需求、发展潜力指数相对下降，显示珠三角已出现经济集聚与扩散的相互交替期。经济集聚力与扩散力相抵，扩散力略占上风，预示经济扩散即将从次要位置上升为主导地位。

2.生产要素从流入为主变为双向流动，部分要素转向净流出。

人口与劳动力仍以集聚为主。2001–2005年珠三角9市常住人口分别为4376.10万人、4414.68万人、4463.5万人、4516.50万人和4547.14万人，五年间净增257.36万人；珠三角13市县区从业人员从2000年的1767.54万人，增加到2005年的2684.22万人，五年净增916.68万人。这表明人口和劳动力随着工业化、城市化水平的提高而加速集聚。

资金积累大幅增加，利用外商直接投资由旺转弱，资本略有流出。反映政府和居民资金积累的地方一般预算收入和城乡居民储蓄存款年末余额，从2000年的599.14亿元和6641.02亿元，增加到2005年的1211.47亿元和15154.87亿元，五年间分别增长1.02倍和1.28倍。反映国外及港澳台商资本在广东积累的实际利用外商直接投资，从2000年的125.41亿美元，减少为2005年的115.90亿美元（未考虑统计口径变动因素），五年间净减10.32亿美元，表明在国内资金供给较为充足的情况下，珠三角对外资需求已由旺转弱。反映广东与泛珠三角10省区资金流动情况的实业项目签约金额，2004年广东对外投资574亿元，引进投资666亿元，两者相抵广东资金流入92亿元；2005年广东在泛珠合作实业

表1　2004-2006年泛珠洽谈会广东与各省区签约项目和金额（按省区分）

合作省区	项目数（个）			合同金额（亿元）		
	2004年	2005年	2006年	2004年	2005年	2006年
合　计	710	910	938	1335.87	1157.83	1347.71
福　建	36	27	17	32.83	15.07	9.13
江　西	52	27	97	94.22	23.67	131.92
湖　南	77	58	161	141.68	46.9	262.98
广　西	100	54	43	140.35	118.24	59.74
海　南	43	63	14	156.16	103.28	7.29
四　川	46	113	33	32.82	187.55	52.47
贵　州	51	66	22	225.32	181.67	15.4
云　南	31	62	117	73.45	52.7	371.07
香　港	250	426	395	428.06	423.99	429.79
澳　门	24	14	39	10.98	4.76	7.92

表2　2004–2006年泛珠洽谈会广东与各省区签约项目和金额（按行业分）

单位：个，亿元

	2004年				2005年				2006年			
	个数	占比	金额	占比	个数	占比	金额	占比	个数	占比	金额	占比
合　计	710	100	1336	100	910	100	1158	100	938	100	1348	100
基础设施	48	6.8	282	21.1	71	7.8	300	25.9	89	9.5	610.1	45.3
工业制造	376	53.0	545	40.8	431	47.4	483	41.7	452	48.2	327.8	24.3
农业产业化	55	7.7	42	3.2	43	4.7	27	2.4	58	6.2	27.26	2.0
服务贸易	74	10.4	109	8.2	292	32.1	317	27.3	253	27.0	292.1	21.7
文化旅游	29	4.1	22	1.6	28	3.1	22	1.9	35	3.7	59.9	4.4
科技教育	52	7.3	49	3.7	45	4.9	9	0.8	20	2.1	10.04	0.7
其　他	76	10.7	286	21.4					31	3.3	20.62	1.5

项目签约金额中，对外投资416亿元，引进投资389亿元；两者相抵，广东资金流出37亿元。这表明广东在泛珠合作中，资本已从流入为主，转为流入、流出双向交流。

泛珠合作是经济集聚–扩散的缩影。一方面，广东继续承接港澳地区的投资，产生集聚效应；另一方面，广东部分企业到国内8省区投资设厂，连同生产技术、经营管理经验也一同转到投资地，出现优势产业、技术的扩散。泛珠合作不仅扩大了对外开放，而且创新了经济运行机制，打开了改革开放的新格局。2004–2006年，广东在泛珠洽谈会上与各省签约项目为710个、910个和938个；签约金额为1335.87亿元、1157.83亿元和1347.71亿元(见表1、表2)。这些项目的实施，标志着泛珠各省区进入优势互补、合作发展的新时期。

（三）累计循环成集聚，水满溢出生扩散

诺贝尔经济学奖获得者谬尔达尔(G. Myrdal)在其累积循环因果论中认为，集聚效应是指劳动力、资金等生产要素从不发达区域向发达区域流动，使区域差异不断扩大；扩散效应是指发达地区发展到一定程度后，生产成本逐渐上升，外部经济缩小，各生产要素从发达地区向不发达区域流动，并使区域发展差异越来越小。改革开放20多年来，珠三角经济集聚与扩散过程及特点，基本符合经济学家的论断，同时具有特殊的运动形式，主要表现在珠三角的生产要素(人财物技术信息)不仅从不发达地区流入，而且从发达地区流入。国外及港澳台商到珠三角投资、“三来一补”生产经营模式，就是典型的案例。因此，珠三角经济集聚与扩散，也有特殊的原因。

大来小往，累计循环，形成经济集聚。改革开放以来，珠三角创造出“谁投资、谁受益”的投资模式和“三来一补”生产经营模式，实际利用外商直接投资从无到有，2005年达到115多亿美元，相当人民币942.78亿元，占固定资产投资的17.8%；而这一期间，广东几乎没有多少资本流出，资本以单向流入为主。20多年的累积，使国外和港澳台商投资企业在珠三角的资本越滚越大。在规模以上工业企业年末固定资产总计中，港澳台商投资企业8062.76亿元，占34.9%，居第一位；外商投资企业6491.59亿元，占28.1%，居第二位。外商和港澳台商投资业的资本实力，已超过国有及国有控股企业（5254.62亿元）、集体企业（367.15亿元）和股份制企业(5839.99亿元)。随着我国加入WTO和国内市场的开放，国外和港澳台商在珠三角的投资方向，逐步从工业转向服务业。珠三角经济集聚的产业构成，正在发生变化。

利涉大川，水满溢出，必然产生经济扩散。资本追逐利润，表现为异地投资和产业转移。在利用外资中，珠三角的资金集聚，反过来说是国外和港澳台的资本扩散；在泛珠合作中，珠三角的资金、产业及技术扩散，则是国内8省区的资金、产业及技术集聚。资本从国外和港澳台，扩散到珠三角以至全广东，再扩散到广东相邻省区，这种梯度推进、循环流动，其间的流动主体(法人）和流动形式虽然不同，但本质上是一样的，即“皆为利往”。在当地生产经营获利空间缩小的前提下，资本如不流出寻找新的获利空间，必然不能增值。资本流出虽有风险，但胜于坐以待毙。梦想扩大市场份额的业主，一般会选择资金流动。

二、研判：临界点尚未达到　规律性有待探索

研判集聚与扩散运动过程的转折点(又称临界点)，可以预知区域经济的整体走势及下一个增长点上的出现。据国内专家对经济集聚——扩散过程临界点的研究，引用柯布——道格拉斯生产函数，可以描述经济集聚与产业部门逐渐扩散的过程。事实上，要严格量化这一过程是很困难的，量化结果与实际情况出入较大。而借鉴工业化国家和地区从经济集聚转入扩散的经验数值，则可以帮助我们认识经济集聚——扩散临界点及有关问题。

(一)从工业化进程寻找临界点

从工业化国家和地区看，经济集聚——扩散的临界点与社会发展进程密切相关。到了工业化后期，生产能力相对过剩，投资和消费需求相对不足，企业边际成本上升，利润递减，促使企业寻找新的发展空间，于是经济运动形式从集聚转为扩散。此时的统计指标出现以下特点：

1.经济增长速度由高转低。日本1955–1973年年均增长9.2%，1973–2000年年均增长2.8%；新加坡1965–1984年年均增长9.9%，1984–2000年年均增长7.2%；韩国1962–1991年年均增长8.5%，1991–2000年年均增长5.8%；香港1968–1988年年均增长

8.7%，1988–2000年年均增长4.1%；台湾1962–1987年年均增长9.5%，1987–2000年年均增长6.6%。在经济放缓过程中，制造业连同技术向国外或区外转移，资本加快输出，并在投资国（区）中获得新的发展空间。可知，经济增长从高速转入低速，是一个国家或地区从集聚转为扩散的主要特征。

2. 人均GDP达到3000–5000美元之间。钱纳里等国外专家认为，GDP达到人均3000美元以后，工业化阶段基本完成，开始进入发达经济阶段。但钱纳里等提出的时间（1975年）至今已40余年，价格、汇率变动很大，其工业化、现代化评价标准不能套用。广东学者认为，考虑价格、汇率变动因素后，广东从工业化进入现代化的标准应为人均GDP5000美元；珠三角现代化目标采用这一研究成果。由于经济从集聚转为扩散是从个别优势企业开始的，到经济整体扩散还有相当长的一段时间，临界点列出一个区间（人均GDP3000–5000美元）较为适宜。

3.第三产业比重达到50%。钱纳里等经济学家认为，工业化向现代化转变的过程，伴随三次产业发生变化。三次产业增加值按大小排序，从二三一、变为三二一，即第三产业大于第二产业及第一产业。满足这一条件，第三产业增加值至少要占GDP的50%。此时第二产业从集聚转为扩散，第三产业则加快集聚，出现结构转变升级、集聚与扩散交替并存的状态。

根据以上分析，提出珠三角经济集聚——扩散临界点评判指标及参考数值（见表3）。

表3 工业化阶段经济区域集聚——扩散临界点评判指标

评判指标	单位	临界点（参考值）
GDP增长率	%	从长期高速增长（8%以上）转入中低速（5%以下）
人均GDP	美元	3000–5000
第三产业增加值比重	%	≥50

（二）借鉴经验数值研判临界点

数据显示，珠三角整体经济从集聚转为扩散的临界点尚未达到，未来还有发展空间。2005年珠三角GDP比上年增长15.8%（按13市县区统计，比按9个地级市统计高1.1个百分点），增长速度从改革开放至今突飞猛进，未见减速迹象；人均GDP按常住人口统计为5126美元（按9市统计为4915美元），初步达到临界点；第三产业增加值占GDP比重为46.3%，距临界点还差3.7个百分点。综合判断：珠三角虽然人均GDP水平较高，但经济持续高增长和第三产业占GDP比重偏低，均表明经济集聚——扩散的临界点尚未达到。

分市观察，深圳、广州两市经济最接近临界点，其余7市为期尚远。从速度看，深圳、广州GDP增长率连续3年出现减缓，而未进入低速区间，2003–2005年GDP增长率广州为15.2%、15.0%和12.9%，深圳为19.2%、17.3%、15.1%；从第三产业所占比重看，2005年广州为57.8%、深圳达到46.6%，前者已达到临界点，后者距临界点只有3.4个百分点；从人均GDP看，2005年广州为10231美元，深圳为7422美元，均已超过临界点。在其余7市中，2005年增长速度在23.2%–12.8%之间，仍属高速增长；第三产业所占比重在43.5%–33.6%之间，距临界点为期尚远；人均GDP分两类：佛山、中山、东莞分别为5038美元、4420美元和4061美元，达到或基本达到临界点；惠州、江门、肇庆分别为2673美元、2397美元和1503美元，距临界点还比较遥远（见表4）。

表4 2005年珠三角9市工业化主要指标

地区	GDP同比增长（%）	人均GDP（美元）	第三产业占GDP比重
广州	12.9	10231	57.8
深圳	15.1	7422	46.6
珠海	13.4	5528	43.5
佛山	19.4	5038	36.4
东莞	19.4	4061	42.4
中山	23.2	4420	35.2
江门	12.8	2397	38.2
惠州	15.8	2673	33.6
肇庆	14.4	1503	43.4

（三）临界点未达到而部分要素扩散，其根源在于行政主导模式

珠三角“走出去”和产业转移的共同模式，属于行政主导型，而不完全是政府调控市场、市场引导企业。所谓“政府搭台，企业唱戏”，就是形象性的注脚。这种模式的优点在于政府帮助企业寻找到新的发展空间，

不足之处是这个新的发展空间未必是理想之地。因其合作是人工介绍的，而不是市场筛选出来的，运作过程中盈利的、扩展的、亏损的、关闭的，应有尽有。我们在充分肯定成绩的同时也要看到某些不足。如：惠州市TCL集团并购欧洲汤姆逊，彩电进入欧洲市场，被称为“借船出海”、实现国际化的新模式，但至2005年依然没能扭转欧洲彩电业务亏损的状况；珠三角各市扶持山区县发展的项目，一方面促进了山区的迅速发展，另一方面也存在“开业-亏损-关闭-厂房出租”的怪现象。据2005年跟踪统计，首届广东与泛珠各省区签约项目履约率为72.1%，履约项目金额占总额的69.9%，这表明泛珠合作成效较好，但不尽人意之处也占三成。事实表明，“走出去”和产业转移应遵循经济集聚——扩散规律，人工操作有可能偏离客观发展规律导致走弯路。但这种发展规律，目前我们仍知之甚少，未能自觉地加以应用。

三、启示：规律应探索　眼光要超前

在工业化进程中，对外“走出去”和对内产业转移，其规律性及发展路径应加以探索，以避免走弯路或减少走弯路。

（一）提高珠三角经济集聚力和扩散力，必须着力调整产业结构

珠三角的经济集聚还有相当的空间。工业技术有待创新，第三产业对生产、生活的支持还不够有力。除广州外，其余8市第三产业增加值比重均未过半，尚未达到现代化水平，发展余地很大。“十一五”时期，珠三角在宏观上应转变生产方式，提高增长质量；在微观上进一步发挥企业主体的作用，着力提高自主创新能力，提高产品质量和技术水平。

同时，从主攻第二产业，转向主攻第三产业。广东的工业多属中下游产业，在全国竞争中的领先优势已受到挑战。如再上新项目、扩大产能，势必造成产业同构、竞争过度，经济效益下降。在第三产业，珠三角的领先优势还十分明显，应乘势而上。特别是珠三角的区位优势无可替代，作为泛珠三角的重要出海通道，海运、铁路、高速公路、民航的枢纽中心，发展金融、物流、信息、商贸、旅游、文化产业等条件得天独厚，可以做强做大。

（二）“走出去”和产业转移，要先试后行

珠三角企业的资本、技术实力在国内处于领先地位，但比世界500强还差得很远。珠三角出口产品的主体是“三资企业”，不是内资企业。内资企业目前得以发展壮大，凭借的是廉价的劳动力、开放的国内市场，实行低成本扩张。其资金、技术、服务、市场在没有多少优势的情况下，“走出去”后在国际市场上遭遇艰难困苦，应是意料之中。我们应从TCL集团并购汤姆逊公司的案例中汲取经验教训，多做可行性研究，考虑各种有利和不利因素，谨慎行事，减少失误。

在省内和国内实行产业转移，要稳步推进。尽可能把珠三角较为充足的资本、相对领先的技术、市场畅销的名牌，与转移地丰富的资源、充足的劳动力、庞大的市场结合起来，形成集聚效应。在上述要素不具备的情况下，要反复论证，不能急于求成，以免投资不当造成损失。

当然，评估投资项目应有超前眼光，重视发展前景。“若待上林花似锦，出门俱是看花人”。一些生产要素暂时不具备，但经过努力可以解决的，应分期推进，促其成功。

（三）探索经济集聚——扩散规律，妥善处理行政主导与市场配置的关系

行政主导既有积极性，又有主观性；市场配置具有选择性，而又有分散性。两者有利有弊，应注意扬长避短。既要积极发挥政府宏观调控的作用，又要避免“拉郎配”，或大海捞针找不到对象。政府应着力创建公平竞争的市场环境和创业平台，依法规范企业经营活动。企业才是“走出去”和产业转移的主角，对投资、生产经营拥有自主决定权，政府不宜过度干预。

准备“走出去”和产业转移的企业，除了应具备资金、技术实力外，应考虑在当地是否还有发展空间，考虑好资源、人力、成本、利润、市场等要素。决定“走出去”和产业转移的企业，必须选择好目的地、最佳时机和合作对象，力求开辟新的发展空间。

此外，应借鉴国外和港澳台商到我国投资办企业的经验教训，从中探索经济集聚——扩散规律，更好地指导经济工作。

（执笔：邱　俊）

“太湖明珠”无锡

Wuxi, A "Radiant-Pearl" on the Taihu Lake

无锡市统计局

“太湖明珠”无锡，又名“梁溪”，简称锡，是一座具有三千多年历史的江南名城，是吴文化的发祥地之一。她坐落在长江三角洲太湖平原，镶嵌在古运河上，南为太湖环抱，北有长江流过，位于沪宁铁路和沪宁高速公路中段。无锡气候宜人，风景秀丽、交通发达、经济繁荣，是全国15个经济中心城市之一和10个重点旅游城市之一。改革开放以来，无锡的经济和社会发展取得了长足进步，跨入了全国城市综合实力50强和投资环境40优的行列，目前正向着率先基本实现现代化的目标迈进。

“十五”期间，无锡结构调整步伐加快、发展质量不断提升；改革开放纵深推进、发展活力持续增强；城乡居民居住条件和生活环境不断改善；各项事业协调进步、和谐社会建设初见成效。地区生产总值五年翻了一番多，年均增长14.4%。

2005年，无锡人民在市委、市政府的正确领导下，以“三个代表”重要思想和党的十六届四中、五中全会精神为指导，坚持科学发展观，认真贯彻落实宏观调控重大决策，加快改革开放步伐，围绕争创全省“两个率先”先导区、示范区奋斗目标，开拓进取、锐意创新，全面小康建设取得重大突破，在全省率先基本建成全面小康社会；科技创新、体制创新取得重大突破，尚德太阳能公司成为内地第一家进入美国主板市场的民营高科技企业；城市国际化进程取得重大突破；精神文明建设取得重大突破，连续第三次荣获“全国创建文明城市工作先进城市”称号。经济增长方式得到切实转变，经济社会综合实力明显增强，人均地区生产总值跨上了新台阶，经济社会发展呈现“三次产业有序增长，三大需求共同拉动，三类收入稳步提高，三种经济同步发展，三项保障扎实推进，三个格局逐步显现”的特点。据统计，全市实现地区生产总值2804.68亿元，突破2800亿元大关，同比增长15.1%，连续三年保持15%以上的增长速度，人均GDP（按常住人口计算）为50958元，按现行汇率折算为6314美元，书写了无锡发展史上新的辉煌篇章。

1.三次产业有序增长

农业基础地位稳定。夏粮播种面积为41.04千公顷，比上年增长34.5%，水稻播种面积为80.39千公顷，油菜籽播种面积为19.34千公顷，与上年相比略有减少。主要农产品产量小幅下跌。全年粮食总产量79.53万吨，同比下降2.1%。油料总产量3.44万吨，同比下降6.4%。林牧渔业生产稳步发展。肉类总产量14.64万吨，增长0.2%，禽蛋总产量2.68万吨，增长12.0%。奶牛存栏2.52万头，增长4.6%。水产品产量12.09万吨，增长6.1%。

工业生产快速增长。全市规模以上工业增加值1375.34亿元，增长22.0%。其中三资企业增加值481.04亿元，增长28.2%。轻重工业发展同步，其中轻工业实现增加值392.56亿元，增长21.7%；重工业增加值982.78亿元，增长22.1%。工业产品产销衔接良好，产品销售率达到97.97%，72.7%的工业产品产量比上年增加，近40%的产品产量增长超过15%。重点工业产品增势良好，如：液晶显示器增长139.3%、电热水器增长49.4%、粗钢增长28.0%。工业在国民经济中的主导作用进一步显现。

第三产业优化升级。商贸、旅游、市场、物流、金融等现代服务业快速发展。旅游人数和收入双双增长，全年接待国内旅游者2637.5万人次，增长19.8%。旅游总收入达301.6亿元，增长31.3%。市场辐射功能进一步增强，年末拥有各类亿元以上商品交易市场64个，实现成交额1319亿元，增长28.7%。物流通道继续拓展，出入口岸建设取得突破，全市港口货物吞吐量5046

万吨，增长42.4%。无锡机场已开通广州、深圳、北京等多条航线，全年共运送客人61.91万人次。金融机构本外币存贷款余额同比增长20%以上。

2.三大需求共同拉动

投资需求更趋理性。全社会固定资产投资完成1336.04亿元，增长19.9%。从项目构成看：建筑工程投资和设备工器具分别为656.29亿元和432.80亿元。分产业投向：第一产业投资2.43亿元，第二产业投资791.04亿元，第三产业投资542.56亿元。多元化投资主体逐步形成，非国有经济投资1149.32亿元，占全社会固定资产投资比重达86.0%，比上年提高3.2个百分点。

消费结构稳步升级。实现社会消费品零售总额(新口径)824.11亿元，增长16.3%，其中，城市消费品零售额690.02亿元，增长17.6%；农村消费品零售额134.09亿元，增长9.7%。随着居民生活水平的不断提高，居民消费结构稳步升级，消费热点集中。体育、娱乐用品类休闲商品的消费成为时尚，汽车零售市场有所回升，限额以上汽车类实现零售额87.58亿元，比上年增长27.3%。居民消费价格总水平基本稳定，2005年居民消费价格总指数(CPI)为102.0，价格总水平比2004年上涨2%。

对外贸易有新突破。全市进出口总额达到291.91亿美元，同比增长33.6%。其中，进口总额136.45亿美元，增长26.1%；出口总额155.46亿美元，增长41.0%，实现贸易顺差19.01亿美元。机电、高新产品出口增势旺盛，分别实现出口额93.44亿美元和63.63亿美元，分别增长40.4%和39.2%。对外经济合作稳步上升，新签对外工程承包和劳务合作合同金额1.71亿美元，增长38.9%；实际完成营业额1.6亿美元，增长32.3%；

3.三类收入稳步提高

财政收入持续增长。全市实现财政总收入421.80亿元，同比增长19.0%，其中地方财政一般预算收入181.68亿元，同比增长24.2%。主要税种保持较快增长，其中营业税41.0亿元，同比增长21.8%；个人所得税8.07亿元，同比增长31.3%；企业所得税23.99亿元，同比增长24.9%。财政对经济增长的贡献进一步加大，财政一般预算收入占GDP的比重达到6.5%，比上年提高了0.7个百分点。

企业效益全面提升。全市规模以上工业实现产品销售收入5657.46亿元，增长24.8%；实现利税382.26亿元，增长21.5%，其中利润255.10亿元，增长26.7%；工业经济综合效益指数达到186.36%，创历史最好水平，比上年提高11.86个百分点。全市涉及到的32个工业行业大类首次出现全部行业盈利的局面，其中有五个行业实现利润超过20亿元。全市百家大企业大集团中11家大企业大集团营业收入突破100亿元，同比增加5家。

居民收入快速增长。城市居民人均可支配收入16005元，比上年增加2417元，同比增长17.8%。农村居民人均纯收入8004元，比上年增加889元，同比增长12.5%，城乡居民收入增幅是“十五”以来最快的一年。收入的增加带动了储蓄的增长，2005年末全市人均本外币储蓄存款达到32056元，同比增长18.4%。城乡居民生活质量进一步提高，城乡居民恩格尔系数达到37.3%，比上年下降了1.0个百分点。

4.三种经济同步发展

外资质量不断提升。全年新批外资项目811个，协议注册外资78.39亿美元，同比增长20.3%，按商务部确认口径，到位注册外资达到20.1亿美元。新批超千万美元项目449个，协议注册外资76.45亿美元，占全市比重的97.5%。服务业利用外资快速发展，协议注册外资15.34亿美元，同比增长46.3%，占全市的比重达到19.6%。电子、通信和精密机械类、医药类项目仍是引资重点，这类产业的快速发展促进了“硅谷”、“液晶谷”和“药谷”的建设。

民营经济快速发展。在发展民营经济政策推动下，无锡民营经济呈现快速健康发展态势，在国民经济中的份额已经超过一半，达到51.2%。其中私营个体企业实现增加值达到1210.39亿元，占全市总量的43.2%，年末全市私营个体企业20.74万户，从业人员110.99万人，注册资金1150.84亿元，分别增长21.0%、28.2%和30.2%。私营个体上缴税金108.04亿元。加大对民营企业发展的支持力度，年内新增人民币短期私营企业和个体贷款7.88亿元，为无锡争创民营经济最佳成长区打下了扎实基础。

股份制经济逐步成长。随着股份制改革和建立现代企业制度工作的不断深入，股份制经济逐渐成为经济增长中的亮点。全市规模以上工业中股份制企业达到2481家，占全市规模以上工业的53.6%，股份制企业完成增加值555.61亿元，同比增长20.3%，实现工业产品销售收入2340.67亿元，同比增长23.1%，实现利税总额147.98亿元，同比增长23.1%，均列全市规模以上工业各经济类型之首，实现利润列各经济类型第2位。

5.三项保障扎实推进

劳动保障得到加强。全市新增就业14.5万人次，其中安置城镇失业人员5.16万人，净增就业10.7万人。帮助持有《再就业优惠证》的下岗失业人员实现再就业1.92万人，年末城镇登记失业率为3.27%，比上年下降了0.21个百分点。劳动社会保障覆盖面扩大，城镇劳动保障三大保险各自覆盖面达到98.3%，比上年提高1.5个百分点。企业离退休人员养老金社会化发放率达100%。大力推进工资集体协商，强化工资保障措施，全年各类企业工资集体协商建制率已达70%以上。

医疗保障逐步健全。新型农村合作医疗加快推进，投入不断加大，全市参保农民人数达到220.02万人，参保率达到98.8%，人均筹资标准119.3元，参保率和人均筹资标准均取得新突破。着力健全卫生服务体系，狠抓社区卫生服务普及，城区建成社区卫生服务中心24个，以街道为单位覆盖率达到100%，建成社区卫生服务站76个；农村建成社区卫生服务中心、站691个，普及率达87.9%。初步形成了以社区卫生服务中心为主体，社区卫生服务站为补充的分工合理、联系紧密、服务协调的新型社区卫生服务体系。

福利保障稳步推进。积极贯彻和落实加快社会福利事业发展的政策措施，加强社会养老福利服务设施的规划建设，年末全市各类福利院拥有床位1.2万张，供养、代养8383人。加大城乡和谐社区构建的力度，积极推动城乡社区建设的联动，年末建有城镇各种社区服务设施6447处。进一步规范各项社会救助制度，城乡居民最低生活保障对象70856人，全年发放城乡低保资金7944.84万元。全市各类优抚对象19.88万人。

6.三个格局逐步显现

"一体两翼"互动发展。2005年加快形成"七区一体、一体两翼"的区域统筹发展新格局。市区实力明显增强，在全国百强城市综合实力评比中荣获第14名，位次前移1位。江阴、宜兴比翼齐飞。百强县评比中江阴始终保持前列，宜兴主要指标增速居苏南县（市）前列，追赶步伐加快。锡山区鸿山镇划归新区管理、以及宜兴环科园"升格"和设立无锡新区宜兴分区等调整对各地区经济发展增添了动力和活力。"七区一体、一体两翼"充分发挥了各个板块的潜能和优势，形成了相互学习、竞相发展的良好局面。

现代化城市功能加强。突出实施"城市南进、工业北移"的中心城市发展战略，形成了以高速公路为主骨架、以国道省道为次骨架、以环城快速路网为连接的对外交通网络。2005年新312国道、高浪东路、五爱路、凤宾路及金城公铁立交等相继竣工投用，100条背街小巷完成整治。城市公用设施更加完备，新辟公交线路5条，延伸优化公交线路13条，城市居民燃气普及率为95%。城市环境质量进一步改善，全市环境空气质量良好以上天数占总天数的比例达到88.5%，城市绿化覆盖率达到40%。

"进位争先"目标实现。无锡地区生产总值、社会消费品零售总额、进出口总额、出口总额、城市居民人均可支配收入、农民人均纯收入等6项指标高于全省平均增幅，全面小康社会建设总体达到指标要求。主要经济指标在全国、全省继续保持原有位次，部分指标成功实现进位，如进出口总额跻身全国10强，社会消费品零售总额、城市居民人均可支配收入等指标在长三角地区位次明显前移。社会发展评估指数继续高居全省前列，十二项科技指标居全省首位。

无锡目前设江阴、宜兴两个县级市，市区辖崇安、南长、北塘、锡山、惠山、滨湖和新区等七个行政区，2005年常住人口559.5万人。

无锡"十一五"奋斗目标是：以邓小平理论和"三个代表"重要思想为指导，以科学发展观统领全局，确保到2010年率先基本实现现代化，确保经济社会转入全面协调可持续发展轨道。

（执笔：腾兰英）

印象杭州——现代与古典的交融
品质杭州——生活与创业的和谐

Hangzhou, Mingle of Contemporary and Classic, Harmonize of Living and Start-up

杭州市统计局

杭州历史悠久，自秦时设县治以来，已有2200多年历史，是我国七大古都之一。跨湖桥遗址的发掘显示，早在8000多年前，就有人类在此繁衍生息。距今5000多年前的良渚文化被史界称为文明的曙光。被13世纪意大利旅行家马可·波罗赞叹为“世界上最美丽华贵之城”。杭州古称钱唐。隋开皇九年(589年)废钱唐郡，置杭州，杭州之名首次在历史上出现。五代时的吴越国（公元907年－978年）在杭州建都。南宋建炎三年（1129年），高宗南渡至杭州，升杭州为临安府。绍兴八年（1138年），南宋正式定都临安，历时140余年。民国元年（1912年），原钱塘、仁和县并置杭县。民国十六年（1927年），划杭县城区等地设杭州市，杭州置市始此。

杭州位于北纬30°16′，东经120°12′，地处长江三角洲南翼、京杭大运河南端，是长江三角洲南翼重要中心城市和中国东南部交通枢纽。杭州是浙江省省会，全省政治、经济、科教和文化中心，全国重点风景旅游城市和历史文化名城，素有“鱼米之乡”、“丝绸之府”、“人间天堂”之美誉。杭州属亚热带季风性气候，四季分明，温和湿润，光照充足，雨量充沛。

杭州市辖上城、下城、江干、拱墅、西湖、高新（滨江）、萧山、余杭8个区，建德、富阳、临安3个县级市，桐庐、淳安2个县。全市总面积16596平方千米，其中市区面积3068平方千米。2005年末全市户籍人口660.45万人，其中市区户籍人口409.52 万人。

一、综合实力

经济增长

2005年，杭州市坚持以科学发展观统领全局，按照“解放思想、干在实处、走在前列”的要求，坚定不移地推进结构调整优化，努力转变经济增长方式，经济发展连续十五年实现两位数增长。2005年全市地区生产总值（GDP）达到2942.65亿元，按可比价格计算，比上年增长13.0%。按户籍人口计算的人均生产总值为44853元，按现行汇率折算为5475美元。

财政收入

财政收入与经济总量同步增长。2005年全市财政总收入突破500亿元，达到520.79亿元，比上年增长17.6%，其中地方财政收入250.46亿元，增长19.7%。全年地方财政支出238.33亿元，比上年增长21.8%。

杭州在全国的地位

2005年，杭州经济总量继续位居全国省会城市第二、副省级城市第三、全国大中城市第八。2005年3月中国社会科学院公布的《中国城市竞争力报告》，杭州城市竞争力在内地200个城市中排名第五位；被世界银行评为“中国23个城市投资环境”第一；2004、2005年连续两年被美国《福布斯》杂志评为“中国大陆最佳商业城市排行榜”首位。

二、经济结构

产业结构

2005年，第一产业实现增加值148.21亿元，按可比价格计算，比上年增长3.4%；第二产业实现增加值1496.94亿元，比上年增长11.1%；第三产业加快发展，实现增加值1297.5亿元，比上年增长14.7%。三次产业的结构由上年的5.2:51.0:43.8调整为5.0:50.9:44.1。

就业结构

2005年，杭州市全社会从业人员481.1万人，其中从事第一产业91.63万人，从事第二产业222.16万人，从事第三产业167.31万人，三次产业从业人员的结构比例从2004年的19.6：47.2：33.2调整为2005年的19.0：46.2：34.8，第三产业吸纳劳动力的承载能力不断增强。

投资结构

2005年，全市完成限额以上固定资产投资1277.80亿元，比上年增长15.3%。从产业投向看，三次产业的投资比例为0.1:34.8:65.1。投资主体日趋多元化。2005年，全市民间投资完成768.99亿元，占全市限额以上固定资产投资的比重为60.2%。在投资总额中，重大工程建设投资完成395.94亿元，占限额以上固定资产投资的31.0%；房地产开发投资完成410.57亿元，占限额以上固定资产投资的32.1%。

所有制结构

积极支持和鼓励非公有制经济发展，非公经济在国民经济中的比重不断提高。2005年，非公有制经济占全市生产总值的比重达56.5%，其中私营及个体经济占全市生产总值的比重为48%。民营经济在商贸、工业和投资领域所占比重均超过了50%，全年民营经济税收收入184.96亿元，占全市财政收入的35.5%，民营经济对当年财政的贡献度达到47.8%，成为财政收入的重要来源。

三、农村经济

农业生产

2005年，全市实现农林牧渔业总产值219.48亿元，比上年增长10.7%。农业结构进一步优化，都市农业发展势头良好。茶叶、花卉苗木、水产品、节粮型畜禽、蔬菜和竹业等六大优势产业和水果、干果、蚕桑、药材和蜂业等五大特色产业共实现产值148.9亿元，比上年增长13.5%，占农林牧渔业总产值的比重达67.8%。

农业产业化建设

农业产业化经营深入推进，全市已培育市级以上农业龙头企业167家，年销售亿元以上的加工型农业龙头企业46家。农村专业合作组织不断壮大，已建各类农村专业合作组织316家。外向型农业不断发展，全市有100余家企业、6.2万农民在10多个国家、20多个省、市建基地300多万亩；全市农业招商引进内资32.5亿元、外资1亿美元。

四、现代工业

工业发展

2005年，杭州工业生产保持平稳增长。全市规模以上工业销售和生产双双越过5000亿大关，分别实现销售产值、工业总产值5346.01亿元和5441.13亿元，比上年增长21.4%和21.3%；工业产销率达到98.25%；实现利税450.68亿元，其中实现利润234.99亿元，分别比上年增长14.2%和6.4%。工业增加值在全市生产总值中的比重达到45.2%。纺织服装、食品饮料、医药化工、机械装备与电子通讯等五大优势主导产业产值占全市工业总产值的59.6%，比上年提高6.1个百分点。

增长方式

树立循环经济发展理念，资源、能源综合利用率不断提高。2005年，规模以上工业企业万元产值耗电358度，同比下降0.6%，万元产值综合能耗降低率（耗能千吨以上企业）为7.3%；技术创新能力有所提高。2005年，全市规模以上工业企业科技活动经费和购置技术成果经费分别增长47.1%和17.4%。规模以上工业实现新产品产值261.02亿元，同比增长26.1%，增幅比工业产值高出4个百分点。

五、第三产业

产业构成

以现代服务业为核心，杭州第三产业稳定发展。2005年，全市第三产业增加值占全市地区生产总值的比重达到44.1%，其中，批发和零售业增加值占杭州市地区生产总值的比重居第三产业之首，达到9.8%；金融业占杭州市地区生产总值的比重为6.6%；房地产也所占比重为5.6%。

交通运输

杭州是中国东南部重要的铁路交通枢纽，以沪杭、浙赣两条复线和宣杭线为主干，萧甬线、金千线、杭长线与之配套。杭州公路四通八达，是沪杭甬、杭宁、杭金衢高速公路的汇结点。市域基本实现“一小时半交通圈”。杭州萧山国际机场与国内40多个主要城市通航，已进入国内第八大航空港。至年末，已开通航线159条，其中国际航线22条，起降航班7.9万架次。

邮电通讯

邮电通信事业持续发展。2005年完成邮电业务总收入90.93亿元，比上年增长7.5%。邮政特快专递辐射

221个国家和地区，全年发送国内特快专递399.22万件，比上年增长10.4%，国际特快专递19.3万件，增长16.4%。电信业务快速增长。2005年全市新增电话交换机2.15万门，总容量达到460.59万门。年末电话用户411.05万户，其中住宅电话 175.88万户。年末移动电话用户达到618.61万户，比上年末增加139.03万户。

国内贸易

消费品市场规模进一步扩大。2005年，全市完成社会消费品零售总额975.43亿元，比上年增长14%。其中餐饮业零售额达到100.86亿元，比上年增长11.5%。连锁超市、专卖店、仓储式商场等新型商业业态以及邮购、电视购物、网上购物等销售形式迅速成长。至2005年末，全市共有限额以上连锁零售业、住宿业和餐饮业84家，连锁企业门店数已达2268个，全年连锁企业实现销售额234.06亿元，比上年增长32.7%，电子商务交易额11.61亿元。

商业特色街

2005年，进一步完善基础设施建设和加强规范化管理，使湖滨旅游商贸特色街区、清河坊历史文化特色街区、南山路艺术休闲特色街区、丝绸特色街区、武林路时尚女装街区、四季青服装特色街区、文三路电子信息街区、梅家坞茶文化村等商业特色街区的品牌价值和文化内涵得到进一步提升，购物和旅游休闲服务功能更趋完善，商旅互动效应逐步显现。中国步行商业街工作委员会分别授予清河坊历史文化特色街区为“中国著名商业街”，丝绸特色街、四季青服装特色街区、文三路电子信息街区为“中国特色商业街”，南山路和武林路为“中国最具升值前景商业街”。

金融保险业

金融保险业服务水平进一步提高。2005年末全市金融机构本外币各项存款余额6748.72亿元，比上年末增加1041.52亿元，贷款余额5545.3亿元，比上年末增加745.26亿元。2005年，全市保费收入72.53亿元，其中财产险27.67亿元，人身险44.86亿元。

房地产业

房地产开发投资继续增长。全年完成房地产投资410.57亿元，比上年增长25.0%。商品房销售面积704.19万平方米，其中商品住宅销售面积620.66万平方米。全年商品房销售额395.66亿元，其中商品住宅销售额338.5亿元。

旅游产业

杭州是全国重点风景旅游和休闲度假胜地。2005年接待境外旅游者151.36万人次，旅游外汇收入7.58亿美元，分别比上年增长22.6%和26.8%。全年接待国内旅游者3265.96万人次，国内旅游收入404亿元，分别比上年增长8.3%和11.9%。

信息产业

杭州是国家软件产业化基地、集成电路设计产业化基地、国家电子信息产业基地、国家动画产业基地和国家推进信息化综合试点、电子政务试点、电子商务试点、高清晰度电视试点城市及首批全国科技企业孵化器体系建设试点城市。信息服务与软件产业快速发展，2005年销售收入超过200亿元，已成为继北京、深圳、上海之后全国第四大软件产业基地。恒生、信雅达、新利、中程科技、士兰微电子等11家软件和以软件为核心技术的企业先后在境内外上市；浙大网新等8家企业跻身“2005年中国软件产业最大规模前100家企业”；创业软件等14家企业列入国家规划布局内重点软件企业，总数居北京、上海之后列第三位。

六、对外开放

招商引资

2005年，全市合同利用外资40.05亿美元，实际利用外资17.13亿美元，分别增长30.1%和增长21.5%。至2005年末，在杭投资经营的境外国家和地区达到98个。55家世界500强在杭设立企业85家。国内招商引资取得新成效，2005年，全市协议利用内资556.3亿元，实际利用内资268.5亿元，分别比上年增长17.3%和19.0%。

对外贸易

对外贸易规模继续扩大。2005年全市外贸进出口总额达298.7亿美元，比上年增长21.9%。其中外贸出口总额198.0亿美元，增长30.5%。高新技术产品和机电产品出口的主导地位日益增强。2005年，杭州高新技术产品出口36.81亿美元，比上年增长54.2%，占全市外贸出口总额的比重由上年的15.7%提高到18.6%；全年机电产品出口79.92亿美元，比上年增长39.4%，占全市外贸出口总额的比重由上年的37.8%提高到40.4%。

国际友好城市

至2005年末，杭州市已与12个国家的13个城市结成友好城市，分别是：日本岐阜市和福井市、美国波士顿市、菲律宾碧瑶市、英国利兹市、韩国丽水市、法国尼斯市、苏里南帕拉马里博市、匈牙利布达佩斯市、以色列贝特谢梅什市、摩洛哥阿加迪尔市、巴西库里蒂巴市、俄罗斯喀山市。

七、开发区建设

国家级开发区

杭州经济技术开发区、杭州高新技术开发区、萧山经济技术开发区和杭州之江国家旅游度假区等4个国家级开发区继续发挥着招商引资主平台作用。全年4个国家级开发区签订外商投资项目191个，合同利用外资15.42亿美元，实际利用外资7.73亿美元，分别占全市合同利用外资和实际利用外资总额的38.5%和45.1%。开发区的生产经营活动取得了良好成效，全年四个国家级开发区实现技工贸总收入1729.8亿元，比上年增长34.3%；实现利税133.08亿元，比上年增长2%；产品出口创汇65.51亿美元，比上年增长50.0%。

杭州经济技术开发区

1993年设立，已开发面积34平方千米，设有浙江医药工业发展基地、电子信息产业园区、大学科技园区、新加坡杭州科技园等专业园区。初步形成了电子信息、生物医药、机械制造、食品饮料四大主导产业，2005年5月被国家信息产业部授予国家（杭州）计算机与网络产品产业园。2004年经国家商务部评定，综合发展水平名列全国49个国家级经济技术开发区第十位。

浙江杭州出口加工区

浙江杭州出口加工区位于杭州经济技术开发区内，设立于2000年，批准规划面积2.92平方千米，享受一系列“境内关外”国家优惠政策，由海关实行封闭式管理。

杭州国家高新技术产业开发区

1990年设立，重点发展以两强（通信设备制造业和软件产业）、两优（集成电路设计制造业和数字电视产业）、两新（动漫产业和网络游戏产业）为特色的电子信息产业以及生物医药、新材料、光机电一体化的高新技术产业。批准规划面积85.64平方千米，由江北、江南（滨江）和下沙三大区块组成，拥有软件产业基地、集成电路设计产业化基地、动画产业基地、电子信息产业基地、留学人员创业园等五个国家级基地（园区），是目前省内最具影响力的科技成果转化基地、技术创新示范基地和高新技术产品出口基地。

萧山经济技术开发区

1993年设立，批准规划面积18.8平方千米。设有日本静冈工业园地，台湾机械工业园、省级高新技术产业园区和中国女装产业园，目前已形成纺织服装、机械五金、建筑建材、电子化工等支柱产业。

八、居民生活

据抽样调查，全年市区居民人均可支配收入16601元，比上年增长14.0%，扣除物价因素，实际增长12.1%；全市农村居民人均纯收入7655元，比上年增长10.1%，扣除物价因素，实际增长7.2%。居民消费同步增长，消费结构不断优化。2005年，城镇居民家庭人均消费性支出13438元，比上年增长19.8%；农村居民人均生活费支出6004元，比上年增长7.1%。年末，城镇居民人均住房使用面积达20.7平方米，农村居民人均房屋居住面积达66平方米，分别比上年末增加2.9平方米和7.1平方米。

九、旅游资源

杭州拥有两个国家级风景名胜区－西湖风景名胜区、“两江一湖”（富春江－新安江－千岛湖）风景名胜区；两个国家级自然保护区－天目山、清凉峰自然保护区；五个国家森林公园－千岛湖、大奇山、午潮山、富春江和青山湖森林公园；一个国家级旅游度假区－之江国家旅游度假区；全国首个国家级湿地－西溪国家湿地公园。杭州还有全国重点文物保护单位14个、国家级博物馆5个。全市拥有年接待1万人次以上的各类旅游景区、景点120余处。目前杭州正在以“三江四湖一山一河一溪三址”为重点发展观光游，以把西博会打造成世界级会展品牌为目标发展会展游，以举办2006年世界休闲博览会为契机发展休闲游，形成观光游、会展游、休闲游“三位一体”的新格局，合力打响“游在杭州”品牌。其中西湖风景名胜区2005年荣获首批“全国文明风景旅游区”的称号。

（执笔：杭州市统计局）

“十五”时期深圳社会经济快速平稳发展

Rapid and Stable Development of Social and Economic for Shenzhen City during the Tenth-five Year Period

深圳市统计局

“十五”时期，深圳市委、市政府在中央和省委、省政府的正确领导下，认真落实科学发展观，带领全市人民共同努力，建设和谐深圳效益深圳，全市社会经济快速平稳发展，经济运行的质量与效益不断提高；科教文卫等各项事业加快发展；人民生活水平持续改善；城市建设日新月异，深圳对周边地区的辐射功能日益增强。

一、社会经济建设主要成就

（一）经济总量连创新高，增长速度保持高位

深圳从建立特区以来，经济增长始终保持了较高的水平，在“九五”快速发展的基础上，“十五”期间的经济增长体现出快速平稳的特征。经初步核算，2005年本地生产总值(GDP)4926.90亿元，比上年增长15.0%，经济总量在国内大中城市的排名在上海、北京、广州后位居第四。2005年按常住人口计算的人均GDP60507元，增长11.5%，按现行汇率计算，人均GDP达到7483美元。

“十五”期间，全市经济总量不断跃上新台阶，本地生产总值连续跨越3000亿元和4000亿元，经济增长速度年平均达到16.3%，比“十五”计划预期目标高4.3个百分点，比“九五”时期平均增速高0.4个百分点(图1)。

（二）工业生产快速增长，经济效益不断提高

深圳工业经过二十几年的高速发展，工业生产的规模和水平有了很大提高，在经济转型，结构调整，大力发展高新技术的政策引导下，深圳工业的支柱行业主导地位得到加强，工业外向型结构进一步巩固，工业企业的竞争力得到提高，工业产品产销顺畅。2005年实现工

图1　“十五”时期本市生产总值及增长速度

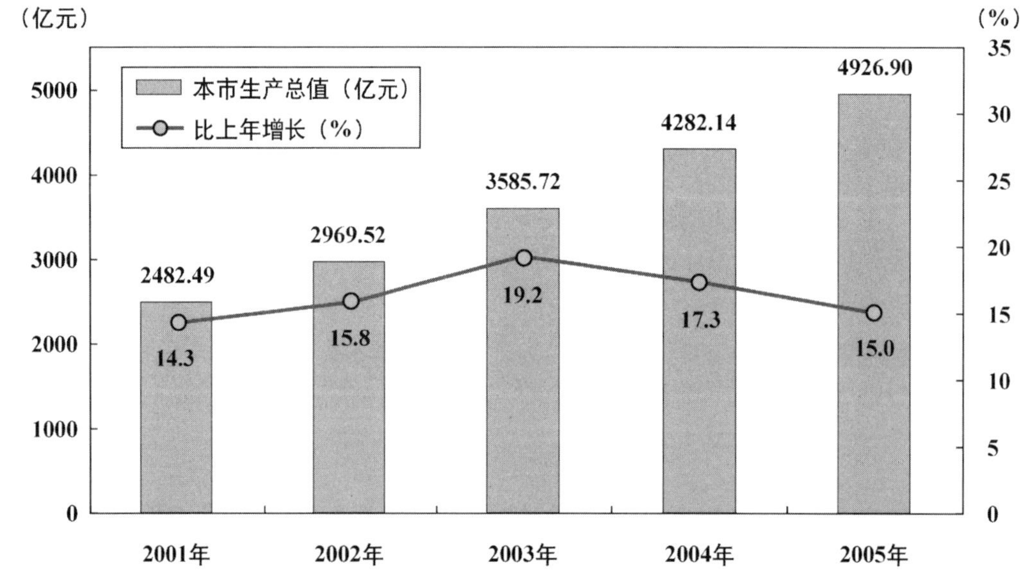

业增加值2432.16亿元，比上年增长19.4%，占本市生产总值的比重49.4%。全市规模以上工业企业增加值2272.90亿元，比上年增长19.4%。"十五"期间年平均增长速度达到20.7%，高于全市GDP年均增速4.4个百分点（图2）。深圳工业的高速发展为全市经济的高速增长提供了有力的支持。

2005年规模以上工业企业产品销售收入比上年增长19.0%；利税总额增长10.8%，利润总额增长10.6%；工业全员劳动生产率达106466元/人，比上年增长6.5%，比2000年增长7.5%；亏损企业亏损额比上年下降9.5%。

（三）投资规模不断扩大，基本建设快速增长

经济特区建立后，深圳的投资一直保持在较高的水平，投资对经济增长起着非常重要的促进作用，"十五"

图2 "十五"时期工业增加值及增长速度

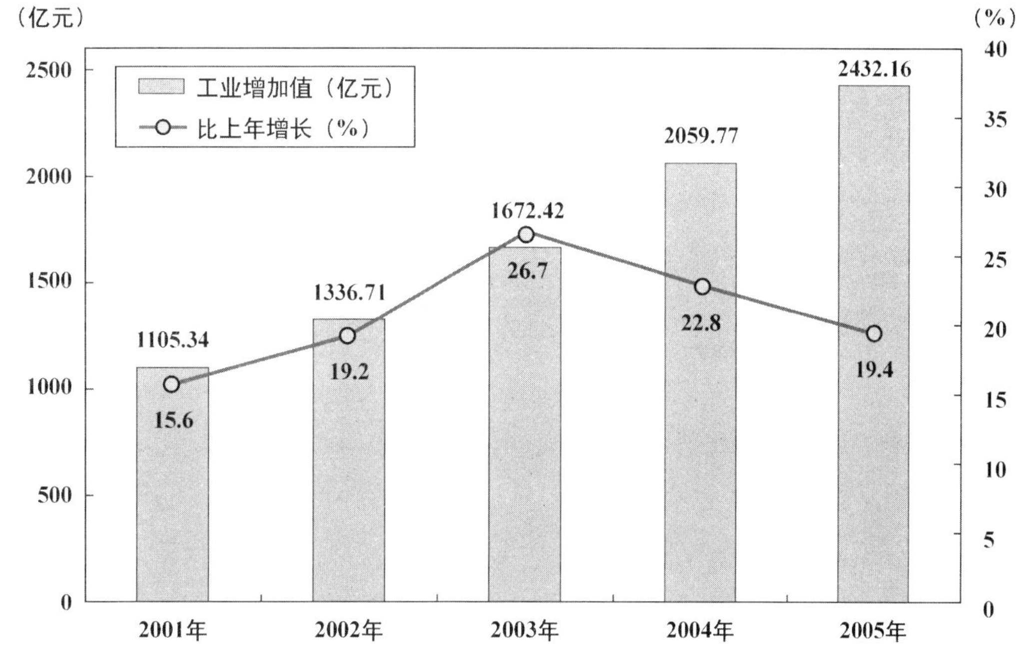

图3 "十五"时期全社会固定资产投资额及增长速度

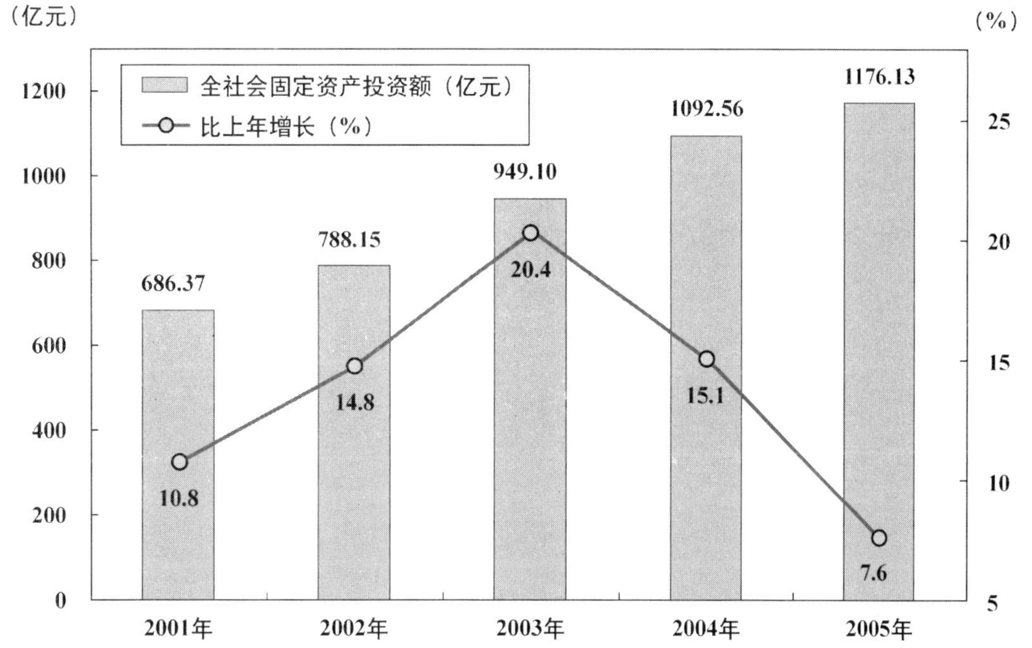

期间投资总量在"九五"高增长的基础上又迈上了新台阶。2005年完成全社会固定资产投资1176.13亿元，比上年增长7.6%。在全社会投资中，基本建设投资599.83亿元，增长19.7%；房地产开发投资418.76亿元，下降3.6%；更新改造投资114.21亿元，增长29.8%；其他投资43.32亿元，下降37.6%。

2005年全社会固定资产投资比2000年增长89.8%，"十五"期间年平均增长速度达到13.7%(图3)。其中，基本建设和更新改造投资分别比2000年增长115.8%和261.4%，"十五"期间年平均增长速度分别达到16.6%和29.3%。

从"十五"期间的投资方向看，城市基础设施累计完成投资1052.78亿元，年均投资额208.55亿元，年均增长25.8%；工业行业累计完成投资1017.03亿元，年均投资额203.41亿元，年均增长36.2%；累计完成更新改造投资330.78亿元，年均增长14.4%。占全社会固定资产投资比重逐年提高，分别是4.9%、4.9%、5.9%、8.1%、9.7%。

(四)交通邮电快速发展，港口生产增长显著

经济的快速发展对全市的交通通信提出了更高要求，在深圳市委，市政府的高度重视和支持下，交通通信建设的投资力度不断加大，全市的交通运输、邮电、港口、物流的等基础设施功能不断完善，运输和通信能力有了很大提高。2005年交通运输、仓储及邮电通信业实现增加值359.49亿元，比上年增长16.2%，"十五"期间年平均增长速度也达到16.2%。

"十五"期间，深圳各种运输方式高速增长。2005年全社会货运量和货运周转量分别完成9806.79万吨和604.60亿吨公里，分别比上年增长23.3%和22.9%，分别比2000年增长1.1倍和1.9倍；全社会客运量和旅客周转量分别完成12901.07万人和228.87亿人公里，分别比上年增长5.1%和22.3%，分别比2000年增长38.0%和1.3倍。

"十五"期间，深圳港口业发展迅速，全市港口泊位由2000年的127个增加至2005年的142个，其中万吨级以上泊位由38个增至56个。2005年，深圳港口货物吞吐量15351.36万吨，比上年增长13.4%，比2000年增长1.7倍。其中，集装箱吞吐量1619.68万标箱，比上年增长18.6%，比2000年增长3.1倍，在全球集装箱港口排名由2000年的第十一位上升到2005年的第四位(图4)。

目前深圳机场已开通国内航线90条，国际航线18条。全年机场旅客吞吐量1574.05万人次，比上年增长10.5%，比2000年增长1.5倍；机场货物吞吐量55.05

图4 "十五"时期深圳港集装箱吞吐量情况

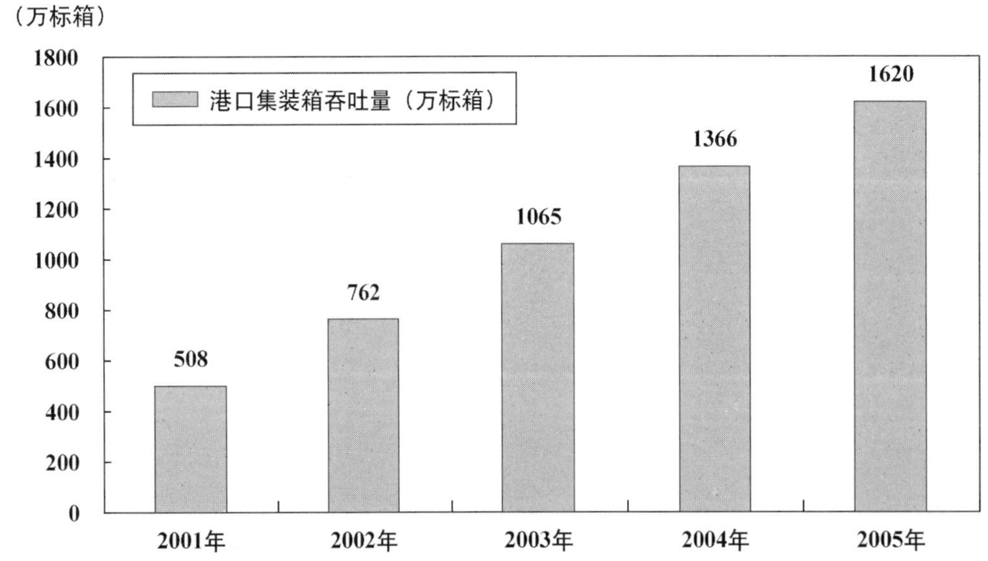

图5 “十五”时期各年年末电话用户数

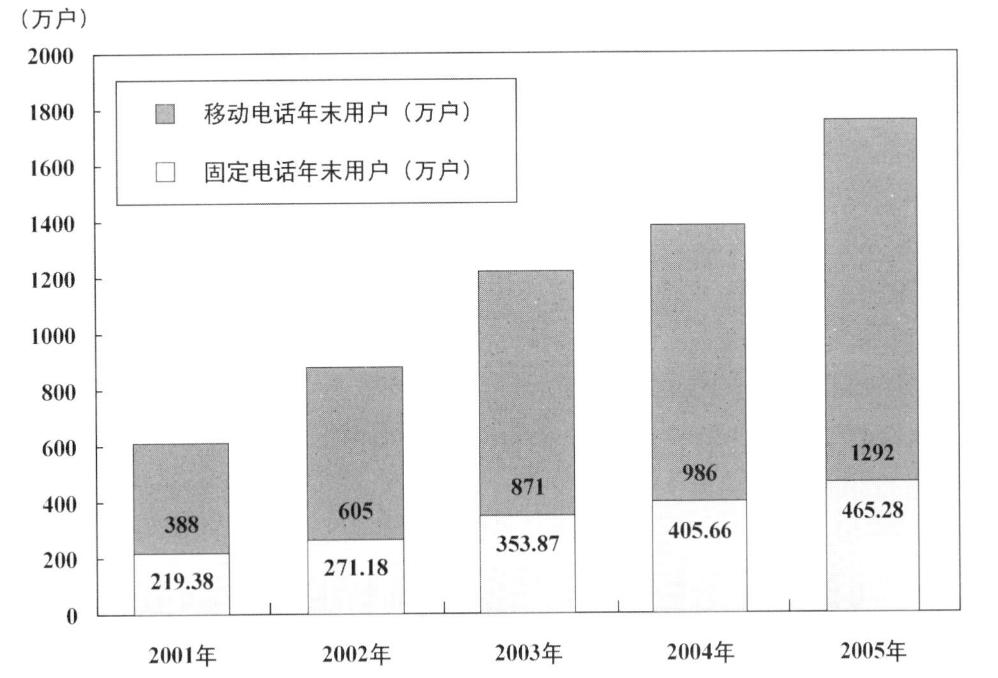

万吨，比上年增长11.1%，比2000年增长1.7倍。

2005年完成邮电业务量320.80亿元（按2000年不变价格计算），比上年增长20.6%。全市固定电话用户465.28万户，增长14.7%；移动电话用户1292.00万户，增长31.0%，每百人拥有电话(含移动电话) 212部（图5）。国际互联网用户由2000年的59.77万户发展到2005年的276.20万户。

（五）国内贸易平稳增长，汽车消费亮点突出

随着经济的快速发展和人口的不断增加，深圳的居民收入和消费水平也逐年提高，居民的消费理念和消费结构也发生了很大的转变，深圳社会消费品市场呈现出持续旺盛的态势。2005年批发和零售贸易、餐饮业实现

图6 “十五”时期社会消费品零售总额及增长速度

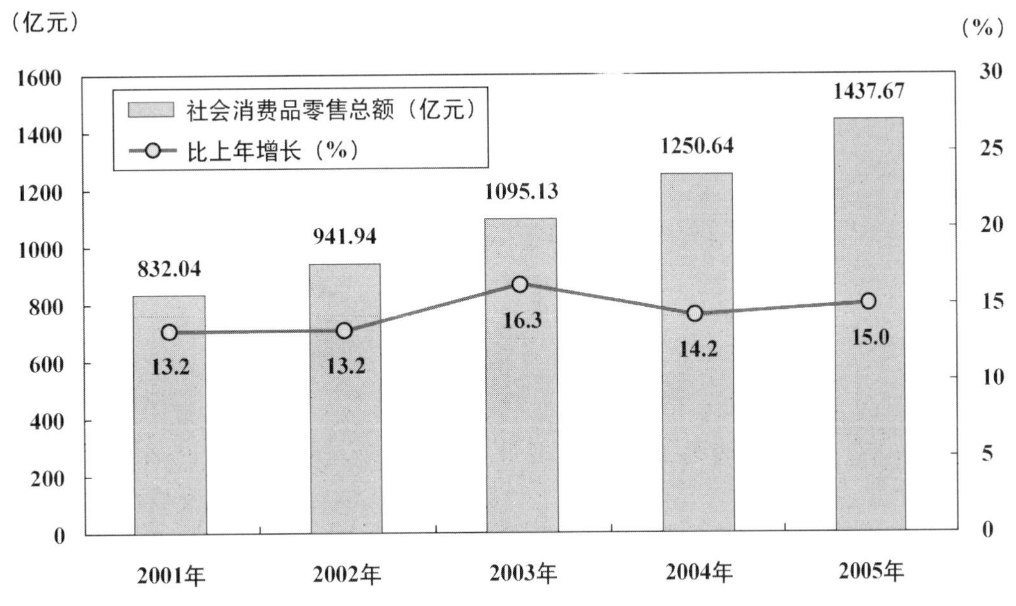

增加值587.93亿元，比上年增长12.0%，比2000年增长92.7%，"十五"期间年平均增长速度达到14.0%。

2005年社会消费品零售总额1437.67亿元，比上年增长15.0%，比2000年增长95.7%。近四年来增长速度首次赶上了GDP增长（图6）。其中，批发零售贸易业零售额1258.17亿元，比上年增长15.2%；餐饮业零售额179.50亿元，比上年增长13.6%。

2005年商品销售总额2920.39亿元，比上年增长18.9%，比2000年增长1.8倍。在限额以上批发零售贸易业商品销售中，汽车类比上年增长56.7%，比2000年增长14.0倍。

（六）出口总量持续增长，外资引进势头良好

深圳有着优良的地理和交通环境，在不断落实对外开放政策的过程中，全市经济快速发展，外贸和外资引进也呈现出高速发展的势头。2005年深圳进出口总额达1828.17亿美元，比上年增长24.1%，比2000年增长1.9倍（图7）。其中，出口总额1015.18亿美元，比上年增长30.4%，也比2000年增长1.9倍。2005年深圳市出口总额占全国出口总额的13.3%，占全省出口总额的42.6%；2005年深圳市进口总额812.99亿美元，比上年增长17.1%，比2000年增长1.8倍。深圳外贸出口总额连续十三年位居全国大中城市榜首。

2005年实际外商直接投资金额29.69亿美元，比上年增长26.3%。在深圳投资的世界500强跨国公司总数累计达114家。

（七）财政金融运行平稳，居民生活稳步提高

2005年完成地方财政一般预算收入412.38亿元，比上年增长18.2%，比2000年增长85.8%，"十五"期间年均增长13.2%。2005年地方财政一般预算支出599.16亿元，增长58.7%。比2000年增长1.7倍，"十五"期间年均增长21.6%。

2005年末全市国内金融机构人民币各项存款余额8478.16亿元，比年初增长19.3%，比2000年增长167.5%，"十五"期间年均增长21.8%；2005年全市国内金融机构人民币各项贷款余额6168.04亿元，按可比口径，比年初增长18.8%。

经济快速发展，城镇居民生活水平和质量也稳步提高。根据600户城镇居民家庭抽样调查资料显示，全年居民人均可支配收入21494.40元，比上年增长8.7%，扣除物价因素，实际增长7.0%。城镇居民人均消费性支出15911.88元，增长9.7%，实际增长8.0%。恩格尔系数为33.4%。2005年末居民人均住房使用面积18.31平方米。2005年末居民储蓄存款余额3229.38亿元，比年初增加603.99 亿元，增长23.0%。

图7 "十五"时期进出口情况

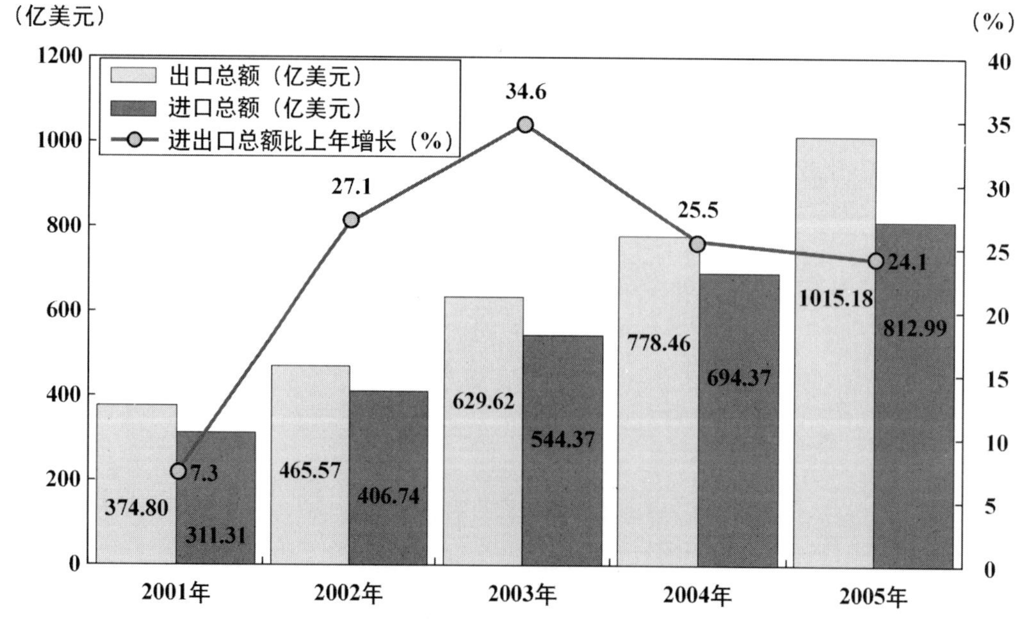

（八）高等教育加快发展，科技文卫成绩突出

2005年深圳市普通高校招生1.50万人，比上年增长4.1%；毕业生0.91万人，增长44.5%；在校学生4.53万人，增长9.8%，比2000年增长2.2倍，“十五”期间年均增长26.3%。

到2005年全市累计认定高新技术企业1144家，登记科技成果355项；2005年深圳获得7项国家科学技术进步二等奖；2005年专利申请量20940件，专利授权量8983件。

全市公共图书馆总藏量498.60万册（件），总流通人次576.20万人次；广播电视人口覆盖率达100%；公开发行报纸13家，公开发行期刊40家；全年出版图书565种。

2005年末全市有卫生医疗机构1063间，其中医院97间，医院病床15577张，比2000年增长62.0%，“十五”期间年均增长10.1%。2005年全市有卫生技术人员2.57万人，比2000年增长63.4%，“十五”期间年均增长10.3%。

二、国民经济和社会发展中存在的主要问题

深圳国民经济和社会发展在“十五”期间取得了骄人的成绩，但在快速发展的过程中也受到以下制约因素的影响。

（一）人口机械增长过快。2005年末全市常住人口已达827.75万人，而全市建城区面积为713平方公里，在人口总量不断增加的情况下，人口增长对城市建设、住宅交通、医疗教育等方面的压力越来越大。

（二）产业结构有待进一步优化。从三次产业看，2005年第二产业的比重已超过50%，在“十五”期间有了进一步提高，而第三产业比重在“十五”期间有所下降。从另一方面看，在规模以上工业39个行业中，通信设备、计算机及其他电子设备制造业增加值占规模以上工业增加值比重已超过40%，在单一行业比重较大的情况下，如果国内外经济和行业环境发生变化，则会对全市经济增长造成不利影响。

（三）深圳进一步发展面临的资源环境压力较大。深圳本地没有与本市经济发展相匹配的原材料和能源供应，就是水资源也非常紧缺，随着人口和经济高速增长，水煤电油运等方面的压力也越来越大。

三、未来展望

从当前的国际和国内宏观经济环境来看，国际经济环境较为稳定，世界经济持续增长，国内经济环境在宏观调控的作用下，经济总体运行也较为平稳，国内整体经济快速稳定发展的势头不减，深圳经济目前处于较为有利的宽松环境，按照目前的经济发展情况看，未来深圳经济将会继续快速平稳发展。

（供稿：综合处　执笔：袁珣）

第二部分　统计数据篇

Part 2 Statistical Data

G-1 上海、江苏、浙江、广东社会和经济主要指标及占全国比重(2005 年)

指标	Item	全国 Total
自然资源	**Natural Resource**	
土地面积(万平方公里)	Land Area (10 000 sq.km)	960.0
人口	**Population**	
年底总人口(万人)	Population at the Year-end (10 000 persons)	130756.0
就业	**Employment**	
就业人员数(万人)	Employment (10 000 persons)	75825.0
城镇登记失业率 (%)	Registered Unemployment Rate in Urban Areas (%)	4.2
国民经济核算	**National Accounts**	
国内（地区）生产总值(亿元)	Gross Domestic (Regional) Product(100 million yuan)	183084.8
第一产业	Primary Industry	23070.4
第二产业	Secondary Industry	87046.7
第三产业	Tertiary Industry	72967.7
人均国内（地区）生产总值(元／人)	Per Capita GDP (GRP) (yuan/person)	14040.0
固定资产投资(亿元)	**Investment in Fixed Assets(100 million yuan)**	
全社会固定资产投资	Total Investment in Fixed Assets	88773.6
#房地产开发	#Real Estate Development	15909.2
财政和金融（亿元）	**Government Finance and Banking(100 million yuan)**	
一般预算内收入	Government Revenue	31649.3
一般预算内支出	Government Expenditures	33930.3
金融机构存款年末余额	Deposits of National Banking System	287169.5
对外贸易(亿美元)	**Foreign Trade(100 million USD)**	
进出口总额	Total Exports and Imports	14219.0
出口额	Exports	7619.5
进口额	Imports	6599.5
实际利用外资额(亿美元)	**Utilization of Foreign Capital(100 million USD)**	
外商直接投资	Foreign Direct Investments	603.3
国际旅游	**International Tourism**	
入境旅游人数(万人次)	Number of Tourists(10 000 person-times)	2025.5
旅游外汇收入(亿美元)	Foreign Exchange Earnings from Tourism (10 000 USD)	293.0
物价	**Price Indices**	
居民消费价格指数（上年＝100）	Consumer Price Index (preceding year=100)	101.8
农业	**Agriculture**	
主要农产品产量（万吨）	Output of Major Farm Products (10 000 tons)	
粮食	Grain	48402.2
棉花	Cotton	571.4
油料	Oil Plants	3077.1

Key Social and Economic Indicators of Shanghai,Jiangsu, Zhejiang, Guangdong and as Percentage of Total (2005)

上海 Shanghai	江苏 Jiangsu	浙江 Zhejiang	广东 Guangdong
0.6	10.3	10.2	18.0
1778.0	7474.5	4898.0	9194.0
863.3	4510.1	3100.8	5023.0
4.4	3.6	3.7	2.6
9154.2	18305.7	13437.9	22366.5
80.3	1461.5	892.8	1395.2
4452.9	10355.0	7166.2	11339.9
4620.9	6489.1	5378.9	9631.4
67492.0	24559.8	27703.0	24438.0
3542.6	8739.7	6696.3	7164.1
1246.9	1545.2	1456.5	1591.9
1433.9	1322.7	1066.6	1807.2
1660.3	1673.4	1265.5	2289.1
23320.9	22001.4	20494.2	35783.6
1863.7	2279.4	1073.9	4280.0
907.4	1229.8	768.0	2381.7
956.2	1049.6	305.9	1898.3
68.5	131.8	77.2	123.6
379.9	262.2	232.9	476.5
36.0	22.6	17.2	64.6
101.0	102.1	101.3	102.3
105.4	2834.6	814.7	1395.0
0.2	32.3	2.2	
6.5	216.0	50.1	77.0

G-1 续表1 continued

指标	Item	全国 Total
工业	**Industry**	
主要产品产量	Output of Major Industrial Products	
布(亿米)	Cloth (100 million m)	484.4
发电量(亿千瓦小时)	Electricity (100 million kwh)	25002.6
水泥(万吨)	Cement(10 000 tons)	106884.8
彩色电视机(万台)	Color Television Sets (10 000 units)	8283.2
微型电子计算机(万台)	Micro-Computers(10 000 units)	8084.9
交通运输	**Transportation**	
客运量(万人)	Passenger Traffic (10 000 persons)	1847018.0
货运量(万吨)	Freight Traffic(10 000 tons)	1862066.0
旅客周转量(亿人公里)	Passenger-Kilometers(100 million passenger-km)	17466.7
货物周转量(亿吨公里)	Freight Ton-Kilometers(100 million ton-km)	80258.0
邮电通信业(亿元)	**Post and Telecommunications (100 million yuan)**	
邮政业务总量	Business Volume of Post	625.5
电信业务总量	Business Volume of Telecommunications	11402.0
国内商业	**Domestic Trade**	
社会消费品零售总额(亿元)	Total Retail Sales of Consumer Goods (100 million yuan)	67176.6
教育、科技	**Education, Science and Technology**	
普通高等学校在校学生数(万人)	Number of Students Enrollment in Regular Institutions of Highter Education(10 000 persons)	1561.8
卫生	**Health Care**	
卫生机构数(个)	Health Institutions(unit)	298997.0
卫生机构床位数(万张)	Number of Hospital Beds(10 000 units)	336.8
卫生机构人员数(万人)	Number of Employed Personnel in Health Institutions(10 000 persons)	542.7
人民生活	**People's Livelihood**	
城镇居民人均可支配收入(元)	Per Capita Annual Disposable Income of Urban Households (yuan)	10493.0
农村居民人均纯收入(元)	Per Capita Net Income of Rural Residents (yuan)	3254.9
环境、灾害	**Environment and Disaster**	
工业废水排放达标量(万吨)	Industrial Waste Water Meeting Discharge Standards(10 000 tons)	2220000.0
工业二氧化硫去除量(万吨)	Volume of Industry Sulphur Dioxide Removed(10 000 tons)	1090.0
环境噪声达标面积(平方公里)	Area of Environmental Noise Meeting National Standard (sq.km)	25000.0
生活污水排放量(万吨)	Consumption Waste Water Discharge(10 000 tons)	2810000.0
城镇生活垃圾无害化处理率(%)	Treatment Rate of Urban Consumption Wastes(%)	51.7
交通事故发生数(起)	Number of Traffic Accidents(case)	450254.0
交通事故死亡人数(人)	Number of Deaths (person)	98738.0

上海 Shanghai	江苏 Jiangsu	浙江 Zhejiang	广东 Guangdong
1.1	54.0	83.6	24.8
728.7	1789.5	1353.0	2163.4
720.0	9579.2	8829.4	8031.7
145.5	403.8	128.5	4089.6
2176.2	2996.1	139.1	1664.1
9487.0	145204.0	160669.0	212104.0
71304.0	112909.0	126176.0	158470.0
663.9	1222.0	848.5	2122.1
12132.0	3068.9	3416.9	4360.0
38.5	53.0	31.4	59.8
375.8	675.1	799.0	2062.1
2973.0	5699.9	4631.7	7882.6
44.3	123.8	67.7	87.5
2527.0	15324.0	12555.0	16318.0
9.1	20.0	14.1	21.0
10.4	31.6	23.6	36.5
18645.0	12319.0	16294.0	14769.9
8342.0	5276.0	6660.0	4690.5
49590.0	288900.0	185978.0	194285.6
7.5	73.3	63.5	25.5
617.0	2400.0	1829.0	1909.6
148600.0	223100.0	120800.0	406835.0
70.2	82.9	78.3	50.6
9200.0	27690.0	43266.0	67756.0
1393.0	7603.0	6881.0	9959.0

G-1 续表2 continued

指标	Item	占全国 全国 Total
自然资源	**Natural Resource**	
土地面积	Land Area	100.00
人口	**Population**	
年底总人口	Population at the Year-end	100.00
就业	**Employment**	
就业人员数	Employment	100.00
国民经济核算	**National Accounts**	
国内（地区）生产总值	Gross Domestic (Regional) Product	100.00
第一产业	Primary Industry	100.00
第二产业	Secondary Industry	100.00
第三产业	Tertiary Industry	100.00
固定资产投资	**Investment in Fixed Assets**	
全社会固定资产投资	Total Investment in Fixed Assets	100.00
#房地产开发	#Real Estate Development	100.00
财政和金融	**Government Finance and Banking**	
一般预算内收入	Government Revenue	100.00
一般预算内支出	Government Expenditures	100.00
金融机构存款年末余额	Deposits of National Banking System	100.00
对外贸易	**Foreign Trade**	
进出口总额	Total Exports and Imports	100.00
出口额	Exports	100.00
进口额	Imports	100.00
实际利用外资额	**Utilization of Foreign Capital**	
外商直接投资	Foreign Direct Investments	100.00
国际旅游	**International Tourism**	
入境旅游人数	Number of Tourists	100.00
旅游外汇收入	Foreign Exchange Earnings from Tourism	100.00
农业	**Agriculture**	
主要农产品产量	Output of Major Farm Products	
粮食	Grain	100.00
棉花	Cotton	100.00
油料	Oil Plants	100.00

比重（%）Percentage to Total (%)

上海 Shanghai	江苏 Jiangsu	浙江 Zhejiang	广东 Guangdong
0.07	1.07	1.06	1.87
1.36	5.72	3.75	7.03
1.14	5.95	4.09	6.62
5.00	10.00	7.34	12.22
0.35	6.33	3.87	6.05
5.12	11.90	8.23	13.03
6.33	8.89	7.37	13.20
3.99	9.84	7.54	8.07
7.84	9.71	9.16	10.01
4.53	4.18	3.37	5.71
4.89	4.93	3.73	6.75
8.12	7.66	7.14	12.46
13.11	16.03	7.55	30.10
11.91	16.14	10.08	31.26
14.49	15.90	4.63	28.76
11.35	21.85	12.80	20.49
18.76	12.94	11.50	23.53
12.29	7.71	5.86	22.00
0.22	5.86	1.68	2.88
0.03	5.65	0.38	
0.21	7.02	1.63	2.50

G-1 续表3 continued

指标	Item	占全国 全国 Total
主要产品产量	Output of Major Industrial Products	
布	Cloth	100.00
发电量	Electricity	100.00
水泥	Cement	100.00
彩色电视机	Color Television Sets	100.00
微型电子计算机	Micro-Computers	100.00
交通运输	**Transportation**	
客运量	Passenger Traffic	100.00
货运量	Freight Traffic	100.00
旅客周转量	Passenger-Kilometers	100.00
货物周转量	Freight Ton-Kilometers	100.00
邮电通信业	**Post and Telecommunications**	
邮政业务总量	Business Volume of Post	100.00
电信业务总量	Business Volume of Telecommunications	100.00
国内商业	**Domestic Trade**	
社会消费品零售总额	Total Retail Sales of Consumer Goods	100.00
教育、科技	**Education, Science and Technology**	
普通高等学校在校学生数	Number of Students Enrollment in Regular Institutions of Highter Education	100.00
卫生	**Health Care**	
卫生机构数	Health Institutions	100.00
卫生机构床位数	Number of Hospital Beds	100.00
卫生机构人员数	Number of Employed Personnel in Health Institutions	100.00
环境、灾害	**Environment and Disaster**	
工业废水排放达标量	Industrial Waste Water Meeting Discharge Standards	100.00
工业二氧化硫去除量	Volume of Industry Sulphur Dioxide Removed	100.00
环境噪声达标面积	Area of Environmental Noise Meeting National Standard	100.00
生活污水排放量	Consumption Waste Water Discharge	100.00
交通事故发生数	Number of Traffic Accidents	100.00
交通事故死亡人数	Number of Deaths	100.00

比重（%）Percentage to Total (%)			
上海 Shanghai	江苏 Jiangsu	浙江 Zhejiang	广东 Guangdong
0.22	11.14	17.26	5.12
2.91	7.16	5.41	8.65
0.67	8.96	8.26	7.51
1.76	4.88	1.55	49.37
26.92	37.06	1.72	20.58
0.51	7.86	8.70	11.48
3.83	6.06	6.78	8.51
3.80	7.00	4.86	12.15
15.12	3.82	4.26	5.43
6.15	8.47	5.03	9.56
3.30	5.92	7.01	18.09
4.43	8.48	6.89	11.73
2.83	7.92	4.33	5.60
0.85	5.13	4.20	5.46
2.70	5.94	4.19	6.23
1.91	5.82	4.35	6.72
2.23	13.01	8.38	8.75
0.69	6.72	5.83	2.34
2.47	9.60	7.32	7.64
5.29	7.94	4.30	14.48
2.04	6.15	9.61	15.05
1.41	7.70	6.97	10.09

G-2 全国与上海、江苏、浙江、广东主要社会和经济指标增长速度比较(2005 年)

单位：%

(上年 =100)

指标	Item	全国 Total
人口	**Population**	
年底总人口	Population at the Year-end	0.6
就业	**Employment**	
就业人员数	Employment	0.8
城镇登记失业人数	Urban Registeration Unempoyment	1.5
国民经济核算	**National Accounts**	
国内（地区）生产总值	Gross Domestic (Regional) Product	14.5
第一产业	Primary Industry	10.1
第二产业	Secondary Industry	17.8
第三产业	Tertiary Industry	12.2
人均国内（地区）生产总值	Per Capita GDP (GRP)	13.8
固定资产投资	**Investment in Fixed Assets**	
全社会固定资产投资	Total Investment in Fixed Assets	26.0
#房地产开发	#Real Estate Development	20.9
财政和金融	**Government Finance and Banking**	
一般预算内收入	Government Revenue	19.9
一般预算内支出	Government Expenditures	19.1
金融机构存款年末余额	Deposits of National Banking System	18.9
对外贸易	**Foreign Trade**	
进出口贸易总额	Total Exports and Imports	23.2
出口额	Exports	28.4
进口额	Imports	17.6
实际利用外资额	**Utilization of Foreign Capital**	
外商直接投资	Foreign Direct Investments	-0.5
国际旅游	**International Tourism**	
入境旅游人数	Number of Tourists	19.6
旅游外汇收入	Foreign Exchange Earnings from Tourism	13.8
农业	**Agriculture**	
主要产品产量	Output of Major Farm Products	
粮食	Grain	3.1
棉花	Cotton	-9.6
油料	Oil Plants	0.4

Comparison of Main Social and Economic Growth Rate Indicators among National Total and Shanghai,Jiangsu, Zhejiang,Guangdong (2005)

(%)
(preceding year=100)

上海 Shanghai	江苏 Jiangsu	浙江 Zhejiang	广东 Guangdong
2.1	0.6	2.0	0.9
3.2	0.6	3.6	7.3
0.3	-3.0	-3.9	-4.0
11.1	14.5	12.8	13.8
-8.9	2.9	1.5	4.5
11.5	16.0	12.7	15.0
11.1	14.9	15.2	13.7
11.1	14.0	11.2	12.4
14.8	28.0	10.5	18.9
6.1	21.7	7.6	10.5
20.7	26.4	18.4	27.4
19.0	18.8	19.0	23.5
16.6	20.8	18.9	
16.5	33.4	26.0	19.8
23.4	40.5	32.1	24.3
10.5	26.1	13.0	14.7
68.5	29.2	15.6	23.5
16.1	23.4	25.8	9.6
16.8	28.1	32.0	18.9
-0.8	0.2	-2.4	0.4
	-35.8	-5.3	
-6.2	-9.4	2.8	-0.7

G-2 续表 continued

单位：%
(上年 =100)

指标	Item	全国 Total
工业	**Industry**	
主要产品产量	Output of Major Industrial Products	
布	Cloth	0.5
发电量	Electricity	13.5
水泥	Cement	10.6
彩色电视机	Color Television Sets	11.5
微型电子计算机	Micro-Computers	35.3
交通运输	**Transportation**	
客运量	Passenger Traffic	4.5
货运量	Freight Traffic	9.1
旅客周转量	Passenger-Kilometers	7.1
货物周转量	Freight Ton-Kilometers	15.6
邮电通信业	**Post and Telecommunications**	
邮政业务总量	Business Volume of Post	10.8
电信业务总量	Business Volume of Telecommunications	24.6
国内商业	**Domestic Trade**	
社会消费品零售总额	Total Retail Sales of Consumer Goods	12.9
教育、科技	**Education, Science and Technology**	
普通高等学校在校学生数	Number of Students Enrollment in Regular Institutions of Highter Education	17.1
卫生	**Health Care**	
卫生机构数	Health Institutions	0.5
卫生机构床位数	Number of Hospital Beds	3.1
卫生机构人员数	Number of Employed Personnel in Health Institutions	1.3
人民生活	**People's Livelihood**	
城镇居民人均可支配收入	Per Capita Annual Disposable Income of Urban Households	11.4
农村居民人均纯收入	Per Capita Net Income of Rural Residents	10.8
环境、灾害	**Environment and Disaster**	
工业废水排放达标量	Industrial Waste Water Meeting Discharge Standards	10.4
工业二氧化硫去除量	Volume of Industry Sulphur Dioxide Removed	22.5
环境噪声达标面积	Area of Environmental Noise Meeting National Standard	19.0
交通事故发生数	Number of Traffic Accidents	-13.1
交通事故死亡人数	Number of Deaths	-7.8

(%)
(preceding year=100)

上海 Shanghai	江苏 Jiangsu	浙江 Zhejiang	广东 Guangdong
-14.3	18.1	-4.4	4.0
-4.9	24.6	12.4	5.0
8.3	12.8	1	5.5
7.7	-11.5	21.2	8.9
120.0	87.6	15.9	13.1
5.8	13	6.9	4.8
8.4	12.8	7.6	1.5
10.7	10.2	6.7	22.1
20.9	27.9	26.5	5.1
6.2	14.1	8.3	8.5
20.7	32.1	23.3	19.4
11.9	16.5	14.2	15.0
6.5	16.5	13.8	20.3
-1.9	6.1	5.2	3.6
5.1	4.5	4.5	4.8
1.8	2.1	6.6	4.7
11.8	17.5		6.3
10.7	11.0		4.5
-8.6	12.8	17.3	40.6
35.4	52.9	43.2	31.4
	4.3	6.3	9.7
	0.9	-13.5	-1.0
	21.8	-8.8	-6.5

1-1 行政区划(2005年)

Divisions of Administrative Areas (2005)

单位：个 (unit)

地区	Area	区 Districts	市 Cities	县 Counties	镇 Town	乡 Township
长江三角洲经济区	**Yangtze River Delta**					
上海市	Shanghai City	18		1	108	3
南京市	Nanjing City	11		2	49	
苏州市	Suzhou City	6	5		64	
无锡市	Wuxi City	6	2		59	
常州市	Changzhou City	5	2		64	
镇江市	Zhenjiang City	3	3		41	
南通市	Nantong City	2	4	2	121	4
扬州市	Yangzhou City	3	3	1	70	7
泰州市	Taizhou City	2	4		85	6
杭州市	Hangzhou City	8	3	2	110	39
宁波市	Ningbo City	6	3	2	80	11
嘉兴市	Jiaxing City	2	3	2	53	1
湖州市	Huzhou City	2		3	44	16
绍兴市	Shaoxing City	1	3	2	80	17
舟山市	Zhoushan City	2		2	23	12
台州市	Taizhou City	3	2	4	65	28
珠江三角洲经济区	**Pearl River Delta**					
广州市	Guangzhou City	10	2		33	
深圳市	Shenzhen City	6				
珠海市	Zhuhai City	3			15	
佛山市	Foshan City	5			36 ①	
江门市	Jiangmen City	3	4		66	
东莞市	Dongguan City				32 ②	
中山市	Zhongshan City				24	
惠州市区	Huizhou Urban District	1			8	
惠阳市	Huiyang City	1			6	
惠东县	Huidong County			1	12	
博罗县	Boluo County			1	16	
肇庆市区	Zhaoqing Urban District	2			6	
高要市	Gaoyao City		1		16	
四会市	Sihui City		1		10	

注：①包括街道办事处。②包括28个镇和4个镇级的街道办事处。

Note: ① Includes Neighborhood Office. ② Includes 28 towns and 4 Neighborhood Office.

1-2 自然资源与气候（2005年）
Natural Resources and Climate (2005)

地区	Area	土地面积（平方公里）Total Land Area (sq.km)	耕地面积（万公顷）Area of Cultivated Land (10000 hectares)	年平均气温（摄氏度）Annual Average Temperature (℃)	年总降水量（毫米）Annual Total Precipitation (millimeters)	年日照总时数（小时）Annual Total Sunshine Hours(hours)
长江三角洲经济区	**Yangtze River Delta**					
上海市	Shanghai City	6340.5	23.7	17.5	1254.9	1778.3
南京市	Nanjing City	6582.3	24.6	16.3	992.3	1937.5
苏州市	Suzhou City	8488.0	24.8	17.1	1019.5	1985.9
无锡市	Wuxi City	4788.0	15.1	17.1	948.2	2091.5
常州市	Changzhou City	4375.0	19.3	16.4	889.6	2160.3
镇江市	Zhenjiang City	3847.5	17.4	16.0	1023.8	2079.2
南通市	Nantong City	8001.0	47.3	16.5	823.1	2192.6
扬州市	Yangzhou City	6634.0	30.7	16.0	1182.8	2092.4
泰州市	Taizhou City	5796.9	31.7	15.6	949.1	2048.8
杭州市	Hangzhou City	16596.0	18.3	17.5	1138.6	1762.2
宁波市	Ningbo City	9365.0	21.1	16.2	1400.0	1900.0
嘉兴市	Jiaxing City	3915.0	21.1	16.7	1006.9	2110.8
湖州市	Huzhou City	5818.0	15.9	19.8	1075.4	1788.3
绍兴市	Shaoxing City	8256.0	16.7	17.1	1300.0	1823.0
舟山市	Zhoushan City	1440.1	1.7	16.7	1364.7	2036.9
台州市	Taizhou City	9411.0	14.7	17.9	2114.3	1760.4
珠江三角洲经济区	**Pearl River Delta**					
广州市	Guangzhou City	7434.4	13.1	22.5	1938.2	1495.5
深圳市	Shenzhen City	1952.8	2.5	23.2	2143.6	1574.3
珠海市	Zhuhai City	1687.7	1.6	22.8	2210.5	1672.8
佛山市	Foshan City	3848.5	5.6	23.2	1681.1	1229.9
江门市	Jiangmen City	9541.0	13.2	22.7	1618.5	1552.1
东莞市	Dongguan City	2465.0	3.4	22.7	1837.6	1736.3
中山市	Zhongshan City	1800.1	2.9	23.6	1792.2	1627.2
惠州市区	Huizhou Urban District	1410.0	1.5			
惠阳市	Huiyang City	1262.0	0.9	22.4	1789.5	1552.0
惠东县	Huidong County	3396.0	3.0	22.0	1720.1	1888.3
博罗县	Boluo County	2795.0	3.4	22.7	2057.4	1637.6
肇庆市区	Zhaoqing Urban District	664.0	0.9	22.5	1905.2	1319.5
高要市	Gaoyao City	2071.0	3.1	22.5	1905.2	1319.5
四会市	Sihui City	1188.0	1.5	21.8	1833.9	1696.7

1-3 森林资源主要指标（2005年）

Major Indicators of Forest Resources(2005)

地区	Area	活立木总蓄积量（万立方米）Standing Stock Volume(10 000 cu.m)	森林面积（万公顷）Forest Area (10 000 hectares)	森林蓄积量（万立方米）Stock Volume of the Forest(10 000 cu.m)	森林覆盖率（%）Forest-coverage Rate (%)
长江三角洲经济区	**Yangtze River Delta**				
上海市	Shanghai City				11.60
南京市	Nanjing City		12.86		19.54
苏州市	Suzhou City		10.25		10.17
无锡市	Wuxi City		8.13		17.26
常州市	Changzhou City		4.50		15.68
镇江市	Zhenjiang City		5.44		11.77
南通市	Nantong City				14.51
扬州市	Yangzhou City		8.10		12.21
泰州市	Taizhou City				8.51
杭州市	Hangzhou City	2392.62	104.58	2138.86	62.80
宁波市	Ningbo City	864.71	44.00	836.78	50.00
嘉兴市	Jiaxing City	180.70	3.99	23.28	15.90
湖州市	Huzhou City	382.50	28.34	304.00	48.70
绍兴市	Shaoxing City	794.35	42.23	765.98	51.83
舟山市	Zhoushan City	66.22	6.73	3.00	50.00
台州市	Taizhou City	1153.67	53.58	1125.18	62.20
珠江三角洲经济区	**Pearl River Delta**				
广州市	Guangzhou City		28.13		38.30
深圳市	Shenzhen City	211.19	7.98		43.40
珠海市	Zhuhai City	182.17	3.35	127.20	29.40
佛山市	Foshan City		6.15	311.00	18.00
江门市	Jiangmen City	1239.00	45.00		44.90
东莞市	Dongguan City		5.95	175.38	33.12
中山市	Zhongshan City	142.06	3.22	118.59	23.80
惠州市区①	Huizhou Urban District ①	161.55	5.88	148.89	40.60
惠阳市①	Huiyang City ①	70.74	5.08	62.86	46.50
惠东县①	Huidong County ①	726.07	21.63	696.96	67.40
博罗县①	Boluo County ①	302.36	10.68	281.84	48.20
肇庆市区	Zhaoqing Urban District	75.11	1.86	75.11	34.90
高要市	Gaoyao City	436.47	11.79	436.47	55.60
四会市	Sihui City	179.27	6.24	179.27	50.30

注：①2004年数据。

Note: ① Data refer to 2004.

主要统计指标解释

行政区划　指国家对行政区域的划分。根据宪法规定，我国的行政区域划分如下：(1) 全国分为省、自治区、直辖市；(2) 省、自治区分为自治州、县、自治县、市；(3) 自治州分为县、自治县、市；(4) 县、自治县分为乡、民族乡、镇；(5) 直辖市和较大的市分为区、县；(6) 国家在必要时设立的特别行政区。

自然资源　指人类可以直接从自然界获得，并用于生产和生活的物质资源。自然资源一般可以分成可再生资源和非再生资源两大类。可再生资源指在较短时间内可以再生、可以循环利用的资源，包括土地资源、水资源、气候资源、生物资源和海洋资源等。非再生资源指在使用后不能再生的资源，包括矿产资源和地热能源。

气温　指空气的平均温度，我国一般以摄氏度（℃）为单位表示。气象观测的温度表是放在离地面约1.5米处通风良好的百叶箱里测量的，因此，通常说的气温指的是离地面1.5米处百叶箱中的温度。其统计方法为：

年平均气温是将全年各日的平均气温相加，除以该年的天数而得。

降水量　指从天空降落到地面的液态或固态（经融化后）水，未经蒸发、渗透、流失而在地面上积聚的深度。其统计方法为：

年降水量是将全年各日的降水量累加而得。

日照时数　指太阳实际照射地面的时间。其统计方法与降水量相同。

活立木总蓄积量　指一定范围内土地上全部树木蓄积的总量，包括森林蓄积、疏林蓄积、散生木蓄积和四旁树蓄积。

森林面积　指由乔木树种构成，郁闭度0.2以上（含0.2）的林地或冠幅宽度10米以上的林带的面积，即有林地面积。森林面积包括天然起源和人工起源的针叶林面积、阔叶林面积、针阔混交林面积和竹林面积，不包括灌木林地面积和疏林地面积。

森林蓄积量　指一定森林面积上存在着的林木树干部分的总材积。它是反映一个国家或地区森林资源总规模和水平的基本指标之一，也是反映森林资源的丰富程度、衡量森林生态环境优劣的重要依据。

森林覆盖率　指一个国家或地区森林面积占土地面积的百分比。森林覆盖率是反映森林资源的丰富程度和生态平衡状况的重要指标。在计算森林覆盖率时，森林面积包括郁闭度0.2以上的乔木林地面积和竹林地面积，国家特别规定的灌木林地面积、农田林网以及四旁（村旁、路旁、水旁、宅旁）林木的覆盖面积。计算公式为：

森林覆盖率（%）=（森林面积／土地总面积）× 100%

Explanatory Notes on Main Statistical Indicators

Administrative Division refers to the division of administrative areas by the state. The Constitution of the People's Republic of China stipulates that the administrative areas in China are divided as: 1) The whole country is divided into provinces, autonomous regions and municipalities directly under the central government; 2) Provinces and autonomous regions are divided into autonomous prefectures, counties, autonomous counties and cities ; 3) Autonomous prefectures are divided into counties, autonomous counties and cities; 4) Counties and autonomous counties are divided into townships, nationality townships and towns;5) Municipalities and large cities are divided into districts and counties, 6) The state shall, when necessary, establish special administrative regions.

Natural Resources refer to material resources that could be obtained from the nature by human being and used for production and living. Natural resources in general can be classified as renewable resources and non-renewable resources. Renewable Resources refer to resources that could be renewed and recycled during a relatively short period of time, including land resource, water resource, climate resource, biology resource and marine resource. Non-renewable resources include resources that could not be renewed, such as minerals and geothermal resource.

Temperature refers to the average air temperature. China uses centigrade as the unit. The thermometry used for weather observation is put in a breezy shutter, which is 1.5 meters high from the ground. Therefore, the commonly used temperature refers to the temperature in the breezy shutter 1.5 meters away from the ground. The calculation method is as follows:

Annual average temperature is the summation of average daily temperature of one year divided by the actual days of that particular year.

Volume of Precipitation refers to the deepness of liquid state or solid state(thawed) water falling from the sky to the ground that has not been evaporated, infiltrated or run off. The calculation method is as follows:

Annual precipitation is the summation of daily precipitation of a year.

Sunshine Hours refer to the actual hours of sun irradiating the earth. The calculation method is the same as that of the precipitation.

Total Standing Stock Volume refers to the total stock volume of trees growing in land, including trees in forest, tress in sparse forest, scattered trees and trees planted by the side of villages, farm houses and along roads and rivers.

Forest Area refers to the area of forest where trees and bamboo grow with canopy density above 0.2, including land of natural woods and planted woods, but excluding bush land and thin forest land. It reflects the total areas of afforestation.

Stock Volume of Forest refers to total stock volume of wood growing in forest area, which shows the total size and level of forest resources of a country or a region. It is also an important indicator illustrating the richness of forest resource and the status of forest ecological environment.

Forest Coverage Rate refers to the ratio of area of afforested land to total land area. It is a very important indicator that reflects the status of abundance of forest resource and ecosystem balance. Forest area includes the area of trees and bamboo grow with canopy density above 0.2, the area of shrubby tree according to regulations of the government, the area of forest land inside farm land and the area of trees planted by the side of villages, farm houses and along roads and rivers. The formula for calculating forest coverage rate is as follows:

Forestry coverage rate (%)= (Area of Afforested Land/Area of Total Land) × 100%

2-1 地区生产总值

Gross Regional Product

按当年价格计算。

Calculated at current prices.

单位：亿元 (100 million yuan)

地区	Area	1978	1980	1990	2000	2004	2005
长江三角洲经济区	**Yangtze River Delta**						
上海市	Shanghai City	272.81	311.89	781.66	4771.17	8072.83	9154.18
南京市	Nanjing City	34.42	42.51	176.52	1073.54	2067.18	2411.11
苏州市	Suzhou City	31.95	40.68	202.14	1540.68	3450.00	4026.52
无锡市	Wuxi City	24.93	35.55	160.44	1176.54	2250.64	2804.68
常州市	Changzhou City	17.57	22.76	94.87	600.66	1100.61	1303.36
镇江市	Zhenjiang City	12.18	14.92	65.32	423.25	711.97	871.67
南通市	Nantong City	29.39	35.66	134.25	720.59	1195.74	1472.08
扬州市	Yangzhou City	14.38	17.56	89.05	472.12	760.33	922.02
泰州市	Taizhou City	14.15	18.30	84.21	399.08	699.17	822.26
杭州市	Hangzhou City	28.40	40.65	189.62	1382.56	2543.18	2942.65
宁波市	Ningbo City	20.17	29.53	141.40	1144.57	2109.45	2449.31
嘉兴市	Jiaxing City	13.29	17.80	81.33	524.03	1002.41	1159.66
湖州市	Huzhou City	8.88	12.23	54.99	325.23	550.49	644.25
绍兴市	Shaoxing City	11.29	16.55	82.38	716.85	1244.99	1447.47
舟山市	Zhoushan City	3.88	4.90	24.57	121.57	231.27	280.16
台州市	Taizhou City	10.13	14.28	78.91	613.31	1076.48	1251.77
珠江三角洲经济区	**Pearl River Delta**						
广州市	Guangzhou City	43.09	57.55	319.60	2492.74	4450.55	5154.23
深圳市	Shenzhen City		2.70	171.67	2187.45	4282.14	4950.91
珠海市	Zhuhai City		2.61	41.43	331.43	551.68	634.95
佛山市	Foshan City	12.96	16.77	136.73	1050.38	1918.04	2383.18
江门市	Jiangmen City	14.32	18.73	100.55	504.66	695.64	805.37
东莞市	Dongguan City	6.11	7.22	80.44	820.25	1806.03	2181.62
中山市	Zhongshan City	5.76	7.22	51.06	345.44	704.30	880.20
惠州市区	Huizhou Urban District				194.00	297.70	354.09
惠阳市	Huiyang City				55.80	110.90	130.88
惠东县	Huidong County				85.70	122.90	138.96
博罗县	Boluo County				81.30	127.60	145.25
肇庆市区	Zhaoqing Urban District	1.07	1.33	13.14	77.37	123.48	140.69
高要市	Gaoyao City	1.55	2.16	11.71	53.73	85.06	95.00
四会市	Sihui City	0.99	1.23	8.23	32.53	53.07	64.04

2-2 地区生产总值指数(上年＝100)

Indices of Gross Regional Product(preceding year=100)

按可比价格计算。

Calculated at comparable prices.

地区	Area	1978	1980	1990	2000	2004	2005
长江三角洲经济区	**Yangtze River Delta**						
上海市	Shanghai City	115.8	108.4	103.5	111.0	114.2	111.1
南京市	Nanjing City	109.0	109.3	109.2	112.3	117.3	115.1
苏州市	Suzhou City		114.5	113.5	112.6	117.6	115.3
无锡市	Wuxi City	112.0	111.8	109.1	111.2	117.4	115.1
常州市	Changzhou City	113.8	112.2	107.9	111.0	115.5	115.1
镇江市	Zhenjiang City	100.0	110.9	108.3	110.3	114.7	115.0
南通市	Nantong City	100.0	108.7	112.0	110.9	115.6	115.4
扬州市	Yangzhou City	100.0	106.4	107.9	110.5	114.5	115.0
泰州市	Taizhou City		108.4	102.5	111.0	114.7	115.0
杭州市	Hangzhou City	120.2	119.7	105.8	112.0	115.0	113.0
宁波市	Ningbo City		117.7	105.7	112.0	115.5	112.6
嘉兴市	Jiaxing City		104.4	100.9	112.0	116.0	113.2
湖州市	Huzhou City		106.9	105.4	109.7	114.9	114.4
绍兴市	Shaoxing City		117.2	106.3	111.4	114.9	113.7
舟山市	Zhoushan City	97.8	103.8	101.3	112.2	117.0	118.0
台州市	Taizhou City	118.0	111.2	105.6	112.1	113.9	113.9
珠江三角洲经济区	**Pearl River Delta**						
广州市	Guangzhou City	110.3	115.4	111.3	113.4	115.0	112.9
深圳市	Shenzhen City		162.7	132.5	115.7	117.3	115.1
珠海市	Zhuhai City		114.1	135.6	112.0	114.2	113.4
佛山市	Foshan City		115.2	116.8	112.5	118.3	119.4
江门市	Jiangmen City		111.9	110.2	110.2	112.2	112.8
东莞市	Dongguan City		102.7	123.2	119.7	121.0	119.4
中山市	Zhongshan City		112.7	115.6	112.4	121.5	123.2
惠州市区	Huizhou Urban District					115.5	115.9
惠阳市	Huiyang City				111.1	114.4	118.4
惠东县	Huidong County				110.4	112.1	113.1
博罗县	Boluo County				110.4	114.5	115.3
肇庆市区	Zhaoqing Urban District		114.6	119.9	116.8	113.0	114.4
高要市	Gaoyao City		115.8	114.1	109.0	113.5	113.1
四会市	Sihui City		111.7	107.7	108.7	112.7	118.9

2-3 地区生产总值指数(1978年＝100)
Indices of Gross Regional Product(year of 1978=100)

按可比价格计算。
Calculated at comparable prices.

地区	Area	1978	1980	1990	2000	2004	2005
长江三角洲经济区	**Yangtze River Delta**						
上海市	Shanghai City	100.0	116.5	237.0	756.3	1193.4	1325.9
南京市	Nanjing City	100.0	121.1	303.9	1114.2	1883.3	2167.7
苏州市	Suzhou City	100.0	119.1	400.2	1821.9	3250.7	3748.1
无锡市	Wuxi City	100.0	136.4	423.8	2215.4	3774.9	4344.9
常州市	Changzhou City	100.0	121.8	341.3	1434.5	2388.1	2748.7
镇江市	Zhenjiang City	100.0	114.7	330.6	1596.5	2602.1	2992.4
南通市	Nantong City	100.0	119.5	284.5	1014.3	1626.5	1877.0
扬州市	Yangzhou City	100.0	110.5	373.2	1251.7	1954.9	2249.0
泰州市	Taizhou City	100.0	115.9	298.7	1077.6	1736.4	1996.9
杭州市	Hangzhou City	100.0	135.7	372.4	1867.8	3142.8	3551.4
宁波市	Ningbo City	100.0	133.5	450.4	2151.9	3646.0	4105.4
嘉兴市	Jiaxing City	100.0	124.4	320.6	1218.9	2094.9	2372.2
湖州市	Huzhou City	100.0	125.5	305.9	1104.0	1783.1	2040.5
绍兴市	Shaoxing City	100.0	131.0	394.7	2214.9	3677.6	4181.4
舟山市	Zhoushan City	100.0	101.5	239.3	747.2	1285.1	1516.2
台州市	Taizhou City	100.0	126.2	450.4	2236.0	3743.8	4263.4
珠江三角洲经济区	**Pearl River Delta**						
广州市	Guangzhou City	100.0	130.9	398.2	1847.3	3125.9	3529.6
深圳市①	Shenzhen City ①		162.7	3439.1	27688.0	51264.6	58991.9
珠海市①	Zhuhai City ①		114.1	1300.0	7957.5	13444.3	15247.9
佛山市	Foshan City	100.0	125.3	539.2	3476.8	6201.7	7407.5
江门市	Jiangmen City						
东莞市	Dongguan City	100.0	102.2	548.3	3411.1	7186.2	8580.3
中山市	Zhongshan City	100.0	117.1	405.0	2027.7	4066.0	5009.3
惠州市区	Huizhou Urban District						
惠阳市	Huiyang City						
惠东县	Huidong County						
博罗县	Boluo County						
肇庆市区	Zhaoqing Urban District	100.0	120.2	557.2	2603.4	4013.7	4591.7
高要市	Gaoyao City	100.0	116.2	552.3	1610.5	2428.1	2746.2
四会市	Sihui City	100.0	117.8	390.0	917.7	1340.0	1593.2

注：①以1979年为基期。
Note: ① The base year is 1979.

2-4 人均地区生产总值

Gross Regional Product Per Capita

按当年价格计算。

Calculated at current prices.

单位：元 (yuan)

地区	Area	1978	1980	1990	2000	2004	2005
长江三角洲经济区①	**Yangtze River Delta ①**						
上海市	Shanghai City	2497	2737	6107	36217	59928	67492
南京市	Nanjing City	844	983	3538	19838	35770	40887
苏州市	Suzhou City	634	787	3617	26692	57992	66766
无锡市	Wuxi City	687	947	3865	27653	50592	60326
常州市	Changzhou City	605	771	2935	17635	31665	37207
镇江市	Zhenjiang City	527	633	2540	15887	26645	32597
南通市	Nantong City	408	490	1736	9176	15415	19060
扬州市	Yangzhou City	363	434	2048	10515	16747	20389
泰州市	Taizhou City	314	399	1528	7963	13894	16366
杭州市	Hangzhou City	565	791	3310	22342	39293	44853
宁波市	Ningbo City	437	634	2777	21208	38292	44156
嘉兴市	Jiaxing City	460	610	2582	15845	30062	34706
湖州市	Huzhou City	402	548	2247	12733	21420	25030
绍兴市	Shaoxing City	299	433	2002	16586	28668	33283
舟山市	Zhoushan City	447	554	2538	12353	23838	28936
台州市	Taizhou City	225	311	1534	11257	19422	22438
珠江三角洲经济区	**Pearl River Delta**						
广州市②	Guangzhou City ②	907	1160	5418	38398	45906	53809
深圳市	Shenzhen City		606	8724	32800	54236	60801
珠海市	Zhuhai City		720	6678	27693	40311	45284
佛山市	Foshan City	559	709	4518	20231	33669	41266
江门市	Jiangmen City	455	587	2876	12851	17039	19636
东莞市②	Dongguan City ②	553	643	6173	13679	27554	33263
中山市	Zhongshan City	573	717	4490	15077	29060	36207
惠州市区③	Huizhou Urban District ③				23513	30564	34862
惠阳市③	Huiyang City ③				13843	17520	19811
惠东县③	Huidong County ③				12112	15847	17592
博罗县③	Boluo County ③				10484	14733	16268
肇庆市区	Zhaoqing Urban District			3668	15495	23973	27165
高要市	Gaoyao City			1907	8601	12677	13935
四会市	Sihui City			2247	8137	11743	13906

注：①按户籍人口统计。②1990年及以前按户籍人口计算。③因区划调整，2003年及以后数据与2000年口径不同。

Note: ① Calculated by persons registered permanent residence. ② Prior to the 1990,data is calculated by persons registered permanent residence. ③ The coverage of GRP of per capita after 2003 is different from the coverage in 2000 because of adjusted by regionalism.

2-5 地区生产总值三次产业增加值
Gross Regional Product by Three Industries

按当年价格计算。
Calculated at current prices.
单位：亿元 (100 million yuan)

地区	Area	地区生产总值 Gross Regional Product			第一产业 Primary Industry		
		1978	1990	2005	1978	1990	2005
长江三角洲经济区	**Yangtze River Delta**						
上海市	Shanghai City	272.81	781.66	9154.18	11.00	34.24	80.34
南京市	Nanjing City	34.42	176.52	2411.11	4.31	17.26	80.04
苏州市	Suzhou City	31.95	202.14	4026.52	8.97	35.00	88.66
无锡市	Wuxi City	24.93	160.44	2804.68	3.56	17.53	48.19
常州市	Changzhou City	17.57	94.87	1303.36	3.85	17.68	56.56
镇江市	Zhenjiang City	12.18	65.32	871.67	3.06	14.48	38.69
南通市	Nantong City	29.39	134.25	1472.08	12.28	42.88	160.03
扬州市	Yangzhou City	14.38	89.05	922.02	6.24	21.75	89.29
泰州市	Taizhou City	14.15	74.21	822.26	7.19	25.59	89.89
杭州市	Hangzhou City	28.40	189.62	2942.65	6.34	30.94	148.21
宁波市	Ningbo City	20.17	141.40	2449.31	6.52	29.35	132.26
嘉兴市	Jiaxing City	13.29	81.33	1159.66	6.63	24.97	84.45
湖州市	Huzhou City	8.88	54.99	644.25	4.01	18.85	63.00
绍兴市	Shaoxing City	11.29	82.38	1447.47	5.14	19.77	93.07
舟山市	Zhoushan City	3.88	24.57	280.16	1.63	24.57	39.84
台州市	Taizhou City	10.13	78.91	1251.77	4.74	23.89	102.64
珠江三角洲经济区	**Pearl River Delta**						
广州市	Guangzhou City	43.09	319.60	5154.23	5.03	25.73	130.22
深圳市	Shenzhen City		171.67	4950.91		7.02	9.73
珠海市	Zhuhai City		41.43	634.95		5.95	19.33
佛山市	Foshan City	12.96	136.73	2383.18	4.04	19.97	75.76
江门市	Jiangmen City	14.32	100.55	805.37	5.04	23.75	72.47
东莞市	Dongguan City	6.11	80.44	2181.62	2.72	13.28	19.62
中山市	Zhongshan City	5.75	51.06	880.20	2.76	13.64	30.82
惠州市区	Huizhou Urban District			354.09			12.56
惠阳市	Huiyang City			130.88			6.91
惠东县	Huidong County			138.96			25.87
博罗县	Boluo County			145.25			22.35
肇庆市区	Zhaoqing Urban District	1.39	13.14	140.69	0.27	2.47	8.18
高要市	Gaoyao City	1.55	12.21	95.00	1.01	6.69	42.29
四会市	Sihui City	0.96	8.23	64.04	0.46	3.41	22.84

2-5 续表1 continued

按当年价格计算。

Calculated at current prices.

单位：亿元 (100 million yuan)

地区	Area	第二产业 Secondary Industry			工 业 Industry		
		1978	1990	2005	1978	1990	2005
长江三角洲经济区	**Yangtze River Delta**						
上海市	Shanghai City	211.05	505.60	4452.92	207.47	469.83	4129.52
南京市	Nanjing City	23.22	96.03	1200.28		87.40	1043.18
苏州市	Suzhou City	17.79	123.24	2681.54	16.69	112.52	2520.33
无锡市	Wuxi City	17.04	107.66	1695.95	15.63	102.62	1587.73
常州市	Changzhou City	11.25	57.96	796.12	10.54	54.06	717.23
镇江市	Zhenjiang City	7.36	37.27	528.16	6.74	34.12	476.85
南通市	Nantong City	10.98	60.46	825.85	9.99	54.55	674.51
扬州市	Yangzhou City	5.83	47.48	519.17	5.27	43.18	451.45
泰州市	Taizhou City	4.99	34.04	476.65	4.56	30.80	401.59
杭州市	Hangzhou City	16.93	96.17	1496.94	15.75	87.88	1329.60
宁波市	Ningbo City	9.69	80.31	1341.46	8.62	72.12	1188.55
嘉兴市	Jiaxing City	4.38	40.56	681.93	3.91	34.82	609.12
湖州市	Huzhou City	3.23	24.14	353.27	2.78	21.38	313.07
绍兴市	Shaoxing City	3.71	43.57	873.00			779.33
舟山市	Zhoushan City	1.23	7.93	111.26	1.02	6.57	86.08
台州市	Taizhou City	3.03	31.90	658.14	2.52	27.90	597.72
珠江三角洲经济区	**Pearl River Delta**						
广州市	Guangzhou City	25.25	136.30	2045.22	24.36	118.10	1843.96
深圳市	Shenzhen City		76.93	2633.44		64.49	2483.49
珠海市	Zhuhai City		18.06	339.18		15.12	315.50
佛山市	Foshan City	6.54	77.70	1439.40	6.17	72.07	1374.95
江门市	Jiangmen City	5.76	43.15	425.39			400.58
东莞市	Dongguan City	2.68	40.53	1236.25		39.18	1181.61
中山市	Zhongshan City	2.02	18.82	539.38	1.97	16.38	510.82
惠州市区	Huizhou Urban District			229.65			214.17
惠阳市	Huiyang City			70.58			55.14
惠东县	Huidong County			73.23			69.73
博罗县	Boluo County			69.55			66.25
肇庆市区	Zhaoqing Urban District	0.60	5.10	49.62		4.74	35.84
高要市	Gaoyao City	0.41	2.89	23.57		2.52	20.97
四会市	Sihui City	0.28	2.97	21.54		2.64	20.13

2-5 续表2 continued

按当年价格计算。
Calculated at current prices.
单位：亿元 (100 million yuan)

地区	Area	第二产业 Secondary Industry 建筑业 Construction			第三产业 Tertiary Industry		
		1978	1990	2005	1978	1990	2005
长江三角洲经济区	**Yangtze River Delta**						
上海市	Shanghai City	3.58	35.77	323.40	50.76	241.82	4620.92
南京市	Nanjing City	0.00	8.63	157.10	6.89	63.23	1130.79
苏州市	Suzhou City	1.10	10.71	161.21	5.18	43.90	1256.32
无锡市	Wuxi City	1.40	5.04	108.22	4.33	35.24	1060.54
常州市	Changzhou City	0.71	3.90	78.89	2.47	19.23	450.68
镇江市	Zhenjiang City	0.62	3.14	51.31	1.76	13.57	304.82
南通市	Nantong City	0.99	5.91	151.33	6.12	30.90	486.20
扬州市	Yangzhou City	0.56	4.30	67.72	2.31	19.82	313.56
泰州市	Taizhou City	0.43	3.24	75.06	1.97	14.58	255.72
杭州市	Hangzhou City	1.10	8.28	167.34	5.13	62.51	1297.50
宁波市	Ningbo City	1.07	7.85	152.91	3.96	31.74	975.59
嘉兴市	Jiaxing City	0.47	5.74	72.80	2.28	15.80	393.28
湖州市	Huzhou City	0.45	2.76	40.21	1.65	12.00	227.98
绍兴市	Shaoxing City			93.67	2.44	19.04	481.40
舟山市	Zhoushan City	0.21	1.36	25.18	1.02	7.87	129.05
台州市	Taizhou City	0.51	4.00	60.42	2.36	23.12	490.99
珠江三角洲经济区	**Pearl River Delta**						
广州市	Guangzhou City	0.89	18.20	201.26	12.82	157.57	2978.79
深圳市	Shenzhen City		12.34	149.95		87.71	2307.73
珠海市	Zhuhai City		2.94	23.68		17.41	276.44
佛山市	Foshan City	0.37	5.63	64.45	2.38	39.06	868.02
江门市	Jiangmen City			24.81	3.52	33.65	307.52
东莞市	Dongguan City		1.35	54.63	0.71	26.63	925.76
中山市	Zhongshan City	0.05	2.44	28.56	0.98	18.61	310.01
惠州市区	Huizhou Urban District			15.48			111.88
惠阳市	Huiyang City			15.44			53.49
惠东县	Huidong County			3.50			39.86
博罗县	Boluo County			3.30			53.36
肇庆市区	Zhaoqing Urban District		0.35	13.78	0.52	5.58	82.88
高要市	Gaoyao City		0.37	2.60	0.14	2.63	29.14
四会市	Sihui City		0.32	1.42	0.25	2.20	19.66

2-6 地区生产总值三次产业指数（1978年＝100）

Indices of Gross Regional Product by Three Industries(year of 1978=100)

按可比价格计算。

Calculated at comparable prices.

地区	Area	1978	1980	1990	2000	2004	2005
长江三角洲经济区	**Yangtze River Delta**						
上海市	Shanghai City						
第一产业	Primary Industry	100.0	98.7	129.5	164.3	169.4	154.3
第二产业	Secondary Industry	100.0	115.1	219.1	668.7	1119.9	1248.8
第三产业	Tertiary Industry	100.0	126.0	329.7	1237.6	1867.3	2074.9
南京市	Nanjing City						
第一产业	Primary Industry	100.0	107.4	153.1	282.8	364.0	373.8
第二产业	Secondary Industry	100.0	121.2	276.0	10777.1	18900.2	22283.3
第三产业	Tertiary Industry	100.0	130.9	514.6	2021.5	3389.9	3844.2
苏州市	Suzhou City						
第一产业	Primary Industry	100.0	89.6	141.3	213.6	205.5	205.3
第二产业	Secondary Industry	100.0	132.8	530.4	2414.1	4632.3	5336.4
第三产业	Tertiary Industry	100.0	122.2	401.7	2504.7	4263.6	4984.1
无锡市	Wuxi City						
第一产业	Primary Industry	100.0	98.1	178.0	266.0	277.3	289.0
第二产业	Secondary Industry	100.0	145.8	484.7	2602.5	4624.1	5350.1
第三产业	Tertiary Industry	100.0	131.1	379.2	2374.1	3928.5	4509.9
常州市	Changzhou City						
第一产业	Primary Industry	100.0	101.7	166.3	256.3	299.7	314.7
第二产业	Secondary Industry	100.0	125.7	395.6	1764.7	3095.6	3599.8
第三产业	Tertiary Industry	100.0	135.8	369.3	2145.1	3487.8	4000.5
镇江市	Zhenjiang City						
第一产业	Primary Industry	100.0	95.5	171.4	249.8	297.8	307.0
第二产业	Secondary Industry	100.0	121.0	388.5	1993.6	3407.1	3925.0
第三产业	Tertiary Industry	100.0	121.4	365.1	2400.4	3820.3	4454.5
南通市	Nantong City						
第一产业	Primary Industry	100.0	94.5	179.3	318.1	383.0	393.7
第二产业	Secondary Industry	100.0	145.1	421.1	1886.2	3323.1	3957.8
第三产业	Tertiary Industry	100.0	121.0	239.5	1033.8	1632.0	1867.0
扬州市	Yangzhou City						
第一产业	Primary Industry	100.0	89.7	126.1	222.2	270.6	286.8
第二产业	Secondary Industry	100.0	129.7	624.4	2308.1	3869.4	4534.1
第三产业	Tertiary Industry	100.0	118.2	407.4	1728.6	2645.3	3023.9
泰州市	Taizhou City						
第一产业	Primary Industry	100.0	90.4	128.9	199.4	238.9	249.4
第二产业	Secondary Industry	100.0	139.9	523.0	2125.2	3848.5	4506.6
第三产业	Tertiary Industry	100.0	148.1	351.0	1746.5	2684.5	3097.9
杭州市	Hangzhou City						
第一产业	Primary Industry	100.0	105.6	154.4	272.1	338.9	350.5
第二产业	Secondary Industry	100.0	151.1	422.2	2565.7	4534.4	5037.8
第三产业	Tertiary Industry	100.0	130.7	528.0	2563.9	4258.0	4956.3

2–6 续表1 continued

按可比价格计算。
Calculated at comparable prices.

地区	Area	1978	1980	1990	2000	2004	2005
宁波市	Ningbo City						
第一产业	Primary Industry	100.0	108.8	171.1	296.0	350.9	357.6
第二产业	Secondary Industry	100.0	156.0	678.0	3725.4	6598.9	7311.6
第三产业	Tertiary Industry	100.0	125.0	418.2	2371.5	4017.6	4672.5
嘉兴市	Jiaxing City						
第一产业	Primary Industry	100.0	91.7	145.3	187.9	231.9	241.4
第二产业	Secondary Industry	100.0	174.2	612.2	2807.8	5138.8	5842.7
第三产业	Tertiary Industry	100.0	137.6	348.2	2000.8	3411.1	3905.5
湖州市	Huzhou City						
第一产业	Primary Industry	100.0	104.5	170.8	217.4	264.8	275.7
第二产业	Secondary Industry	100.0	150.4	480.9	2264.1	3895.7	4490.9
第三产业	Tertiary Industry	100.0	137.0	352.8	1682.7	2705.2	3145.6
绍兴市	Shaoxing City						
第一产业	Primary Industry	100.0	100.5	129.4	276.6	313.8	321.3
第二产业	Secondary Industry	100.0	178.7	904.9	6730.6	11825.6	13268.3
第三产业	Tertiary Industry	100.0	122.8	282.4	1428.0	2359.3	2734.4
舟山市	Zhoushan City						
第一产业	Primary Industry	100.0	88.7	99.8	250.6	273.6	274.2
第二产业	Secondary Industry	100.0	113.1	369.6	1416.8	3129.0	3882.2
第三产业	Tertiary Industry	100.0	119.9	357.1	1102.1	1952.9	2326.1
台州市	Taizhou City						
第一产业	Primary Industry	100.0	99.8	154.5	286.8	308.4	309.7
第二产业	Secondary Industry	100.0	157.7	920.4	6783.6	11478.7	13253.3
第三产业	Tertiary Industry	100.0	130.2	523.1	2540.4	4806.6	5517.3
珠江三角洲经济区	**Pearl River Delta**						
广州市	Guangzhou City						
第一产业	Primary Industry	100.0	115.1	180.0	367.3	453.6	478.8
第二产业	Secondary Industry	100.0	128.0	362.9	2118.2	3761.5	4249.2
第三产业	Tertiary Industry	100.0	141.4	532.5	2132.8	3543.3	4012.8
深圳市①	Shenzhen City ①						
第一产业	Primary Industry		103.0	298.5	336.3	270.4	215.1
第二产业	Secondary Industry		175.8	16760.4	152186.1	309273.6	363773.2
第三产业	Tertiary Industry		209.5	3286.1	24600.4	41482.2	46558.8
珠海市①	Zhuhai City ①						
第一产业	Primary Industry		109.9	311.1	476.0	619.7	650.0
第二产业	Secondary Industry		131.6	2388.7	18040.8	31491.2	36747.7
第三产业	Tertiary Industry		105.9	2015.1	11748.1	19512.4	21454.9
佛山市	Foshan City						
第一产业	Primary Industry	100.0	117.6	188.1	390.3	431.6	440.4
第二产业	Secondary Industry	100.0	135.1	833.4	5908.1	11415.7	14172.6
第三产业	Tertiary Industry	100.0	122.8	700.4	5871.7	8739.4	9981.7

2-6 续表2 continued

按可比价格计算。

Calculated at comparable prices.

地区	Area	1978	1980	1990	2000	2004	2005
江门市	Jiangmen City						
第一产业	Primary Industry						
第二产业	Secondary Industry						
第三产业	Tertiary Industry						
东莞市	Dongguan City						
第一产业	Primary Industry	100.0	78.1	151.4	172.9	141.1	137.9
第二产业	Secondary Industry	100.0	125.5	985.1	7776.6	17811.8	21516.6
第三产业	Tertiary Industry	100.0	166.7	1492.5	9262.9	18183.4	21474.6
中山市	Zhongshan City						
第一产业	Primary Industry	100.0	104.6	162.3	258.6	295.3	302.0
第二产业	Secondary Industry	100.0	132.0	821.5	6244.6	14832.7	18199.8
第三产业	Tertiary Industry	100.0	137.2	685.8	3059.0	5129.8	6489.1
惠州市区②	Huizhou Urban District ②						
第一产业	Primary Industry						104.4
第二产业	Secondary Industry						115.2
第三产业	Tertiary Industry						119.1
惠阳市②	Huiyang City ②						
第一产业	Primary Industry						123.4
第二产业	Secondary Industry						118.3
第三产业	Tertiary Industry						117.6
惠东县②	Huidong County ②						
第一产业	Primary Industry						104.2
第二产业	Secondary Industry						115.8
第三产业	Tertiary Industry						114.3
博罗县②	Boluo County ②						
第一产业	Primary Industry						101.6
第二产业	Secondary Industry						115.1
第三产业	Tertiary Industry						123.1
肇庆市区	Zhaoqing Urban District						
第一产业	Primary Industry	100.0	128.1	442.6	924.6	1035.9	1045.6
第二产业	Secondary Industry	100.0	287.1	1484.9	3293.1	4617.0	5453.2
第三产业	Tertiary Industry	100.0	280.1	1374.8	2951.8	5032.7	5726.1
高要市	Gaoyao City						
第一产业	Primary Industry	100.0	115.4	447.5	1193.8	1456.0	1559.4
第二产业	Secondary Industry	100.0	110.7	624.1	1839.5	3533.1	4216.0
第三产业	Tertiary Industry	100.0	131.1	1029.9	3912.4	7218.0	8460.2
四会市	Sihui City						
第一产业	Primary Industry	100.0	109.3	251.4	543.4	666.7	707.3
第二产业	Secondary Industry	100.0	135.9	800.2	1776.0	2949.2	4139.8
第三产业	Tertiary Industry	100.0	128.9	456.8	1270.4	2139.9	2458.2

注：①以1979年为基期。②以2004年为基期。

Note: ① The base year is 1979. ② The base year is 2004.

2-7 地区生产总值三次产业构成

Composition of Gross Regional Product by Three Industries

单位：%　　(%)

地区	Area	1978	1980	1990	2000	2004	2005
长江三角洲经济区	**Yangtze River Delta**						
上海市	Shanghai City						
第一产业	Primary Industry	4.0	3.2	4.4	1.6	1.0	0.9
第二产业	Secondary Industry	77.4	75.7	64.7	46.3	48.2	48.6
第三产业	Tertiary Industry	18.6	21.1	30.9	52.1	50.8	50.5
南京市	Nanjing City						
第一产业	Primary Industry	12.5	12.3	9.8	5.4	3.6	3.3
第二产业	Secondary Industry	67.5	66.3	54.4	45.8	48.6	49.8
第三产业	Tertiary Industry	20.0	21.4	35.8	48.8	47.8	46.9
苏州市	Suzhou City						
第一产业	Primary Industry	28.1	24.7	17.3	5.9	2.2	2.2
第二产业	Secondary Industry	55.7	58.6	61.0	56.5	65.7	66.6
第三产业	Tertiary Industry	16.2	16.7	21.7	37.6	32.1	31.2
无锡市	Wuxi City						
第一产业	Primary Industry	14.3	12.3	10.9	3.9	2.0	1.7
第二产业	Secondary Industry	68.3	70.5	67.1	58.7	61.2	60.5
第三产业	Tertiary Industry	17.4	17.2	22.0	37.4	36.8	37.8
常州市	Changzhou City						
第一产业	Primary Industry	21.9	21.5	18.6	7.5	4.7	4.3
第二产业	Secondary Industry	64.0	62.7	61.1	56.1	58.8	61.1
第三产业	Tertiary Industry	14.1	15.8	20.3	36.4	36.5	34.6
镇江市	Zhenjiang City						
第一产业	Primary Industry	25.1	24.4	22.1	7.9	5.2	4.4
第二产业	Secondary Industry	60.4	60.2	57.1	56.6	60.9	60.6
第三产业	Tertiary Industry	14.5	15.4	20.8	35.5	33.9	35.0
南通市	Nantong City						
第一产业	Primary Industry	41.8	32.6	31.9	17.9	12.9	10.9
第二产业	Secondary Industry	37.4	45.1	45.0	50.1	56.0	56.1
第三产业	Tertiary Industry	20.8	22.3	23.0	32.0	31.1	33.0
扬州市	Yangzhou City						
第一产业	Primary Industry	43.4	39.8	24.4	13.5	11.0	9.7
第二产业	Secondary Industry	40.5	43.5	53.3	53.0	56.7	56.3
第三产业	Tertiary Industry	16.1	16.7	22.3	33.5	32.3	34.0
泰州市	Taizhou City						
第一产业	Primary Industry	50.8	44.4	34.5	16.6	11.8	10.9
第二产业	Secondary Industry	35.2	38.5	45.9	49.4	57.0	58.0
第三产业	Tertiary Industry	14.0	17.1	19.6	34.0	31.2	31.1
杭州市	Hangzhou City						
第一产业	Primary Industry	22.3	20.1	16.3	7.5	5.2	5.0
第二产业	Secondary Industry	59.6	62.4	50.7	51.3	51.8	50.9
第三产业	Tertiary Industry	18.1	17.6	33.0	41.2	43.0	44.1

2–7 续表 1 continued

单位：%　　(%)

地区	Area	1978	1980	1990	2000	2004	2005
宁波市	Ningbo City						
第一产业	Primary Industry	32.3	29.4	20.8	8.2	5.7	5.4
第二产业	Secondary Industry	48.0	52.6	56.8	55.6	55.3	54.8
第三产业	Tertiary Industry	19.7	18.0	22.4	36.2	39.0	39.8
嘉兴市	Jiaxing City						
第一产业	Primary Industry	49.9	39.1	30.7	11.5	7.6	7.3
第二产业	Secondary Industry	33.0	42.5	49.9	54.2	58.7	58.8
第三产业	Tertiary Industry	17.2	18.4	19.4	34.4	33.7	33.9
湖州市	Huzhou City						
第一产业	Primary Industry	45.1	40.2	34.3	13.7	10.6	9.8
第二产业	Secondary Industry	36.3	40.2	43.9	54.0	54.8	54.8
第三产业	Tertiary Industry	18.6	19.6	21.8	32.3	34.6	35.4
绍兴市	Shaoxing City						
第一产业	Primary Industry	45.6	39.8	24.0	10.4	6.9	6.4
第二产业	Secondary Industry	32.8	40.4	52.9	58.7	59.7	60.3
第三产业	Tertiary Industry	21.6	19.9	23.1	30.9	33.4	33.3
舟山市	Zhoushan City						
第一产业	Primary Industry	42.0	38.9	35.7	26.7	16.0	14.2
第二产业	Secondary Industry	31.8	34.9	32.3	29.6	38.2	39.7
第三产业	Tertiary Industry	26.2	26.2	32.0	43.7	45.8	46.1
台州市	Taizhou City						
第一产业	Primary Industry	46.8	43.3	30.3	13.8	8.8	8.2
第二产业	Secondary Industry	29.9	34.1	40.4	52.6	52.0	52.6
第三产业	Tertiary Industry	23.3	22.6	29.3	33.6	39.2	39.2
珠江三角洲经济区	**Pearl River Delta**						
广州市	Guangzhou City						
第一产业	Primary Industry	11.7	10.9	8.0	3.8	2.6	2.5
第二产业	Secondary Industry	58.6	54.5	42.7	41.0	40.2	39.7
第三产业	Tertiary Industry	29.7	34.6	49.3	55.2	57.2	57.8
深圳市	Shenzhen City						
第一产业	Primary Industry		28.9	4.1	0.1	0.3	0.2
第二产业	Secondary Industry		26.0	44.8	49.7	51.6	53.2
第三产业	Tertiary Industry		45.1	51.1	49.6	48.1	46.6
珠海市	Zhuhai City						
第一产业	Primary Industry		36.4	14.4	4.3	3.3	3.0
第二产业	Secondary Industry		31.8	43.6	52.1	51.7	53.4
第三产业	Tertiary Industry		31.8	42.0	43.5	45.1	43.5
佛山市	Foshan City						
第一产业	Primary Industry	31.2	29.3	14.6	5.9	3.9	3.2
第二产业	Secondary Industry	50.5	52.5	56.8	52.7	57.2	60.4
第三产业	Tertiary Industry	18.3	18.2	28.6	41.4	39.0	36.4

2-7 续表 2 continued

单位：%　　(%)

地区	Area	1978	1980	1990	2000	2004	2005
江门市	Jiangmen City						
第一产业	Primary Industry	35.2	33.7	23.6	13.8	11.1	9.0
第二产业	Secondary Industry	40.2	39.6	42.9	46.6	47.9	53.0
第三产业	Tertiary Industry	24.6	26.7	33.5	39.6	41.0	37.0
东莞市	Dongguan City						
第一产业	Primary Industry	44.6	36.5	16.5	3.2	1.3	0.9
第二产业	Secondary Industry	43.8	46.1	50.4	54.9	56.3	56.7
第三产业	Tertiary Industry	11.6	17.4	33.1	41.9	42.5	42.4
中山市	Zhongshan City						
第一产业	Primary Industry	47.9	42.0	26.7	6.8	4.1	3.5
第二产业	Secondary Industry	35.1	37.0	36.9	52.4	61.6	61.3
第三产业	Tertiary Industry	17.0	21.0	36.5	40.8	34.3	35.2
惠州市区	Huizhou Urban District						
第一产业	Primary Industry				5.3	4.3	3.5
第二产业	Secondary Industry				69.3	66.1	64.9
第三产业	Tertiary Industry				25.4	29.6	31.6
惠阳市	Huiyang City						
第一产业	Primary Industry				10.0	6.0	5.2
第二产业	Secondary Industry				44.2	54.1	53.9
第三产业	Tertiary Industry				45.8	39.9	40.9
惠东县	Huidong County						
第一产业	Primary Industry				23.8	21.3	18.6
第二产业	Secondary Industry				48.5	50.6	52.7
第三产业	Tertiary Industry				27.7	28.1	28.7
博罗县	Boluo County						
第一产业	Primary Industry				21.4	17.8	15.4
第二产业	Secondary Industry				53.0	47.8	47.9
第三产业	Tertiary Industry				25.6	34.4	36.7
肇庆市区	Zhaoqing Urban District						
第一产业	Primary Industry	19.6	22.2	18.6	8.6	6.7	5.8
第二产业	Secondary Industry	43.3	40.5	38.7	37.1	34.5	35.2
第三产业	Tertiary Industry	37.1	37.3	42.7	54.3	58.8	59.0
高要市	Gaoyao City						
第一产业	Primary Industry	65.1	70.3	53.1	56.2	47.4	44.5
第二产业	Secondary Industry	26.2	21.3	24.6	19.0	23.2	24.8
第三产业	Tertiary Industry	8.7	8.4	22.3	24.8	29.4	30.7
四会市	Sihui City						
第一产业	Primary Industry	46.6	43.1	39.0	47.6	39.1	35.7
第二产业	Secondary Industry	28.4	29.7	35.9	23.6	29.4	33.6
第三产业	Tertiary Industry	25.0	27.2	25.1	28.8	31.5	30.7

2-8 第三产业增加值构成（2005 年）
Composition of Value Added of the Tertiary Industry(2005)

单位：亿元 (100 million yuan)

地区	Area	合 计 Total	# 交通运输、仓储和邮政业 Transport, Storage and Post	# 信息传输、计算机服务和软件业 Information Transmission,Computer Service and Software	# 批发和零售业 Wholesale and Retail Trade
长江三角洲经济区	**Yangtze River Delta**				
上海市	Shanghai City	4620.92	582.60	359.21	840.89
南京市	Nanjing City	1130.79	143.00	60.94	274.92
苏州市	Suzhou City	1256.32	69.75	109.04	343.23
无锡市	Wuxi City	1060.54	86.06	46.86	410.96
常州市	Changzhou City	450.68	47.38	23.40	141.05
镇江市	Zhenjiang City	304.82	42.18	17.38	78.69
南通市	Nantong City	486.20	40.19	23.97	144.33
扬州市	Yangzhou City	313.56	37.41	17.78	62.60
泰州市	Taizhou City	255.72	44.13	11.96	45.52
杭州市	Hangzhou City	1297.50	89.36	84.95	289.85
宁波市	Ningbo City	975.59	112.11	50.59	215.30
嘉兴市	Jiaxing City	393.28	49.79	20.65	107.89
湖州市	Huzhou City	227.98	29.47	14.84	46.31
绍兴市	Shaoxing City	481.40	47.38	20.56	144.26
舟山市	Zhoushan City	129.05	26.42	5.76	21.94
台州市	Taizhou City	490.99	54.35	29.85	131.83
珠江三角洲经济区	**Pearl River Delta**				
广州市	Guangzhou City	2978.79	567.16	232.07	557.43
深圳市	Shenzhen City	4950.91	219.28	154.07	514.16
珠海市	Zhuhai City	276.44	28.65	22.28	75.33
佛山市	Foshan City	868.02	137.78	46.16	213.46
江门市	Jiangmen City	307.52	47.62	23.61	69.42
东莞市	Dongguan City	925.76	32.06	83.03	189.82
中山市	Zhongshan City	310.01	21.10	30.50	68.33
惠州市区	Huizhou Urban District	111.88	6.50	6.02	33.97
惠阳市	Huiyang City	53.49	9.61	3.43	8.39
惠东县	Huidong County	39.86	2.13	3.09	11.08
博罗县	Boluo County	53.36	10.92	3.68	10.41
肇庆市区	Zhaoqing Urban District	53.49	10.66	7.60	20.02
高要市	Gaoyao City	19.19	1.61	4.56	8.00
四会市	Sihui City	13.67	0.80	1.82	4.56

2–8 续表 continued

单位：亿元 (100 million yuan)

地区	Area	# 住宿和餐饮业 Hotel and Catering Services	# 金融业 Finance	# 房地产业 Real Estate
长江三角洲经济区	**Yangtze River Delta**			
上海市	Shanghai City	168.31	675.12	676.12
南京市	Nanjing City	50.80	114.46	88.30
苏州市	Suzhou City	52.87	131.63	140.03
无锡市	Wuxi City	52.16	82.81	90.68
常州市	Changzhou City	25.12	43.05	42.42
镇江市	Zhenjiang City	13.03	20.68	38.65
南通市	Nantong City	14.84	43.12	76.85
扬州市	Yangzhou City	14.40	18.35	34.25
泰州市	Taizhou City	12.74	16.89	37.93
杭州市	Hangzhou City	52.16	193.24	165.80
宁波市	Ningbo City	38.26	137.37	124.93
嘉兴市	Jiaxing City	16.63	38.86	46.20
湖州市	Huzhou City	11.74	19.79	37.56
绍兴市	Shaoxing City	17.30	63.34	49.02
舟山市	Zhoushan City	6.05	12.77	14.73
台州市	Taizhou City	23.37	47.23	57.78
珠江三角洲经济区	**Pearl River Delta**			
广州市	Guangzhou City	126.32	199.26	334.91
深圳市	Shenzhen City	94.34	310.85	486.54
珠海市	Zhuhai City	13.87	13.07	39.31
佛山市	Foshan City	58.13	48.21	89.47
江门市	Jiangmen City	14.21	7.74	21.92
东莞市	Dongguan City	46.80	49.49	149.06
中山市	Zhongshan City	23.33	7.39	42.60
惠州市区	Huizhou Urban District	7.03	4.91	11.25
惠阳市	Huiyang City	4.98	1.07	5.97
惠东县	Huidong County	3.26	0.85	5.41
博罗县	Boluo County	4.94	0.79	6.82
肇庆市区	Zhaoqing Urban District	5.63	2.66	6.92
高要市	Gaoyao City	2.37	0.68	1.97
四会市	Sihui City	1.57	3.17	1.75

主要统计指标解释

地区生产总值（GRP） 指按市场价格计算的一个地区所有常住单位在一定时期内生产活动的最终成果。地区生产总值有三种表现形态，即价值形态、收入形态和产品形态。从价值形态看，它是所有常住单位在一定时期内生产的全部货物和服务价值超过同期中间投入的全部非固定资产货物和服务价值的差额，即所有常住单位的增加值之和；从收入形态看，它是所有常住单位在一定时期内创造并分配给常住单位和非常住单位的初次收入分配之和；从产品形态看，它是所有常住单位在一定时期内最终使用的货物和服务价值减去货物和服务进口价值。在实际核算中，地区生产总值有三种计算方法，即生产法、收入法和支出法。三种方法分别从不同的方面反映地区生产总值及其构成。

三次产业 三次产业的划分是世界上较为常用的产业结构分类，但各国的划分不尽一致。根据2003年5月发布的《国民经济行业分类》(GB/T4754-2002)，我国的三次产业划分是：

第一产业是指农、林、牧、渔业。

第二产业是指采矿业，制造业，电力、燃气及水的生产和供应业，建筑业。

第三产业是指除第一、二产业以外的其他行业。

Explanatory Notes on Main Statistical Indicators

Gross Regional Product (GRP) refers to the final products at market prices produced by all resident units in a region during a certain period of time. Gross domestic product is expressed in three different forms, i.e. value, income, and products respectively. GRP in its value form refers to the total value of all goods and services produced by all resident units during a certain period of time, minus the total value of input of goods and services of the nature of non-fixed assets; in order term, it is the sum of the value-added of all resident units. GRP in the form of income includes the income created by all resident units and distributed to resident and non-resident units. GRP in the form of products refers to the value of all goods and services for final consumption by all resident units minus the net exports of goods and services during a given period of time. In the practice of national accounting, gross domestic product is calculated with three approaches, i.e. production approach, income approach and expenditure approach, which reflect gross domestic product and its composition from different aspects.

Three Industries Classification of economic activities into three branches of industries is a common practice in the world, although the grouping varies to some extent from country to country. In China economic activities are categorized into following industries:

Primary industry refers to agriculture, forestry, animal husbandry and fishery.

Secondary industry refers to mining and quarrying, manufacturing, production and supply of electricity, water and gas, and construction.

Tertiary industry refers to all other economic activities not included in primary or secondary industry.

3-1 年末总人口①

Total Population(Year-end)

单位：万人　　(10 000 persons)

地区	Area	1978年	# 女性 Female	1980年	# 女性 Female	1985年	# 女性 Female
长江三角洲经济区	**Yangtze River Delta**						
上海市	Shanghai City	1098.28	555.58	1146.52	577.22	1216.69	606.99
南京市	Nanjing City	412.38	198.73	435.87	210.76	465.77	224.13
苏州市	Suzhou City	506.26	252.85	518.62	258.75	535.11	266.59
无锡市	Wuxi City	365.21	179.50	376.90	185.05	390.95	191.70
常州市	Changzhou City	291.00	142.52	295.92	145.02	306.87	148.92
镇江市	Zhenjiang City	233.90	116.42	236.91	117.65	246.19	120.93
南通市	Nantong City	722.71	361.91	729.11	365.30	744.72	370.23
扬州市	Yangzhou City	398.43	198.63	406.00	202.02	417.95	206.06
泰州市	Taizhou City	452.98	224.56	459.20	227.58	468.31	229.64
杭州市	Hangzhou City	505.55	244.81	515.53	249.51	543.05	261.94
宁波市	Ningbo City	457.70	223.52	465.99	228.01	487.74	238.50
嘉兴市	Jiaxing City	289.40	142.30	292.50	143.80	300.60	147.50
湖州市	Huzhou City	221.46	103.77	223.90	105.61	232.99	110.52
绍兴市	Shaoxing City	378.43	182.96	382.71	184.69	394.88	190.34
舟山市	Zhoushan City	87.16	42.98	88.88	43.88	93.46	46.11
台州市	Taizhou City	452.71	219.30	461.61	223.63	490.08	236.36
珠江三角洲经济区	**Pearl River Delta**						
广州市	Guangzhou City	482.90	237.50	501.86	246.88	544.98	266.34
深圳市	Shenzhen City			32.10	17.40	47.86	23.54
珠海市	Zhuhai City			36.53	18.00	41.17	20.08
佛山市	Foshan City	233.59	119.28	237.64	121.54	254.69	128.93
江门市	Jiangmen City	316.41		320.44		331.94	
东莞市	Dongguan City	111.23	56.89	112.70	58.27	120.85	62.01
中山市	Zhongshan City	100.87	50.29	101.04	50.85	105.97	52.82
惠州市区	Huizhou Urban District						
惠阳市	Huiyang City						
惠东县	Huidong County						
博罗县	Boluo County						
肇庆市区	Zhaoqing Urban District	25.54	11.98	26.47	12.44	28.83	13.35
高要市	Gaoyao City	57.40	29.07	52.28	26.81	61.68	31.27
四会市	Sihui City	32.82	16.76	33.23	16.95	35.44	17.72

3-1 续表1 continued

单位：万人 (10 000 persons)

地区	Area	1990年	# 女性 Female	1992年	# 女性 Female	1993年	# 女性 Female
长江三角洲经济区	**Yangtze River Delta**						
上海市	Shanghai City	1283.35	636.22	1289.37	639.40	1294.74	641.82
南京市	Nanjing City	501.82	241.73	510.05	247.64	514.74	247.64
苏州市	Suzhou City	561.02	279.75	566.89	282.97	569.28	284.15
无锡市	Wuxi City	417.71	205.21	423.90	208.37	426.53	209.62
常州市	Changzhou City	324.85	157.64	328.57	159.52	329.33	160.01
镇江市	Zhenjiang City	258.13	126.74	259.91	127.62	261.54	128.56
南通市	Nantong City	776.01	385.40	779.86	387.22	781.20	388.04
扬州市	Yangzhou City	436.50	214.56	439.91	216.01	441.58	216.28
泰州市	Taizhou City	487.82	237.90	491.22	239.08	492.31	239.59
杭州市	Hangzhou City	574.48	277.76	582.40	281.77	587.10	284.07
宁波市	Ningbo City	510.76	249.77	516.72	252.63	519.85	254.26
嘉兴市	Jiaxing City	316.19	155.85	320.61	158.36	322.57	159.40
湖州市	Huzhou City	245.28	117.85	248.02	119.54	249.37	120.47
绍兴市	Shaoxing City	412.67	199.80	417.16	202.44	419.62	203.74
舟山市	Zhoushan City	96.99	47.77	97.63	48.14	97.88	48.27
台州市	Taizhou City	515.49	248.22	520.51	250.67	523.43	251.92
珠江三角洲经济区	**Pearl River Delta**						
广州市	Guangzhou City	594.25	288.74	612.20	297.08	623.66	302.63
深圳市	Shenzhen City	68.65	33.73	80.22	39.03	87.69	42.44
珠海市	Zhuhai City	50.25	24.23	54.97	26.41	57.46	27.67
佛山市	Foshan City	279.40	140.34	291.15	145.66	299.48	149.48
江门市	Jiangmen City	352.75	173.12	360.48	176.68	365.00	179.39
东莞市	Dongguan City	131.85	66.89	136.06	68.51	138.92	69.72
中山市	Zhongshan City	114.87	56.94	119.25	59.14	121.67	60.35
惠州市区	Huizhou Urban District	23.12	11.26				
惠阳市	Huiyang City	48.27	24.55				
惠东县	Huidong County	58.45	28.62				
博罗县	Boluo County	67.96	33.35				
肇庆市区	Zhaoqing Urban District	34.00	16.45	37.06	18.07	39.36	19.24
高要市	Gaoyao City	66.59	33.39	67.70	33.77	67.94	33.80
四会市	Sihui City	37.41	18.44	38.03	18.72	38.44	18.84

3-1 续表 2 continued

单位：万人 (10 000 persons)

地区	Area	1994 年	# 女性 Female	1995 年	# 女性 Female	1996 年	# 女性 Female
长江三角洲经济区	**Yangtze River Delta**						
上海市	Shanghai City	1298.81	643.67	1301.37	644.89	1304.43	646.57
南京市	Nanjing City	518.28	249.00	521.72	250.95	525.43	253.15
苏州市	Suzhou City	571.43	285.35	572.91	286.30	574.12	287.35
无锡市	Wuxi City	428.32	210.61	429.19	211.05	430.82	212.03
常州市	Changzhou City	331.44	160.98	333.65	162.14	337.54	164.62
镇江市	Zhenjiang City	262.46	129.05	263.27	129.24	264.80	129.95
南通市	Nantong City	782.43	389.09	784.24	390.22	785.24	391.33
扬州市	Yangzhou City	442.83	197.27	443.87	218.30	444.87	219.21
泰州市	Taizhou City	494.13	240.21	494.94	240.74	496.27	241.32
杭州市	Hangzhou City	592.93	286.93	597.96	289.71	603.22	292.46
宁波市	Ningbo City	526.85	255.61	526.20	257.48	530.08	259.78
嘉兴市	Jiaxing City	324.46	160.45	326.39	161.56	328.06	162.63
湖州市	Huzhou City	250.95	121.24	252.63	122.34	254.56	123.36
绍兴市	Shaoxing City	421.83	205.05	424.70	205.74	426.84	208.30
舟山市	Zhoushan City	97.99	48.36	98.28	48.61	98.47	48.66
台州市	Taizhou City	526.31	253.48	529.56	255.05	532.98	256.77
珠江三角洲经济区	**Pearl River Delta**						
广州市	Guangzhou City	637.02	308.58	646.71	313.28	656.05	317.98
深圳市	Shenzhen City	93.97	45.35	99.16	47.80	103.38	49.75
珠海市	Zhuhai City	60.66	29.18	63.24	30.44	65.37	31.53
佛山市	Foshan City	305.69	152.65	311.06	154.99	216.12	157.29
江门市	Jiangmen City	368.70	181.02	371.81	182.42	374.36	183.83
东莞市	Dongguan City	141.40	70.76	143.65	71.68	145.25	72.33
中山市	Zhongshan City	123.56	61.28	125.25	62.14	126.84	62.92
惠州市区	Huizhou Urban District			32.36			
惠阳市	Huiyang City			57.38			
惠东县	Huidong County			63.92			
博罗县	Boluo County			72.48			
肇庆市区	Zhaoqing Urban District	41.47	20.23	42.77	20.93	44.08	21.60
高要市	Gaoyao City	68.16	33.72	68.69	33.83	69.27	34.16
四会市	Sihui City	38.86	18.96	39.25	19.12	39.68	19.27

3-1 续表 3 continued

单位：万人 (10 000 persons)

地区	Area	1997 年	# 女性 Female	1998 年	# 女性 Female	1999 年	# 女性 Female
长江三角洲经济区	**Yangtze River Delta**						
上海市	Shanghai City	1305.46	647.53	1306.58	648.36	1313.12	651.93
南京市	Nanjing City	529.82	255.54	532.31	256.90	537.44	259.30
苏州市	Suzhou City	574.99	288.13	575.35	288.64	576.23	289.47
无锡市	Wuxi City	432.29	212.91	432.21	213.05	433.40	213.98
常州市	Changzhou City	339.23	165.72	340.75	167.29	339.71	166.92
镇江市	Zhenjiang City	265.41	130.42	265.64	130.52	266.17	130.88
南通市	Nantong City	786.30	392.75	787.49	393.65	785.99	393.25
扬州市	Yangzhou City	446.14	219.62	446.59	220.09	447.39	220.48
泰州市	Taizhou City	496.83	241.89	498.56	243.19	501.26	244.89
杭州市	Hangzhou City	607.96	294.95	611.64	296.95	616.05	299.42
宁波市	Ningbo City	533.31	261.42	535.27	262.87	538.41	264.76
嘉兴市	Jiaxing City	329.29	163.60	329.91	164.08	330.19	164.34
湖州市	Huzhou City	254.58	123.94	254.81	124.24	255.07	124.63
绍兴市	Shaoxing City	428.94	209.51	430.04	210.42	431.70	211.62
舟山市	Zhoushan City	98.58	48.79	98.54	48.83	98.42	48.77
台州市	Taizhou City	535.98	258.35	539.51	259.98	542.98	261.85
珠江三角洲经济区	**Pearl River Delta**						
广州市	Guangzhou City	666.49	323.19	674.14	327.22	685.00	332.71
深圳市	Shenzhen City	109.46	52.66	114.60	54.87	119.85	57.16
珠海市	Zhuhai City	67.34	32.54	69.48	33.58	71.40	34.55
佛山市	Foshan City	320.96	159.60	324.98	161.54	329.24	163.69
江门市	Jiangmen City	377.07	185.30	378.89	186.22	379.84	186.70
东莞市	Dongguan City	147.12	73.08	148.77	73.78	150.82	74.64
中山市	Zhongshan City	128.36	63.67	130.08	64.51	132.00	65.52
惠州市区	Huizhou Urban District						
惠阳市	Huiyang City						
惠东县	Huidong County						
博罗县	Boluo County						
肇庆市区	Zhaoqing Urban District	45.31	22.15	45.91	22.48	46.53	22.82
高要市	Gaoyao City	70.00	34.47	70.62	34.66	71.06	34.85
四会市	Sihui City	40.12	19.45	40.94	19.80	41.26	20.01

3-1 续表4 continued

单位：万人 (10 000 persons)

地区	Area	2000年	# 女性 Female	2001年	# 女性 Female	2002年	# 女性 Female
长江三角洲经济区	**Yangtze River Delta**						
上海市	Shanghai City	1321.63	656.12	1327.14	658.82	1334.23	662.18
南京市	Nanjing City	544.89	263.23	553.04	266.87	563.28	271.94
苏州市	Suzhou City	578.17	290.78	580.53	292.24	583.86	293.81
无锡市	Wuxi City	434.61	214.95	435.90	215.81	438.58	217.46
常州市	Changzhou City	341.48	168.09	341.52	168.10	343.24	168.98
镇江市	Zhenjiang City	266.67	131.22	266.58	131.27	267.13	131.29
南通市	Nantong City	784.53	392.96	782.46	392.35	780.26	391.46
扬州市	Yangzhou City	450.62	222.45	451.59	222.95	452.22	223.77
泰州市	Taizhou City	501.52	245.13	503.10	246.09	504.00	246.22
杭州市	Hangzhou City	621.58	302.49	629.14	306.36	636.81	310.19
宁波市	Ningbo City	540.94	266.44	543.34	267.84	546.19	269.60
嘉兴市	Jiaxing City	331.26	165.09	331.93	165.65	332.38	166.07
湖州市	Huzhou City	255.79	125.23	256.49	125.81	257.05	126.24
绍兴市	Shaoxing City	432.69	212.65	433.27	213.26	433.59	213.66
舟山市	Zhoushan City	98.41	48.84	98.10	48.74	97.76	48.60
台州市	Taizhou City	546.62	263.85	548.52	264.89	550.46	266.04
珠江三角洲经济区	**Pearl River Delta**						
广州市	Guangzhou City	700.69	340.14	712.60	345.58	720.62	350.12
深圳市	Shenzhen City	124.92	59.71	132.04	62.57	139.45	65.85
珠海市	Zhuhai City	73.90	35.80	75.93	36.86	78.61	38.20
佛山市	Foshan City	332.46	165.22	335.85	166.68	338.98	168.37
江门市	Jiangmen City	380.85	186.95	380.74	187.00	381.27	186.89
东莞市	Dongguan City	152.61	75.39	153.89	75.95	156.19	77.05
中山市	Zhongshan City	133.75	66.50	134.83	67.10	136.03	67.75
惠州市区	Huizhou Urban District	64.41	31.92	65.52	32.46	67.11	33.20
惠阳市	Huiyang City	38.05	18.76	38.66	19.05	39.16	19.36
惠东县	Huidong County	68.89	33.65	69.80	34.07	69.70	34.05
博罗县	Boluo County	74.77	36.48	74.85	36.51	75.20	36.69
肇庆市区	Zhaoqing Urban District	46.67	22.91	47.22	23.14	47.31	23.19
高要市	Gaoyao City	72.98	35.93	73.07	35.94	73.05	35.81
四会市	Sihui City	41.61	20.16	41.88	20.33	42.12	20.48

3-1 续表 5 continued

单位：万人 (10 000 persons)

地区	Area	2003 年	# 女性 Female	2004 年	# 女性 Female	2005 年	# 女性 Female
长江三角洲经济区	**Yangtze River Delta**						
上海市	Shanghai City	1341.77	666.30	1352.39	672.01	1360.26	676.75
南京市	Nanjing City	572.23	277.13	583.60	283.86	595.80	290.55
苏州市	Suzhou City	590.97	298.18	598.85	302.53	607.31	306.97
无锡市	Wuxi City	442.54	219.81	447.19	222.52	452.84	225.60
常州市	Changzhou City	346.22	170.73	348.96	173.62	351.63	173.95
镇江市	Zhenjiang City	267.19	131.90	267.21	132.14	267.61	132.51
南通市	Nantong City	777.62	390.41	773.79	388.82	770.86	387.66
扬州市	Yangzhou City	453.61	224.61	454.29	224.97	456.31	225.95
泰州市	Taizhou City	503.38	246.09	502.77	246.12	502.05	246.03
杭州市	Hangzhou City	642.78	313.74	651.68	319.06	660.45	324.34
宁波市	Ningbo City	549.07	271.44	552.69	273.85	556.70	276.35
嘉兴市	Jiaxing City	332.96	166.72	333.94	167.46	334.33	167.81
湖州市	Huzhou City	256.78	126.51	257.21	126.94	257.58	127.22
绍兴市	Shaoxing City	433.84	214.08	434.72	214.89	435.09	215.28
舟山市	Zhoushan City	97.12	48.30	96.91	48.21	96.73	48.19
台州市	Taizhou City	552.61	267.23	555.92	269.05	559.85	271.14
珠江三角洲经济区	**Pearl River Delta**						
广州市	Guangzhou City	725.19	352.97	737.67	359.70	750.53	366.56
深圳市	Shenzhen City	150.93	71.21	165.13	77.55	181.93	85.24
珠海市	Zhuhai City	82.02	39.94	86.17	42.06	89.60	43.81
佛山市	Foshan City	344.24	171.00	350.89	174.70	354.48	176.90
江门市	Jiangmen City	381.98	187.09	385.53	190.01	386.24	190.41
东莞市	Dongguan City	158.96	78.31	161.97	79.72	165.65	81.58
中山市	Zhongshan City	137.86	68.70	139.45	69.55	140.82	70.27
惠州市区	Huizhou Urban District	68.62	33.88	70.63	34.78	72.90	35.78
惠阳市	Huiyang City	40.11	19.81	40.95	20.17	41.60	20.45
惠东县	Huidong County	69.85	34.09	73.14	35.62	73.70	35.86
博罗县	Boluo County	75.81	36.91	76.45	37.22	77.20	37.56
肇庆市区	Zhaoqing Urban District	47.74	23.39	48.00	23.50	48.39	23.72
高要市	Gaoyao City	72.89	35.61	72.79	35.52	72.87	35.50
四会市	Sihui City	42.12	20.60	42.59	20.54	43.00	20.67

注：①按户籍人口统计。

Note: ① Calculated by persons registered permanent residence.

3-2 年末总户数

Total Households(Year-end)

单位：万户 (10 000 households)

地区	Area	1978	1980	1990	2000	2004	2005
长江三角洲经济区	**Yangtze River Delta**						
上海市	Shanghai City	291.69	303.87	415.28	475.73	490.58	496.69
南京市	Nanjing City			154.64	177.46	190.79	193.31
苏州市	Suzhou City	137.42	142.33	173.36	198.18	205.89	206.83
无锡市	Wuxi City	95.23	100.87	134.26	150.06	150.67	151.21
常州市	Changzhou City	73.23	77.19	106.91	117.89	121.63	121.97
镇江市	Zhenjiang City			83.40	94.57	99.38	100.09
南通市	Nantong City	193.28	197.39	253.96	271.25	277.47	278.72
扬州市	Yangzhou City	100.88	103.15	132.14	152.39	156.67	157.06
泰州市	Taizhou City	142.68	146.94	157.36	165.72	169.95	171.40
杭州市	Hangzhou City	117.89	119.11	171.94	193.48	204.52	207.42
宁波市	Ningbo City	123.30	128.57	176.06	193.99	207.01	211.17
嘉兴市	Jiaxing City	67.97	69.09	92.78	96.58	99.42	101.05
湖州市	Huzhou City	53.21	54.53	70.05	79.87	82.06	82.69
绍兴市	Shaoxing City	93.09	96.30	128.87	147.73	155.18	156.74
舟山市	Zhoushan City	22.27	23.32	33.65	34.94	35.72	35.92
台州市	Taizhou City	105.70	109.92	149.29	175.56	183.89	186.83
珠江三角洲经济区	**Pearl River Delta**						
广州市	Guangzhou City	114.59	116.27	164.18	210.04	225.97	230.29
深圳市	Shenzhen City	7.58	7.82	18.19	38.87	52.04	57.01
珠海市	Zhuhai City	7.57	7.71	12.90	20.64	24.29	25.10
佛山市	Foshan City	55.06	56.47	76.14	96.79	103.96	104.58
江门市	Jiangmen City	68.84	69.52	92.23	110.77	118.56	119.22
东莞市	Dongguan City	24.82	25.66	32.73	41.40	45.46	46.50
中山市	Zhongshan City	21.24	21.54	29.29	36.34	38.79	39.12
惠州市区	Huizhou Urban District	3.43	3.46	6.25	17.14	19.81	20.98
惠阳市	Huiyang City	8.43	8.31	9.95	11.94	13.42	13.74
惠东县	Huidong County	9.19	9.26	11.31	14.51	16.63	17.12
博罗县	Boluo County	11.16	11.26	14.03	17.15	18.03	18.26
肇庆市区	Zhaoqing Urban District	5.64	5.85	8.53	13.17	14.68	14.86
高要市	Gaoyao City	12.43	12.56	15.89	20.29	19.56	20.77
四会市	Sihui City	7.01	7.06	9.44	11.25	12.31	12.65

3-3 人口出生率
Birth Rate of Population

单位：‰ (‰)

地区	Area	1978	1980	1990	2000	2004	2005
长江三角洲经济区	**Yangtze River Delta**						
上海市	Shanghai City	11.30	12.60	10.20	5.30	6.00	6.08
南京市	Nanjing City	14.50	13.91	14.77	10.17	7.73	7.69
苏州市	Suzhou City	14.55	11.77	13.32	7.62	7.98	8.04
无锡市	Wuxi City	15.87	12.63	17.07	9.43	7.78	7.36
常州市	Changzhou City	14.23	11.96	15.10	12.57	8.06	8.29
镇江市	Zhenjiang City	14.97	13.61	14.38	8.70	7.64	8.04
南通市	Nantong City	12.29	9.94	14.80	14.80	6.56	6.38
扬州市	Yangzhou City	17.42	14.04	14.93	9.63	8.92	10.19
泰州市	Taizhou City	16.24	11.69	14.81	9.05	7.55	7.70
杭州市	Hangzhou City	14.63	10.15	13.37	10.07	9.26	8.72
宁波市	Ningbo City	15.06	12.37	13.25	9.30	8.93	8.15
嘉兴市	Jiaxing City	11.81	10.27	14.23	9.56	7.50	7.03
湖州市	Huzhou City	11.95	10.83	15.54	10.46	8.12	7.40
绍兴市	Shaoxing City	15.32	10.87	13.81	10.58	9.60	9.19
舟山市	Zhoushan City	14.30	11.70	11.90	7.73	6.66	6.81
台州市	Taizhou City		13.45	11.43	13.38	13.71	13.37
珠江三角洲经济区	**Pearl River Delta**						
广州市	Guangzhou City	15.46	16.25	14.97	10.28	9.56	8.85
深圳市	Shenzhen City		21.40	16.11	14.68	11.58	12.64
珠海市	Zhuhai City		17.87	15.23	13.29	10.24	10.55
佛山市	Foshan City			20.60	11.70	10.28	9.17
江门市	Jiangmen City	16.10	15.00	16.88	11.51	9.35	8.34
东莞市	Dongguan City	18.73	24.41	17.07	12.11	10.86	10.62
中山市	Zhongshan City	17.94	17.45	17.23	13.85	10.65	10.48
惠州市区	Huizhou Urban District					9.80	9.98
惠阳市	Huiyang City					8.47	8.66
惠东县	Huidong County					8.86	8.86
博罗县	Boluo County					10.82	11.18
肇庆市区	Zhaoqing Urban District	11.44	13.24	19.84	10.09	9.09	9.64
高要市	Gaoyao City	16.92	15.29	26.59	16.18	9.98	10.15
四会市	Sihui City	17.44	16.45	19.56	11.79	10.65	10.06

3-4 人口死亡率
Death Rate of Population

单位：‰ (‰)

地区	Area	1978	1980	1990	2000	2004	2005
长江三角洲经济区	**Yangtze River Delta**						
上海市	Shanghai City	6.20	6.50	6.70	7.20	7.20	7.54
南京市	Nanjing City	5.66	5.83	5.59	7.69	5.45	6.86
苏州市	Suzhou City	6.51	6.53	6.69	7.05	6.86	6.69
无锡市	Wuxi City	6.41	6.34	6.59	7.40	6.81	6.17
常州市	Changzhou City	6.32	6.47	6.37	6.75	6.99	6.17
镇江市	Zhenjiang City	6.39	7.03	6.54	7.89	8.35	7.46
南通市	Nantong City	6.12	6.42	7.00	7.12	7.58	6.39
扬州市	Yangzhou City	6.07	6.75	6.71	7.56	8.42	6.12
泰州市	Taizhou City	6.38	5.99	6.61	7.51	7.59	6.12
杭州市	Hangzhou City	5.95	5.98	6.11	6.50	5.27	5.39
宁波市	Ningbo City	5.74	6.03	6.02	6.20	6.64	6.06
嘉兴市	Jiaxing City	6.13	6.39	7.05	7.06	6.69	7.15
湖州市	Huzhou City	6.46	6.29	7.06	7.46	6.63	6.54
绍兴市	Shaoxing City	6.27	6.57	6.57	7.07	6.49	7.22
舟山市	Zhoushan City	6.00	6.30	6.20	6.71	6.39	7.01
台州市	Taizhou City		5.70	5.41	6.16	5.94	6.24
珠江三角洲经济区	**Pearl River Delta**						
广州市	Guangzhou City	5.32	5.57	5.49	5.77	5.74	5.64
深圳市	Shenzhen City		5.60	2.79	2.55	1.37	1.41
珠海市	Zhuhai City		4.97	4.08	3.80	3.02	2.64
佛山市	Foshan City			5.70	6.00	5.60	4.57
江门市	Jiangmen City	5.50	5.20	5.59	6.40	6.34	5.34
东莞市	Dongguan City	4.92	5.10	4.76	4.59	4.90	4.60
中山市	Zhongshan City	5.43	5.30	5.35	6.21	6.03	6.12
惠州市区	Huizhou Urban District					4.17	3.89
惠阳市	Huiyang City					3.90	3.69
惠东县	Huidong County					4.27	4.43
博罗县	Boluo County					4.79	5.01
肇庆市区	Zhaoqing Urban District	4.14	4.56	4.48	4.83	3.90	3.88
高要市	Gaoyao City	6.04	6.04	5.28	6.55	5.68	5.64
四会市	Sihui City	5.42	6.72	5.82	6.16	5.65	5.63

3-5 人口自然增长率

Natural Growth Rate of Population

单位：‰ (‰)

地区	Area	1978	1980	1990	2000	2004	2005
长江三角洲经济区	**Yangtze River Delta**						
上海市	Shanghai City	5.10	6.10	3.50	-1.90	-1.20	-1.46
南京市	Nanjing City	8.84	8.08	9.18	2.48	2.28	2.33
苏州市	Suzhou City	8.04	5.24	6.63	0.58	1.13	1.18
无锡市	Wuxi City	9.46	6.29	10.48	2.03	0.97	0.67
常州市	Changzhou City	7.93	5.49	8.73	5.82	1.06	2.12
镇江市	Zhenjiang City	8.58	6.58	7.84	0.81	-0.71	2.09
南通市	Nantong City	6.17	3.52	7.80	1.68	-1.02	-1.08
扬州市	Yangzhou City	11.36	7.29	8.22	2.07	0.51	3.81
泰州市	Taizhou City	9.86	5.70	8.20	1.54	-0.04	1.59
杭州市	Hangzhou City	8.68	4.17	7.26	3.57	3.99	3.33
宁波市	Ningbo City	9.32	6.34	7.23	3.10	2.29	2.08
嘉兴市	Jiaxing City	5.68	3.88	7.18	2.50	0.81	-0.12
湖州市	Huzhou City	5.49	4.54	8.48	3.00	1.49	0.86
绍兴市	Shaoxing City	9.05	4.30	7.24	3.51	3.11	1.97
舟山市	Zhoushan City	8.31	5.33	5.73	1.02	0.27	-0.20
台州市	Taizhou City	11.49	7.75	6.02	7.22	7.77	7.13
珠江三角洲经济区	**Pearl River Delta**						
广州市	Guangzhou City	10.14	10.68	9.48	4.51	3.82	3.21
深圳市	Shenzhen City		18.90	13.33	12.13	10.21	11.23
珠海市	Zhuhai City		12.89	11.15	9.49	7.22	7.91
佛山市	Foshan City			14.90	5.70	4.68	4.60
江门市	Jiangmen City	10.50	9.80	11.29	5.11	3.01	3.00
东莞市	Dongguan City	13.81	19.31	12.31	7.52	5.96	6.02
中山市	Zhongshan City	12.51	12.10	18.59	7.65	4.62	5.61
惠州市区	Huizhou Urban District					5.64	6.08
惠阳市	Huiyang City					4.58	4.97
惠东县	Huidong County					4.59	4.43
博罗县	Boluo County					6.03	6.17
肇庆市区	Zhaoqing Urban District	7.30	8.68	15.00	5.26	5.20	5.76
高要市	Gaoyao City	10.90	9.25	21.32	9.63	4.33	4.51
四会市	Sihui City	12.00	9.73	13.74	5.64	4.97	4.42

3-6 人口年龄结构(2000年普查数据)

Population Age Composition(Population Census in 2000)

地区	Area	人口数(万人) Population (10 000 persons)				占总数的百分比(%) Percent of Total(%)		
		合计 Total	0-14岁 Age 0-14	15-64岁 Age 15-64	65岁及以上 Age 65 and over	0-14岁 Age 0-14	15-64岁 Age 15-64	65岁及以上 Age 65 and over
长江三角洲经济区	**Yangtze River Delta**							
上海市	Shanghai City	1640.77	201.09	1251.64	188.04	12.30	76.30	11.40
南京市	Nanjing City	612.62	94.55	466.07	52.00	15.43	76.08	8.49
苏州市	Suzhou City	679.22	97.88	516.26	65.09	14.41	76.01	9.58
无锡市	Wuxi City	508.66	82.42	381.62	44.62	16.20	75.03	8.77
常州市	Changzhou City	377.63	62.61	281.96	33.06	16.58	74.67	8.75
镇江市	Zhenjiang City	284.49	47.45	212.16	24.88	16.68	74.58	8.75
南通市	Nantong City	751.29	130.03	527.80	93.47	17.31	70.25	12.44
扬州市	Yangzhou City	458.86	79.19	337.73	41.94	17.30	73.60	9.10
泰州市	Taizhou City	478.58	90.33	338.98	49.27	18.87	70.83	10.30
杭州市	Hangzhou City	687.87	107.30	514.00	66.57	15.60	74.70	9.70
宁波市	Ningbo City	596.34	96.45	447.72	52.16	16.17	75.08	8.75
嘉兴市	Jiaxing City	358.30	63.79	260.15	34.35	17.80	72.61	9.59
湖州市	Huzhou City	262.56	48.58	187.88	26.11	18.50	71.56	9.94
绍兴市	Shaoxing City	430.42	79.29	309.42	41.73	18.42	71.89	9.70
舟山市	Zhoushan City	100.15	15.30	75.51	9.34	15.30	75.40	9.30
台州市	Taizhou City	515.37	93.09	375.62	46.66	18.10	72.90	9.00
珠江三角洲经济区	**Pearl River Delta**							
广州市	Guangzhou City	994.20	163.31	770.27	60.62	16.42	77.48	6.10
深圳市	Shenzhen City	700.88	59.53	632.76	8.59	8.49	90.28	1.23
珠海市	Zhuhai City	123.54	21.39	97.18	4.98	17.31	78.66	4.03
佛山市	Foshan City	533.77	87.28	420.13	26.37	16.35	78.71	4.94
江门市	Jiangmen City	395.68	89.28	272.14	34.26	22.56	68.78	8.66
东莞市	Dongguan City	644.58	55.66	575.44	13.48	8.64	89.27	2.09
中山市	Zhongshan City	236.33	38.09	187.31	10.92	16.12	79.26	4.62
惠州市区	Huizhou Urban District	59.17	9.76	46.97	2.44	16.49	79.38	4.13
惠阳市	Huiyang City	86.28	16.89	64.62	4.78	19.57	74.89	5.54
惠东县	Huidong County	71.31	21.20	45.18	4.93	29.73	63.35	6.92
博罗县	Boluo County	78.05	18.64	53.81	5.60	23.89	68.94	7.17
肇庆市区	Zhaoqing Urban District	50.78	9.90	37.68	3.21	19.49	74.19	6.32
高要市	Gaoyao City	62.51	17.96	39.07	5.49	28.73	62.49	8.78
四会市	Sihui City	40.98	9.62	27.86	3.50	23.48	67.99	8.53

3-7 按受教育程度划分的人口(2000年普查数据)

Population by Educational Level(Population Census in 2000)

地区	Area	按教育程度划分人口(万人) Population by Educational Level (10 000persons)			
		小学 Primary	初中 Junior Secondary School	高中 Senior Scecondary School	大专及以上 College and Higher Level
长江三角洲经济区	**Yangtze River Delta**				
上海市	Shanghai City	310.66	603.86	377.67	179.50
南京市	Nanjing City	148.69	188.83	92.24	72.00
苏州市	Suzhou City	219.89	249.88	71.63	31.71
无锡市	Wuxi City	145.98	201.74	82.16	24.57
常州市	Changzhou City	107.06	149.64	58.09	17.06
镇江市	Zhenjiang City	82.91	108.81	32.84	14.35
南通市	Nantong City	269.53	260.65	95.00	20.04
扬州市	Yangzhou City	147.77	161.43	58.73	17.58
泰州市	Taizhou City	166.78	174.53	57.81	11.39
杭州市	Hangzhou City	223.76	228.89	94.64	49.57
宁波市	Ningbo City	219.15	205.55	55.21	20.59
嘉兴市	Jiaxing City	139.52	116.10	33.88	7.99
湖州市	Huzhou City	107.18	86.35	17.76	5.39
绍兴市	Shaoxing City	155.92	152.42	46.74	9.74
舟山市	Zhoushan City	35.64	32.77	12.22	3.31
台州市	Taizhou City	196.32	162.44	47.61	9.56
珠江三角洲经济区	**Pearl River Delta**				
广州市	Guangzhou City	238.20	368.29	203.49	92.63
深圳市	Shenzhen City	84.56	365.20	156.76	56.41
珠海市	Zhuhai City	27.93	46.84	26.47	9.27
佛山市	Foshan City	153.75	227.71	78.29	19.57
江门市	Jiangmen City	139.09	145.82	51.80	9.24
东莞市	Dongguan City	112.74	382.52	100.93	13.91
中山市	Zhongshan City	66.20	107.93	33.29	6.23
惠州市区	Huizhou Urban District	10.86	24.40	13.90	4.37
惠阳市	Huiyang City	25.40	40.61	9.43	1.49
惠东县	Huidong County	28.22	24.30	4.67	0.74
博罗县	Boluo County	25.71	31.53	7.69	1.10
肇庆市区	Zhaoqing Urban District	12.73	16.53	11.18	4.17
高要市	Gaoyao City	29.28	19.13	3.19	0.54
四会市	Sihui City	14.16	16.01	3.91	0.68

3-7 续表 continued

地区	Area	每10万人口中拥有数(人) Population Per 100 Thousand People(person)			
		小学 Primary	初中 Junior Secondary School	高中 Senior Scecondary School	大专及以上 College and Higher Level
长江三角洲经济区	**Yangtze River Delta**				
上海市	Shanghai City	18934	36803	23018	10940
南京市	Nanjing City	24271	30823	15057	1175
苏州市	Suzhou City	32374	36790	10546	4669
无锡市	Wuxi City	28699	39661	16153	4831
常州市	Changzhou City	28351	39626	15382	4517
镇江市	Zhenjiang City	29143	38247	11543	5044
南通市	Nantong City	35876	34694	12644	2667
扬州市	Yangzhou City	32204	35181	12799	3831
泰州市	Taizhou City	34849	36469	12079	2380
杭州市	Hangzhou City	32529	33276	13758	7206
宁波市	Ningbo City	36700	34500	9300	3500
嘉兴市	Jiaxing City	38938	32403	9457	2229
湖州市	Huzhou City	40823	32886	6763	2052
绍兴市	Shaoxing City	36224	35412	10860	2262
舟山市	Zhoushan City	35587	32721	12202	3305
台州市	Taizhou City	38088	31518	9237	1855
珠江三角洲经济区	**Pearl River Delta**				
广州市	Guangzhou City	23959	37044	20467	9317
深圳市	Shenzhen City	12065	52105	22366	8048
珠海市	Zhuhai City	22606	37915	21429	7502
佛山市	Foshan City	28804	42661	14667	3667
江门市	Jiangmen City	35152	36854	13093	2336
东莞市	Dongguan City	17490	59344	15658	2158
中山市	Zhongshan City	28012	45669	14086	2635
惠州市区	Huizhou Urban District	18355	41231	23489	7393
惠阳市	Huiyang City	29444	47069	10925	1726
惠东县	Huidong County	39565	34071	6546	1044
博罗县	Boluo County	32944	40400	9856	1403
肇庆市区	Zhaoqing Urban District	25073	32551	22009	8208
高要市	Gaoyao City	46837	30605	5103	865
四会市	Sihui City	34561	39057	9537	1669

3-8 就业人数

Number of Employed Persons

单位：万人 (10 000 persons)

地区	Area	1978	1980	1990	2000	2004	2005
长江三角洲经济区	**Yangtze River Delta**						
上海市	Shanghai City	698.32	730.77	787.72	828.35	836.87	863.32
南京市	Nanjing City	204.77	217.77	277.29	266.77	283.94	316.69
苏州市	Suzhou City	301.15	317.17	346.74	313.89	362.67	398.18
无锡市	Wuxi City	198.49	205.67	244.99	221.07	274.67	289.20
常州市	Changzhou City	149.35	155.45	186.06	179.36	217.42	241.46
镇江市	Zhenjiang City	114.75	118.94	149.85	140.82	145.05	148.46
南通市	Nantong City	400.62	413.95	477.47	441.46	432.69	444.40
扬州市	Yangzhou City	180.09	179.65	244.32	221.93	228.33	236.45
泰州市	Taizhou City	210.82	215.21	272.68	250.19	243.70	254.58
杭州市	Hangzhou City	241.14	267.85	363.49	408.11	477.62	481.10
宁波市	Ningbo City				354.90	395.50	415.10
嘉兴市	Jiaxing City	175.22	181.91	213.32	193.73	202.02	240.83
湖州市	Huzhou City	117.95	124.83	150.55	140.09	150.24	157.72
绍兴市	Shaoxing City				274.45	285.23	284.83
舟山市	Zhoushan City	45.69	47.29	54.71	64.21	54.29	55.72
台州市	Taizhou City	176.88	185.19	307.23	340.48	364.13	368.67
珠江三角洲经济区	**Pearl River Delta**						
广州市	Guangzhou City	266.90	275.05	341.15	496.26	540.71	574.46
深圳市	Shenzhen City		14.70	109.20	308.50	456.08	576.26
珠海市	Zhuhai City	18.00	20.00	31.00	86.00	91.40	94.01
佛山市	Foshan City				193.50	293.51	348.69
江门市	Jiangmen City					209.55	214.53
东莞市	Dongguan City	54.97	57.86	75.10	88.62	98.36	101.23
中山市	Zhongshan City	52.08	51.20	71.27	122.45	185.29	188.85
惠州市区	Huizhou Urban District	6.80	7.26	13.71	27.95	57.74	58.96
惠阳市	Huiyang City	17.23	16.96	26.72	53.26	40.64	42.51
惠东县	Huidong County	22.48	23.81	32.68	47.84	48.71	51.42
博罗县	Boluo County	26.30	26.81	32.41	42.89	48.49	52.57
肇庆市区	Zhaoqing Urban District	13.04	13.99	18.97	22.88	23.38	25.35
高要市	Gaoyao City	27.52	28.45	38.87	44.66	47.21	46.57
四会市	Sihui City	14.42	14.57	17.27	22.06	21.16	21.86

3-9 就业基本情况(2005年)

Basic Statistics of Employment(2005)

单位：万人 (10 000 persons)

地区	Area	经济活动人口 Economically Active Population	就业人员 Number of Employed Persons	第一产业 Primary Industry	第二产业 Secondary Industry	第三产业 Tertiary Industry
长江三角洲经济区	**Yangtze River Delta**					
上海市	Shanghai City		863.32	61.02	322.33	479.97
南京市	Nanjing City	322.74	316.69	42.62	131.56	142.51
苏州市	Suzhou City	403.77	398.18	43.40	231.68	123.10
无锡市	Wuxi City	293.12	289.20	34.18	159.43	95.59
常州市	Changzhou City	244.96	241.46	32.70	128.94	79.82
镇江市	Zhenjiang City	150.11	148.46	35.37	68.41	44.68
南通市	Nantong City	447.75	444.40	133.93	178.30	132.17
扬州市	Yangzhou City	239.18	236.45	50.16	105.21	81.08
泰州市	Taizhou City	256.72	254.58	69.43	100.64	84.51
杭州市	Hangzhou City	487.19	481.10	91.63	222.16	167.31
宁波市	Ningbo City	419.30	415.10	76.40	213.20	125.50
嘉兴市	Jiaxing City	269.47	240.83	42.40	144.45	53.98
湖州市	Huzhou City	164.10	157.72	41.11	66.39	50.22
绍兴市	Shaoxing City	287.54	284.83	64.52	147.65	72.66
舟山市	Zhoushan City	56.41	55.72	13.86	20.33	21.53
台州市	Taizhou City	372.92	368.67	103.83	140.06	124.78
珠江三角洲经济区	**Pearl River Delta**					
广州市	Guangzhou City	579.87	547.46	86.92	222.22	265.32
深圳市	Shenzhen City	590.25	576.26	26.00	332.62	241.06
珠海市	Zhuhai City		94.01	9.79	40.75	43.47
佛山市	Foshan City		348.69	30.33	194.63	123.73
江门市	Jiangmen City	220.02	214.53	85.07	79.36	50.11
东莞市	Dongguan City		101.23	8.67	46.12	46.44
中山市	Zhongshan City	189.51	188.85	17.21	128.80	42.84
惠州市区	Huizhou Urban District	59.67	58.96	10.67	28.91	19.36
惠阳市	Huiyang City	42.70	42.51	6.73	24.62	11.17
惠东县	Huidong County	51.64	51.42	20.29	20.58	10.54
博罗县	Boluo County	52.78	52.57	21.18	22.55	8.84
肇庆市区	Zhaoqing Urban District		25.35	4.76	9.47	11.12
高要市	Gaoyao City		46.57	22.01	14.30	10.26
四会市	Sihui City		21.86	7.27	8.50	6.09

3-9 续表 continued

单位：万人 (10 000 persons)

地区	Area	就业人员 Number of Employed Persons		在岗职工人数 Fully Employed Staff and Workers			
		城镇 Urban Area	乡村 Rural Area		国有单位 State-owned Units	集体单位 Collective-owned Units	其他单位 Other Units
长江三角洲经济区	**Yangtze River Delta**						
上海市	Shanghai City	863.32		356.55	120.32	10.98	225.25
南京市	Nanjing City	192.88	123.81	88.32	44.53	4.24	39.56
苏州市	Suzhou City	190.98	207.20	100.44	22.63	3.20	74.61
无锡市	Wuxi City	130.85	158.35	50.96	19.31	3.67	27.99
常州市	Changzhou City	114.60	126.86	35.11	12.66	1.49	20.95
镇江市	Zhenjiang City	50.91	97.55	29.16	14.41	2.38	12.36
南通市	Nantong City	93.81	350.59	53.29	19.77	3.31	30.21
扬州市	Yangzhou City	71.14	165.31	34.73	18.10	2.87	13.75
泰州市	Taizhou City	55.96	198.62	29.96	13.96	3.65	12.35
杭州市	Hangzhou City	101.77	379.33	97.12	40.08	3.76	53.28
宁波市	Ningbo City	131.40	283.70	78.47	23.28	3.75	51.44
嘉兴市	Jiaxing City			58.52	11.75	2.15	44.62
湖州市	Huzhou City	55.66	102.06	22.82	7.48	1.06	14.28
绍兴市	Shaoxing City	82.43	202.40	57.35	12.03	3.85	41.46
舟山市	Zhoushan City	18.06	37.33	27.19	17.39	1.16	8.64
台州市	Taizhou City	83.39	285.28	39.13	15.43	3.21	20.48
珠江三角洲经济区	**Pearl River Delta**						
广州市	Guangzhou City	332.80	241.66	192.69	82.64	13.67	96.38
深圳市	Shenzhen City	2.81		165.38	35.85	2.81	126.72
珠海市	Zhuhai City			48.92	8.62	3.56	36.74
佛山市	Foshan City			49.62	17.90	4.01	27.71
江门市	Jiangmen City			34.88	13.54	3.28	18.05
东莞市	Dongguan City	40.24	60.99	18.86	9.50	4.43	4.94
中山市	Zhongshan City	23.33	116.20	23.33	6.87	1.41	15.05
惠州市区	Huizhou Urban District	48.39	10.57	30.97	5.67	0.79	24.51
惠阳市	Huiyang City	24.79	17.72	18.90	2.68	0.70	15.53
惠东县	Huidong County	9.11	42.31	6.29	2.79	0.56	2.94
博罗县	Boluo County	8.60	43.97	6.56	2.93	0.43	3.19
肇庆市区	Zhaoqing Urban District	11.36	36.88	11.36	4.83	0.40	6.14
高要市	Gaoyao City	2.03	37.10	2.03	1.79	0.10	0.14
四会市	Sihui City	4.43	23.09	4.43	1.67	0.36	2.40

3-10 按三次产业分的就业人员数

Number of Employed Persons by Type of Industry

单位：万人 (10 000 persons)

地区	Area	第一产业 Primary Industry			第二产业 Secondary Industry		
		2000	2004	2005	2000	2004	2005
长江三角洲经济区	**Yangtze River Delta**						
上海市	Shanghai City	89.23	67.29	61.02	367.04	315.97	322.33
南京市	Nanjing City	69.81	44.94	42.62	92.66	100.69	131.56
苏州市	Suzhou City	65.90	48.60	43.40	156.26	211.11	231.68
无锡市	Wuxi City	50.09	35.11	34.18	106.43	150.48	159.43
常州市	Changzhou City	51.82	34.57	32.70	78.13	114.52	128.94
镇江市	Zhenjiang City	47.15	36.75	35.37	59.68	63.23	68.41
南通市	Nantong City	200.04	158.45	133.93	138.39	171.19	178.30
扬州市	Yangzhou City	79.73	53.02	50.16	75.74	96.83	105.21
泰州市	Taizhou City	107.04	73.43	69.43	70.55	92.52	100.64
杭州市	Hangzhou City	117.47	92.09	91.63	143.50	229.51	222.16
宁波市	Ningbo City	109.90	79.50	76.40	153.00	201.40	213.20
嘉兴市	Jiaxing City	95.09	44.15	42.40	83.45	98.14	144.45
湖州市	Huzhou City	60.34	44.16	41.11	44.84	63.35	66.39
绍兴市	Shaoxing City	93.55	75.27	64.52	119.19	140.02	147.65
舟山市	Zhoushan City	20.05	15.53	13.86	16.51	18.66	20.33
台州市	Taizhou City		106.21	103.83		136.89	140.06
珠江三角洲经济区	**Pearl River Delta**						
广州市	Guangzhou City	95.66	90.13	86.92	198.29	204.66	222.22
深圳市	Shenzhen City	3.87	2.01	26.00	175.78	261.29	332.61
珠海市	Zhuhai City	11.44	9.85	9.79	28.81	39.77	40.75
佛山市	Foshan City	41.09	35.16	30.33	85.18	175.96	194.63
江门市	Jiangmen City		84.28	85.07		76.10	79.36
东莞市	Dongguan City	17.38	10.19	8.67	41.43	45.70	46.12
中山市	Zhongshan City	22.71	17.50	17.21	54.46	126.88	128.81
惠州市区	Huizhou Urban District		10.56	10.67		28.03	28.91
惠阳市	Huiyang City		6.97	6.73		22.55	24.62
惠东县	Huidong County		18.56	20.29		19.77	20.58
博罗县	Boluo County		21.11	21.18		19.43	22.55
肇庆市区	Zhaoqing Urban District		4.41	4.76		8.89	9.47
高要市	Gaoyao City		21.94	22.01		14.34	14.30
四会市	Sihui City		7.35	7.27		7.87	8.50

3-10 续表 continued

单位：万人 (10 000 persons)

地区	Area	# 制造业 ① Manufacturing ①			第三产业 Tertiary Industry		
		2000	2004	2005	2000	2004	2005
长江三角洲经济区	**Yangtze River Delta**						
上海市	Shanghai City	323.09	272.03	275.32	372.08	453.61	479.97
南京市	Nanjing City	71.39	72.38	91.73	104.30	138.31	142.51
苏州市	Suzhou City	140.52	194.43	213.44	91.73	102.96	123.10
无锡市	Wuxi City	96.01	137.54	146.10	64.54	89.08	95.59
常州市	Changzhou City	63.11	97.42	107.96	49.41	68.32	79.82
镇江市	Zhenjiang City	49.96	51.62	55.98	46.24	45.06	44.68
南通市	Nantong City	80.20	100.45	108.31	103.03	103.05	132.17
扬州市	Yangzhou City	51.91	65.65	72.98	66.46	78.48	81.08
泰州市	Taizhou City	44.83	54.22	63.39	72.60	77.75	84.51
杭州市	Hangzhou City	122.33	170.44	180.01	147.14	156.03	167.31
宁波市	Ningbo City	127.40	183.70	188.20	92.10	114.60	125.50
嘉兴市	Jiaxing City	74.43	92.89	132.98	15.19	59.72	53.98
湖州市	Huzhou City	36.69	49.90	54.59	34.91	42.73	50.22
绍兴市	Shaoxing City	88.39	109.23	104.62	61.71	69.94	72.66
舟山市	Zhoushan City	12.61	13.86	14.49	16.95	20.10	21.53
台州市	Taizhou City		107.32	110.92		121.03	124.78
珠江三角洲经济区	**Pearl River Delta**						
广州市	Guangzhou City	167.48	170.08	187.68	202.31	245.92	265.32
深圳市	Shenzhen City	164.92	250.36	312.83	128.89	192.78	241.06
珠海市	Zhuhai City	26.63	37.04	38.08	38.63	41.78	43.47
佛山市	Foshan City		159.26	175.08	67.23	82.39	123.73
江门市	Jiangmen City		67.41	70.97		49.17	50.11
东莞市	Dongguan City	37.70	41.93	42.64	29.81	42.47	46.44
中山市	Zhongshan City	50.09	119.94	121.50	45.28	40.90	42.84
惠州市区	Huizhou Urban District		24.49	25.99		19.15	19.36
惠阳市	Huiyang City		21.09	23.22		11.12	11.17
惠东县	Huidong County		18.92	19.59		10.38	10.54
博罗县	Boluo County		18.35	21.32		7.95	8.84
肇庆市区	Zhaoqing Urban District		7.41	8.09		10.08	11.12
高要市	Gaoyao City		9.70	9.81		10.08	10.26
四会市	Sihui City		6.52	7.08		5.94	6.09

注：①江苏为工业。

Note: ① Refer to industry for Jiangsu province.

3-11 分行业的就业人员数(2005年)

Number of Employed Persons by Sector(2005)

单位：万人 (10 000 persons)

地区	Area	合计 Total	农、林、牧、渔业 Agriculture, Forestry, Animal Husbandry and Fishery	采矿业 Mining	制造业 Manufacturing	电力、燃气及水的生产和供应业 Production and Supply of Electricity, Gas and Water	建筑业 Construction
长江三角洲经济区①	**Yangtze River Delta ①**						
上海市	Shanghai City	863.32	61.02	0.06	275.32	5.49	41.46
南京市	Nanjing City	92.78	0.04	0.48	31.94	2.91	4.98
苏州市	Suzhou City	102.74	4.53	0.00	67.27	1.41	0.93
无锡市	Wuxi City	55.73	0.05	0.01	26.92	1.29	1.13
常州市	Changzhou City	35.93	0.18	0.04	17.23	0.82	0.85
镇江市	Zhenjiang City	30.52	0.60	0.27	11.48	0.78	1.52
南通市	Nantong City	54.88	3.16	0.14	26.10	1.09	1.75
扬州市	Yangzhou City	35.56	0.22	2.00	13.37	0.69	2.49
泰州市	Taizhou City	32.32	0.47	0.00	12.21	0.62	2.10
杭州市	Hangzhou City	481.10	91.63	2.04	180.01	2.85	37.26
宁波市	Ningbo City	415.10	76.40	0.60	188.20	1.50	22.90
嘉兴市	Jiaxing City	240.83	42.40	0.03	132.98	1.14	10.29
湖州市	Huzhou City	157.72	41.11	2.45	54.59	0.56	8.79
绍兴市	Shaoxing City	284.83	64.52	0.76	104.62	1.03	41.24
舟山市	Zhoushan City	55.72	13.86	1.28	14.49	0.41	4.15
台州市	Taizhou City	368.67	103.83	0.34	110.92	1.77	27.03
珠江三角洲经济区	**Pearl River Delta**						
广州市	Guangzhou City	574.46	86.91	0.23	187.68	2.77	31.54
深圳市	Shenzhen City	576.26	26.00	0.09	312.83	1.50	18.17
珠海市	Zhuhai City	94.01	9.79	0.06	38.08	0.38	2.23
佛山市	Foshan City	348.69	30.33	0.20	175.08	1.30	18.05
江门市	Jiangmen City	214.53	85.07	0.32	70.97	0.99	7.08
东莞市	Dongguan City	101.23	8.67	0.07	42.64	0.79	2.62
中山市	Zhongshan City	188.85	17.21	0.09	121.50	0.40	6.83
惠州市区	Huizhou Urban District	58.96	10.69	0.03	25.99	0.18	2.71
惠阳市	Huiyang City	42.51	6.73	0.11	23.22	0.12	1.17
惠东县	Huidong County	51.42	20.29	0.13	19.59	0.18	0.69
博罗县	Boluo County	52.57	21.18	0.24	21.32	0.16	0.84
肇庆市区	Zhaoqing Urban District	25.35	4.76	0.00	8.09	0.15	1.24
高要市	Gaoyao City	46.57	22.01	0.08	9.81	0.02	4.40
四会市	Sihui City	21.86	7.27	0.09	7.08	0.07	1.26

3-11 续表 1 continued

单位：万人 (10 000 persons)

地区	Area	交通运输、仓储和邮政业 Transport, Storage and Post	信息传输、计算机服务和软件业 Information Transmission, Computer Service and Software	批发和零售业 Wholesale and Retail Trade	住宿和餐饮业 Hotels and Catering Services	金融业 Finance
长江三角洲经济区	**Yangtze River Delta**					
上海市	Shanghai City	48.40	9.48	131.31	23.60	18.24
南京市	Nanjing City	8.93	1.07	4.47	2.47	2.84
苏州市	Suzhou City	2.36	0.98	3.54	1.50	2.84
无锡市	Wuxi City	2.43	0.74	2.77	1.15	2.16
常州市	Changzhou City	1.75	0.30	1.82	0.66	1.26
镇江市	Zhenjiang City	1.67	0.29	1.85	0.40	1.37
南通市	Nantong City	2.30	0.49	2.30	0.30	1.69
扬州市	Yangzhou City	1.37	0.35	1.48	0.40	1.23
泰州市	Taizhou City	1.04	0.42	1.62	0.27	1.42
杭州市	Hangzhou City	20.81	7.24	61.28	15.81	3.94
宁波市	Ningbo City	10.10	3.70	41.00	10.70	3.20
嘉兴市	Jiaxing City	6.95	0.71	16.21	4.09	1.70
湖州市	Huzhou City	9.88	0.79	12.69	9.56	0.97
绍兴市	Shaoxing City	8.54	0.38	32.16	10.29	1.99
舟山市	Zhoushan City	4.07	0.27	5.85	2.17	0.55
台州市	Taizhou City	13.37	0.87	41.48	11.02	2.45
珠江三角洲经济区	**Pearl River Delta**					
广州市	Guangzhou City	28.80	11.16	88.02	23.84	6.11
深圳市	Shenzhen City	12.72	9.50	90.49	30.72	5.30
珠海市	Zhuhai City	2.82	1.47	20.86	2.86	0.90
佛山市	Foshan City	4.95	3.18	65.37	11.84	2.86
江门市	Jiangmen City	3.01	0.61	17.87	7.60	1.34
东莞市	Dongguan City	4.20	1.66	15.33	5.11	1.84
中山市	Zhongshan City	2.05	0.52	16.34	6.97	1.08
惠州市区	Huizhou Urban District	0.85	0.74	6.56	2.73	0.63
惠阳市	Huiyang City	1.04	0.10	3.38	2.38	0.11
惠东县	Huidong County	0.67	0.06	5.27	1.51	0.11
博罗县	Boluo County	0.53	0.06	3.00	1.36	0.15
肇庆市区	Zhaoqing Urban District	0.83	0.39	3.47	1.18	0.50
高要市	Gaoyao City	1.47	0.19	3.03	1.34	0.11
四会市	Sihui City	0.48	0.07	2.45	0.98	0.11

3-11 续表2 continued

单位：万人 (10 000 persons)

地区	Area	房地产业 Real Estate	租赁和商务服务业 Leasing and Business Services	科学研究、技术服务和地质勘查业 Scientific Research, Technoical Services and Geological Prospecting	水利、环境和公共设施管理业 Management of Water,Conservancy Environment and Public Facilities	居民服务和其他服务业 Services to Households and other Services
长江三角洲经济区	**Yangtze River Delta**					
上海市	Shanghai City	28.96	45.87	15.23	6.74	78.30
南京市	Nanjing City	1.51	1.95	3.35	1.81	0.29
苏州市	Suzhou City	0.74	1.24	0.61	1.08	0.17
无锡市	Wuxi City	0.61	1.00	1.04	0.79	0.13
常州市	Changzhou City	0.30	0.50	0.54	0.49	0.05
镇江市	Zhenjiang City	0.36	0.62	0.45	0.59	0.22
南通市	Nantong City	0.37	0.59	0.40	0.55	0.05
扬州市	Yangzhou City	0.34	0.41	0.43	0.62	0.04
泰州市	Taizhou City	0.31	0.59	0.32	0.46	0.08
杭州市	Hangzhou City	3.59	10.71	3.03	1.33	13.67
宁波市	Ningbo City	2.40	4.20	1.00	1.10	27.00
嘉兴市	Jiaxing City	0.93	1.51	0.51	0.53	11.22
湖州市	Huzhou City	0.57	1.92	0.25	0.33	6.03
绍兴市	Shaoxing City	0.53	0.68	0.38	5.50	0.12
舟山市	Zhoushan City	0.59	1.05	0.33	0.28	1.58
台州市	Taizhou City	0.37	9.91	5.52	1.64	19.45
珠江三角洲经济区	**Pearl River Delta**					
广州市	Guangzhou City	9.61	18.27	5.29	2.66	23.49
深圳市	Shenzhen City	18.33	20.76	5.83	3.49	18.97
珠海市	Zhuhai City	2.11	2.08	0.22	0.62	3.15
佛山市	Foshan City	2.88	5.41	0.92	1.03	8.05
江门市	Jiangmen City	0.76	1.33	0.29	0.63	5.87
东莞市	Dongguan City	0.08	0.31	0.14	0.07	1.92
中山市	Zhongshan City	1.96	1.86	0.38	0.29	4.74
惠州市区	Huizhou Urban District	0.96	0.91	0.19	0.30	2.46
惠阳市	Huiyang City	0.38	0.23	0.09	0.08	0.72
惠东县	Huidong County	0.03	0.15	0.07	0.06	0.59
博罗县	Boluo County	0.17	0.22	0.04	0.12	1.20
肇庆市区	Zhaoqing Urban District	0.48	0.26	0.17	0.20	
高要市	Gaoyao City	0.03	0.07	0.01	0.05	
四会市	Sihui City	0.03	0.11	0.03	0.03	

3–11 续表3　continued

单位：万人　　　　(10 000 persons)

地区	Area	教　育 Education	卫生、社会保障和社会福利业 Health, Social Security and Social Welfare	文化、体育和娱乐业 Culture, Sport and Entertainment	公共管理和社会组织 Public Management and Social Orgnization
长江三角洲经济区	**Yangtze River Delta**				
上海市	Shanghai City	27.63	18.29	8.25	19.67
南京市	Nanjing City	10.81	3.98	1.26	6.78
苏州市	Suzhou City	7.10	3.16	0.60	6.38
无锡市	Wuxi City	6.07	2.61	0.45	4.01
常州市	Changzhou City	4.05	1.98	0.32	2.79
镇江市	Zhenjiang City	3.48	1.62	0.23	2.71
南通市	Nantong City	7.09	3.17	0.34	4.41
扬州市	Yangzhou City	4.62	1.87	0.34	3.31
泰州市	Taizhou City	4.77	2.06	0.16	3.39
杭州市	Hangzhou City	10.43	5.44	2.16	7.87
宁波市	Ningbo City	8.30	4.40	2.90	5.50
嘉兴市	Jiaxing City	3.97	1.94	0.57	3.16
湖州市	Huzhou City	2.24	1.11	1.32	2.56
绍兴市	Shaoxing City	5.39	2.94	0.72	3.04
舟山市	Zhoushan City	1.48	0.73	0.39	2.19
台州市	Taizhou City	7.28	3.86	2.35	5.21
珠江三角洲经济区	**Pearl River Delta**				
广州市	Guangzhou City	20.99	10.10	4.59	12.40
深圳市	Shenzhen City	8.90	4.29	3.05	8.60
珠海市	Zhuhai City	1.63	0.85	0.80	3.09
佛山市	Foshan City	6.47	3.33	1.36	6.08
江门市	Jiangmen City	4.58	1.82	0.32	4.08
东莞市	Dongguan City	2.25	1.89	0.21	2.80
中山市	Zhongshan City	2.79	1.10	0.80	1.97
惠州市区	Huizhou Urban District	1.13	0.59	0.20	1.10
惠阳市	Huiyang City	0.84	0.57	0.31	0.93
惠东县	Huidong County	0.88	0.27	0.07	0.82
博罗县	Boluo County	0.90	0.33	0.09	0.68
肇庆市区	Zhaoqing Urban District	2.49	3.04	2.57	1.51
高要市	Gaoyao City	0.65	0.27	0.02	2.88
四会市	Sihui City	0.47	0.17	0.04	0.74

注：①江苏为城镇单位就业人员。
Note: ① Persons employed by city units for Jiangsu province.

3-12 在岗职工工资总额

Total Wages of Working Staff and Workers

单位：亿元　　　　(100 million yuan)

地区	Area	2000	2001	2002	2003	2004	2005
长江三角洲经济区	**Yangtze River Delta**						
上海市	Shanghai City	614.53	678.29	733.31	803.84	800.67	1102.83
南京市	Nanjing City	157.64	172.71	186.67	195.07	222.89	258.46
苏州市	Suzhou City	89.31	101.91	118.17	155.46	188.46	240.07
无锡市	Wuxi City	73.04	75.98	81.14	90.72	105.27	129.35
常州市	Changzhou City	50.98	54.04	57.35	60.78	69.82	78.57
镇江市	Zhenjiang City	35.61	38.08	40.50	45.01	51.44	58.66
南通市	Nantong City	60.82	64.57	66.71	69.21	82.05	98.23
扬州市	Yangzhou City	44.83	45.73	47.04	50.28	54.04	62.48
泰州市	Taizhou City	30.39	32.33	34.21	36.29	40.30	45.74
杭州市	Hangzhou City	129.64	151.13	164.84	190.46	222.47	297.02
宁波市	Ningbo City	92.77	106.00	115.57	143.61	168.11	219.81
嘉兴市	Jiaxing City	36.35	40.48	48.86	58.86	90.03	120.83
湖州市	Huzhou City	20.05	22.24	25.19	27.96	40.11	53.65
绍兴市	Shaoxing City	42.44	50.41	58.49	73.22	99.15	140.28
舟山市	Zhoushan City	13.43	15.99	17.37	18.73	23.74	26.56
台州市	Taizhou City	39.59	47.70	55.75	67.62	84.40	116.08
珠江三角洲经济区	**Pearl River Delta**						
广州市	Guangzhou City	343.21	382.27	445.89	533.55	589.18	656.28
深圳市	Shenzhen City	211.34	244.17	283.28	325.99	419.28	516.75
珠海市	Zhuhai City	42.27	46.50	55.08	68.43	79.70	101.77
佛山市	Foshan City	60.12	63.07	71.28	79.70	92.83	108.37
江门市	Jiangmen City	36.54	37.35	38.20	42.33	47.09	52.35
东莞市	Dongguan City	22.94	26.16	29.18	36.29	43.29	51.82
中山市	Zhongshan City	20.94	23.53	26.09	32.28	38.64	50.94
惠州市区	Huizhou Urban District	19.25	21.35	21.99	34.65	39.74	53.10
惠阳市	Huiyang City	10.38	12.07	17.66	15.19	18.29	26.27
惠东县	Huidong County	4.35	4.64	5.11	5.88	6.49	8.81
博罗县	Boluo County	5.56	5.04	5.82	6.79	7.24	8.96
肇庆市区	Zhaoqing Urban District	10.92	11.20	13.12	14.40	16.10	22.10
高要市	Gaoyao City	3.24	3.17	3.12	3.43	3.36	3.61
四会市	Sihui City	3.18	3.04	3.78	4.43	6.15	7.05

3-13 按所有制类型在岗职工工资总额(2005年)

Total Wages of Working Staff and Workers by Ownership(2005)

单位：亿元　　　　(100 million yuan)

地区	Area	合计 Total	国有单位 State-owned Units	城镇集体单位 Urban Collective-owned Units	其他单位 Units of Other Types of Ownership
长江三角洲经济区	**Yangtze River Delta**				
上海市	Shanghai City	1102.83	440.10	25.31	637.42
南京市	Nanjing City	258.46	142.37	7.70	108.38
苏州市	Suzhou City	240.07	82.18	6.04	151.84
无锡市	Wuxi City	129.35	62.94	6.36	60.04
常州市	Changzhou City	78.57	38.50	2.90	37.16
镇江市	Zhenjiang City	58.66	34.47	3.07	21.11
南通市	Nantong City	98.23	49.23	4.33	44.67
扬州市	Yangzhou City	62.48	40.03	2.91	19.54
泰州市	Taizhou City	45.74	28.81	4.06	12.88
杭州市	Hangzhou City	297.02	161.77	8.82	126.43
宁波市	Ningbo City	212.93	102.31	8.90	101.72
嘉兴市	Jiaxing City	120.83	44.81	3.80	72.22
湖州市	Huzhou City	53.65	26.53	2.47	24.65
绍兴市	Shaoxing City	140.28	53.84	7.75	78.68
舟山市	Zhoushan City	26.56	17.04	1.13	8.39
台州市	Taizhou City	116.08	69.59	7.34	39.15
珠江三角洲经济区	**Pearl River Delta**				
广州市	Guangzhou City	656.28	376.76	23.10	256.42
深圳市	Shenzhen City	516.75	164.03	4.72	348.00
珠海市	Zhuhai City	101.77	32.87	6.06	62.84
佛山市	Foshan City	108.37	52.45	7.00	48.93
江门市	Jiangmen City	52.35	27.06	3.83	21.46
东莞市	Dongguan City	51.82	34.96	7.09	9.78
中山市	Zhongshan City	50.94	22.92	3.01	25.01
惠州市区	Huizhou Urban District	53.10	15.50	1.18	36.42
惠阳市	Huiyang City	26.27	6.10	0.89	19.27
惠东县	Huidong County	8.81	4.60	0.61	3.60
博罗县	Boluo County	8.96	5.03	0.47	3.45
肇庆市区	Zhaoqing Urban District	22.10	13.10	0.60	8.40
高要市	Gaoyao City	3.61	3.26	0.19	0.17
四会市	Sihui City	7.05	4.04	0.35	2.67

3-14 在岗职工平均工资(2005年)
Average Wages of Working Staff and Workers (2005)

单位：元 (yuan)

地区	Area	合计 Total	国有单位 State-owned Units	城镇集体单位 Urban Collective-owned Units	其他 Other
长江三角洲经济区	**Yangtze River Delta**				
上海市	Shanghai City	31940	36077	22486	30062
南京市	Nanjing City	29342	32048	17944	27532
苏州市	Suzhou City	25016	36847	19149	21536
无锡市	Wuxi City	25602	32090	17372	22037
常州市	Changzhou City	22990	31049	19202	18341
镇江市	Zhenjiang City	19894	23813	12349	16861
南通市	Nantong City	18513	24912	13177	14883
扬州市	Yangzhou City	18165	22442	10148	14272
泰州市	Taizhou City	15090	20603	10892	10216
杭州市	Hangzhou City	31069	40483	23964	24332
宁波市	Ningbo City	28135	44296	24056	20809
嘉兴市	Jiaxing City	20649	38151	17664	16185
湖州市	Huzhou City	23876	36042	23197	17552
绍兴市	Shaoxing City	24630	45099	20787	19058
舟山市	Zhoushan City	25377	30700	21564	19103
台州市	Taizhou City	31077	45805	24149	20476
珠江三角洲经济区	**Pearl River Delta**				
广州市	Guangzhou City	34328	45980	17055	26795
深圳市	Shenzhen City	32476	47762	17112	28528
珠海市	Zhuhai City	21844	38834	16926	18191
佛山市	Foshan City	22037	29649	17577	17787
江门市	Jiangmen City	15030	19957	11604	11942
东莞市	Dongguan City	28253	37919	15958	20882
中山市	Zhongshan City	22751	34465	21868	17413
惠州市区	Huizhou Urban District	18317	27758	14279	16130
惠阳市	Huiyang City	14392	23047	13206	12910
惠东县	Huidong County	13982	17175	10868	11759
博罗县	Boluo County	13857	17225	11013	11089
肇庆市区	Zhaoqing Urban District	19432	27210	14952	13640
高要市	Gaoyao City	17471	18044	18452	10487
四会市	Sihui City	16500	24628	10176	11632

3-15 城镇登记失业人数及失业率

Urban Registered Unemployment and Unemployment Rate

地区	Area	失业人数(人) Unemployment(preson)			失业率(%) Unemployment Rate(%)		
		2000	2004	2005	2000	2004	2005
长江三角洲经济区	**Yangtze River Delta**						
上海市	Shanghai City	200800	274300	275000	3.50	4.50	4.40
南京市	Nanjing City	108400	64413	60486	3.11	4.03	3.35
苏州市	Suzhou City	40209	58642	55859	3.48	3.70	3.28
无锡市	Wuxi City	46064	38447	39218	2.80	3.50	3.27
常州市	Changzhou City	17457	34542	35021	3.00	3.60	3.58
镇江市	Zhenjiang City	17334	17430	16527	3.06	3.70	3.50
南通市	Nantong City	23334	28506	33528	2.85	3.00	3.39
扬州市	Yangzhou City	17038	29921	27345	2.98	4.20	3.66
泰州市	Taizhou City	19235	22402	21399	3.43	3.80	3.42
杭州市	Hangzhou City	55981	72677	60900	3.48	4.33	3.71
宁波市	Ningbo City	29787	42517	42182	3.48	4.20	3.45
嘉兴市	Jiaxing City	18391	23877	25399	3.44	3.80	3.80
湖州市	Huzhou City	10087	10519	11983	3.39	3.80	3.80
绍兴市	Shaoxing City	18800	25969	27058	3.50	3.80	3.70
舟山市	Zhoushan City	5443	6998	6948	3.40	4.03	3.90
台州市	Taizhou City	9676	18319	19703	3.00	3.80	3.80
珠江三角洲经济区	**Pearl River Delta**						
广州市	Guangzhou City	85096	67749	54162	3.15	2.42	2.08
深圳市	Shenzhen City	18090	26093	26746	2.45	2.49	2.37
珠海市	Zhuhai City	11300	11129	11453	2.90	2.80	2.79
佛山市	Foshan City	10887	28492	26062	2.80	2.27	2.03
江门市	Jiangmen City	44285	55362	54945	2.29	2.90	2.67
东莞市	Dongguan City	841	7080	5451	0.50	1.70	1.50
中山市	Zhongshan City	7557	7470	6593	2.40	2.30	2.11
惠州市区	Huizhou Urban District	2298	6638	7174	3.00	2.57	2.60
惠阳市	Huiyang City	5225	2233	1849	2.80	2.70	2.80
惠东县	Huidong County	1092	1825	2199	1.80	2.61	2.60
博罗县	Boluo County	1900	1651	2082	2.10	2.00	2.60
肇庆市区	Zhaoqing Urban District	4001	5108	4331	3.00	2.87	2.70
高要市	Gaoyao City	1215	1251	1402	2.80	2.90	2.90
四会市	Sihui City	1529	1164	1296	2.30	1.98	2.00

主要统计指标解释

人口数　指一定时点、一定地区范围内的有生命的个人总和。

年度统计的年末人口数指每年12月31日24时的人口数。年度统计的全国人口总数内未包括香港、澳门特别行政区和台湾省以及海外华侨人数。

出生率(又称粗出生率)　指在一定时期内(通常为一年)一定地区的出生人数与同期内平均人数(或期中人数)之比，用千分率表示。本资料中的出生率指年出生率，其计算公式为:

出生率＝年出生人数／年平均人数×1000‰

式中：出生人数指活产婴儿,即胎儿脱离母体时(不管怀孕月数),有过呼吸或其他生命现象。年平均人数指年初、年底人口数的平均数，也可用年中人口数代替。

死亡率(又称粗死亡率)　指在一定时期内(通常为一年)一定地区的死亡人数与同期内平均人数(或期中人数)之比，用千分率表示。本资料中的死亡率指年死亡率，其计算公式为:

死亡率＝年死亡人数／年平均人数×1000‰

人口自然增长率　指在一定时期内(通常为一年)人口自然增加数(出生人数减死亡人数)与该时期内平均人数(或期中人数)之比，用千分率表示。计算公式为：

人口自然增长率=(本年出生人数−本年死亡人数)/ 年平均人数×1000‰＝人口出生率－人口死亡率

经济活动人口　指在16岁以上，有劳动能力，参加或要求参加社会经济活动的人口，包括就业人员和失业人员。

就业人员　指从事一定社会劳动并取得劳动报酬或经营收入的人员，包括在岗职工、再就业的离退休人员、私营业主、个体户主、私营和个体就业人员、乡镇企业就业人员、农村就业人员、其他就业人员(包括民办教师、宗教职业者、现役军人等)。这一指标反映了一定时期内全部劳动力资源的实际利用情况，是研究我国基本国情国力的重要指标。

各单位的就业人员　指在各级国家机关、政党机关、社会团体及企业、事业单位中工作，取得工资或其他形式的劳动报酬的全部人员，包括在岗职工、再就业的离退休人员、民办教师以及在各单位中工作的外方人员和港澳台方人员、兼职人员、借用的外单位人员和第二职业者。不包括离开本单位仍保留劳动关系的职工。各单位的就业人员反映了各单位实际参加生产或工作的全部劳动力。

城镇私营和个体就业人员　城镇私营就业人员指在工商管理部门注册登记，其经营地址设在县城关镇(含县城关镇)以上的私营企业就业人员，包括私营企业投资者和雇工。城镇个体就业人员指在工商管理部门注册登记，并持有城镇户口或在城镇长期居住，经批准从事个体工商经营的就业人员，包括个体经营者和在个体工商户劳动的家庭帮工和雇工。

城镇登记失业人员　指有非农业户口，在一定的劳动年龄内(16岁以上及男50岁以下、女45岁以下)，有劳动能力，无业而要求就业，并在当地就业服务机构进行求职登记的人员。

城镇登记失业率　指城镇登记失业人员与城镇单位就业人员（扣除使用的农村劳动力、聘用的离退休人员、港澳台及外方人员）、城镇单位中的不在岗职工、城镇私营业主、个体户主、城镇私营企业和个体就业人员、城镇登记失业人员之和的比。计算公式为：

城镇登记失业率＝城镇登记失业人数／［(城镇单位就业人员－使用的农村劳动力－聘用的离退休人员－聘用的港澳台及外方人员）＋不在岗职工＋城镇私营业主＋城镇个体户主＋城镇私营企业和个体就业人员＋城镇登记失业人数］×100%

职工　指在国有、城镇集体、联营、股份制、外商和港、澳、台投资、其他单位及其附属机构工作，并由其支付工资的各类人员，不包括下列人员：(1)乡镇企业就业人员；(2)私营企业就业人员；(3)城镇个体劳动者；(4)离休、退休、退职人员；(5)再就业的离、退休人员；(6)民办教师；(7)在城镇单位工作的外方和港、澳、台人员；(8)其他按有关规定不列入职工统计范围的人员。(1998年以后的数据均为在岗职工数据，其他相关指标如职工工资总额，职工平均工资等指标也从1998年按此口径进行了相应调整)。

在岗职工　指在本单位工作并由单位支付工资的人员，以及有工作岗位，但由于学习、病伤产假等原因暂未工作，仍由单位支付工资的人员。

工资总额　指各单位在一定时期内直接支付给本单位全部职工的劳动报酬总额。工资总额的计算原则应以直接支付给职工的全部劳动报酬为根据。各单位支付给职工的劳动报酬以及其他根据有关规定支付的工资，不论是计入成本的还是不计入成本的，不论是按国家规定列入计征奖金税项目的，还是未列入计征奖金税项目的，不论是以货币形式支付的还是以实物形式支付的，均包括在工资总额内。

平均工资　指企业、事业、机关单位的职工在一定时期内平均每人所得的货币工资额。它表明一定时期职工工资收入的高低程度，是反映职工工资水平的主要指标。计算公式为：

平均工资＝报告期实际支付的全部职工工资总额／报告期全部职工平均人数

Explanatory Notes on Main Statistical Indicators

Total Population refers to the total number of people alive at a certain point of time within a given area.

The annual statistics on total population is taken at midnight, the 31st of December, not including residents in Taiwan province, Chinese compatriots in Hong Kong and Macao and overseas Chinese.

Birth Rate (or Crude Birth Rate) refers to the ratio of the number of births to the average population (or mid-period population) during a certain period of time (usually a year) which is often expressed in ‰. The following formula is used:

Birth Rate = (Number of Births/Average Number of Population) × 1000‰

Number of births refers to live births i.e. when a baby has breathed or showed any vital phenomena regardless of the length of pregnancy.

Annual Average Number of Population is the average of the number of population at the beginning of the year and that at the end of the year. Sometimes it is substituted for with the mid year population.

Death Rate (or Crude Death Rate) refers to the ratio of the number of deaths to the average population (or mid-period population) during a certain period of time (usually a year) which is often expressed in ‰. Death rate in the chapter refers to annual death rate. The following formula is used:

Death Rate= (Number of Deaths/ Average Number of Population) × 1000‰

Natural Growth Rate of Population refers to the ratio of natural increase in population (number of births minus number of deaths) in a certain period of time (usually a year) to the average population (or mid-period population) of the same period which is often expressed in ‰. The following formula is applied:

Natural Growth Rate of Population = [(Number of Births-Number of Deaths)/Average Number of Population] × 1000‰

Natural Growth Rate of Population = Birth Rate-Death Rate

Economically Active Population refers to the population aged 16 and over who are capable to work, are participating in or willing to participate in economic activities, including employed persons and unemployed persons.

Employed Persons refer to the persons who are engaged in social working and receive remuneration payment or earn business income, including total staff and workers, re-employed retirees, employers of private enterprises, self-employed workers, employees in private enterprises and individual economy, employees in township enterprises, employed persons in the rural areas, and other employed persons (including teachers in the schools run by the local people, people engaged in religious profession and the servicemen, etc.). This indicator reflects the actual utilization of total labor force during a certain period of time and is often used for the research on China's economic situation and national power.

Persons Employed in Various Units refer to all the persons working in government agencies of various levels, political and party organizations, social organizations, enterprises and institutions, and receiving wages or other forms of payment. They include fully-employed staff and workers, re-employed retirees, teachers in schools run by the local people, foreigners and Chinese compatriots from Hong Kong, Macao, and Taiwan working in various units, part-time employees, employees of other units working temporarily at current posts, and employees holding the second job, but exclude staff and workers who have left their working units while keeping their labour contract (employment relation) unchanged. This indicator reflects the total number of laborers actually engaged in production or other operations in various units.

Persons Employed in Private Enterprises and Self-Employed Individuals in Urban Areas Persons employed in private enterprises refer to the persons employed in the private enterprises which have been registered at the departments of industrial and commercial administration and are situated at a county town (i.e. a town where the county government is located) for business operation or at urban areas with the level higher than a county town. The self-employed individuals in urban areas refer to persons who hold the certificates of residence in urban areas or have resided in the urban areas for a long time and have been registered at the departments of industrial and commercial administration and approved to be engaged in individual industrial or commercial business, including self-employed persons as well as helpers and hired laborers who work in the individual households engaged in industrial or commercial business.

Registered Urban Unemployed Persons refer to the persons with non-agricultural household Registration at certain working age(16-50 years for male and 16-45 years for females),who are capable of work, unemployed and will to work, and have been registered at the local employment service agencies to apply for a job.

Registered Urban Unemployment Rate refers to the ratio of the number of the registered unemployed persons to the sum of the number of persons employed in various units(minus the rural labour force, retirees, and Hong Kong, Macao, Taiwan or foreign employees they employ) laid-off workers in urban units, owners and employees in urban private enterprises, urban self-employed individuals and the registered urban unemployed persons. The formula is as follows:

Registered urban unemployment rate = number of registered urban unemployed persons ÷ (number of persons employed in urban units–rural labour force employed–retirees employed–Hong Kong, Macao, Taiwan or foreign employees employed + laid-off workers + owners and employees in urban private enterprises+ self-employed individuals in urban areas + registered urban unemployed persons) × 100%.

Staff and Workers refer to the persons working in and receive payment from units of state ownership, collective ownership, joint ownership, share holding ownership, foreign ownership, and ownership by entrepreneurs from Hong Kong, Macao, and Taiwan, and other types of ownership and their affiliated units. They do not include 1)persons employed in township enterprises,2)persons employed in private enterprises,3)urban self-employed persons,4)retirees,5)re-employed retirees, 6)teachers in the schools run by the local people,7)foreigners and persons from Hong Kong, Macao and Taiwan who work in urban units, and 8)other persons not to be included by relevant regulations.(Data of 1998 and afterward refer to fully employed staff and worker. Other related statistics such as total wage bill and average wage are adjusted since 1998 accordingly).

Fully Employed Staff and Workers refer to persons who work in, and receive wages from their working units, as well as persons who have their work posts, but are temporarily absent from work for reasons of study or on sick, injury or maternal leave and still receive wages from their working units.

Total Wages refer to the total remuneration payment to staff and workers in various units during a certain period of time. The calculation of total wages is based on the total remuneration payment to the staff and workers. Therefore, all the wages and salaries and other payments to staff and workers are included in the total wages regardless of their sources, category, and forms (in kind or cash). (Total wages of staff and workers in this yearbook include only total wages of fully employed staff and workers, excluding the living allowances distributed to those who have left their working units while keeping their labour contract/employment relation unchanged).

Average Wage refers to the average wage in money terms per person during a certain period of time for staff and workers in enterprises, institutions, and government agencies, which reflects the general level of wage income during a certain period of time and is calculated as follows:

Average Wage = Total Wages of Staff and Workers at the Report Period/Average Number of Staff and Workers at the Report Period.

4-1 全社会固定资产投资总额

Total Investment in Fixed Assets

单位：亿元 (100 million yuan)

地区	Area	1978	1980	1990	2000	2004	2005
长江三角洲经济区	**Yangtze River Delta**						
上海市	Shanghai City	27.91	45.43	227.08	1869.67	3084.66	3542.55
南京市	Nanjing City	6.63	7.82	42.65	412.20	1201.88	1402.72
苏州市	Suzhou City	1.40	2.87	55.37	516.43	1554.80	1870.14
无锡市	Wuxi City	1.72	2.90	35.30	350.10	1114.13	1336.04
常州市	Changzhou City	0.89	2.37	22.71	163.43	588.61	769.80
镇江市	Zhenjiang City	1.23	2.62	15.14	140.95	320.52	404.75
南通市	Nantong City	1.34	2.74	20.78	239.50	606.93	815.26
扬州市	Yangzhou City	0.99	3.10	20.16	128.25	330.05	410.07
泰州市	Taizhou City	0.33	0.74	10.55	138.74	306.24	403.13
杭州市	Hangzhou City	4.83	7.09	36.63	515.49	1202.22	1386.68
宁波市	Ningbo City	5.02	6.50	39.28	360.75	1103.81	1336.30
嘉兴市	Jiaxing City			24.25	263.74	635.35	703.46
湖州市	Huzhou City	0.59	0.87	11.75	109.34	365.47	416.05
绍兴市	Shaoxing City	0.44	0.93	17.21	247.18	629.10	676.13
舟山市	Zhoushan City	0.93	1.33	5.82	42.18	127.87	161.12
台州市	Taizhou City	1.14	2.94	14.48	179.73	461.02	537.62
珠江三角洲经济区	**Pearl River Delta**						
广州市	Guangzhou City	7.26	9.96	90.59	923.67	1348.93	1519.16
深圳市	Shenzhen City		1.38	32.34	619.70	1092.56	1181.05
珠海市	Zhuhai City	0.20	0.58	12.12	94.98	182.64	218.51
佛山市	Foshan City	0.45	0.85	23.09	198.96	565.40	757.13
江门市	Jiangmen City	0.70	1.10	15.51	109.06	200.16	237.46
东莞市	Dongguan City	0.23	0.23	7.51	102.89	454.87	597.24
中山市	Zhongshan City	0.17	0.37	9.92	109.95	302.01	320.92
惠州市区	Huizhou Urban District	0.15	0.26	3.32	25.08	82.52	104.31
惠阳市	Huiyang City	0.09	0.09	6.42	23.94	164.74	179.90
惠东县	Huidong County	0.13	0.24	3.33	12.02	21.59	25.96
博罗县	Boluo County	0.13	0.14	2.66	13.48	22.53	28.60
肇庆市区	Zhaoqing Urban District	0.30	0.35	2.18	36.54	41.67	42.75
高要市	Gaoyao City	0.05	0.09	1.00	15.60	25.12	29.13
四会市	Sihui City	0.04	0.16	0.69	9.98	39.05	54.69

4-2 按城乡分全社会固定资产投资额

Total Investment in Fixed Assets of Urban and Rural Areas

单位：亿元 (100 million yuan)

地区	Area	城镇 Urban Area			
		1990	2000	2004	2005
长江三角洲经济区	**Yangtze River Delta**				
上海市	Shanghai City	196.74	1697.70	2897.98	3231.47
南京市	Nanjing City	37.26	346.44	997.99	1116.44
苏州市	Suzhou City	42.01	305.93	1016.21	1233.76
无锡市	Wuxi City	18.83	155.63	754.22	891.76
常州市	Changzhou City	8.70	95.77	401.71	534.70
镇江市	Zhenjiang City	7.35	80.11	207.16	260.35
南通市	Nantong City	9.41	102.84	280.04	370.69
扬州市	Yangzhou City	9.16	79.79	222.42	295.55
泰州市	Taizhou City		73.66	157.00	218.59
杭州市	Hangzhou City	22.92	376.65	880.73	1044.62
宁波市	Ningbo City	24.36	246.79	763.10	976.02
嘉兴市	Jiaxing City	6.20	156.30	256.60	422.75
湖州市	Huzhou City	4.19	74.02	166.73	230.19
绍兴市	Shaoxing City	5.69	133.77	324.17	418.59
舟山市	Zhoushan City	2.75	28.94	100.74	126.55
台州市	Taizhou City	4.37	98.91	244.90	322.60
珠江三角洲经济区	**Pearl River Delta**				
广州市	Guangzhou City	79.83	852.67	1256.98	1449.73
深圳市	Shenzhen City	60.34	609.70	1092.56	1181.05
珠海市	Zhuhai City	11.88	93.03	180.94	216.90
佛山市	Foshan City	10.78	51.58	179.88	219.11
江门市	Jiangmen City	9.67	88.35	150.69	180.42
东莞市	Dongguan City	6.93	127.36	345.48	
中山市	Zhongshan City	4.03	52.01	260.46	286.25
惠州市区	Huizhou Urban District	0.39	1.41	0.09	1.41
惠阳市	Huiyang City	0.19	1.66	1.15	0.40
惠东县	Huidong County	0.53	1.47	0.48	0.25
博罗县	Boluo County	0.07	0.44	0.33	0.27
肇庆市区	Zhaoqing Urban District			38.00	36.74
高要市	Gaoyao City			12.34	11.51
四会市	Sihui City			33.47	45.92

4-2续表 continued

单位：亿元 (100 million yuan)

地区	Area	农村 Rural Area 1990	2000	2004	2005
长江三角洲经济区	**Yangtze River Delta**				
上海市	Shanghai City	30.34	171.97	186.68	311.08
南京市	Nanjing City	5.39	65.76	203.89	286.28
苏州市	Suzhou City	13.36	162.09	531.58	636.38
无锡市	Wuxi City	16.47	103.41	318.53	444.28
常州市	Changzhou City	4.50	34.20	174.04	235.10
镇江市	Zhenjiang City	5.78	34.64	45.18	144.40
南通市	Nantong City	11.37	120.64	323.08	444.58
扬州市	Yangzhou City	9.58	31.51	90.17	114.52
泰州市	Taizhou City		65.08	149.24	184.54
杭州市	Hangzhou City	13.71	138.85	321.49	342.06
宁波市	Ningbo City	14.92	113.96	340.71	360.28
嘉兴市	Jiaxing City	3.20	57.60	225.70	280.71
湖州市	Huzhou City	2.06	27.82	192.05	185.86
绍兴市	Shaoxing City	11.52	113.40	304.93	257.54
舟山市	Zhoushan City	3.07	13.24	27.13	34.57
台州市	Taizhou City	10.12	80.82	216.12	215.02
珠江三角洲经济区	**Pearl River Delta**				
广州市	Guangzhou City	10.76	71.00	91.95	69.43
深圳市	Shenzhen City	2.00	10.00		
珠海市	Zhuhai City	0.24	1.95	1.70	1.68
佛山市	Foshan City	6.41	67.21	269.78	374.08
江门市	Jiangmen City	5.84	20.71	49.47	57.04
东莞市	Dongguan City	0.58	64.21	88.42	
中山市	Zhongshan City	5.89	57.94	41.55	34.67
惠州市区	Huizhou Urban District	0.35	0.98	3.45	3.56
惠阳市	Huiyang City	1.70	8.34	6.99	2.83
惠东县	Huidong County	1.45	6.60	12.12	3.56
博罗县	Boluo County	1.61	5.56	7.18	4.12
肇庆市区	Zhaoqing Urban District			3.67	6.01
高要市	Gaoyao City			12.78	17.62
四会市	Sihui City			5.58	8.77

4-3 城镇固定资产投资资金来源（2005 年）

Total Investment in Fixed Assets of Urban Area by Source of Funds(2005)

单位：亿元 (100 million yuan)

地区	Area	合计 Total	国家预算内资金 State Budget	国内贷款 Domestic Loans
长江三角洲经济区	**Yangtze River Delta**			
上海市	Shanghai City	4247.59	46.42	955.29
南京市	Nanjing City	1203.17	21.82	248.34
苏州市	Suzhou City	1424.51	0.37	395.07
无锡市	Wuxi City	952.78	8.25	99.84
常州市	Changzhou City	390.16	1.10	78.84
镇江市	Zhenjiang City	257.96	0.12	35.35
南通市	Nantong City	397.97	17.25	58.16
扬州市	Yangzhou City	373.53	1.67	32.02
泰州市	Taizhou City	237.17	1.12	25.23
杭州市	Hangzhou City	1428.95	37.02	364.11
宁波市	Ningbo City	934.35	20.18	197.10
嘉兴市	Jiaxing City	299.61	5.96	89.85
湖州市	Huzhou City	243.24	0.26	48.75
绍兴市	Shaoxing City	314.32	8.72	85.38
舟山市	Zhoushan City	133.26	1.17	36.48
台州市	Taizhou City	368.21	4.03	89.97
珠江三角洲经济区	**Pearl River Delta**			
广州市	Guangzhou City	1635.87	0.34	416.39
深圳市	Shenzhen City	1538.71	12.71	289.62
珠海市	Zhuhai City	218.51	0.58	38.50
佛山市	Foshan City	229.51	0.49	84.36
江门市	Jiangmen City	241.08	0.58	46.08
东莞市	Dongguan City			
中山市	Zhongshan City	334.48	0.08	22.43
惠州市区	Huizhou Urban District	112.39	0.59	21.14
惠阳市	Huiyang City	174.58	0.16	39.88
惠东县	Huidong County	25.88	0.46	0.97
博罗县	Boluo County	28.60	0.10	0.18
肇庆市区	Zhaoqing Urban District	21.76	1.32	2.33
高要市	Gaoyao City	9.13	0.18	0.03
四会市	Sihui City	39.21	0.44	0.45

4–3 续表 continued

单位：亿元 (100 million yuan)

地区	Area	利用外资 Foreign Investment	自筹资金 Self-raising Funds	其他资金 Others
长江三角洲经济区	**Yangtze River Delta**			
上海市	Shanghai City	235.61	1976.72	1033.55
南京市	Nanjing City	65.29	668.12	199.61
苏州市	Suzhou City	237.86	453.97	337.25
无锡市	Wuxi City	166.27	540.11	138.31
常州市	Changzhou City	20.16	280.01	10.04
镇江市	Zhenjiang City	22.28	163.90	36.30
南通市	Nantong City	46.78	221.96	53.81
扬州市	Yangzhou City	58.30	266.47	15.07
泰州市	Taizhou City	15.98	168.73	26.11
杭州市	Hangzhou City	30.40	588.91	408.32
宁波市	Ningbo City	138.28	417.36	161.43
嘉兴市	Jiaxing City	55.11	132.95	15.70
湖州市	Huzhou City	5.97	118.14	118.87
绍兴市	Shaoxing City	23.70	190.32	6.21
舟山市	Zhoushan City	1.31	69.40	24.90
台州市	Taizhou City	6.54	158.15	90.60
珠江三角洲经济区	**Pearl River Delta**			
广州市	Guangzhou City	109.45	651.24	458.45
深圳市	Shenzhen City	14.40	791.29	337.36
珠海市	Zhuhai City	65.30	86.18	27.95
佛山市	Foshan City	15.08	113.72	15.86
江门市	Jiangmen City	37.25	120.80	36.38
东莞市	Dongguan City			
中山市	Zhongshan City	50.53	175.11	86.33
惠州市区	Huizhou Urban District	14.45	57.55	18.66
惠阳市	Huiyang City	73.99	57.73	2.82
惠东县	Huidong County	7.32	15.40	1.65
博罗县	Boluo County	7.09	7.09	1.17
肇庆市区	Zhaoqing Urban District	0.68	15.91	1.52
高要市	Gaoyao City	3.10	5.19	0.63
四会市	Sihui City	19.51	18.51	0.30

4-4 按登记注册类型分的固定资产投资额（2005年）

Total Investment in Fixed Assets by Type of Ownership(2005)

单位：亿元 (100 million yuan)

地区	Area	内资 Domestic Funds	国有及国有控股 State-owned and state-holding	集体 Collective-owned	私营个体 Individuals Economy
长江三角洲经济区	**Yangtze River Delta**				
上海市	Shanghai City	2902.24	1240.27	131.07	565.24
南京市	Nanjing City	924.86	457.48	60.34	157.06
苏州市	Suzhou City	1291.01	380.89	63.02	562.22
无锡市	Wuxi City	1037.05	186.21	149.53	490.35
常州市	Changzhou City	459.22	188.59	22.51	83.60
镇江市	Zhenjiang City	155.20	88.44	2.06	23.48
南通市	Nantong City	263.55	70.37		92.94
扬州市	Yangzhou City	262.29	104.64	12.15	142.10
泰州市	Taizhou City	184.85	62.78	3.16	53.24
杭州市	Hangzhou City	955.33	329.46	8.98	101.53
宁波市	Ningbo City	740.97	327.39	3.39	140.03
嘉兴市	Jiaxing City	474.19	129.43	14.69	127.95
湖州市	Huzhou City	210.86	83.25	2.28	17.94
绍兴市	Shaoxing City	370.88	102.81	3.18	80.66
舟山市	Zhoushan City	158.56	98.46		22.69
台州市	Taizhou City	272.57	90.26	4.06	2.31
珠江三角洲经济区	**Pearl River Delta**				
广州市	Guangzhou City	1130.98	528.35	22.06	187.21
深圳市	Shenzhen City	808.60	321.29	35.95	142.31
珠海市	Zhuhai City	110.05	33.56	3.91	24.78
佛山市	Foshan City	182.68	133.96	14.76	2.08
江门市	Jiangmen City	184.57	68.67	13.22	99.71
东莞市	Dongguan City				
中山市	Zhongshan City	235.64	48.53	29.58	72.97
惠州市区	Huizhou Urban District	47.04	18.71	0.68	
惠阳市	Huiyang City	11.10	6.01	1.57	
惠东县	Huidong County	5.97	5.87		
博罗县	Boluo County	10.70	8.76	1.50	
肇庆市区	Zhaoqing Urban District	19.96	13.25	0.02	3.32
高要市	Gaoyao City	5.51	4.04	0.03	1.30
四会市	Sihui City	19.98	8.00	0.75	4.92

4-4 续表 continued

单位：亿元　　　　　　　　　　　　　　　　　　　　　　　　(100 million yuan)

地区	Area	其他 Others	外商投资 Foreign Investment	港澳台商投资 Funds from Hongkong, Macao and Taiwan
长江三角洲经济区	**Yangtze River Delta**			
上海市	Shanghai City	27.86	504.16	136.15
南京市	Nanjing City	7.20	119.46	37.03
苏州市	Suzhou City	284.88	355.15	223.98
无锡市	Wuxi City	10.02	182.96	115.52
常州市	Changzhou City	6.51	42.25	33.01
镇江市	Zhenjiang City	1.93	34.19	12.85
南通市	Nantong City		81.50	25.64
扬州市	Yangzhou City	3.40	16.09	25.88
泰州市	Taizhou City	65.67	19.82	12.56
杭州市	Hangzhou City	515.36	53.65	35.64
宁波市	Ningbo City	270.16	120.90	114.02
嘉兴市	Jiaxing City	202.11	93.57	48.53
湖州市	Huzhou City	107.39	9.25	10.05
绍兴市	Shaoxing City	184.22	22.84	24.57
舟山市	Zhoushan City	37.41		2.56
台州市	Taizhou City	0.19	41.33	8.59
珠江三角洲经济区	**Pearl River Delta**			
广州市	Guangzhou City	393.36	178.98	209.20
深圳市	Shenzhen City	309.05	160.28	212.18
珠海市	Zhuhai City	47.80	23.91	84.55
佛山市	Foshan City	14.08	22.43	13.99
江门市	Jiangmen City	2.97	20.33	36.18
东莞市	Dongguan City			
中山市	Zhongshan City	84.56	31.00	54.28
惠州市区	Huizhou Urban District		17.00	16.86
惠阳市	Huiyang City		0.91	12.60
惠东县	Huidong County		1.49	2.86
博罗县	Boluo County		2.41	1.71
肇庆市区	Zhaoqing Urban District	3.37	0.47	0.98
高要市	Gaoyao City	0.14	2.92	0.70
四会市	Sihui City	6.31	1.23	19.46

注：城镇以上。

Note:Refers to the urban and above.

4-5 房地产开发主要指标（2005年）

Main Indicators of Real Estate Development (2005)

地区	Area	企业个数（个）Number of Enterprises (unit)	投资额（万元）Investment (10 000 yuan)	施工房屋建筑面积（万平方米）Floor Space of Buildings Under Construction (10 000 sq.m)	#住宅 Residential Buildings	竣工房屋建筑面积（万平方米）Floor Space of Buildings Completed(10 000 sq.m)	#住宅 Residential Buildings
长江三角洲经济区	**Yangtze River Delta**						
上海市	Shanghai City		12468600	10462.39	8091.85	3095.74	2739.91
南京市	Nanjing City	585.00	2961403	2708.05	2136.37	646.09	583.52
苏州市	Suzhou City	978.00	4143300	4701.34	3793.70	1677.29	1380.58
无锡市	Wuxi City	391.00	2277429	1940.27	1522.19	689.77	544.03
常州市	Changzhou City	177.00	1142730	1246.07	953.78	520.72	397.84
镇江市	Zhenjiang City	196.00	604805	556.13	465.33	213.20	182.44
南通市	Nantong City	354.00	800498	889.43	734.18	327.11	279.29
扬州市	Yangzhou City	277.00	794000	694.01	527.31	283.43	223.88
泰州市	Taizhou City	144.00	476189	388.87	301.45	152.78	117.13
杭州市	Hangzhou City	804.00	4105706	4214.22	3315.84	902.76	705.45
宁波市	Ningbo City	502.00	2594964	2666.81	1958.45	706.68	538.05
嘉兴市	Jiaxing City	378.00	1234034	1490.51	1140.65	542.59	442.31
湖州市	Huzhou City	159.00	690486	670.28	519.80	227.07	167.83
绍兴市	Shaoxing City	341.00	1033309	1122.53	918.15	363.95	299.77
舟山市	Zhoushan City	130.00	276720	273.21	220.72	109.25	93.15
台州市	Taizhou City	266.00	1161255	1159.08	879.84	304.14	226.41
珠江三角洲经济区	**Pearl River Delta**						
广州市	Guangzhou City	1319.00	5080846	4846.25	3423.19	1064.35	802.88
深圳市	Shenzhen City	846.00	4326900	3058.90	2152.60	945.78	704.44
珠海市	Zhuhai City	367.00	512891	572.63	481.44	226.11	183.05
佛山市	Foshan City	398.00	1431587	1321.25	1056.89	470.22	374.49
江门市	Jiangmen City	284.00	327478	512.22	438.44	142.46	126.26
东莞市	Dongguan City	242.00	1444267	1160.17	889.93	132.88	115.23
中山市	Zhongshan City	366.00	805448	863.16	633.38	330.70	251.48
惠州市区	Huizhou Urban District	108.00	337081	338.52	263.28	87.49	65.37
惠阳市	Huiyang City	34.00	70095	103.85	85.89	27.38	26.09
惠东县	Huidong County	13.00	15352	23.29	22.35	4.48	4.48
博罗县	Boluo County	18.00	15790	16.95	16.67	12.10	11.82
肇庆市区	Zhaoqing Urban District	95.00	147373	190.18	170.36	76.01	67.74
高要市	Gaoyao City	21.00	6362	8.62	6.03	6.90	5.09
四会市	Sihui City	21.00	35851	39.82	36.11	20.96	20.16

4-5 续表 continued

地区	Area	商品房销售面积（万平方米）Floor Space Sold (10 000 sq.m)	# 住宅 Residential Buildings	商品房销售额（万元）Total Revenue of Commercial Houses (10 000 yuan)	# 住宅 Residential Buildings	房屋平均销售价格（元／平方米）Average Selling Price of Houses (yuan/sq.m)
长江三角洲经济区	**Yangtze River Delta**					
上海市	Shanghai City	3158.87	2845.70	21613000	19060500	6842
南京市	Nanjing City	943.81	892.54	3843660	3431020	4072
苏州市	Suzhou City	1128.52	974.24	4999903	4165366	4430
无锡市	Wuxi City	596.78	507.89	2195452	1763419	3679
常州市	Changzhou City	422.53	363.29	1556251	1228093	3683
镇江市	Zhenjiang City	204.60	190.44	476305	428826	2328
南通市	Nantong City	326.90	280.85	842967	647140	2579
扬州市	Yangzhou City	348.02	289.20	994493	747864	2858
泰州市	Taizhou City	210.09	180.91	524582	382535	2497
杭州市	Hangzhou City	704.19	620.66	3956550	3384983	5619
宁波市	Ningbo City	466.98	389.11	2347756	1757431	5028
嘉兴市	Jiaxing City	386.47	298.00	1303338	948487	3372
湖州市	Huzhou City	248.50	207.71	694103	543563	2793
绍兴市	Shaoxing City	367.19	323.82	1371516	1098252	3735
舟山市	Zhoushan City	87.77	76.95	338405	278508	3855
台州市	Taizhou City	184.29	159.91	769814	638832	4177
珠江三角洲经济区	**Pearl River Delta**					
广州市	Guangzhou City	1272.28	1131.24	6827131	5702800	5366
深圳市	Shenzhen City	993.20	901.13	7530442	6304305	7582
珠海市	Zhuhai City	190.73	171.49	769700	648200	4036
佛山市	Foshan City	536.18	481.95	1815318	1551060	
江门市	Jiangmen City	198.87	188.06	380318	347355	1912
东莞市	Dongguan City	321.87	297.19	1193991	1091095	3710
中山市	Zhongshan City	295.56	255.56	844446	688562	2857
惠州市区	Huizhou Urban District	104.54	89.94	295835	221858	2829
惠阳市	Huiyang City	26.20	23.93	59787	49110	2282
惠东县	Huidong County	4.86	4.72	6846	6546	1409
博罗县	Boluo County	13.27	12.97	16555	15975	1248
肇庆市区	Zhaoqing Urban District	69.58	63.05	164337	135161	2362
高要市	Gaoyao City	5.35	4.60	6783	5425	1268
四会市	Sihui City	17.47	16.68	23286	21512	1333

4-6 按资金来源分的房地产开发投资（2005年）

Real Estate Development Investment by Source of Funds (2005)

单位：亿元 (100 million yuan)

地区	Area	合计 Total	国内贷款 Domestic Loans	利用外资 Foreign Investment	自筹资金 Self-raising Funds	其他资金 Others
长江三角洲经济区	**Yangtze River Delta**					
上海市	Shanghai City	1989.88	483.03	40.54	527.78	938.52
南京市	Nanjing City	407.59	101.48	9.38	117.77	178.96
苏州市	Suzhou City	619.96	129.69	9.60	153.49	327.17
无锡市	Wuxi City	283.87	60.99	5.13	86.10	131.65
常州市	Changzhou City	201.57	17.39	0.25	26.17	122.84
镇江市	Zhenjiang City	64.37	11.14	0.50	24.54	28.19
南通市	Nantong City	108.51	23.44	1.32	34.07	49.67
扬州市	Yangzhou City	79.40	12.91	1.78	26.85	37.86
泰州市	Taizhou City	51.54	5.24	0.88	23.22	22.20
杭州市	Hangzhou City	729.32	210.06		133.65	385.61
宁波市	Ningbo City	245.63	42.28	0.58	57.11	145.66
嘉兴市	Jiaxing City	144.97	23.90	0.93	32.36	87.79
湖州市	Huzhou City	89.36	12.75	0.32	20.42	55.87
绍兴市	Shaoxing City	129.12	28.09	0.05	35.42	65.56
舟山市	Zhoushan City	34.28	6.44		9.59	18.25
台州市	Taizhou City	153.90	33.12	2.24	38.62	79.92
珠江三角洲经济区	**Pearl River Delta**					
广州市	Guangzhou City	659.60	103.61	21.48	128.72	405.79
深圳市	Shenzhen City	694.01	159.87	2.38	216.49	315.27
珠海市	Zhuhai City	93.11	21.43	0.96	24.31	31.33
佛山市	Foshan City	219.13	40.58	3.02	55.23	120.30
江门市	Jiangmen City	53.67	3.25	0.84	13.60	29.78
东莞市	Dongguan City	178.44	11.48	0.21	86.78	64.79
中山市	Zhongshan City	132.20	12.22	3.48	39.30	77.20
惠州市区	Huizhou Urban District	38.10	8.18	1.52	13.66	14.74
惠阳市	Huiyang City	8.29	1.69		4.77	1.83
惠东县	Huidong County	1.42	0.39	0.30	0.42	0.31
博罗县	Boluo County	1.58	0.18	0.30	0.79	0.31
肇庆市区	Zhaoqing Urban District	16.96	4.04	1.10	3.86	7.96
高要市	Gaoyao City	0.82	0.04		0.32	0.46
四会市	Sihui City	3.46	0.26	0.06	2.58	0.55

主要统计指标解释

全社会固定资产投资 以货币形式表现的在一定时期内全社会建造和购置固定资产的工作量以及与此有关的费用的总称。该指标是反映固定资产投资规模、结构和发展速度的综合性指标。又是观察工程进度和考核投资效果的重要依据。全社会固定资产投资按注册登记类型可分为国有、集体、个体、联营、股份制、外商、港澳台商、其他等。按照管理渠道，可分为基本建设、更新改造、房地产开发投资和其他固定资产投资四个部分。

固定资产投资的资金来源 根据固定资产投资的资金来源不同，分为国家预算内资金、国内贷款、利用外资、自筹资金和其他资金来源。

(1)国家预算内资金：分为财政拨款和财政安排的贷款两部分。包括中央财政的基本建设基金（分经营性基金和非经营性基金两部分）、专项支出（如煤代油专项等）、收回再贷、贴息资金，财政安排的挖潜改造和新产品试制支出、城建支出、商业部门简易建筑支出、不发达地区发展基金等资金中用于固定资产投资的资金；地方财政中由国家统筹安排的资金等。

(2)国内贷款：指报告期固定资产投资单位向银行及非银行金融机构借入的用于固定资产投资的各种国内借款。包括银行利用自有资金及吸收的存款发放的贷款、上级主管部门拨入的国内贷款、国家专项贷款(包括煤代油贷款、劳改煤矿专项贷款等)、地方财政专项资金安排的贷款、国内储备贷款、周转贷款等。

(3)利用外资：指报告期内收到的用于固定资产投资建造和购置的国外资金（包括设备、材料、技术在内)。包括对外借款（外国政府、国际金融组织贷款、出口信贷、外国商业贷款、对外发行债券和股票)、外国直接投资及外商其他投资。不包括我国自有外汇资金（国家外汇、地方外汇、留成外汇、调剂外汇和中国银行自有资金发行的外汇贷款等)。计算利用外资时，需要折算成人民币，折算中所使用的外汇汇率按现汇计算，即按使用外汇时的汇率计算。

(4)自筹资金：指固定资产单位报告期收到的，由各地区、各部门及企、事业单位筹集用于固定资产投资的预算外资金，包括中央各部门、各级地方和企、事业单位的自筹资金。

(5)其他资金来源：指在报告期收到的除以上各种资金之外其他用于固定资产投资的资金，包括企业或金融机构通过发行各种债券筹集到的资金、群众集资、个人资金、无偿捐赠的资金和其他单位拨入的资金等。

房屋建筑面积 指从房屋建筑物勒脚以上外墙外围的水平截面面积，包括房屋建筑物的有效面积和结构面积。

住宅建筑面积 指施工和竣工房屋建筑面积中供居住用的房屋建筑面积。

施工面积 指报告期内施工的全部房屋建筑面积。包括本期新开工的面积和上期开工跨入本期继续施工的房屋面积，以及上期已停建在本期恢复施工的房屋面积。本期竣工和本期施工后又停缓建的房屋，其建筑面积仍计入本期房屋施工面积中。

竣工面积 指在报告期内房屋建筑按照设计要求已全部完工，达到住人和使用条件，经验收鉴定合格（或达到竣工验收标准)，正式移交使用单位的各栋房屋建筑面积的总和。

Explanatory Notes on Main Statistical Indicators

Total Investment in Fixed Assets in the Whole Country refers to the volume of activities in construction and purchases of fixed assets and related fees, expressed in monetary terms. It is a comprehensive indicator which shows the size, structure and growth of the investment in fixed assets, providing basis for observing the progress of construction projects and evaluating results of investment. Total investment in fixed assets in the whole country includes, by registration type of ownership, the investment by the state-owned units, collective-owned units, individuals economy, joint ownership units, share-holding units, as well as investment by businessmen from foreign countries and from Hong Kong, Macao and Taiwan, and by other units. According to China's current management system, the investment in fixed assets in the whole country is classified into the following four parts: investment in capital construction, investment in innovation, investment in real estates development and other investment in fixed assets.

Sources of Funds for Investment in Fixed Assets include fund from state budget, domestic loans, foreign investment, self-raised funds, and others depending on the source of investment.

(1)Fund from State budget consists of budgetary appropriation and loans from state budge. More specifically, it includes, from the budget of the central governments, capital construction fund(operation fund and non-operational fund), special expenses(e.g. expenses on substituting petroleum with coal), loans from repayment, discount fund, expenses on innovation and trial production of new products, expenses on urban construction, expenses on temporary construction by trade departments, development on fund for less developed areas, as well as local budgetary fund transferred from the central budget.

(2)Domestic loans refer to loans of various forms borrowed by investing units form banks and non-bank financial institutions during the reference period for the purpose of investment in fixed assets, including loans issued by banks from their self-owned funds and deposit, loans appropriated by higher responsible authorities, special loans by government (including loan for substituting petroleum with coal, special loan for reform-through-labour coal mines), loans arranged by local government from special funds, domestic reserve loan, and working loan, etc..

(3) Foreign Investment refers to foreign funds received during the reference period for the construction and purchase of investment in fixed assets(covering equipment, materials and technology), including foreign borrowings(loans from foreign government and international financial institutions, export credit, commercial loans from foreign banks, issue of bonds and stocks overseas), foreign direct investment and other foreign investment. Excluded in this category are capitals in foreign exchanges owned by China (foreign exchanges owned by the central and local governments by enterprises through regulating mechanism, loans in foreign exchanges issued by the Band of China with its own fund, etc.). In calculating the utilization of foreign capitals, foreign currencies are converted into Chinese Renminbi applying the current exchange rate when the foreign capitals are actually used.

(4)Self-raised funds refer to extra-budgetary funds for investment in fixed assets received by investing units from central government ministries, local governments, enterprises and institutions, including their self-raised funds.

(5) Others refer to funds or investment in fixed assets received from the sources other than those listed above, including capitals raised through issuing bonds by enterprises or financial institutions, funds raised from individuals and through donations, and funds transferred from other units.

Floor Space of Buildings under Construction and Completed refers to total floor space of the horizontal section of outer walls above the plinth of the building, including the effective area and the area occupied by the structure.

Floor Space of Residential Buildings refers to the floor space of the residential buildings among the total space of buildings under construction or completed.

Floor Space under Construction refers to total floor space of all buildings under construction during the reference period, including floor space of newly started buildings during the reference period, floor space of construction extended from the previous period to the current period, and floor space of construction suspended during the previous period and resumed in the current period. Floor space of construction completed in the current period, and floor space of construction started and then suspended in the current period are also included in the floor space under construction of the current year.

Floor Space of Buildings Completed refers to the floor space of buildings completed in the reference period, which have been appraised and accepted(or come up to the designed standards) and have been transferred to the owners for use.

5-1 居民消费价格指数
Consumer Price Indices

(上年=100) (preceding year=100)

地区	Area	1990	2000	2002	2003	2004	2005
长江三角洲经济区	**Yangtze River Delta**						
上海市	Shanghai City	106.3	102.5	100.5	100.1	102.2	101.0
南京市	Nanjing City	105.3	100.0	97.9	101.4	103.0	102.1
苏州市	Suzhou City	103.9	99.9	100.4	100.8	105.0	102.4
无锡市	Wuxi City	104.5	100.0	99.2	101.0	104.0	102.0
常州市	Changzhou City	104.2	99.5	98.5	100.7	104.3	102.8
镇江市	Zhenjiang City	103.6	99.9	99.1	101.8	104.1	102.2
南通市	Nantong City	102.7	99.3	100.0	101.6	104.5	101.2
扬州市	Yangzhou City	104.8	100.4	98.8	101.6	103.9	101.9
泰州市	Taizhou City		100.2	99.5	101.3	104.0	101.6
杭州市	Hangzhou City	104.6	100.8	98.8	99.5	102.5	101.7
宁波市	Ningbo City	104.0	100.3	99.2	101.2	102.7	102.0
嘉兴市	Jiaxing City	102.1	101.1	100.0	100.7	103.3	101.5
湖州市	Huzhou City	102.9	101.4	99.4	100.0	104.8	101.2
绍兴市	Shaoxing City	102.3	102.9	100.1	100.0	103.6	102.4
舟山市	Zhoushan City	101.9	101.6	99.5	101.3	104.4	101.7
台州市	Taizhou City	102.4	101.1	99.6	101.5	105.0	100.6
珠江三角洲经济区	**Pearl River Delta**						
广州市	Guangzhou City	97.3	102.8	97.6	100.1	101.7	101.5
深圳市	Shenzhen City	101.6	102.8	101.2	100.7	101.3	101.6
珠海市	Zhuhai City	101.4	101.4	97.6	99.2	102.9	102.2
佛山市	Foshan City	96.0	102.6	97.3	100.6	102.7	101.7
江门市	Jiangmen City		100.7	97.8	100.1	102.5	102.8
东莞市	Dongguan City	96.6	101.5	98.1	100.7	103.0	102.4
中山市	Zhongshan City		102.5	99.3	101.2	103.1	102.4
惠州市区	Huizhou Urban District	97.7	102.5	98.2	100.5	102.1	120.0
惠阳市	Huiyang City						
惠东县	Huidong County						
博罗县	Boluo County						
肇庆市区	Zhaoqing Urban District	97.9	103.1	97.7	99.0	103.1	102.2
高要市	Gaoyao City						
四会市	Sihui City						

5-2 居民消费价格分类指数
Consumer Price Indices by Category

(上年 =100) (preceding year=100)

地区	Area	食品 Food					
		2000	2001	2002	2003	2004	2005
长江三角洲经济区	**Yangtze River Delta**						
上海市	Shanghai City	102.5	100.3	102.9	101.3	108.3	104.5
南京市	Nanjing City	96.8	98.6	100.1	101.4	107.3	102.9
苏州市	Suzhou City	98.4	97.1	101.5	103.2	111.6	104.5
无锡市	Wuxi City	97.7	99.9	99.0	103.3	111.2	103.3
常州市	Changzhou City	95.5	97.4	97.8	102.8	113.2	104.7
镇江市	Zhenjiang City	96.2	99.3	99.3	105.3	109.6	104.5
南通市	Nantong City	96.7	98.4	100.9	103.9	111.4	100.7
扬州市	Yangzhou City	100.4	98.7	100.8	104.6	110.1	101.9
泰州市	Taizhou City	97.6	98.5	97.9	104.1	112.1	104.9
杭州市	Hangzhou City	98.9	98.3	101.5	101.4	108.3	103.3
宁波市	Ningbo City	93.3	97.2	95.8	103.4	107.5	104.6
嘉兴市	Jiaxing City	98.9	96.7	101.5	103.3	111.1	102.4
湖州市	Huzhou City	98.7	101.1	99.3	97.5	112.0	104.0
绍兴市	Shaoxing City	97.7	96.8	103.0	100.0	110.6	103.8
舟山市	Zhoushan City	98.4	96.6	102.6	103.8	112.8	105.4
台州市	Taizhou City	100.2	98.2	101.7	102.5	113.4	103.2
珠江三角洲经济区	**Pearl River Delta**						
广州市	Guangzhou City	98.8	97.6	98.1	102.4	105.4	104.3
深圳市	Shenzhen City	100.2	97.5	100.5	101.2	106.1	104.5
珠海市	Zhuhai City	97.8	96.0	97.1	101.4	108.6	104.5
佛山市	Foshan City	98.5	98.4	97.2	104.3	107.0	104.7
江门市	Jiangmen City	97.9	100.3	95.9	101.5	105.2	106.2
东莞市	Dongguan City	100.4	98.9	99.0	103.5	108.6	106.5
中山市	Zhongshan City	99.3	97.0	99.4	100.1	112.1	106.8
惠州市区	Huizhou Urban District	98.4	100.3	96.7	102.6	105.9	104.0
惠阳市	Huiyang City						
惠东县	Huidong County						
博罗县	Boluo County						
肇庆市区	Zhaoqing Urban District	98.6	100.2	97.1	101.6	109.0	105.2
高要市	Gaoyao City						
四会市	Sihui City						

5-2 续表1 Continued

(上年=100) (preceding year=100)

地区	Area	烟酒及用品 Tobacco, Liquor and Articles					
		2000	2001	2002	2003	2004	2005
长江三角洲经济区	**Yangtze River Delta**						
上海市	Shanghai City		98.9	98.9	99.8	98.3	99.7
南京市	Nanjing City		101.4	101.0	100.3	98.4	99.3
苏州市	Suzhou City		101.9	101.5	99.5	101.1	101.0
无锡市	Wuxi City	99.3	100.3	100.5	98.5	100.6	100.9
常州市	Changzhou City		100.3	99.5	105.5	100.8	101.7
镇江市	Zhenjiang City	94.8	100.0	99.0	98.3	100.3	100.9
南通市	Nantong City		99.5	98.4	100.7	104.8	100.7
扬州市	Yangzhou City		98.2	99.4	98.9	100.3	101.7
泰州市	Taizhou City	94.6	100.0	96.3	99.1	101.6	101.9
杭州市	Hangzhou City		96.9	98.7	99.9	99.7	100.2
宁波市	Ningbo City			101.1	102.8	101.5	98.8
嘉兴市	Jiaxing City		98.0	99.4	100.8	102.0	100.1
湖州市	Huzhou City	96.8	99.4	102.3	101.4	102.9	98.3
绍兴市	Shaoxing City		100.9	98.7	99.6	101.0	101.8
舟山市	Zhoushan City		96.8	99.7	100.7	102.8	100.3
台州市	Taizhou City		101.3	100.3	105.2	103.2	99.2
珠江三角洲经济区	**Pearl River Delta**						
广州市	Guangzhou City		101.7	100.5	100.4	102.5	102.4
深圳市	Shenzhen City		97.1	101.6	102.8	99.5	99.6
珠海市	Zhuhai City		101.3	100.7	98.0	103.9	100.0
佛山市	Foshan City				101.2	101.9	99.4
江门市	Jiangmen City	99.3	95.6	104.7	96.6	101.3	97.6
东莞市	Dongguan City			99.3	105.7	96.7	107.0
中山市	Zhongshan City	101.1	97.8	102.5	100.1	105.5	97.3
惠州市区	Huizhou Urban District			101.7	100.4	102.0	98.1
惠阳市	Huiyang City						
惠东县	Huidong County						
博罗县	Boluo County						
肇庆市区	Zhaoqing Urban District		97.5	98.3	97.6	103.2	101.1
高要市	Gaoyao City						
四会市	Sihui City						

5-2 续表2 Continued

(上年=100) (preceding year=100)

地区	Area	衣着 Clothing					
		2000	2001	2002	2003	2004	2005
长江三角洲经济区	**Yangtze River Delta**						
上海市	Shanghai City		98.9	97.5	97.5	94.2	92.1
南京市	Nanjing City	102.9	94.6	96.5	101.7	101.3	97.8
苏州市	Suzhou City	99.8	97.5	97.5	101.6	102.5	101.2
无锡市	Wuxi City	99.2	98.9	98.7	100.1	101.2	100.4
常州市	Changzhou City	95.3	94.4	99.5	97.4	98.5	97.1
镇江市	Zhenjiang City	100.1	99.0	99.1	98.9	99.0	100.5
南通市	Nantong City	98.9	99.1	94.0	98.4	102.5	93.8
扬州市	Yangzhou City	98.5	96.6	98.3	99.2	98.3	99.3
泰州市	Taizhou City	99.4	94.3	92.6	96.2	92.4	98.3
杭州市	Hangzhou City	96.0	94.2	86.6	97.2	98.1	98.4
宁波市	Ningbo City	99.6	97.8	100.3	100.4	99.0	104.0
嘉兴市	Jiaxing City	95.9	91.0	90.7	94.6	93.4	99.3
湖州市	Huzhou City	100.8	100.5	99.7	100.4	100.7	96.9
绍兴市	Shaoxing City	99.9	97.3	98.2	97.1	99.0	101.1
舟山市	Zhoushan City	99.2	96.3	98.0	98.5	100.1	98.2
台州市	Taizhou City	99.4	98.2	98.2	97.7	98.6	93.3
珠江三角洲经济区	**Pearl River Delta**						
广州市	Guangzhou City	97.6	96.3	97.9	96.7	99.1	91.9
深圳市	Shenzhen City	102.9	98.7	105.2	99.7	99.2	103.2
珠海市	Zhuhai City	100.5	100.1	99.7	95.5	99.1	96.9
佛山市	Foshan City	103.3	99.8	101.1	100.2	99.6	96.3
江门市	Jiangmen City	95.9	101.2	100.1	94.4	97.5	92.7
东莞市	Dongguan City	98.9	98.4	92.3	94.3	93.2	94.5
中山市	Zhongshan City	96.6	100.3	96.9	103.6	88.7	92.9
惠州市区	Huizhou Urban District	102.1	102.3	103.2	100.2	97.0	97.4
惠阳市	Huiyang City						
惠东县	Huidong County						
博罗县	Boluo County						
肇庆市区	Zhaoqing Urban District	93.6	99.4	100.6	92.8	103.1	96.3
高要市	Gaoyao City						
四会市	Sihui City						

5-2 续表3 Continued

(上年=100) (preceding year=100)

地区	Area	家庭设备用品及服务 Household Facilities, Articles and Services 2000	2001	2002	2003	2004	2005
长江三角洲经济区	**Yangtze River Delta**						
上海市	Shanghai City		97.2	97.7	98.4	97.8	100.8
南京市	Nanjing City	99.9	97.8	90.6	93.5	98.3	100.6
苏州市	Suzhou City	94.4	97.2	101.9	96.6	102.8	100.8
无锡市	Wuxi City	99.1	98.3	98.5	97.3	100.3	100.6
常州市	Changzhou City	99.7	98.5	97.5	93.9	98.3	100.2
镇江市	Zhenjiang City	97.1	93.7	94.3	96.4	97.2	97.6
南通市	Nantong City	98.1	96.8	98.5	98.7	99.4	99.8
扬州市	Yangzhou City	97.9	95.1	95.8	97.0	98.0	99.5
泰州市	Taizhou City	97.0	99.2	94.5	94.2	95.9	97.0
杭州市	Hangzhou City	95.7	97.1	95.7	95.2	96.8	101.9
宁波市	Ningbo City	98.4	94.0	94.9	97.2	98.1	99.8
嘉兴市	Jiaxing City	96.6	99.4	97.0	96.0	99.5	101.7
湖州市	Huzhou City	100.2	99.5	99.7	98.6	97.5	98.0
绍兴市	Shaoxing City	98.5	98.3	98.2	97.5	98.8	99.5
舟山市	Zhoushan City	96.2	95.8	96.5	95.4	96.3	99.1
台州市	Taizhou City	97.8	96.8	97.0	96.7	100.2	100.5
珠江三角洲经济区	**Pearl River Delta**						
广州市	Guangzhou City	100.2	96.4	97.4	97.0	98.4	101.7
深圳市	Shenzhen City	99.5	97.6	99.0	98.1	96.8	100.6
珠海市	Zhuhai City	101.0	101.2	96.4	95.8	99.2	100.6
佛山市	Foshan City	97.7	100.2	99.7	97.5	99.0	99.0
江门市	Jiangmen City	97.5	99.3	96.9	97.5	98.1	97.4
东莞市	Dongguan City	99.5	99.1	99.3	98.6	98.2	100.0
中山市	Zhongshan City	97.0	97.9	96.8	98.4	93.5	95.2
惠州市区	Huizhou Urban District	96.0	96.2	94.1	96.1	95.1	97.9
惠阳市	Huiyang City						
惠东县	Huidong County						
博罗县	Boluo County						
肇庆市区	Zhaoqing Urban District	94.6	95.4	97.9	94.7	95.0	98.3
高要市	Gaoyao City						
四会市	Sihui City						

5-2 续表4 Continued

(上年=100) (preceding year=100)

地区	Area	医疗保健和个人用品 Health Care and Personal Articles 2000	2001	2002	2003	2004	2005
长江三角洲经济区	**Yangtze River Delta**						
上海市	Shanghai City		97.4	97.6	100.0	100.0	100.3
南京市	Nanjing City	97.3	102.0	99.8	104.1	103.0	100.3
苏州市	Suzhou City	100.2	100.2	99.5	103.0	95.7	99.4
无锡市	Wuxi City	99.2	98.1	101.7	103.3	95.6	100.3
常州市	Changzhou City	101.8	101.6	100.3	99.7	96.6	100.2
镇江市	Zhenjiang City	102.8	101.5	99.5	99.9	101.7	100.7
南通市	Nantong City	97.9	101.1	100.3	100.9	97.6	99.8
扬州市	Yangzhou City	99.9	98.0	97.8	100.5	100.3	99.7
泰州市	Taizhou City	103.0	98.6	98.8	99.0	99.6	99.8
杭州市	Hangzhou City	102.2	99.0	97.4	97.9	97.4	102.2
宁波市	Ningbo City	97.4	98.0	97.8	102.1	96.5	102.6
嘉兴市	Jiaxing City	100.6	99.9	99.5	101.6	92.4	97.6
湖州市	Huzhou City		99.6	101.1	101.9	96.0	99.4
绍兴市	Shaoxing City	101.7	99.2	99.3	94.8	95.5	101.1
舟山市	Zhoushan City	102.6	97.4	96.3	102.9	95.4	97.1
台州市	Taizhou City	100.8	98.2	97.0	98.5	90.3	97.2
珠江三角洲经济区	**Pearl River Delta**						
广州市	Guangzhou City	93.7	97.7	96.7	99.4	99.7	100.0
深圳市	Shenzhen City	104.4	98.2	101.4	100.3	102.1	99.4
珠海市	Zhuhai City	100.5	98.9	94.9	98.3	98.7	99.3
佛山市	Foshan City	96.7	101.5	88.4	101.0	101.4	97.8
江门市	Jiangmen City	99.9	101.5	97.5	101.9	100.4	100.0
东莞市	Dongguan City	92.4	93.8	99.0	101.6	99.0	95.9
中山市	Zhongshan City	105.7	98.3	99.2	102.0	99.0	96.4
惠州市区	Huizhou Urban District	103.9	100.1	93.1	99.0	99.8	99.6
惠阳市	Huiyang City						
惠东县	Huidong County						
博罗县	Boluo County						
肇庆市区	Zhaoqing Urban District	104.0	96.2	97.9	99.6	100.1	101.0
高要市	Gaoyao City						
四会市	Sihui City						

5-2 续表5 Continued

(上年=100) (preceding year=100)

地区	Area	交通和通信 Transportation and Communication					
		2000	2001	2002	2003	2004	2005
长江三角洲经济区	**Yangtze River Delta**						
上海市	Shanghai City		98.1	96.9	96.3	96.5	97.5
南京市	Nanjing City	90.0	94.7	93.8	96.6	97.7	97.4
苏州市	Suzhou City	94.0	96.0	96.6	94.3	100.3	98.2
无锡市	Wuxi City	98.4	99.5	95.8	95.0	98.1	98.8
常州市	Changzhou City	97.6	97.6	98.2	98.9	100.2	99.7
镇江市	Zhenjiang City	87.0	97.7	95.7	96.2	96.1	96.7
南通市	Nantong City	95.3	94.9	97.4	96.7	98.9	99.3
扬州市	Yangzhou City	99.4	96.2	98.2	99.6	100.5	100.3
泰州市	Taizhou City	95.4	96.5	93.2	95.4	96.0	96.9
杭州市	Hangzhou City	93.6	94.9	96.6	99.9	97.1	97.2
宁波市	Ningbo City	95.7	94.8	96.4	96.4	98.4	98.6
嘉兴市	Jiaxing City	94.8	98.7	96.7	95.2	95.5	99.4
湖州市	Huzhou City		99.1	98.3	97.9	99.6	98.1
绍兴市	Shaoxing City	93.0	98.6	99.2	94.9	94.8	97.3
舟山市	Zhoushan City	89.5	97.4	97.8	97.7	98.0	100.1
台州市	Taizhou City	90.7	98.1	96.1	97.4	98.8	97.6
珠江三角洲经济区	**Pearl River Delta**						
广州市	Guangzhou City	97.9	87.6	86.9	97.3	98.9	98.8
深圳市	Shenzhen City	96.2	97.6	98.0	97.0	97.8	98.1
珠海市	Zhuhai City	92.6	89.7	89.9	97.1	97.3	99.0
佛山市	Foshan City	96.7	93.8	90.4	97.5	98.1	99.1
江门市	Jiangmen City	88.6	89.8	90.8	100.5	99.2	99.5
东莞市	Dongguan City	85.2	83.6	97.3	99.5	99.8	100.7
中山市	Zhongshan City	91.6	101.2	99.1	98.9	98.7	99.8
惠州市区	Huizhou Urban District	97.7	89.4	87.3	99.9	99.5	100.9
惠阳市	Huiyang City						
惠东县	Huidong County						
博罗县	Boluo County						
肇庆市区	Zhaoqing Urban District	88.2	89.3	92.2	95.2	96.2	99.4
高要市	Gaoyao City						
四会市	Sihui City						

5-2 续表6 Continued

(上年 =100)　　　　(preceding year=100)

地区	Area	娱乐教育文化 Recreation,Education and Culture					
		2000	2001	2002	2003	2004	2005
长江三角洲经济区	**Yangtze River Delta**						
上海市	Shanghai City		102.1	100.8	100.3	99.9	98.3
南京市	Nanjing City	94.6	106.5	97.3	100.6	99.4	105.7
苏州市	Suzhou City	100.3	105.1	99.8	98.5	98.7	100.2
无锡市	Wuxi City		102.4	99.7	99.6	100.9	100.9
常州市	Changzhou City	101.7	112.8	97.5	99.4	99.2	103.6
镇江市	Zhenjiang City	97.6	106.3	102.7	102.4	104.1	101.1
南通市	Nantong City	97.0	112.5	103.9	101.7	99.7	99.6
扬州市	Yangzhou City	95.9	104.5	101.4	100.7	100.2	105.5
泰州市	Taizhou City	97.4	123.2	117.1	107.5	99.2	99.5
杭州市	Hangzhou City	100.9	103.0	98.0	100.0	101.4	99.8
宁波市	Ningbo City	92.7	104.0	96.4	99.8	100.9	98.9
嘉兴市	Jiaxing City	97.8	109.8	106.9	102.2	104.4	101.3
湖州市	Huzhou City		105.9	98.6	103.6	103.6	98.9
绍兴市	Shaoxing City	101.3	106.1	99.5	109.1	103.9	102.5
舟山市	Zhoushan City	96.5	111.0	99.6	101.2	103.7	98.6
台州市	Taizhou City	92.1	105.3	98.7	107.4	106.2	99.3
珠江三角洲经济区	**Pearl River Delta**						
广州市	Guangzhou City	99.9	97.9	88.5	97.1	98.9	99.4
深圳市	Shenzhen City	94.8	97.8	99.5	100.2	98.5	98.2
珠海市	Zhuhai City	103.3	99.4	97.1	97.1	100.4	102.0
佛山市	Foshan City	98.3	98.6	99.2	96.0	100.1	98.4
江门市	Jiangmen City	94.7	98.6	99.2	97.9	98.9	104.3
东莞市	Dongguan City	100.3	98.7	97.1	97.2	98.9	99.7
中山市	Zhongshan City	97.1	102.8	101.9	105.4	96.2	101.6
惠州市区	Huizhou Urban District	96.8	99.9	96.4	97.5	101.6	103.6
惠阳市	Huiyang City						
惠东县	Huidong County						
博罗县	Boluo County						
肇庆市区	Zhaoqing Urban District	100.5	99.8	93.5	98.3	98.3	100.0
高要市	Gaoyao City						
四会市	Sihui City						

5-2 续表7 Continued

(上年=100) (preceding year=100)

地区	Area	居 住 Residence 2000	2001	2002	2003	2004	2005
长江三角洲经济区	**Yangtze River Delta**						
上海市	Shanghai City		102.3	100.0	101.1	101.6	102.9
南京市	Nanjing City	109.2	102.2	99.4	103.3	103.1	104.7
苏州市	Suzhou City	105.8	103.3	99.7	100.9	106.1	106.0
无锡市	Wuxi City	105.6	102.6	99.4	102.1	103.6	106.9
常州市	Changzhou City	103.8	99.7	100.7	103.7	103.3	106.5
镇江市	Zhenjiang City	106.3	102.4	99.5	101.6	102.2	105.8
南通市	Nantong City	108.1	103.5	99.2	102.6	102.7	109.9
扬州市	Yangzhou City	105.3	103.1	100.8	101.1	102.2	103.5
泰州市	Taizhou City	107.1	100.0	97.8	100.3	104.5	102.9
杭州市	Hangzhou City	109.7	104.1	101.5	101.9	103.8	105.3
宁波市	Ningbo City	103.2	104.3	100.6	102.0	104.9	102.7
嘉兴市	Jiaxing City	107.4	101.5	97.2	103.5	105.4	106.5
湖州市	Huzhou City	109.6	98.6	98.2	104.2	105.3	107.5
绍兴市	Shaoxing City	105.7	101.6	97.6	100.6	103.6	106.2
舟山市	Zhoushan City	104.0	101.1	96.5	101.7	103.8	105.7
台州市	Taizhou City	105.5	100.2	99.8	101.2	105.0	106.1
珠江三角洲经济区	**Pearl River Delta**						
广州市	Guangzhou City	105.3	101.7	100.1	102.7	102.0	102.7
深圳市	Shenzhen City	105.6	99.1	102.4	105.0	102.3	103.6
珠海市	Zhuhai City	113.1	98.8	97.8	102.4	103.2	104.4
佛山市	Foshan City	104.8	100.5	95.1	101.2	103.0	106.5
江门市	Jiangmen City	105.7	99.7	99.4	101.1	106.4	103.8
东莞市	Dongguan City	113.8	96.7	99.4	101.5	105.6	102.6
中山市	Zhongshan City	115.9	104.5	98.6	101.3	104.0	105.1
惠州市区	Huizhou Urban District	110.7	99.2	100.7	101.5	102.0	103.0
惠阳市	Huiyang City						
惠东县	Huidong County						
博罗县	Boluo County						
肇庆市区	Zhaoqing Urban District	108.2	103.3	99.8	99.6	102.9	102.7
高要市	Gaoyao City						
四会市	Sihui City						

5-3 商品零售价格指数
Retail Price Indices

(上年 =100) (preceding year=100)

地区	Area	1990	2000	2002	2003	2004	2005
长江三角洲经济区	**Yangtze River Delta**						
上海市	Shanghai City	104.8	96.4	98.7	99.0	100.9	99.4
南京市	Nanjing City	104.4	99.2	96.3	99.6	98.1	96.7
苏州市	Suzhou City	103.2	98.5	99.5	99.5	101.7	101.1
无锡市	Wuxi City	103.8	98.6	99.3	100.9	103.4	101.6
常州市	Changzhou City	103.4	98.0	99.0	100.8	103.7	101.3
镇江市	Zhenjiang City	103.3	98.0	97.0	100.2	102.9	101.2
南通市	Nantong City	102.1	98.4	97.6	98.5	103.4	99.6
扬州市	Yangzhou City	103.8	98.2	99.2	100.6	102.9	100.6
泰州市	Taizhou City		98.3	97.4	99.6	103.0	100.9
杭州市	Hangzhou City	104.4	98.3	97.9	98.1	101.6	100.3
宁波市	Ningbo City	103.2	98.3	98.6	101.6	102.0	101.1
嘉兴市	Jiaxing City	101.7	99.0	97.6	101.0	101.5	100.9
湖州市	Huzhou City	102.4	99.7	99.7	100.0	104.4	101.4
绍兴市	Shaoxing City	101.8	98.7	99.4	98.3	101.9	101.4
舟山市	Zhoushan City	100.2	99.2	99.3	101.1	103.4	101.0
台州市	Taizhou City	101.8	100.4	99.8	99.6	102.1	99.7
珠江三角洲经济区	**Pearl River Delta**						
广州市	Guangzhou City	96.3	99.4	97.4	99.1	102.1	101.6
深圳市	Shenzhen City	97.7	100.6	100.2	100.0	100.7	101.2
珠海市	Zhuhai City	99.8	101.6	97.1	99.1	103.0	102.3
佛山市	Foshan City	93.5	100.2	99.1	100.2	102.8	101.3
江门市	Jiangmen City	96.5	98.5	97.4	99.2	101.7	102.0
东莞市	Dongguan City	94.9	100.1	99.1	101.7	103.2	103.0
中山市	Zhongshan City		100.1	98.3	100.4	102.5	101.1
惠州市区	Huizhou Urban District	96.2	100.2	96.8	101.7	101.8	101.6
惠阳市	Huiyang City						
惠东县	Huidong County						
博罗县	Boluo County						
肇庆市区	Zhaoqing Urban District	96.5	99.9	98.1	98.7	103.2	100.6
高要市	Gaoyao City						
四会市	Sihui City						

主要统计指标解释

居民消费价格指数 是反映一定时期内城乡居民所购买的生活消费品价格和服务项目价格变动趋势和程度的相对数，是对城市居民消费价格指数和农村居民消费价格指数进行综合汇总计算的结果。该指数可以观察和分析消费品的零售价格和服务价格变动对城乡居民实际生活费支出的影响程度。

商品零售价格指数 是反映一定时期内城乡商品零售价格变动趋势和程度的相对数。商品零售物价的变动直接影响到城乡居民的生活支出和国家的财政收入，影响居民购买力和市场供需的平衡，影响到消费与积累的比例关系。因此，该指数可以从一个侧面对上述经济活动进行观察和分析。

Explanatory Notes on Main Statistical Indicators

Consumer Price Indices reflect the trend and degree of changes in prices of consumer goods and services purchased by urban and rural residents, and is a composite indices derived from the urban consumer price indices and the rural consumer price indices. Consumer price indices can be used to analyze the impact of consumer price change on actual expenditure for living cost of urban and rural residents.

Retail Price Indices reflect the trend and degree of change in retail prices of commodities during a given period. The change in retail prices of commodities directly affect the living expenditure of urban and rural residents, government revenue, purchasing power of residents and the equilibrium of market supply and demand, and the ratio of consumption to accumulation. Therefore, the retail price indices are useful to analyze the changes of the above economic activities.

6-1 城镇居民家庭平均每人年收入
Average Annual Income Per Capita of Urban Households

单位：元 (yuan)

地区	Area	2000	2001	2002	2003	2004	2005
长江三角洲经济区	**Yangtze River Delta**						
上海市	Shanghai City	14747	16407	19393	22459	25954	26677
南京市	Nanjing City	8261	8883	9856	10884	12389	16474
苏州市	Suzhou City	9336	10574	11511	13445	15944	17925
无锡市	Wuxi City	8674	9512	10540	12683	14886	17512
常州市	Changzhou City	8578	9478	10841	12334	14055	15820
镇江市	Zhenjiang City	7267	7901	8829	10210	11666	13221
南通市	Nantong City	9543	8535	9031	10394	11855	13285
扬州市	Yangzhou City	6775	7281	8169	9007	10182	11932
泰州市	Taizhou City	7027	7503	8157	8870	10161	11855
杭州市	Hangzhou City	9709	10897	12912	14120	15933	18762
宁波市	Ningbo City	10921		12970	14277	17870	19681
嘉兴市	Jiaxing City	9310		12540	14239	16198	17977
湖州市	Huzhou City	8711	9926	12316	13577	14736	16919
绍兴市	Shaoxing City	9465	10731	13385	14713	17005	18706
舟山市	Zhoushan City	8925	10197	11652	12979	14671	16687
台州市	Taizhou City	9274	10736	12450	14548	17161	18608
珠江三角洲经济区	**Pearl River Delta**						
广州市	Guangzhou City	13812	14734	15252	17294	19595	21300
深圳市	Shenzhen City	21075	22947	26337	27701	29403	22563
珠海市	Zhuhai City	15328	16106	16391	18253	20094	20596
佛山市	Foshan City	12088	13751	14503	15915	17250	18892
江门市	Jiangmen City				11790	12644	13726
东莞市	Dongguan City	14231	17062	17711	19478	21875	24663
中山市	Zhongshan City		13174	14645	15481	16656	18354
惠州市区①	Huizhou Urban District ①	9937	10368	11284	13770	15619	16203
惠阳市	Huiyang City						
惠东县	Huidong County						
博罗县	Boluo County						
肇庆市区	Zhaoqing Urban District	7357	7809	7716	8616	9887	10626
高要市	Gaoyao City						
四会市	Sihui City						

注：①惠州市数据。
Note: ① Refers to Huizhou City.

6-2 城镇居民家庭平均每人全年可支配收入
Average Annual Disposable Income Per Capita of Urban Households

单位：元 (yuan)

地区	Area	2000	2001	2002	2003	2004	2005
长江三角洲经济区	**Yangtze River Delta**						
上海市	Shanghai City	11717	12883	13250	14867	16883	18645
南京市	Nanjing City	8233	8848	9157	10196	11602	14997
苏州市	Suzhou City	9274	10515	10617	12362	14451	16276
无锡市	Wuxi City	8603	9454	9988	11647	13588	16005
常州市	Changzhou City	8540	9406	9933	11307	12868	14589
镇江市	Zhenjiang City	7170	7699	8202	9451	10858	12394
南通市	Nantong City	7911	8485	8640	9598	10937	12384
扬州市	Yangzhou City	6734	7205	7833	8705	9851	11379
泰州市	Taizhou City	7005	7439	7788	8517	9695	11122
杭州市	Hangzhou City	9668	10896	11778	12898	14565	16601
宁波市	Ningbo City	10921	11991	12970	14277	15882	17408
嘉兴市	Jiaxing City	9338	10920	11500	12954	14693	16189
湖州市	Huzhou City	8684	9872	11388	12607	13487	15375
绍兴市	Shaoxing City	9401	10669	12130	13535	15676	17319
舟山市	Zhoushan City	8886	10161	10985	12213	13747	15524
台州市	Taizhou City	8861	10260	11817	13609	16113	17394
珠江三角洲经济区	**Pearl River Delta**						
广州市	Guangzhou City	13967	14694	13380	15003	16884	18287
深圳市	Shenzhen City	20906	22760	24941	25936	27596	21494
珠海市	Zhuhai City	15110	15870	15320	16602	18347	18908
佛山市	Foshan City	11977	13600	13582	14827	16045	17424
江门市	Jiangmen City					11964	12903
东莞市	Dongguan City	14142	16938	16949	18471	20526	22882
中山市	Zhongshan City	11876	12803	14208	14906	15836	17255
惠州市区	Huizhou Urban District	9825	10015	10691	12673	13822	14884
惠阳市	Huiyang City						
惠东县	Huidong County						
博罗县	Boluo County						
肇庆市区	Zhaoqing Urban District	7301	7742	7335	8040	9261	10097
高要市	Gaoyao City						
四会市	Sihui City						

6-3 农村居民家庭平均每人年收入
Average Annual Income Per Capita of Rural Households

单位：元 (yuan)

地区	Area	2000	2001	2002	2003	2004	2005
长江三角洲经济区	**Yangtze River Delta**						
上海市	Shanghai City	6400	6827	7080	7260	7994	9234
南京市	Nanjing City	4790	5205	5474	5935	6774	7894
苏州市	Suzhou City	6456	6725	7202	7636	8630	10071
无锡市	Wuxi City	5977	6426	6792	7223	7967	9129
常州市	Changzhou City	5560	5850	6163	6428	7291	8658
镇江市	Zhenjiang City	4879	5130	5403	5772	6713	7559
南通市	Nantong City	5285	5331	5642	5825	6578	7245
扬州市	Yangzhou City	4401	4612	4765	5074	5833	6655
泰州市	Taizhou City	4443	4670	4839	5113	5882	6970
杭州市	Hangzhou City	5467	6326	6670	6968	7765	9874
宁波市	Ningbo City	6431		7320	7628	8411	9531
嘉兴市	Jiaxing City	6463		7199	8250	9795	11099
湖州市	Huzhou City	5714	6458	6935	7277	8168	9446
绍兴市	Shaoxing City	6092	6588	6936	7540	8410	9466
舟山市	Zhoushan City	6228	5928	5927	6264	7384	8759
台州市	Taizhou City						
珠江三角洲经济区	**Pearl River Delta**						
广州市	Guangzhou City	7080	7543	7919	7032	7510	8380
深圳市	Shenzhen City						
珠海市	Zhuhai City						
佛山市	Foshan City						
江门市	Jiangmen City						
东莞市	Dongguan City	9802	10106	10073	11057	12560	
中山市	Zhongshan City	9148	8976	9102	9559	9775	9417
惠州市区	Huizhou Urban District				4894	5334	6215
惠阳市	Huiyang City				4925	5141	5765
惠东县	Huidong County				5083	5307	5813
博罗县	Boluo County				5033	5424	5875
肇庆市区	Zhaoqing Urban District						
高要市	Gaoyao City	5821		6412	6596	7933	
四会市	Sihui City						

6-4 农村居民家庭平均每人全年纯收入
Average Annual Net Income Per Capita of Rural Households

单位：元 (yuan)

地区	Area	2000	2001	2002	2003	2004	2005
长江三角洲经济区	**Yangtze River Delta**						
上海市	Shanghai City	5565	5850	6212	6658	7337	8342
南京市	Nanjing City	4062	4311	4579	4923	5533	6225
苏州市	Suzhou City	5462	5796	6140	6681	7503	8393
无锡市	Wuxi City	5256	5524	5860	6329	7115	8004
常州市	Changzhou City	4430	4719	5138	5550	6235	7002
镇江市	Zhenjiang City	4042	4191	4452	4733	5306	5916
南通市	Nantong City	3710	3926	4133	4393	4929	5501
扬州市	Yangzhou City	3464	3690	3926	4172	4677	5215
泰州市	Taizhou City	3549	3649	3834	4079	4574	5102
杭州市	Hangzhou City	4894	5330	5708	6250	6950	7655
宁波市	Ningbo City	5069	5362	5764	6221	7018	7810
嘉兴市	Jiaxing City	4734	5356	5532	6127	7021	8007
湖州市	Huzhou City	4335	4695	5052	5536	6380	7288
绍兴市	Shaoxing City	4982	5343	5690	6143	6970	7704
舟山市	Zhoushan City	4228	4422	4659	5018	6232	7190
台州市	Taizhou City	4296	4631	4970	5359	6008	6689
珠江三角洲经济区	**Pearl River Delta**						
广州市	Guangzhou City	6086	6446	6857	6130	6625	7080
深圳市	Shenzhen City	9270	9869	10610	11346		
珠海市	Zhuhai City	4417	4800	5097	5517	6048	6511
佛山市	Foshan City	5688	5988	6288	6613	7086	7575
江门市	Jiangmen City	4431			4961	5159	5366
东莞市	Dongguan City	6731	7366	7907	8481	9083	
中山市	Zhongshan City	6528	6738	6907	7211	7523	8204
惠州市区	Huizhou Urban District				4282	4559	4978
惠阳市	Huiyang City				4248	4512	5024
惠东县	Huidong County				4107	4326	4621
博罗县	Boluo County				4067	4279	4610
肇庆市区	Zhaoqing Urban District						
高要市	Gaoyao City	4485		4946	5102	5333	5553
四会市	Sihui City	4245		4515	4717	4810	5035

6-5 城乡居民储蓄存款年末余额

Savings Deposit in Urban and Rural Areas (Year-end)

单位：亿元 (100 million yuan)

地区	Area	1978	1980	1990	2000	2004	2005
长江三角洲经济区	**Yangtze River Delta**						
上海市	Shanghai City	18.18	30.20	252.16	2524.05	6960.99	8432.49
南京市	Nanjing City	2.11	3.80	55.46	596.70	1287.23	1595.40
苏州市	Suzhou City	1.77	3.64	73.33	803.70	1712.27	2059.52
无锡市	Wuxi City	1.43	2.46	55.87	553.93	1160.16	1410.15
常州市	Changzhou City	0.72	1.63	34.29	355.57	724.36	865.39
镇江市	Zhenjiang City		1.11	21.42	203.97	388.46	458.45
南通市	Nantong City	2.19	3.04	57.48	544.55	989.98	1166.44
扬州市	Yangzhou City	0.57	1.22	27.87	276.05	522.80	604.65
泰州市	Taizhou City	0.54	1.19	25.79	264.07	461.46	535.67
杭州市	Hangzhou City	2.07	4.04	69.75	742.60	1732.36	2191.66
宁波市	Ningbo City	1.52	2.88	46.12	586.06	1208.98	1458.80
嘉兴市	Jiaxing City			31.43	326.89	632.11	737.14
湖州市	Huzhou City		1.07	18.42	160.28	288.65	330.93
绍兴市	Shaoxing City	0.69	1.63	34.08	398.93	759.06	889.10
舟山市	Zhoushan City		0.66	9.56	85.39	152.30	173.54
台州市	Taizhou City		1.12	15.36	289.62	601.08	711.76
珠江三角洲经济区	**Pearl River Delta**						
广州市	Guangzhou City	5.67	9.56	181.14	2239.86	4256.82	5024.69
深圳市	Shenzhen City		0.53	57.45	1082.64	2625.39	3229.38
珠海市	Zhuhai City			18.92	216.09	408.57	480.87
佛山市	Foshan City	1.64	3.36	106.07	1216.98	2028.81	2358.78
江门市	Jiangmen City	1.96	3.42	67.35	483.74	753.92	851.93
东莞市	Dongguan City	0.54	1.17	45.51	672.07	1431.68	1728.28
中山市	Zhongshan City	0.54	1.11	36.64	354.65	614.92	725.06
惠州市区	Huizhou Urban District			6.88		202.38	243.09
惠阳市	Huiyang City			6.96		85.24	91.56
惠东县	Huidong County			4.74		65.49	76.57
博罗县	Boluo County			4.37		77.38	90.76
肇庆市区	Zhaoqing Urban District					130.22	148.81
高要市	Gaoyao City			4.73		46.82	54.41
四会市	Sihui City			3.57		44.62	50.69

6-6 城镇居民家庭平均每人全年消费支出

Per Capita Annual Consumption Expenditure of Urban Households

单位：元 (yuan)

地区	Area	2000	2001	2002	2003	2004	2005
长江三角洲经济区	**Yangtze River Delta**						
上海市	Shanghai City	14237	15928	18326	21066	24414	25783
南京市	Nanjing City	7048	7326	7323	7723	8350	10704
苏州市	Suzhou City	7027	7270	7682	9272	9783	11163
无锡市	Wuxi City	6975	7405	7567	8360	9518	10774
常州市	Changzhou City	6759	7526	7973	8947	9878	10718
镇江市	Zhenjiang City	4027	4530	6305	6969	7374	8335
南通市	Nantong City	5898	5959	5852	6808	7768	8573
扬州市	Yangzhou City	4990	5416	5575	5910	6509	7388
泰州市	Taizhou City	5637	4945	5550	5743	6318	7556
杭州市	Hangzhou City	7790	8968	9215	9950	11213	13438
宁波市	Ningbo City	7997	9463	9396	10463	11283	11758
嘉兴市	Jiaxing City	7085	7800	7707	8748	9933	10754
湖州市	Huzhou City	6353	7644	8113	8431	9380	11108
绍兴市	Shaoxing City	7430	8243	9004	9305	10660	11270
舟山市	Zhoushan City	6540	7367	8010	9009	9835	10950
台州市	Taizhou City	6926	8128	9393	10541	12130	13737
珠江三角洲经济区	**Pearl River Delta**						
广州市	Guangzhou City	11349	11467	10672	11571	13121	14468
深圳市	Shenzhen City	16307	17809	18926	19960	19596	15911
珠海市	Zhuhai City	11694	11562	11988	11708	12826	14324
佛山市	Foshan City	10663	10327	10937	11265	12774	14314
江门市	Jiangmen City				7511	9228	9985
东莞市	Dongguan City	12529	14669	15157	15446	18426	21768
中山市	Zhongshan City	10337	10626	10989	11270	12487	14288
惠州市区	Huizhou Urban District	8555	8878	8603	10303	11929	12931
惠阳市	Huiyang City						
惠东县	Huidong County						
博罗县	Boluo County						
肇庆市区	Zhaoqing Urban District	6751	6590	6322	7045	7435	7477
高要市	Gaoyao City						
四会市	Sihui City						

6-7 城镇居民家庭平均每人全年消费支出构成(2005 年)

Composition of Per Capita Annual Consumption Expenditure of Urban Households(2005)

单位：% (%)

地区	Area	食品 Food	衣着 Clothing	家庭设备用品及服务 Household Facilities, Articles and Services	医疗保健 Health Care
长江三角洲经济区	**Yangtze River Delta**				
上海市	Shanghai City	35.9	6.8	5.8	5.8
南京市	Nanjing City	36.1	8.6	7.1	7.6
苏州市	Suzhou City	37.4	8.0	8.2	5.5
无锡市	Wuxi City	37.2	8.1	6.2	8.8
常州市	Changzhou City	35.9	9.7	6.5	7.6
镇江市	Zhenjiang City	44.2	9.4	7.9	5.1
南通市	Nantong City	38.2	9.0	7.6	7.7
扬州市	Yangzhou City	40.8	10.3	6.3	7.8
泰州市	Taizhou City	30.2	7.6	5.2	2.8
杭州市	Hangzhou City	34.8	9.7	5.0	7.3
宁波市	Ningbo City	37.8	9.0	5.1	5.2
嘉兴市	Jiaxing City	36.0	9.0	5.7	7.6
湖州市	Huzhou City	34.9	11.2	5.8	7.5
绍兴市	Shaoxing City	36.9	10.3	6.0	6.2
舟山市	Zhoushan City	35.0	10.7	5.9	10.1
台州市	Taizhou City	32.6	8.3	5.1	6.2
珠江三角洲经济区	**Pearl River Delta**				
广州市	Guangzhou City	37.3	6.2	5.2	5.8
深圳市	Shenzhen City	33.4	7.6	5.0	4.7
珠海市	Zhuhai City	33.2	6.0	4.9	8.0
佛山市	Foshan City	32.3	4.7	5.2	6.2
江门市	Jiangmen City	36.8	4.1	7.8	4.7
东莞市	Dongguan City	27.7	5.9	5.4	3.7
中山市	Zhongshan City	38.5	5.6	5.3	3.9
惠州市区	Huizhou Urban District	32.1	5.8	7.0	6.5
惠阳市	Huiyang City				
惠东县	Huidong County				
博罗县	Boluo County				
肇庆市区	Zhaoqing Urban District	44.2	4.8	4.2	7.1
高要市	Gaoyao City				
四会市	Sihui City				

6–7 续表 continued

单位：% (%)

地区	Area	交通通讯 Transportation and Communication	娱乐文教服务 Recreation, Education and Cultural Services	居住 Residence	杂项商品与服务 Miscellaneous Commodities and Services
长江三角洲经济区	**Yangtze River Delta**				
上海市	Shanghai City	14.3	16.5	10.3	4.6
南京市	Nanjing City	12.5	16.3	8.7	3.2
苏州市	Suzhou City	11.8	15.0	10.6	3.5
无锡市	Wuxi City	14.9	14.2	7.6	3.9
常州市	Changzhou City	12.2	13.8	9.9	4.4
镇江市	Zhenjiang City	7.1	2.2	10.9	3.7
南通市	Nantong City	10.0	15.1	9.0	3.2
扬州市	Yangzhou City	7.9	14.7	8.5	3.7
泰州市	Taizhou City	6.7	9.9	5.1	3.1
杭州市	Hangzhou City	16.6	14.7	8.6	3.3
宁波市	Ningbo City	15.8	16.0	8.2	2.8
嘉兴市	Jiaxing City	12.6	15.4	10.2	4.0
湖州市	Huzhou City	12.9	12.7	11.8	3.3
绍兴市	Shaoxing City	10.9	18.5	7.6	3.5
舟山市	Zhoushan City	10.5	13.8	10.5	3.5
台州市	Taizhou City	21.4	15.0	7.9	3.4
珠江三角洲经济区	**Pearl River Delta**				
广州市	Guangzhou City	17.2	16.1	8.8	3.3
深圳市	Shenzhen City	18.9	12.3	15.1	3.0
珠海市	Zhuhai City	25.0	10.7	8.1	4.1
佛山市	Foshan City	23.4	15.8	9.5	2.9
江门市	Jiangmen City	19.2	15.5	10.4	1.6
东莞市	Dongguan City	34.4	14.7	5.7	2.5
中山市	Zhongshan City	21.9	13.7	8.7	2.4
惠州市区	Huizhou Urban District	18.2	12.1	15.1	3.1
惠阳市	Huiyang City				
惠东县	Huidong County				
博罗县	Boluo County				
肇庆市区	Zhaoqing Urban District	11.4	14.9	10.8	2.6
高要市	Gaoyao City				
四会市	Sihui City				

6-8 农村居民家庭平均每人全年生活消费支出

Per Capita Annual Consumption Expenditure of Rural Household

单位：元 (yuan)

地区	Area	2000	2001	2002	2003	2004	2005
长江三角洲经济区	**Yangtze River Delta**						
上海市	Shanghai City	5578	6353	6988	6931	7580	8663
南京市	Nanjing City	2498	2518	2590	3153	3619	4376
苏州市	Suzhou City	4073	4127	4229	4641	5436	6143
无锡市	Wuxi City	3881	3934	4018	4474	5056	5830
常州市	Changzhou City	3243	3277	3698	3953	4793	5712
镇江市	Zhenjiang City	2685	2512	2643	3351	3798	4374
南通市	Nantong City	2897	2776	2907	2976	3342	3858
扬州市	Yangzhou City	2312	2396	2391	2648	3034	3710
泰州市	Taizhou City	2695	2344	2589	2606	2924	3396
杭州市	Hangzhou City	3020	3479	3957	4578	4993	6004
宁波市	Ningbo City	3929	4394	4508	5194	6102	6623
嘉兴市	Jiaxing City	3644	3978	4328	4549	5082	5736
湖州市	Huzhou City	2677	2898	3226	3696	4212	4821
绍兴市	Shaoxing City	3650	3767	3960	4615	5266	5765
舟山市	Zhoushan City	2957	3458	3628	3892	4410	5264
台州市	Taizhou City				3809	3913	5033
珠江三角洲经济区	**Pearl River Delta**						
广州市	Guangzhou City	4453	4388	4435	4116	4353	5396
深圳市	Shenzhen City						
珠海市	Zhuhai City						
佛山市	Foshan City						
江门市	Jiangmen City						
东莞市	Dongguan City	5953	7170	6842	7727	10783	
中山市	Zhongshan City	4380	4280	4362	4536	5567	6451
惠州市区	Huizhou Urban District	3065	2725	2805	3205	4121	4241
惠阳市	Huiyang City	3084	3153	2496	3402	3529	4605
惠东县	Huidong County	2646	2810	3257	3103	3205	3729
博罗县	Boluo County	2710	2442	2999	2974	3150	3600
肇庆市区	Zhaoqing Urban District						
高要市	Gaoyao City	2981		3128	3084		
四会市	Sihui City	2870		2417	2607		

6-9 农村居民家庭平均每人全年消费支出构成(2005年)

Composition of Per Capita Annual Consumption Expenditure of Rural Households(2005)

单位：% (%)

地区	Area	食品 Food	衣着 Clothing	家庭设备用品及服务 Household Facilities, Articles and Services	医疗保健 Health Care
长江三角洲经济区	**Yangtze River Delta**				
上海市	Shanghai City	36.8	5.1	6.3	7.7
南京市	Nanjing City	41.7	6.3	5.4	4.5
苏州市	Suzhou City	37.7	5.9	6.0	6.8
无锡市	Wuxi City	37.7	7.2	5.2	7.0
常州市	Changzhou City	39.8	6.5	6.1	6.6
镇江市	Zhenjiang City	42.5	6.5	6.1	5.6
南通市	Nantong City	40.4	6.0	6.1	11.2
扬州市	Yangzhou City	42.7	6.1	5.8	5.2
泰州市	Taizhou City	44.0	6.3	4.8	5.5
杭州市	Hangzhou City	35.7	6.3	5.1	7.9
宁波市	Ningbo City	41.0	6.8	5.1	7.1
嘉兴市	Jiaxing City	37.4	5.2	5.4	7.7
湖州市	Huzhou City	38.3	6.7	6.2	9.0
绍兴市	Shaoxing City	39.5	5.0	5.2	7.5
舟山市	Zhoushan City	42.3	8.5	4.0	6.6
台州市	Taizhou City	37.5	6.0	4.2	8.3
珠江三角洲经济区	**Pearl River Delta**				
广州市	Guangzhou City	43.2	3.7	4.9	6.3
深圳市	Shenzhen City				
珠海市	Zhuhai City				
佛山市	Foshan City				
江门市	Jiangmen City				
东莞市	Dongguan City				
中山市	Zhongshan City	41.2	1.9	4.6	7.0
惠州市区	Huizhou Urban District	50.0	4.0	3.5	3.6
惠阳市	Huiyang City	49.1	3.8	5.2	3.7
惠东县	Huidong County	49.9	4.6	2.9	4.8
博罗县	Boluo County	50.4	5.1	4.4	4.1
肇庆市区	Zhaoqing Urban District				
高要市	Gaoyao City				
四会市	Sihui City				

6-9 续表 continued

单位：%　　　　(%)

地区	Area	交通通讯 Transportation and Communication	娱乐文教服务 Recreation, Education and Cultural Services	居住 Residence	杂项商品与服务 Miscellaneous Commodities and Services
长江三角洲经济区	**Yangtze River Delta**				
上海市	Shanghai City	10.2	12.9	18.2	2.8
南京市	Nanjing City	10.7	15.9	12.8	2.7
苏州市	Suzhou City	11.2	16.2	14.1	2.1
无锡市	Wuxi City	10.1	15.0	15.2	2.7
常州市	Changzhou City	11.5	13.1	14.0	2.4
镇江市	Zhenjiang City	10.7	14.4	12.0	2.4
南通市	Nantong City	13.9	7.2	12.3	2.9
扬州市	Yangzhou City	9.7	12.9	14.0	3.6
泰州市	Taizhou City	9.4	14.0	13.5	2.5
杭州市	Hangzhou City	11.3	12.2	19.0	2.3
宁波市	Ningbo City	11.5	11.8	14.5	2.1
嘉兴市	Jiaxing City	12.5	11.9	17.6	2.2
湖州市	Huzhou City	12.5	13.9	11.5	1.9
绍兴市	Shaoxing City	9.6	13.7	16.9	2.5
舟山市	Zhoushan City	10.0	16.8	9.6	2.2
台州市	Taizhou City	11.6	15.4	14.6	2.4
珠江三角洲经济区	**Pearl River Delta**				
广州市	Guangzhou City	12.1	14.2	13.4	2.2
深圳市	Shenzhen City				
珠海市	Zhuhai City				
佛山市	Foshan City				
江门市	Jiangmen City				
东莞市	Dongguan City				
中山市	Zhongshan City	10.0	12.0	19.0	4.3
惠州市区	Huizhou Urban District	10.2	8.8	12.3	7.6
惠阳市	Huiyang City	13.1	6.9	15.9	2.3
惠东县	Huidong County	10.6	9.3	11.0	6.9
博罗县	Boluo County	11.2	9.6	13.4	1.8
肇庆市区	Zhaoqing Urban District				
高要市	Gaoyao City				
四会市	Sihui City				

6-10 城镇居民每百户拥有耐用品数量
Number of Durable Consumer Goods Owned Per 100 Urban Households

单位：台 (unit)

地区	Area	洗衣机 Washing Machine		电冰箱 Refrigerator		彩色电视机 Color TV Set	
		2004	2005	2004	2005	2004	2005
长江三角洲经济区	**Yangtze River Delta**						
上海市	Shanghai City	96.0	97.0	104.0	104.0	178.0	177.0
南京市	Nanjing City	100.4	101.6	98.0	100.5	146.8	159.9
苏州市	Suzhou City	102.7	102.0	105.0	100.7	173.0	180.0
无锡市	Wuxi City	95.7	96.3	99.3	100.3	161.0	176.7
常州市	Changzhou City	100.7	97.7	96.3	93.0	163.0	167.7
镇江市	Zhenjiang City	103.5	98.5	98.0	100.0	143.0	159.5
南通市	Nantong City	98.0	97.5	94.0	97.5	141.5	153.0
扬州市	Yangzhou City	103.0	105.0	95.0	99.0	152.0	160.0
泰州市	Taizhou City	97.0	97.0	87.0	87.5	141.5	143.0
杭州市	Hangzhou City	97.9	94.2	102.3	100.0	168.5	182.7
宁波市	Ningbo City	93.5	91.0	100.3	99.3	172.0	170.5
嘉兴市	Jiaxing City	96.3	97.4	99.9	100.1	172.8	181.2
湖州市	Huzhou City	91.0	93.5	95.0	98.0	157.0	175.5
绍兴市	Shaoxing City	100.0	99.0	101.0	101.0	166.0	171.0
舟山市	Zhoushan City	78.0	76.0	101.0	98.0	153.0	168.0
台州市	Taizhou City	98.0	96.0	101.0	100.0	178.0	180.0
珠江三角洲经济区	**Pearl River Delta**						
广州市	Guangzhou City	100.3	100.7	102.0	102.7	162.7	166.7
深圳市	Shenzhen City	99.0	80.3	104.0	92.8	163.5	138.9
珠海市	Zhuhai City	94.0	99.0	99.0	103.0	165.0	159.0
佛山市	Foshan City	99.0	100.5	101.0	102.0	168.0	166.0
江门市	Jiangmen City	98.0	99.5	102.0	103.3	152.0	160.8
东莞市	Dongguan City	118.0	110.0	132.0	124.0	192.0	200.0
中山市	Zhongshan City	109.0	113.0	110.0	111.0	218.0	213.0
惠州市区①	Huizhou Urban District ①	94.5	95.5	96.0	97.5	155.0	149.5
惠阳市	Huiyang City						
惠东县	Huidong County						
博罗县	Boluo County						
肇庆市区	Zhaoqing Urban District	85.0	92.0	92.0	98.0	147.0	149.0
高要市	Gaoyao City						
四会市	Sihui City						

6–10 续表1 continued

单位：台 (unit)

地区	Area	微波炉 Micro-oven 2004	微波炉 Micro-oven 2005	家用电脑 Computer 2004	家用电脑 Computer 2005	空调机 Air Conditioner 2004	空调机 Air Conditioner 2005
长江三角洲经济区	**Yangtze River Delta**						
上海市	Shanghai City	93.0	96.0	70.0	81.0	159.0	168.0
南京市	Nanjing City	83.6	92.1	45.2	68.3	132.3	169.3
苏州市	Suzhou City	86.0	92.3	42.3	59.0	142.3	169.3
无锡市	Wuxi City	86.3	96.0	48.0	61.7	147.0	159.7
常州市	Changzhou City	83.7	90.0	43.0	49.3	132.7	144.0
镇江市	Zhenjiang City	77.0	86.0	34.0	43.0	103.5	119.0
南通市	Nantong City	83.0	85.0	33.5	40.5	94.0	119.5
扬州市	Yangzhou City	74.0	94.0	23.0	53.0	86.0	121.0
泰州市	Taizhou City	67.5	77.5	22.0	33.5	80.0	103.5
杭州市	Hangzhou City	60.3	68.2	56.7	74.5	152.0	183.3
宁波市	Ningbo City	58.0	60.8	61.8	66.3	126.3	137.0
嘉兴市	Jiaxing City	73.8	80.3	43.0	53.0	138.8	159.1
湖州市	Huzhou City	58.0	73.5	26.0	38.0	120.0	154.5
绍兴市	Shaoxing City	39.0	36.0	49.0	60.0	109.0	145.0
舟山市	Zhoushan City	47.0	60.0	31.0	40.0	65.0	85.0
台州市	Taizhou City	61.0	73.0	51.0	61.0	122.0	135.0
珠江三角洲经济区	**Pearl River Delta**						
广州市	Guangzhou City	68.7	72.0	84.0	91.3	192.3	208.7
深圳市	Shenzhen City	68.0	51.2	93.5	70.7	253.5	162.9
珠海市	Zhuhai City	62.0	64.0	70.0	75.0	204.0	213.0
佛山市	Foshan City	73.5	75.5	75.0	87.5	182.5	186.0
江门市	Jiangmen City	40.0	52.9	54.0	65.9	114.0	140.2
东莞市	Dongguan City	90.0	82.0	108.0	114.0	258.0	264.0
中山市	Zhongshan City	81.0	77.0	87.0	93.0	221.0	232.0
惠州市区①	Huizhou Urban District ①	55.0	52.0	63.5	66.5	167.5	169.0
惠阳市	Huiyang City						
惠东县	Huidong County						
博罗县	Boluo County						
肇庆市区	Zhaoqing Urban District	49.0	49.0	49.0	52.0	138.0	143.0
高要市	Gaoyao City						
四会市	Sihui City						

6–10 续表2 continued

单位：台 (unit)

地区	Area	固定电话 Fixed Telephone		移动电话（部） Mobile Telephone		汽车（辆） Vehicle	
		2004	2005	2004	2005	2004	2005
长江三角洲经济区	**Yangtze River Delta**						
上海市	Shanghai City			161.0			
南京市	Nanjing City	100.6	114.6	120.6	153.9	2.0	4.9
苏州市	Suzhou City	125.3	154.3	104.7	118.3	4.0	8.0
无锡市	Wuxi City	109.0	128.3	129.3	143.7	3.7	6.7
常州市	Changzhou City	109.3	138.3	118.0	130.7	2.0	3.3
镇江市	Zhenjiang City	119.0	146.5	97.5	119.0	0.5	2.0
南通市	Nantong City	111.4	117.5	109.0	123.5		2.5
扬州市	Yangzhou City	98.0	119.0	110.0	118.0	2.5	4.0
泰州市	Taizhou City	113.5	115.5	95.0	109.5	1.0	2.0
杭州市	Hangzhou City	101.4	99.8	144.2	178.7	3.7	12.8
宁波市	Ningbo City	98.8	96.0	162.3	163.5	3.8	4.3
嘉兴市	Jiaxing City	97.0	97.7	140.0	161.8	2.2	4.4
湖州市	Huzhou City	100.0	99.0	110.0	135.0	1.0	4.5
绍兴市	Shaoxing City	100.0	100.0	137.0	168.0	1.0	3.0
舟山市	Zhoushan City	99.0	98.0	133.0	160.0		
台州市	Taizhou City	98.0	93.0	185.0	201.0	6.0	11.0
珠江三角洲经济区	**Pearl River Delta**						
广州市	Guangzhou City	103.3	103.3	197.3	214.0	4.0	6.3
深圳市	Shenzhen City	105.0	96.8	211.0	193.9	21.5	19.9
珠海市	Zhuhai City	103.0	105.0	194.0	228.0	6.0	12.0
佛山市	Foshan City	100.0	99.0	195.5	215.5	7.5	11.0
江门市	Jiangmen City	105.0	103.1	204.0	208.7	4.0	4.4
东莞市	Dongguan City	112.0	112.0	264.0	294.0	32.0	42.0
中山市	Zhongshan City	109.0	115.0	240.0	245.0	16.0	19.0
惠州市区①	Huizhou Urban District ①	104.5	99.0	175.0	178.0	7.0	11.0
惠阳市	Huiyang City						
惠东县	Huidong County						
博罗县	Boluo County						
肇庆市区	Zhaoqing Urban District	100.0	100.0	145.0	175.0	6.0	7.0
高要市	Gaoyao City						
四会市	Sihui City						

注：①惠州市数据。

Note: ① Refers to Huizhou City.

6-11 农村居民每百户拥有耐用品数量

Number of Durable Consumer Goods Owned Per 100 Rural Households

单位：台 (unit)

地区	Area	摩托车（辆） Motorcycle(set)		固定电话 Fixed Telephone		电风扇 Electric Fan	
		2004	2005	2004	2005	2004	2005
长江三角洲经济区	**Yangtze River Delta**						
上海市	Shanghai City	91	72	104	115	347	306
南京市	Nanjing City	39	58	85	92	238	248
苏州市	Suzhou City	100	117	102.6	103	337.6	312
无锡市	Wuxi City	102	109	101	99	298	266
常州市	Changzhou City	77	95	97	94	266	250
镇江市	Zhenjiang City	55.8	57	98.1	97	253.3	244
南通市	Nantong City	61	67	86	90	254	245
扬州市	Yangzhou City	46	56	95	95	211	210
泰州市	Taizhou City	38	51	88	94	198	299
杭州市	Hangzhou City	60	73	86	89	289	267
宁波市	Ningbo City	42	49	95	97		
嘉兴市	Jiaxing City	102	111	103	104	364	366
湖州市	Huzhou City	90	106	99	115	324	347
绍兴市	Shaoxing City	46	60	97	102	290	287
舟山市	Zhoushan City	20	29	95	98	258	276
台州市	Taizhou City	37	40	90	92	235	229
珠江三角洲经济区	**Pearl River Delta**						
广州市	Guangzhou City	125	134	99	99	407	394
深圳市	Shenzhen City						
珠海市	Zhuhai City						
佛山市	Foshan City						
江门市	Jiangmen City						
东莞市	Dongguan City	147		145			
中山市	Zhongshan City	109	124	90	124	417	375
惠州市区	Huizhou Urban District	102	76	84	80	337	278
惠阳市	Huiyang City	97	103	93	94	392	368
惠东县	Huidong County	106	109	68	83	279	321
博罗县	Boluo County	125	113	79	83	329	340
肇庆市区	Zhaoqing Urban District						
高要市	Gaoyao City						
四会市	Sihui City						

6–11 续表 1 continued

单位：台 (unit)

地区	Area	洗衣机 Washing Machine		电冰箱 Refrigerator		彩色电视机 Color TV Set	
		2004	2005	2004	2005	2004	2005
长江三角洲经济区	**Yangtze River Delta**						
上海市	Shanghai City	80	86	85	89	137	157
南京市	Nanjing City	66	68	51	66	99	121
苏州市	Suzhou City	96	99	86	96	139	171
无锡市	Wuxi City	95	99	71	81	128	152
常州市	Changzhou City	94	94	62	73	122	134
镇江市	Zhenjiang City	74	74	40	55	96	132
南通市	Nantong City	68	71	34	45	79	101
扬州市	Yangzhou City	72	86	43	57	98	116
泰州市	Taizhou City	75	77	31	47	88	105
杭州市	Hangzhou City	50	62	63	72	116	141
宁波市	Ningbo City	52	56	78	84	134	150
嘉兴市	Jiaxing City	57	62	63	68	125	135
湖州市	Huzhou City	84	91	53	64	131	147
绍兴市	Shaoxing City	63	63	64	65	122	133
舟山市	Zhoushan City	18	29	75	82	119	126
台州市	Taizhou City	44	50	53	63	112	128
珠江三角洲经济区	**Pearl River Delta**						
广州市	Guangzhou City	63	63	64	71	116	127
深圳市	Shenzhen City						
珠海市	Zhuhai City						
佛山市	Foshan City						
江门市	Jiangmen City						
东莞市	Dongguan City	91		117		122	
中山市	Zhongshan City	81	90	80	101	140	163
惠州市区	Huizhou Urban District	17	3	42	47	93	80
惠阳市	Huiyang City	55	55	65	67	108	120
惠东县	Huidong County	8	17	16	33	108	116
博罗县	Boluo County	5	15	21	25	104	105
肇庆市区	Zhaoqing Urban District						
高要市	Gaoyao City						
四会市	Sihui City						

6-11 续表 2 continued

单位：台 (unit)

地区	Area	影碟机 Video Disk Player 2004	影碟机 Video Disk Player 2005	微波炉 Micro-oven 2004	微波炉 Micro-oven 2005	家用电脑 Computer 2004	家用电脑 Computer 2005
长江三角洲经济区	**Yangtze River Delta**						
上海市	Shanghai City	31	33	44	66	23	32
南京市	Nanjing City	31	46	18	26	5	7
苏州市	Suzhou City	40	44	35	49	15	30
无锡市	Wuxi City	42	33	39	55	11	19
常州市	Changzhou City	28	32	29	45	11	10
镇江市	Zhenjiang City	30	41	11	28	3	9
南通市	Nantong City	25	33	14	29	2	5
扬州市	Yangzhou City	34	38	10	31	3	3
泰州市	Taizhou City	27	29	10	27	1	4
杭州市	Hangzhou City	49	56	6	11	6	12
宁波市	Ningbo City	34	43	14	21	14	19
嘉兴市	Jiaxing City	45	48	13	19	8	12
湖州市	Huzhou City	52	56	10	13	8	11
绍兴市	Shaoxing City	31	35	5	8	7	8
舟山市	Zhoushan City	27	30	11	12	3	6
台州市	Taizhou City	43	46	13	15	10	14
珠江三角洲经济区	**Pearl River Delta**						
广州市	Guangzhou City	69	67	9	10	28	28
深圳市	Shenzhen City						
珠海市	Zhuhai City						
佛山市	Foshan City						
江门市	Jiangmen City						
东莞市	Dongguan City	102				48	
中山市	Zhongshan City	65	62	11	18	27	34
惠州市区	Huizhou Urban District	63	49	1		4	5
惠阳市	Huiyang City	45	63	2	7	5	10
惠东县	Huidong County	40	33		3	1	4
博罗县	Boluo County	48	68	1	2	1	4
肇庆市区	Zhaoqing Urban District						
高要市	Gaoyao City						
四会市	Sihui City						

6–11 续表 3 continued

单位：台 (unit)

地区	Area	空调机 Air Conditioner		吸尘器 Cleaner		移动电话（部） Mobile Telephone	
		2004	2005	2004	2005	2004	2005
长江三角洲经济区	**Yangtze River Delta**						
上海市	Shanghai City	55	84	13	21	112	130
南京市	Nanjing City	23	51	3	3	69	121
苏州市	Suzhou City	89	122	19	16	140	186
无锡市	Wuxi City	88	109	18	11	114	162
常州市	Changzhou City	53	78	8	5	95	131
镇江市	Zhenjiang City	27	60	2	4	81	110
南通市	Nantong City	11	19	2	2	58	93
扬州市	Yangzhou City	7	28	2	4	53	108
泰州市	Taizhou City	6	20	1	2	47	92
杭州市	Hangzhou City	30	12	3	5	76	125
宁波市	Ningbo City	34	50			99	129
嘉兴市	Jiaxing City	48	63	4	5	114	134
湖州市	Huzhou City	51	70	6	6	127	147
绍兴市	Shaoxing City	30	37	3	3	87	103
舟山市	Zhoushan City			5	7	106	135
台州市	Taizhou City	19	26	8	8	98	130
珠江三角洲经济区	**Pearl River Delta**						
广州市	Guangzhou City	46	58			153	179
深圳市	Shenzhen City						
珠海市	Zhuhai City						
佛山市	Foshan City						
江门市	Jiangmen City						
东莞市	Dongguan City	108				132	
中山市	Zhongshan City	54	91	2	4	154	216
惠州市区	Huizhou Urban District	8	5	1		102	100
惠阳市	Huiyang City	33	68	2		105	163
惠东县	Huidong County	2	23			85	118
博罗县	Boluo County	7	18			65	108
肇庆市区	Zhaoqing Urban District						
高要市	Gaoyao City						
四会市	Sihui City						

主要统计指标解释

城镇居民家庭全部收入 指被调查的城镇居民家庭全部的实际收入，包括经常或固定得到的收入和一次性收入。不包括周转性收入，如提取银行存款、向亲友借款、回收借出款以及其他各种暂收款。

城镇居民家庭可支配收入 指被调查的城镇居民家庭在支付个人所得税、记帐补贴、家庭副业生产支出后所余下的实际收入。

城镇居民家庭消费性支出 指被调查的城镇居民家庭用于日常生活的全部支出，包括购买商品支出和文化生活、服务等非商品性支出。不包括罚没、丢失款和缴纳的各种税款(如个人所得税、牌照税、房产税等)，也不包括个体劳动者生产经营过程中发生的各项费用。

农村居民家庭纯收入 指农村常住居民家庭总收入中，扣除从事生产和非生产经营费用支出、缴纳税款和上交承包集体任务金额以后剩余的，可直接用于进行生产性、非生产性建设投资、生活消费和积蓄的那一部分收入。农村居民家庭纯收入包括从事生产性和非生产性的经营收入，在外人口寄回带回和国家财政救济、各种补贴等非经营性收入；既包括货币收入，又包括自产自用的实物收入。但不包括向银行、信用社和向亲友借款等属于借贷性的收入。

农村居民家庭生活消费支出 指农村常住居民家庭用于日常生活的全部开支，是反映和研究农民家庭实际生活消费水平高低的重要指标。

城乡居民储蓄存款余额 指某一时点城乡居民存入银行及农村信用社的储蓄金额，包括城镇居民储蓄存款和农民个人储蓄存款，不包括居民的手存现金和工矿企业、部队、机关、团体等单位存款。

Explanatory Notes on Main Statistical Indicators

Total Income of Urban Households refers to the total actual income of the sample households, including regular or fixed income and occasional income. The income of a circulating nature such as withdrawal from bank deposits, loans borrowed from relatives or friends, repayment of loans received and various temporary collection of money is excluded.

Disposable Income of Urban Households refers to the actual income of the sample households which can be used for daily expenses, i.e., total income minus personal income tax, sample household subsidy and expenditure on household side-line production.

Expenditure for Consumption of Urban Households refers to total expenditure of the sample households for consumption in daily life, including expenditure for various commodities and expenses for non-commodity items such as culture and service, etc.,but excluding fines and confiscation, loss, tax payments (such as income tax, license tax, real estates tax, etc.) and various expenses by individual laborers for business purposes.

Net Income of Rural Households refers to the total income of the permanent residents of the rural households during a year after the deduction of the expenses for productive and non-productive business operation, the payment for taxes and the payment for collective units for their contracted tasks, which can then be spent for investments in productive and non-productive construction, for consumption in daily life and for savings deposit. It is a comprehensive indicator to show the actual level of the income of the peasants household. The net income of the rural households includes not only the income from the productive and non-productive business operation, but also the income from the non-business operation, such as the money remitted or brought back by the members of the household who are in other places, the government relief payment and various subsidies. It includes not only the money income, but also the income in kind. But the income from borrowing from banks, friends and relatives is excluded.

Expenditure of Rural Households for Consumption refers to total expenses of rural households on daily life, including expenses on food, clothing, housing, fuel, articles for daily use, and expenses on cultural life and services. This indicator is used to show the actual consumption level of peasants.

The Savings Deposits of Urban and Rural Residents refers to the total value of savings deposits of urban and rural households in banks and rural credit cooperatives at a given point of time, including the savings deposit of urban residents and the savings deposit of rural residents. The cash in hand by residents and the deposits of organizations such as enterprises, military units, government agencies, institutions, etc. are not included.

7-1 农林牧渔业总产值(当年价格)

Gross Output Value of Farming, Forestry, Animal Husbandry and Fishery(Current Prices)

单位：亿元 (100 million yuan)

地区	Area	农林牧渔业总产值 Total			农业 Farming		
		2000	2004	2005	2000	2004	2005
长江三角洲经济区	**Yangtze River Delta**						
上海市	Shanghai City	216.5	248.9	233.4	89.8	109.3	111.3
南京市	Nanjing City	106.3	149.7	150.6	61.6	79.2	85.5
苏州市	Suzhou City	169.3	164.0	162.9	100.2	58.9	57.7
无锡市	Wuxi City	90.5	92.5	95.4	53.9	42.9	43.6
常州市	Changzhou City	85.9	99.4	104.1	51.4	47.6	50.1
镇江市	Zhenjiang City	61.8	66.9	68.4	43.4	40.5	40.8
南通市	Nantong City	246.9	277.6	292.7	134.1	122.9	126.7
扬州市	Yangzhou City	126.8	159.3	171.0	65.1	65.4	71.4
泰州市	Taizhou City	129.0	158.2	166.2	73.4	79.7	83.7
杭州市	Hangzhou City	152.7	208.3	219.5	90.3	108.1	113.7
宁波市	Ningbo City	148.4	193.1	207.4	71.6	86.9	91.1
嘉兴市	Jiaxing City	94.7	130.0	139.7	52.3	60.5	64.0
湖州市	Huzhou City	74.5	102.1	106.1	34.8	46.2	42.3
绍兴市	Shaoxing City	118.3	129.2	141.4	71.1	74.0	84.2
舟山市	Zhoushan City	74.5	83.5	87.2	7.1	5.8	5.9
台州市	Taizhou City	153.2	174.1	184.8	47.8	61.0	65.9
珠江三角洲经济区	**Pearl River Delta**						
广州市	Guangzhou City	163.1	201.4	220.8	82.3	105.6	112.7
深圳市	Shenzhen City	31.1	30.0	21.7	9.5	9.7	5.3
珠海市	Zhuhai City	22.6	31.5	33.8	6.8	5.4	6.1
佛山市	Foshan City	128.9	156.0	161.9	44.0	55.2	56.6
江门市	Jiangmen City	132.5	152.2	143.4	62.1	60.6	50.2
东莞市	Dongguan City	54.6	44.2	42.1	21.6	16.3	10.7
中山市	Zhongshan City	37.0	49.5	52.9	15.6	17.4	14.8
惠州市区①	Huizhou Urban District ①	4.2	21.5	20.1	1.3	11.4	9.3
惠阳市①	Huiyang City ①	27.1	11.0	11.4	12.9	6.0	6.2
惠东县①	Huidong County ①	31.2	39.6	39.2	13.9	19.3	17.5
博罗县①	Boluo County ①	31.9	38.1	36.3	16.7	20.8	17.7
肇庆市区	Zhaoqing Urban District	11.3	13.8	14.5	4.6	4.8	5.0
高要市	Gaoyao City	43.0	54.5	58.2	24.8	30.3	29.0
四会市	Sihui City	26.1	32.1	35.0	11.1	11.6	11.6

7-1 续表1　continued

单位：亿元　　　　(100 million yuan)

地区	Area	林业 Forestry			畜牧业 Animal Husbandry		
		2000	2004	2005	2000	2004	2005
长江三角洲经济区	**Yangtze River Delta**						
上海市	Shanghai City	1.4	13.1	11.1	87.4	70.8	54.3
南京市	Nanjing City	2.4	2.0	2.0	25.3	33.3	33.9
苏州市	Suzhou City	1.2	5.0	6.4	23.1	25.0	21.7
无锡市	Wuxi City	1.4	2.5	2.9	23.1	25.9	26.9
常州市	Changzhou City	0.9	1.0	1.2	13.0	18.4	18.7
镇江市	Zhenjiang City	1.1	1.6	1.8	9.1	12.6	11.8
南通市	Nantong City	1.5	1.8	1.9	52.2	74.0	78.0
扬州市	Yangzhou City	1.7	4.0	4.8	30.0	38.5	39.1
泰州市	Taizhou City	2.5	2.8	3.1	30.2	41.9	43.5
杭州市	Hangzhou City	13.7	20.7	23.3	33.2	45.8	49.6
宁波市	Ningbo City	4.5	5.0	5.3	20.5	29.6	32.9
嘉兴市	Jiaxing City	0.3	0.6	0.6	32.4	46.0	50.5
湖州市	Huzhou City	9.3	12.8	14.4	14.8	21.6	24.5
绍兴市	Shaoxing City	10.7	11.2	11.4	20.1	26.3	26.9
舟山市	Zhoushan City	0.2	0.2	0.2	1.8	2.5	2.7
台州市	Taizhou City	2.2	2.9	2.8	14.5	17.4	18.3
珠江三角洲经济区	**Pearl River Delta**						
广州市	Guangzhou City	1.3	3.7	3.8	43.1	40.1	47.7
深圳市	Shenzhen City	0.6	0.6	0.5			7.5
珠海市	Zhuhai City	0.1	0.1	0.1	2.7	4.1	4.3
佛山市	Foshan City	0.3	0.3	0.3	26.3	34.0	33.5
江门市	Jiangmen City	1.3	2.0	1.9	34.5	38.7	41.8
东莞市	Dongguan City	0.4	0.2	0.2	22.6	20.0	24.3
中山市	Zhongshan City	0.1	0.3	0.1	5.2	5.9	8.1
惠州市区①	Huizhou Urban District ①	0.1	0.2	0.2	2.1	8.0	8.5
惠阳市①	Huiyang City ①	0.7	0.1	0.1	4.9	2.5	3.1
惠东县①	Huidong County ①	1.6	2.0	2.3	2.7	4.3	4.9
博罗县①	Boluo County ①	1.2	1.2	0.9	9.4	12.4	13.5
肇庆市区	Zhaoqing Urban District	0.3	0.3	0.4	4.0	5.2	5.6
高要市	Gaoyao City	1.7	2.2	2.2	9.3	10.9	14.6
四会市	Sihui City	1.2	1.4	1.5	7.9	11.9	14.3

7–1 续表 2 continued

单位：亿元 (100 million yuan)

地区	Area	渔业 Fishery			农林牧渔服务业 Farming, Forestry, Animal Husbandry and Fishery Services		
		2000	2004	2005	2000	2004	2005
长江三角洲经济区	**Yangtze River Delta**						
上海市	Shanghai City	37.9	49.9	51.6			
南京市	Nanjing City	17.0	26.7	29.3		8.5	4.8
苏州市	Suzhou City	44.8	56.3	59.4		18.7	17.7
无锡市	Wuxi City	12.0	16.0	16.6		5.2	5.4
常州市	Changzhou City	20.7	27.7	29.0		4.8	5.0
镇江市	Zhenjiang City	8.2	9.7	10.9		2.5	3.1
南通市	Nantong City	59.1	68.3	74.3		10.7	11.8
扬州市	Yangzhou City	30.0	44.0	47.8		7.3	8.0
泰州市	Taizhou City	22.9	26.8	28.1		7.0	7.8
杭州市	Hangzhou City	15.5	26.4	27.1		7.3	5.9
宁波市	Ningbo City	51.8	69.2	75.3		2.4	2.7
嘉兴市	Jiaxing City	9.6	18.5	20.0		4.4	4.6
湖州市	Huzhou City	15.6	21.6	24.1		0.3	0.8
绍兴市	Shaoxing City	16.5	17.3	18.3		0.4	0.6
舟山市	Zhoushan City	65.4	75.0	78.4			
台州市	Taizhou City	88.7	91.3	96.2		1.5	1.7
珠江三角洲经济区	**Pearl River Delta**						
广州市	Guangzhou City	29.7	35.8	37.7	1.9	16.3	18.9
深圳市	Shenzhen City	7.3	8.8	7.7	1.0	0.5	0.7
珠海市	Zhuhai City	12.0	20.1	21.4		1.8	1.8
佛山市	Foshan City	58.3	65.6	70.7	0.9	0.8	0.8
江门市	Jiangmen City	34.5	41.3	45.0		4.5	4.5
东莞市	Dongguan City	8.1	6.7	6.3		0.9	0.6
中山市	Zhongshan City	16.0	25.4	29.3		0.6	0.6
惠州市区①	Huizhou Urban District ①	0.7	1.8	1.9		0.1	0.2
惠阳市①	Huiyang City ①	7.4	2.3	1.9			0.0
惠东县①	Huidong County ①	10.7	13.8	13.2		0.2	1.3
博罗县①	Boluo County ①	2.3	3.2	2.9		0.6	1.2
肇庆市区	Zhaoqing Urban District	2.5	3.5	3.5			
高要市	Gaoyao City	7.1	10.6	11.9		0.5	0.5
四会市	Sihui City	6.0	7.1	7.5		0.1	0.1

注：①因区划调整，2003年及以后数据与2000年口径不同。

Note: ① The data coverage after 2003 is different from the coverage in 2000 because of adjusted by regionalism.

7-2 农林牧渔业总产值指数

Indices of Gross Output Value of Farming,Forestry, Animal Husbandry and Fishery

(上年 =100) (preceding year=100)

地区	Area	农林牧渔业总产值指数 Total			农业 Farming		
		2000	2004	2005	2000	2004	2005
长江三角洲经济区	**Yangtze River Delta**						
上海市	Shanghai City	100.9	93.2	89.5	106.0	106.4	94.9
南京市	Nanjing City	108.2	113.8	102.8	102.6	117.2	103.3
苏州市	Suzhou City	104.1	100.2	98.6	99.9	100.1	98.2
无锡市	Wuxi City	108.8	100.9	102.0	105.7	108.3	103.9
常州市	Changzhou City	107.0	101.8	104.8	105.0	99.2	104.3
镇江市	Zhenjiang City	103.9	104.7	100.6	100.0	106.9	94.6
南通市	Nantong City	105.1	105.6	102.8	105.1	105.3	99.3
扬州市	Yangzhou City	107.3	114.5	107.4	101.0	121.6	109.0
泰州市	Taizhou City	106.4	106.7	104.4	103.0	106.6	104.0
杭州市	Hangzhou City	112.4	110.2	110.7	106.9	109.0	112.4
宁波市	Ningbo City	105.3	105.0	103.5	98.2	106.0	96.4
嘉兴市	Jiaxing City	109.2	104.8	105.2	103.4	104.3	99.7
湖州市	Huzhou City	107.1	108.0	105.6	98.9	107.4	97.8
绍兴市	Shaoxing City	116.8	103.7	104.3	101.0	100.4	104.6
舟山市	Zhoushan City	107.0	106.0	104.9	94.3	103.0	108.7
台州市	Taizhou City	99.9	100.1	101.0	88.9	100.9	98.8
珠江三角洲经济区	**Pearl River Delta**						
广州市	Guangzhou City	102.0	105.1	104.1	101.1	112.6	102.3
深圳市	Shenzhen City	102.4	111.7	87.8	106.1	95.0	95.6
珠海市	Zhuhai City	109.3	107.2	105.3	89.3	108.7	113.9
佛山市	Foshan City	108.3	103.7	103.8	106.3	104.1	102.6
江门市	Jiangmen City	105.1	104.8	100.3	100.1	104.8	100.3
东莞市	Dongguan City	100.2	101.8	104.1	85.4	111.6	91.3
中山市	Zhongshan City	105.5	105.0	104.7	104.4	96.4	100.8
惠州市区①	Huizhou Urban District ①	112.7	105.4	100.0	99.6	110.8	94.9
惠阳市①	Huiyang City ①	106.5	112.8	118.6	107.6	123.9	108.7
惠东县①	Huidong County ①	108.5	106.5	113.2	108.5	102.3	113.7
博罗县①	Boluo County ①	106.3	104.2	104.1	101.8	100.8	98.3
肇庆市区	Zhaoqing Urban District	105.3	106.1	100.3	107.1	102.9	106.5
高要市	Gaoyao City	106.6	106.4	107.6	106.1	104.0	98.2
四会市	Sihui City	108.8	103.5	106.6	98.8	104.9	113.6

7-2 续表1 continued

(上年=100) (preceding year=100)

地区	Area	林业 Forestry			畜牧业 Animal Husbandry		
		2000	2004	2005	2000	2004	2005
长江三角洲经济区	**Yangtze River Delta**						
上海市	Shanghai City	160.6	100.4	77.9	99.1	77.5	72.3
南京市	Nanjing City	139.9	104.9	95.5	114.5	110.7	99.0
苏州市	Suzhou City	88.5	56.4	112.3	106.9	93.5	92.6
无锡市	Wuxi City	115.3	106.4	114.2	116.5	96.2	100.3
常州市	Changzhou City	129.0	102.2	132.6	115.0	100.2	100.8
镇江市	Zhenjiang City	100.0	101.3	97.6	110.6	101.6	101.1
南通市	Nantong City	109.9	111.5	113.9	106.7	104.7	103.6
扬州市	Yangzhou City	108.6	118.9	119.8	109.4	110.4	101.5
泰州市	Taizhou City	97.1	106.2	107.3	114.0	103.1	104.0
杭州市	Hangzhou City	103.5	113.2	112.7	110.9	109.6	108.4
宁波市	Ningbo City	96.5	94.1	100.0	106.0	105.9	115.8
嘉兴市	Jiaxing City	131.5	81.7	99.5	114.0	101.0	113.6
湖州市	Huzhou City	118.7	101.6	105.8	104.1	116.2	115.6
绍兴市	Shaoxing City	128.2	99.3	96.0	111.1	113.8	106.7
舟山市	Zhoushan City	118.0	96.8	106.1	105.8	87.7	96.0
台州市	Taizhou City	120.0	89.8	92.1	103.0	99.5	110.3
珠江三角洲经济区	**Pearl River Delta**						
广州市	Guangzhou City	108.4	120.5	103.7	101.5	97.5	108.4
深圳市	Shenzhen City	89.4	88.8	95.6			
珠海市	Zhuhai City	98.0	97.4	102.8	96.4	108.5	99.9
佛山市	Foshan City	122.8	105.3	103.0	104.1	104.7	98.3
江门市	Jiangmen City	116.3	111.0	96.6	107.3	106.3	89.6
东莞市	Dongguan City	72.3	199.6	82.8	113.2	93.8	117.6
中山市	Zhongshan City	405.3	112.9	35.3	107.4	93.9	92.5
惠州市区①	Huizhou Urban District ①	102.5	66.2	99.1	121.2	101.0	103.3
惠阳市①	Huiyang City ①	148.4	51.5	143.5	105.5	119.4	134.3
惠东县①	Huidong County ①	102.2	108.6	79.9	112.3	116.0	139.4
博罗县①	Boluo County ①	102.2	92.3	88.0	110.6	118.5	110.8
肇庆市区	Zhaoqing Urban District	111.1	91.9	145.8	103.4	108.6	90.3
高要市	Gaoyao City	110.2	115.5	110.8	108.2	107.7	123.9
四会市	Sihui City	108.0	107.4	103.0	110.9	104.2	104.5

7-2 续表2　continued

(上年 =100)　　(preceding year=100)

地区	Area	渔业 Fishery			农林牧渔服务业 Farming,Forestry, Animal Husbandry and Fishery Services		
		2000	2004	2005	2000	2004	2005
长江三角洲经济区	**Yangtze River Delta**						
上海市	Shanghai City	111.3	96.7	105.5			
南京市	Nanjing City	114.0	109.0	106.4		111.2	94.0
苏州市	Suzhou City	118.4	103.0	102.1		104.1	95.5
无锡市	Wuxi City	115.5	99.6	99.9		93.3	102.6
常州市	Changzhou City	109.0	107.5	107.9		99.7	102.2
镇江市	Zhenjiang City	105.9	102.0	109.0		111.4	123.6
南通市	Nantong City	103.1	106.6	106.2		107.6	105.7
扬州市	Yangzhou City	120.6	108.6	108.6		111.5	109.2
泰州市	Taizhou City	109.9	111.1	104.1		110.8	109.7
杭州市	Hangzhou City	133.0	113.5	115.7			
宁波市	Ningbo City	114.6	103.5	103.4		110.1	113.4
嘉兴市	Jiaxing City	124.1	103.8	105.9		111.0	102.0
湖州市	Huzhou City	129.8	106.2	110.2			
绍兴市	Shaoxing City	116.0	107.0	100.6			
舟山市	Zhoushan City	108.2	107.0	105.3			
台州市	Taizhou City	104.1	100.0	100.7			
珠江三角洲经济区	**Pearl River Delta**						
广州市	Guangzhou City	104.8	101.9	101.2			112.1
深圳市	Shenzhen City	104.4	80.9	65.7		75.0	129.8
珠海市	Zhuhai City	134.2	107.1	104.3		100.1	102.0
佛山市	Foshan City	111.3	103.2	107.8	102.0	90.1	96.5
江门市	Jiangmen City	108.6	106.7	112.3		84.9	97.7
东莞市	Dongguan City	112.2	97.3	100.9			67.5
中山市	Zhongshan City	107.1	114.3	111.0		101.4	99.4
惠州市区①	Huizhou Urban District ①	116.2	104.8	110.3		25.9	316.0
惠阳市①	Huiyang City ①	103.7	88.4	126.6		113.2	81.1
惠东县①	Huidong County ①	109.3	112.2	101.6		107.3	650.9
博罗县①	Boluo County ①	101.7	102.9	113.4		70.3	215.0
肇庆市区	Zhaoqing Urban District	104.2	108.9	102.6		86.5	81.9
高要市	Gaoyao City	105.6	107.2	118.4		132.6	81.9
四会市	Sihui City	126.2	101.0	99.7		105.4	107.7

注：①因区划调整，2003年及以后数据与2000年口径不同。

Note: ① The data coverage after 2003 is different from the coverage in 2000 because of adjusted by regionalism.

7-3 主要农牧渔产品产量

Products Output of Farming, Animal Husbandry and Fishery

单位：万吨 (10 000 tons)

地区	Area	粮食 Grain			油料 Oil Plants		
		2000	2004	2005	2000	2004	2005
长江三角洲经济区	**Yangtze River Delta**						
上海市	Shanghai City	174.00	106.29	105.36	16.37	7.39	6.94
南京市	Nanjing City	143.37	102.39	96.54	22.01	20.98	21.17
苏州市	Suzhou City	193.95	117.71	110.76	12.61	6.92	6.96
无锡市	Wuxi City	127.03	81.27	79.53	5.91	3.67	3.44
常州市	Changzhou City	136.22	106.08	98.06	9.16	8.55	8.60
镇江市	Zhenjiang City	118.03	99.07	90.68	8.72	9.14	8.57
南通市	Nantong City	340.60	302.70	294.19	39.41	43.40	40.67
扬州市	Yangzhou City	225.16	204.97	226.43	12.46	13.71	12.28
泰州市	Taizhou City	270.52	258.12	267.18	11.23	15.93	15.19
杭州市	Hangzhou City	153.08	106.80	103.50	8.57	6.55	7.87
宁波市	Ningbo City	132.51	83.73	80.12	6.59	4.04	4.01
嘉兴市	Jiaxing City	153.06	124.99	119.40	17.75	14.09	13.97
湖州市	Huzhou City	95.32	87.48	82.21	11.71	9.27	8.98
绍兴市	Shaoxing City	144.41	95.35	96.39	4.88	3.74	4.20
舟山市	Zhoushan City	8.84	5.93	5.20	0.72	0.55	0.57
台州市	Taizhou City	141.40	85.11	82.48	0.56	0.78	0.83
珠江三角洲经济区	**Pearl River Delta**						
广州市	Guangzhou City	88.11	52.19	51.73	2.56	2.38	2.24
深圳市	Shenzhen City	0.37	0.20	0.06			
珠海市	Zhuhai City	8.83	5.97	5.73	0.11	0.09	0.10
佛山市	Foshan City	38.59	14.42	13.05	0.99	0.57	0.61
江门市	Jiangmen City	124.21	93.40	90.92	4.65	3.91	3.91
东莞市	Dongguan City	20.41	3.03	2.00	0.20	0.02	
中山市	Zhongshan City	22.92	14.51	13.23	0.14	0.05	0.47
惠州市区②	Huizhou Urban District ②	17.24	10.78	10.99	0.14	1.21	1.05
惠阳市②	Huiyang City ②	6.57	5.33	5.94	1.64	0.54	0.75
惠东县②	Huidong County ②	27.56	24.43	24.64	1.42	1.83	1.90
博罗县②	Boluo County ②	32.78	21.33	20.94	2.28	1.88	1.63
肇庆市区	Zhaoqing Urban District	6.40	4.34	4.42	0.14	0.08	0.10
高要市	Gaoyao City	32.90	27.12	27.50	1.40	1.45	1.40
四会市	Sihui City	16.38	13.81	13.76	1.42	1.45	1.36

7-3 续表1 continued

单位：万吨 (10 000 tons)

地区	Area	棉花 Cotton			蔬菜 Vegetables		
		2000	2004	2005	2000	2004	2005
长江三角洲经济区	**Yangtze River Delta**						
上海市	Shanghai City	0.12	0.18	0.18	377.00	436.65	409.03
南京市	Nanjing City	0.45	0.61	0.59	227.69	321.00	311.62
苏州市	Suzhou City	1.17	0.75	0.46	159.30	154.57	149.31
无锡市	Wuxi City				69.14	103.69	103.93
常州市	Changzhou City	0.08	0.04	0.03	71.15	79.47	80.05
镇江市	Zhenjiang City	0.16	0.18	0.18	60.12	65.25	67.31
南通市	Nantong City	3.25	5.27	5.11		286.69	280.12
扬州市	Yangzhou City	1.04	1.04	0.69		120.43	128.15
泰州市	Taizhou City	1.47	2.45	1.70	183.70	224.56	220.41
杭州市	Hangzhou City	0.21	0.12	0.10	236.05	301.03	309.32
宁波市	Ningbo City	1.05	0.74	0.72	243.70	286.76	274.86
嘉兴市	Jiaxing City	0.23	0.25	0.19	162.46	198.99	206.47
湖州市	Huzhou City				64.73	90.90	89.50
绍兴市	Shaoxing City	0.48	0.37	0.34	199.01	231.95	231.77
舟山市	Zhoushan City	0.03	0.01	0.01	15.19	19.22	18.58
台州市	Taizhou City	0.21	0.08	0.06	117.02	183.13	179.34
珠江三角洲经济区	**Pearl River Delta**						
广州市	Guangzhou City				306.49	366.69	348.89
深圳市	Shenzhen City				21.50	16.30	14.17
珠海市	Zhuhai City				16.44	14.06	16.50
佛山市	Foshan City				174.82	195.53	199.06
江门市	Jiangmen City				133.81	148.43	148.18
东莞市	Dongguan City				65.82	53.21	46.02
中山市	Zhongshan City				42.46	58.75	58.53
惠州市区②	Huizhou Urban District ②				5.68	35.74	37.72
惠阳市②	Huiyang City ②				43.21	23.98	29.61
惠东县②	Huidong County ②				35.01	48.57	50.44
博罗县②	Boluo County ②				43.78	57.72	54.48
肇庆市区	Zhaoqing Urban District				7.83	7.33	7.13
高要市	Gaoyao City				70.84	90.47	91.68
四会市	Sihui City				25.68	27.82	30.31

7–3 续表2 continued

单位：万吨 (10 000 tons)

地区	Area	水果① Fruits ①			蚕茧 Silkworm Cocoons		
		2000	2004	2005	2000	2004	2005
长江三角洲经济区	**Yangtze River Delta**						
上海市	Shanghai City	22.54	33.74	33.63	0.01		
南京市	Nanjing City	2.36	5.18	4.41	0.05	0.05	0.04
苏州市	Suzhou City	5.92	7.31	7.41	0.73	0.35	0.28
无锡市	Wuxi City	2.72	7.80	8.22	0.11	0.06	0.04
常州市	Changzhou City	2.96	5.33	6.73	0.48	0.58	0.28
镇江市	Zhenjiang City	1.27	1.67	1.61		0.19	0.14
南通市	Nantong City	12.05	10.41	10.21	3.03	4.52	4.26
扬州市	Yangzhou City	2.69	3.76	3.91	0.44	0.40	0.31
泰州市	Taizhou City	1.58	2.23	2.66	0.13	0.16	0.13
杭州市	Hangzhou City	11.06	49.90	52.55	0.93	1.47	1.63
宁波市	Ningbo City	31.20	121.93	118.79			
嘉兴市	Jiaxing City	4.08	13.50	14.90	5.06	3.69	3.76
湖州市	Huzhou City	3.12	25.45	24.92	2.16	1.95	1.89
绍兴市	Shaoxing City	11.72	47.53	48.56	0.70	0.60	0.55
舟山市	Zhoushan City	2.06	7.65	7.72			
台州市	Taizhou City	38.74	115.83	107.00	0.06	0.05	0.05
珠江三角洲经济区	**Pearl River Delta**						
广州市	Guangzhou City	32.97	55.38	48.87			
深圳市	Shenzhen City	2.70	2.80	2.50			
珠海市	Zhuhai City	3.44	8.10	11.15			
佛山市	Foshan City	5.71	5.90	6.00			
江门市	Jiangmen City	8.89	14.46	17.58			
东莞市	Dongguan City	12.94	17.54	15.13			
中山市	Zhongshan City	24.35	24.25	19.74			
惠州市区②	Huizhou Urban District ②	0.38	2.72	2.19			
惠阳市②	Huiyang City ②	3.57	3.34	3.00			
惠东县②	Huidong County ②	4.29	7.07	7.83			
博罗县②	Boluo County ②	5.20	8.00	10.11			
肇庆市区	Zhaoqing Urban District	1.85	3.32	4.78			
高要市	Gaoyao City	9.86	13.30	14.38	0.01		
四会市	Sihui City	5.75	11.15	13.75			

7–3 续表3 continued

单位：万吨 (10 000 tons)

地区	Area	肉类 Meat			牛奶 Milk		
		2000	2004	2005	2000	2004	2005
长江三角洲经济区	**Yangtze River Delta**						
上海市	Shanghai City	55.11	38.09	18.67	25.95	25.20	23.76
南京市	Nanjing City	18.01	20.64	19.81	6.71	12.50	13.80
苏州市	Suzhou City	15.85	15.23	17.34	4.37	10.88	9.47
无锡市	Wuxi City	13.13	14.62	14.64	4.57	9.85	9.19
常州市	Changzhou City	9.89	11.47	11.42	0.44	2.84	1.37
镇江市	Zhenjiang City	6.21	7.36	7.59		1.51	1.39
南通市	Nantong City	30.17	35.95	37.13	0.56	1.56	1.10
扬州市	Yangzhou City	24.50	23.92	24.33	0.32	0.89	1.10
泰州市	Taizhou City	21.73	23.86	24.53	0.35	1.85	2.07
杭州市	Hangzhou City	25.24	29.88	30.74	4.01	6.47	5.04
宁波市	Ningbo City	12.98	16.50	17.46	0.83	2.94	2.80
嘉兴市	Jiaxing City	21.14	31.93	33.02	0.14	0.57	1.04
湖州市	Huzhou City	8.77	14.56	16.39	0.07	1.13	1.20
绍兴市	Shaoxing City	13.95	15.12	16.39	0.07	0.35	0.36
舟山市	Zhoushan City	1.22	1.54	1.86	0.08	0.35	0.16
台州市	Taizhou City	12.09	12.54	13.23	0.46	1.22	1.35
珠江三角洲经济区	**Pearl River Delta**						
广州市	Guangzhou City	32.77	29.85	32.03	4.15	3.41	4.65
深圳市	Shenzhen City	7.90	3.50	3.59	2.40	2.20	1.96
珠海市	Zhuhai City	2.42	2.38	2.60		0.75	0.85
佛山市	Foshan City	28.91	33.33	32.49		0.49	0.64
江门市	Jiangmen City	23.88	27.90	26.34			
东莞市	Dongguan City	17.90	14.62	17.17			
中山市	Zhongshan City	5.28	6.07	5.38			
惠州市区②	Huizhou Urban District ②	1.35	4.41	4.50	0.01	0.06	0.05
惠阳市②	Huiyang City ②	3.14	1.57	2.10	0.13		
惠东县②	Huidong County ②	1.94	2.43	3.40			
博罗县②	Boluo County ②	6.08	6.13	6.88		0.15	0.26
肇庆市区	Zhaoqing Urban District	2.71	3.96	3.58	0.18	0.51	0.62
高要市	Gaoyao City	5.88	7.24	7.98			
四会市	Sihui City	6.50	9.29	9.69			

7–3 续表4 continued

单位：万吨 (10 000 tons)

地区	Area	禽蛋 Poultry Eggs 2000	2004	2005	水产品总产量 Total Aquatic Products 2000	2004	2005
长江三角洲经济区	**Yangtze River Delta**						
上海市	Shanghai City	16.64	10.51	8.40	28.87	34.41	35.35
南京市	Nanjing City	6.86	8.46	8.33	12.93	17.41	18.04
苏州市	Suzhou City	3.80	2.75	2.59	34.51	31.19	31.65
无锡市	Wuxi City	2.50	2.39	2.68	10.25	11.39	12.09
常州市	Changzhou City	2.30	3.19	1.89	11.12	12.73	13.02
镇江市	Zhenjiang City		1.82	2.20	6.00	6.93	7.38
南通市	Nantong City	35.31	40.55	42.01	58.56	66.76	69.16
扬州市	Yangzhou City	14.43	14.30	12.16	22.67	33.37	35.65
泰州市	Taizhou City	11.23	12.02	12.01	17.64	20.20	21.05
杭州市	Hangzhou City	6.08	9.56	9.87	9.80	13.95	14.78
宁波市	Ningbo City	10.19	13.03	14.12	81.61	92.72	91.72
嘉兴市	Jiaxing City	3.04	5.62	6.55	9.70	13.92	14.51
湖州市	Huzhou City	2.42	3.40	3.69	13.57	17.30	17.84
绍兴市	Shaoxing City	3.37	4.24	5.03	7.40	9.18	9.90
舟山市	Zhoushan City	0.72	0.76	0.83	134.92	130.42	124.08
台州市	Taizhou City	3.04	3.62	3.79	139.28	138.38	135.00
珠江三角洲经济区	**Pearl River Delta**						
广州市	Guangzhou City	2.95	1.59	1.89	32.52	38.42	38.83
深圳市	Shenzhen City	0.15	0.03	0.01	5.98	9.70	8.18
珠海市	Zhuhai City	0.14	0.63	0.56	10.70	15.02	16.24
佛山市	Foshan City	0.94	0.92	1.04	43.54	49.72	51.93
江门市	Jiangmen City	2.84	2.83	2.51	67.65	68.75	71.16
东莞市	Dongguan City	0.04	0.34	0.14	9.51	7.15	6.74
中山市	Zhongshan City	0.52	0.57	0.94	18.17	27.20	28.61
惠州市区②	Huizhou Urban District ②	0.14	0.46	0.58	0.79	2.49	2.66
惠阳市②	Huiyang City ②	0.96	0.15	0.18	3.57	3.29	3.46
惠东县②	Huidong County ②	0.15	0.14	0.14	5.93	6.96	6.60
博罗县②	Boluo County ②	0.34	0.30	0.29	2.28	2.84	2.98
肇庆市区	Zhaoqing Urban District	0.75	0.53	0.52	2.89	3.67	3.85
高要市	Gaoyao City	0.96	1.15	1.32	8.57	11.26	12.74
四会市	Sihui City	0.73	0.83	0.81	5.44	7.40	7.47

7-3 续表5 continued

单位：万吨 (10 000 tons)

地区	Area	海水产品 Seawater Aquatic Products			淡水产品 Freshwater Aquatic Products		
		2000	2004	2005	2000	2004	2005
长江三角洲经济区	**Yangtze River Delta**						
上海市	Shanghai City	12.23	13.42	15.03	16.64	20.99	20.32
南京市	Nanjing City				12.93	17.41	18.04
苏州市	Suzhou City	3.55	1.95	1.84	30.97	29.23	29.82
无锡市	Wuxi City				10.24	11.39	12.09
常州市	Changzhou City				11.12	12.73	13.02
镇江市	Zhenjiang City				6.00	6.93	7.38
南通市	Nantong City	45.92	50.72	51.74	12.63	16.04	17.42
扬州市	Yangzhou City				22.67	33.37	35.65
泰州市	Taizhou City				17.47	20.12	20.97
杭州市	Hangzhou City				9.80	13.95	14.78
宁波市	Ningbo City	75.84	85.25	84.00	5.78	7.46	7.71
嘉兴市	Jiaxing City		0.64	0.68		13.28	13.83
湖州市	Huzhou City				13.57	17.30	17.84
绍兴市	Shaoxing City	0.76	0.37	0.36	6.65	8.81	9.55
舟山市	Zhoushan City	134.49	129.62	123.24	0.44	0.80	0.84
台州市	Taizhou City	135.25	133.94	130.84	4.04	4.44	4.16
珠江三角洲经济区	**Pearl River Delta**						
广州市	Guangzhou City	6.88	7.06	3.90	25.64	31.36	34.93
深圳市	Shenzhen City	5.10	8.90	7.46	0.87	0.80	0.72
珠海市	Zhuhai City	4.85	2.88	3.61	5.86	12.14	12.63
佛山市	Foshan City				43.54	49.72	51.93
江门市	Jiangmen City	47.23	43.35	44.47	20.41	25.40	26.69
东莞市	Dongguan City	3.32	2.93	2.83	6.19	4.22	3.91
中山市	Zhongshan City	1.71	2.17	2.23	16.46	25.03	26.38
惠州市区②	Huizhou Urban District ②				0.79	2.49	2.66
惠阳市②	Huiyang City ②	1.28	2.66	2.81	2.30	0.63	0.65
惠东县②	Huidong County ②	5.21	6.10	5.69	0.73	0.86	0.91
博罗县②	Boluo County ②				2.28	2.84	2.98
肇庆市区	Zhaoqing Urban District				2.89	3.67	3.85
高要市	Gaoyao City				8.57	11.26	12.74
四会市	Sihui City				5.44	7.40	7.47

注：①2004年以前的水果产量仅指园林水果产量，2004年及以后的水果产量包含种植业中的瓜果类产量。②除粮食外，因区划调整，2003年及以后数据与2000年口径不同。

Note: ① The fruit output before year 2004 refer to the fruit ourput of gardens only, and since year 2004, the fruit output include the output of melon and fruit in plant industry. ② The data coverage of excludes 2000 after 2003 is different from the cover.

7-4 耕地面积(2005年)
Area of Cultivated Land(2005)

单位：千公顷 (1000 hectares)

地区	Area	年初耕地总资源 Total Cultivated Land At the Year-Beginning	年内增加 Increased Area in the Year	新开荒地 Bring Barren under Cultivation	园地改为耕地 Garden Plot for Cultivated Land
长江三角洲经济区	**Yangtze River Delta**				
上海市	Shanghai City	245.70	2.36	0.56	0.13
南京市	Nanjing City	245.58	1.43	0.75	
苏州市	Suzhou City	257.50	0.69		
无锡市	Wuxi City	152.27	2.62	0.53	
常州市	Changzhou City	178.09	0.52	0.04	0.05
镇江市	Zhenjiang City	153.91	0.30	0.12	
南通市	Nantong City	475.07	0.53	0.16	
扬州市	Yangzhou City	307.78	1.70	0.21	0.34
泰州市	Taizhou City	316.77	1.52		1.52
杭州市	Hangzhou City	183.45	2.03	0.39	
宁波市	Ningbo City	211.04	2.27	0.60	
嘉兴市	Jiaxing City	210.84	2.18	0.04	1.98
湖州市	Huzhou City	157.96	3.74	0.52	1.76
绍兴市	Shaoxing City	167.70	3.14	0.71	
舟山市	Zhoushan City	17.65	0.49	0.15	
台州市	Taizhou City	147.05	1.15	0.24	
珠江三角洲经济区	**Pearl River Delta**				
广州市	Guangzhou City	132.60	2.97	0.37	1.76
深圳市	Shenzhen City	2.45			
珠海市	Zhuhai City	17.92	0.25	0.21	0.01
佛山市	Foshan City	58.06	0.04	0.03	
江门市	Jiangmen City	143.00	0.60	0.10	0.04
东莞市	Dongguan City	33.80	0.02		
中山市	Zhongshan City	31.15	0.62		0.50
惠州市区	Huizhou Urban District	20.85	0.03		0.03
惠阳市	Huiyang City	11.91			
惠东县	Huidong County	31.83			
博罗县	Boluo County	52.92	0.19		
肇庆市区	Zhaoqing Urban District	9.34	0.02	0.02	
高要市	Gaoyao City	36.38	0.03	0.03	
四会市	Sihui City	21.68			

7-4 续表 1 continued

单位：千公顷 (1000 hectares)

地区	Area	年内减少 Decreased Area in the Year	国家基建占地 Government Construction	其他基建占地 Other Construction	退耕还林还草占地 Grain for Green
长江三角洲经济区	**Yangtze River Delta**				
上海市	Shanghai City	10.76	4.05	2.43	
南京市	Nanjing City	1.41	1.41		0.19
苏州市	Suzhou City	10.39	4.16	3.40	0.40
无锡市	Wuxi City	3.69	0.92	0.82	
常州市	Changzhou City	2.29	0.09	0.83	
镇江市	Zhenjiang City	1.68	1.05		
南通市	Nantong City	2.81	2.10	0.35	
扬州市	Yangzhou City	1.78	0.79	0.56	0.12
泰州市	Taizhou City	1.29	0.72	0.46	
杭州市	Hangzhou City	2.50	1.40	0.67	0.02
宁波市	Ningbo City	3.36	2.03	0.98	
嘉兴市	Jiaxing City	2.00	1.21	0.79	
湖州市	Huzhou City	2.98	0.62		
绍兴市	Shaoxing City	3.68	1.35	2.08	
舟山市	Zhoushan City	1.41	0.35	0.12	
台州市	Taizhou City	1.36	0.51	0.81	
珠江三角洲经济区	**Pearl River Delta**				
广州市	Guangzhou City	4.33	1.27	1.56	
深圳市	Shenzhen City				
珠海市	Zhuhai City	0.82	0.09	0.05	
佛山市	Foshan City	2.20	0.03	1.58	
江门市	Jiangmen City	2.00	0.30	0.60	0.09
东莞市	Dongguan City	0.29		0.28	
中山市	Zhongshan City	1.44	0.14	0.78	
惠州市区	Huizhou Urban District	0.12	0.03	0.04	
惠阳市	Huiyang City				
惠东县	Huidong County				
博罗县	Boluo County	0.16			
肇庆市区	Zhaoqing Urban District	0.04			
高要市	Gaoyao City	0.07	0.07		
四会市	Sihui City	0.20	0.14		

7-4 续表 2 continued

单位：千公顷 (1000 hectares)

地区	Area	耕地改为园地 Cultivated Land for Garden Plot	年末耕地总资源 Total Cultivated Land At the Year-End	常用耕地面积 Regularly Cultivated Land	临时性耕地 Temporary Cultivated Land
长江三角洲经济区	**Yangtze River Delta**				
上海市	Shanghai City	0.10	237.34	237.34	
南京市	Nanjing City		245.60		
苏州市	Suzhou City	1.03	247.80	247.80	
无锡市	Wuxi City	0.62	151.20	151.20	
常州市	Changzhou City	1.27	176.32	176.15	0.17
镇江市	Zhenjiang City		152.54	146.47	6.06
南通市	Nantong City	0.29	472.80	472.80	
扬州市	Yangzhou City	0.02	307.70	307.67	0.03
泰州市	Taizhou City		317.00	309.91	7.09
杭州市	Hangzhou City		182.95	182.95	
宁波市	Ningbo City		209.96	209.96	
嘉兴市	Jiaxing City		211.03	211.03	
湖州市	Huzhou City	0.55	158.72	146.02	12.70
绍兴市	Shaoxing City		167.16	167.16	
舟山市	Zhoushan City	0.35	16.73	16.73	
台州市	Taizhou City	0.03	146.83	146.83	
珠江三角洲经济区	**Pearl River Delta**				
广州市	Guangzhou City	1.18	131.24	130.09	1.15
深圳市	Shenzhen City				
珠海市	Zhuhai City	0.53	17.35	16.05	1.30
佛山市	Foshan City	0.13	55.90	55.90	
江门市	Jiangmen City	0.40	141.50	132.00	9.50
东莞市	Dongguan City	0.01	33.53		
中山市	Zhongshan City	0.44	30.32	28.88	1.44
惠州市区	Huizhou Urban District		20.75	15.35	5.40
惠阳市	Huiyang City		11.91	9.40	2.51
惠东县	Huidong County		31.83	30.12	1.71
博罗县	Boluo County		52.95	34.17	18.77
肇庆市区	Zhaoqing Urban District	0.04	9.31	8.94	0.37
高要市	Gaoyao City		36.34	30.63	5.71
四会市	Sihui City	0.06	21.48	14.71	6.77

主要统计指标解释

农林牧渔业总产值 指以货币表现的农、林、牧、渔业全部产品和对农林牧渔业生产活动进行的各种支持性服务活动的价值总量，它反映一定时期内农林牧渔业生产总规模和总成果。1957年以前的农林牧渔业总产值中包括了厩肥和农民自给性手工业(如农民自制衣服、鞋、袜，自己从事粮食初步加工等)。1958年及以后，林业中增加了村及村以下竹木采伐产值；牧业中取消了厩肥产值；副业中取消了农民自给性手工业产值，增加了村及村以下办的工业产值；渔业中增加了海洋捕捞水产品产值。1980年及以后，在副业中增加了农民家庭兼营工业商品部分的产值。从1984年起村及村以下工业产值划归工业。从1993年起取消副业，将野生动物的捕猎划入牧业、野生植物采集和农民家庭兼营商品性工业划归农业。从2003年起，执行新的国民经济行业分类标准，农林牧渔业总产值中包括了农林牧渔服务业产值。林业中增加了森林采运业产值。农业中取消了家庭兼营商品性工业产值，将野生林产品的采集划归林业。第一次农业普查以后，由于畜牧业产品年报数据与普查数据之间存在一定的差距，国家统计局农调总队对畜牧业年报数据与普查数据进行衔接，相应的畜牧业产值进行调整。

农林牧渔业总产值的计算方法通常是按农、林、牧、渔业产品及其副产品的产量分别乘以各自单位产品价格求得；少数生产周期较长，当年没有产品或产品产量不易统计的，则采用间接方法匡算其产值；然后将四业产品产值相加即为农林牧渔业总产值。

粮食产量 指全社会的产量。包括国有经济经营的、集体统一经营的和农民家庭经营的粮食产量，还包括工矿企业办的农场和其他生产单位的产量。粮食除包括稻谷、小麦、玉米、高粱、谷子及其他杂粮外，还包括薯类和豆类。其产量计算方法，豆类按去豆荚后的干豆计算；薯类(包括甘薯和马铃薯，不包括芋头和木薯)1963年以前按每4公斤鲜薯折1公斤粮食计算，从1964年开始改为按5公斤鲜薯折1公斤粮食计算。城市郊区作为蔬菜的薯类(如马铃薯等)按鲜品计算，并且不作粮食统计。其他粮食一律按脱粒后的原粮计算。1989年以前全国粮食产量数据主要靠全面报表取得，1989年开始使用抽样调查数据。

水产品产量 指人工养殖的水产品和天然生长的水产品的捕捞量。包括海水的鱼类、虾蟹类、贝类和藻类以及内陆水域的鱼类、虾蟹类和贝类，不包括淡水生植物。水产品产量是通过各级水产和统计部门逐级上报取得数据。1995年及以前，贝类中牡蛎按鲜肉计算；蚶、蛤、蛙按5斤鲜品折1斤计算。1996 年以后则统一按鲜品计算。

常用耕地 是指耕地总资源中专门种植农作物并经常进行耕种、能够正常收获的土地。包括当年实际耕种的熟地；弃耕、休闲不满三年，随时可以复耕的地；开荒利用三年以上的土地。在统计口径上包括南方小于1米、北方小于2米宽的沟、渠、路和田埸。不包括临时种植农作物的坡度在25度以上的陡坡地；在河套、湖畔、库区临时开发的成片或零星土地；也不包括已列为国家和省（区、市）退耕计划但临时耕种的土地。常用耕地是国家需要重点保护的耕地，是反映我国农业综合生产能力的一个重要指标。

Explanatory Notes on Main Statistical Indicators

Gross Output Value of Farming, Forestry, Animal Husbandry and Fishery refers to the total value of products of farming, forestry, animal husbandry and fishery, and total value of services rendered to support farming, forestry, animal husbandry and fishery activities. It reflects the total scale and results of agricultural production during a given period. Prior to 1957, Chinas gross agricultural output value included barnyard manure and handicraft products for self-consumption (clothes, shoes, stockings, and initial grain processing undertaken by peasants). Since 1958, cutting and felling of bamboo and trees by villages and other cooperative organizations under villages have been included in forestry; value of barnyard manure has been excluded from animal husbandry; self consumed handicrafts has been excluded from sideline occupations, while the output value of industries run by villages and cooperative organizations under village had been included in sideline occupations and the output value of fish catches by motor fishing boats has been added to fishery. Since 1980, the value of handicraft products made for sale by individuals in households had been added to sideline occupations. Since 1984, industries run by villages and under villages have been included in the sector of industry. Since 1993, the subdivision of sideline occupations has been canceled, and the hunting of wild animals has been classified into animal husbandry, and the gathering of wild plants and commodity industry run by rural household have been included in farming. A new industrial classification of economic activities was introduced in 2003. Under the new classification, value of services to farming, forestry, animal husbandry and fishery is included in the gross output value of agriculture, value of wood felling and transport is included in forestry, value of industrial output by rural households is not included in agriculture, and the collection of wild forest products is taken from agriculture and included in the forestry. The first agriculture census of China revealed some discrepancy between the production of animal products from the annual reports and that from the census. Efforts were made by the Rural Socio-economic Survey Organization of NBS to adjust the output value of animal husbandry to make the figures from the annual reports consistent with the census data.

Gross output value of agriculture is obtained by first multiplying the output of each product or by product by its price, resulting in the output value of each single item. For a small number of products, annual output of which is not available or difficult to get due to the long production (growing) process involved, the output value is estimated through an indirect approach. The sum of output value of all products of farming, forestry, animal husbandry and fishery is then equal to the gross output value of agriculture.

Grain Output refers to the total output in the whole country including grains produced by state farms, collective units, rural households, as well as by farms affiliated to industrial and mining enterprises and other production units. Grain includes rice, wheat, corn, sorghum, millet and other miscellaneous grains as well as tubers and bean. Output of beans refers to dry beans without pods. The output of tubers (sweet potatoes and potatoes, not including taros and cassava) was converted into that of grain at the ratio 4:1, i.e. 4 kilograms of fresh tubers was equivalent to 1 kilogram of grain up to 1963. Since 1964 the ratio for conversion has been 5:1. Tubers supplied as vegetables (such as potatoes) in cities and suburbs are calculated as fresh vegetables and their output is not included in the output of grain. Output of all other grains refers to husked grain. Data on grain production before 1989 were obtained through Comprehensive Statistical Reporting System. Since 1989, data from sample surveys are used.

Output of Aquatic Products refers to catches of both artificially cultured and naturally grown aquatic products, including fish, shrimps, crabs and shellfish in sea and inland water as well as seaweed. Freshwater plants are not included. Data on output of aquatic products are reported by aquatic product and statistical agencies level by level. Before 1995, among the shellfish, the oyster was counted as fresh meat; 5 kilograms of ark shell, clams and frogs are equivalent to 1 kilogram of fresh aquatic products; they are all counted as fresh aquatic products since 1996.

Regularly Cultivated Land refers to farmland among the total land resources, which is exclusively used for farming and is under regular cultivation with harvest in normal years. Included are currently cultivated land, land that has been abandoned or put in idle for less than 3 years and could be re-used for cultivation at any time, and new-claimed land that has been put into cultivation for more than 3 years. According to statistical coverage, it includes the gouges, dykes, roads and ridges of field with 1 meter wide in Southern areas and 2 meters wide in Northern areas. Excluded under this category are steep slope land over 25 degrees under temporary cultivation, land (large or small plots) that is claimed along river bends, lake sides or banks of reservoirs, as well as land that has been designated under the "Green for Grain" programmes of the state and provincial governments but is still temporarily under cultivation. The regularly cultivated land is the key protection land of the nation, an important indicator reflecting the comprehensive productivity of agriculture of China.

8-1 全部国有及规模以上非国有工业企业总产值及增加值

Gross Output Value and Value Added of All State-owned and Non-state-owned Industrial Enterprises above Designated Size

按当年价格计算。

Calculated at current prices.

单位：亿元 (100 million yuan)

地区	Area	工业总产值 Gross Output Value			工业增加值 Value added		
		2000	2004	2005	2000	2004	2005
长江三角洲经济区	**Yangtze River Delta**						
上海市①	Shanghai City ①	7022.98	14595.29	15767.51	1998.96	3593.25	3918.18
南京市	Nanjing City	1602.79	3153.43	4063.48	388.02	810.08	903.91
苏州市	Suzhou City	2396.51	7307.54	9908.58	588.97	1918.31	2466.06
无锡市	Wuxi City	1779.07	4575.08	5720.32	411.86	1088.88	1375.34
常州市	Changzhou City	874.63	2127.20	2504.19	208.67	511.69	600.68
镇江市	Zhenjiang City	546.17	1073.11	1331.56	142.85	298.72	360.25
南通市	Nantong City	697.10	1603.36	2143.39	184.00	427.77	552.22
扬州市	Yangzhou City	596.34	1129.56	1448.82	160.64	238.40	388.76
泰州市	Taizhou City	443.80	997.35	1216.80	115.38	282.14	332.03
杭州市	Hangzhou City	1543.57	4486.58	5441.13	360.97	922.29	1126.54
宁波市	Ningbo City	1427.70	3815.04	4890.97	325.79	773.07	864.81
嘉兴市	Jiaxing City	575.52	1744.30	2178.96	144.96	391.22	478.92
湖州市	Huzhou City	355.75	766.37	1070.79	84.20	184.76	224.55
绍兴市	Shaoxing City	1045.13	2577.45	3215.07	219.84	495.44	597.75
舟山市	Zhoushan City	74.22	221.82	283.34	17.90	49.60	63.73
台州市	Taizhou City	481.55	1352.92	1737.70	123.67	303.20	374.12
珠江三角洲经济区	**Pearl River Delta**						
广州市	Guangzhou City	2568.57	5160.09	6032.05	708.40	1337.91	1622.61
深圳市	Shenzhen City	4318.08	8020.59	9867.55		2093.42	2571.95
珠海市	Zhuhai City	645.78	1363.76	1569.56	140.58	250.27	303.41
佛山市	Foshan City	1561.31	3657.29	4780.88	401.78	952.78	1202.72
江门市	Jiangmen City	871.15	1208.04	1453.25		299.76	355.10
东莞市	Dongguan City	914.64	3145.42	3942.03	259.44	800.45	1062.42
中山市	Zhongshan City	532.95	1797.41	2221.45	136.16	339.38	435.16
惠州市区	Huizhou Urban District			1023.73			214.64
惠阳市	Huiyang City			197.12			46.94
惠东县	Huidong County			38.56			11.41
博罗县	Boluo County			160.56			39.69
肇庆市区	Zhaoqing Urban District		116.42	133.09		26.98	31.56
高要市	Gaoyao City		50.01	61.96		10.78	13.41
四会市	Sihui City		47.33	69.10		11.21	16.22

注：①上海为全部企业工业增加值。

Note: ① Value added of all industrial enterprises for Shanghai City.

8-2 全部国有及规模以上非国有工业企业职工人数(2005年)

Number of Staff and Workers of All State-owned and Non-state-owned Industrial Enterprises above Designated Size(2005)

单位：万人 (10 000 persons)

地区	Area	总计 Total	按登记注册类型分 by Register			按行业分 by Sector		
			国有 State-owned	集体 Collective-owned	其他 Others	采矿业 Mining	制造业 Manufacturing	电力、燃气及水的生产和供应业 Production and Supply of Electricity,Gas and Water
长江三角洲经济区	**Yangtze River Delta**							
上海市	Shanghai City	265.39	14.45	9.70	241.24	0.03	261.14	4.22
南京市	Nanjing City	56.27	6.33	2.09	47.85	1.17	53.78	1.32
苏州市	Suzhou City	208.56	1.83	3.40	203.33	0.22	207.21	1.13
无锡市	Wuxi City	100.47	2.86	10.80	86.81		99.67	0.80
常州市	Changzhou City	61.08	2.31	1.82	56.95	0.10	60.37	0.61
镇江市	Zhenjiang City	35.07	3.10	3.41	28.56	0.70	33.64	0.73
南通市	Nantong City	52.86	0.41	1.06	51.39	0.04	52.14	0.68
扬州市	Yangzhou City	40.45	1.30	2.80	36.35	2.05	37.84	0.56
泰州市	Taizhou City	29.79	1.04	3.17	25.58	0.02	29.49	0.28
杭州市	Hangzhou City	106.49	5.75	1.54	99.20	0.49	104.03	1.97
宁波市	Ningbo City	140.82	1.50	2.27	137.05		139.70	1.11
嘉兴市	Jiaxing City	79.33	0.80	1.00	77.53	0.27	77.94	1.12
湖州市	Huzhou City	25.10	0.47	0.60	24.04	1.49	23.04	0.57
绍兴市	Shaoxing City	70.97	0.38	1.89	68.69	0.29	69.48	1.19
舟山市	Zhoushan City	7.54	0.87	0.10	6.57	0.10	7.08	0.36
台州市	Taizhou City	62.23	1.57	0.47	60.19	0.05	61.24	0.94
珠江三角洲经济区	**Pearl River Delta**							
广州市	Guangzhou City	141.03	5.65	6.90	128.48	0.14	138.44	2.45
深圳市	Shenzhen City	227.88	1.29	0.44	226.15	0.04	226.78	1.06
珠海市	Zhuhai City	34.33	0.07	1.65	32.61	0.04	33.96	0.33 ①
佛山市	Foshan City	126.85	1.74	4.46	120.66	0.17	125.55	1.14
江门市	Jiangmen City	48.38	2.02	1.19	45.17	0.21	47.51	0.66
东莞市	Dongguan City	199.18	0.24	7.73	191.20	0.02	198.21	0.95
中山市	Zhongshan City	94.89	0.63	6.86	87.40	0.01	94.46	0.42
惠州市区	Huizhou Urban District	23.18	0.31	0.02			22.98	0.20
惠阳市	Huiyang City	11.92	0.09	0.59		0.01	11.82	0.09
惠东县	Huidong County	5.15	0.14	0.23		0.03	5.05	0.08
博罗县	Boluo County	8.67	0.15	0.22	0.01	0.01	8.57	0.09
肇庆市区	Zhaoqing Urban District	6.00	0.25	0.07	5.68		5.80	0.20
高要市	Gaoyao City	4.13	0.07	0.05	4.01	0.13	3.99	0.01
四会市	Sihui City	4.24	0.13	0.08	4.03	0.07	4.16	0.01

注：①平均人数。

Note: ① Average persons.

8-3 全部国有及规模以上非国有工业企业分行业总产值

Gross Output Value of All State-owned and Non-state-owned Industrial Enterprises above Designated Size by Sectors

单位：亿元 (100 million yuan)

地区	Area	采矿业 Mining			制造业 Manufacturing		
		2000	2004	2005	2000	2004	2005
长江三角洲经济区	**Yangtze River Delta**						
上海市	Shanghai City	24.62	18.56	19.88	6154.51	13417.57	12121.28
南京市	Nanjing City	6.70	24.91	26.63	1539.98	3065.67	3956.00
苏州市	Suzhou City	3.37	2.11	1.68	2329.71	7160.71	9772.54
无锡市	Wuxi City	0.85	0.61	0.39	1725.23	4411.46	5631.42
常州市	Changzhou City	0.61	3.93	5.63	851.12	2093.57	2466.55
镇江市	Zhenjiang City	8.85	15.67	21.98	504.61	989.14	1250.17
南通市	Nantong City	0.72	0.21	0.25	658.56	1516.75	2084.93
扬州市	Yangzhou City	27.66	37.27	49.67	537.33	1032.75	1352.16
泰州市	Taizhou City	0.19	1.71	1.61	433.04	960.46	1206.80
杭州市	Hangzhou City	5.88	89.74	95.74	1503.90	4232.68	5137.90
宁波市	Ningbo City	0.51	5.34	10.00	1346.88	3543.35	4557.49
嘉兴市	Jiaxing City	0.56	5.72	3.35	548.16	1586.34	1923.03
湖州市	Huzhou City	10.70	34.88	37.31	329.34	739.57	928.97
绍兴市	Shaoxing City	2.52	10.17	15.32	1020.79	2425.35	3018.97
舟山市	Zhoushan City	0.25	2.56	2.48	67.95	202.37	262.14
台州市	Taizhou City	0.79	0.65	1.14	439.81	1270.71	1600.54
珠江三角洲经济区	**Pearl River Delta**						
广州市	Guangzhou City	67.44	6.84	3.95	2368.97	4789.58	5621.63
深圳市	Shenzhen City	159.94	242.68	349.23	2240.78	7291.32	8945.19
珠海市	Zhuhai City	2.62	1.77	1.81	577.37	1260.55	1454.90
佛山市	Foshan City		4.15	3.08		3409.71	4508.38
江门市	Jiangmen City			1.19			1346.45
东莞市	Dongguan City	1.13	0.31	0.31	782.14	3019.82	3544.79
中山市	Zhongshan City		0.48	0.12	511.65	1712.35	2111.24
惠州市区	Huizhou Urban District						968.34
惠阳市	Huiyang City			0.18			194.45
惠东县	Huidong County			0.18			37.59
博罗县	Boluo County			0.95			158.56
肇庆市区	Zhaoqing Urban District					94.65	107.94
高要市	Gaoyao City		6.19	5.45		43.23	56.11
四会市	Sihui City		0.64	0.36		45.91	67.95

8-3 续表 continued

单位：亿元 (100 million yuan)

地区	Area	电力、燃气及水的生产和供应业 Production and Supply of Electricity,Gas and Water		
		2000	2004	2005
长江三角洲经济区	**Yangtze River Delta**			
上海市	Shanghai City	228.73	533.11	626.35
南京市	Nanjing City	56.11	62.85	76.85
苏州市	Suzhou City	63.43	144.72	134.36
无锡市	Wuxi City	52.99	163.01	88.51
常州市	Changzhou City	22.91	29.69	32.01
镇江市	Zhenjiang City	32.71	68.30	59.41
南通市	Nantong City	37.82	86.40	58.20
扬州市	Yangzhou City	31.36	59.53	46.99
泰州市	Taizhou City	10.58	7.31	8.29
杭州市	Hangzhou City	33.79	244.93	293.63
宁波市	Ningbo City	72.16	251.12	306.32
嘉兴市	Jiaxing City	26.80	152.24	252.58
湖州市	Huzhou City	16.27	58.28	104.50
绍兴市	Shaoxing City	21.82	78.73	180.78
舟山市	Zhoushan City	6.02	16.89	18.72
台州市	Taizhou City	40.95	81.55	136.02
珠江三角洲经济区	**Pearl River Delta**			
广州市	Guangzhou City	132.16	363.67	406.47
深圳市	Shenzhen City	166.21	486.59	573.13
珠海市	Zhuhai City	50.17	101.45	112.85
佛山市	Foshan City		243.43	269.42
江门市	Jiangmen City			105.61
东莞市	Dongguan City	131.37	125.29	396.93
中山市	Zhongshan City	21.30	84.58	110.09
惠州市区	Huizhou Urban District			55.38
惠阳市	Huiyang City			2.49
惠东县	Huidong County			0.79
博罗县	Boluo County			1.05
肇庆市区	Zhaoqing Urban District		21.77	25.15
高要市	Gaoyao City		0.59	0.40
四会市	Sihui City		0.78	0.79

8-4 全部国有及规模以上非国有工业企业总产值(2005年)
Gross Output Value of All State-owned and Non-state-owned Industrial Enterprises above Designated Size (2005)

按当年价格计算。
Calculated at current prices.
单位：亿元 (100 million yuan)

地区	Area	按登记注册类型分 by Register				
		国有及国有控股企业 State-owned and State-holding Enterprises	集体企业 Collective-owned Enterprises	股份有限公司 Share-holding Corporation Ltd.	外商投资公司 Joint Venture	港澳台商投资企业 Enterprises owned by Hong Kong,Macao & Taiwan
长江三角洲经济区	**Yangtze River Delta**					
上海市	Shanghai City	936.04	286.44	1424.51	7182.70	2606.01
南京市	Nanjing City	339.41	85.42	792.74	1315.68	271.44
苏州市	Suzhou City	79.55	146.15	269.20	4986.48	1641.96
无锡市	Wuxi City	213.12	852.09	220.52	1188.58	703.61
常州市	Changzhou City	196.80	76.92	112.50	381.02	340.19
镇江市	Zhenjiang City	219.35	118.04	19.96	286.86	162.26
南通市	Nantong City	92.49	40.55	196.87	566.61	238.93
扬州市	Yangzhou City	65.77	122.43	47.69	129.63	278.14
泰州市	Taizhou City	138.07	144.04	108.88	121.03	59.34
杭州市	Hangzhou City	605.43	60.34	511.17	1092.45	632.58
宁波市	Ningbo City	1187.58	55.60	733.04	869.75	916.48
嘉兴市	Jiaxing City	290.07	20.99	215.42	449.69	221.42
湖州市	Huzhou City	135.94	20.11	133.52	68.70	88.34
绍兴市	Shaoxing City	232.93	94.95	215.30	201.77	394.62
舟山市	Zhoushan City	23.14	1.86	121.30	45.74	6.75
台州市	Taizhou City	209.66	36.98	79.83	134.46	94.37
珠江三角洲经济区	**Pearl River Delta**					
广州市	Guangzhou City	402.23	70.07	339.41	2565.88	1521.50
深圳市	Shenzhen City	315.19	7.10	4.48	4175.55	3390.09
珠海市	Zhuhai City	318.53	13.27	237.85	741.79	433.69
佛山市	Foshan City	223.48	88.34	577.96	594.68	1274.26
江门市	Jiangmen City	167.17	29.04	181.34	326.36	447.75
东莞市	Dongguan City	257.80	70.09	52.78	1143.12	1963.30
中山市	Zhongshan City	79.10	77.57	12.51	631.87	751.64
惠州市区	Huizhou Urban District	122.52	0.78	0.10	473.39	466.72
惠阳市	Huiyang City	11.25	2.89	0.54	50.91	131.74
惠东县	Huidong County	1.52	1.51		0.93	22.17
博罗县	Boluo County	4.53	3.55		33.87	106.46
肇庆市区	Zhaoqing Urban District	46.64	0.72	7.66	38.20	30.39
高要市	Gaoyao City	11.04	1.42	4.76	8.01	20.55
四会市	Sihui City	1.70	1.66	1.20	12.19	17.32

8-4 续表 continued

按当年价格计算。
Calculated at current prices.
单位：亿元 (100 million yuan)

地区	Area	按轻、重工业分 by Light、Heavy Industry		按生产规模分 by Production Size		
		轻工业 Light Industry	重工业 Heavy Industry	大型企业 Large Enterprises	中型企业 Medium Enterprises	小型企业 Small Enterprises
长江三角洲经济区	**Yangtze River Delta**					
上海市	Shanghai City	3850.51	11917.00	6375.44	4164.55	5227.52
南京市	Nanjing City	597.63	3465.85	2034.48	1101.98	927.02
苏州市	Suzhou City	3333.48	6575.11	3553.93	3800.25	2554.41
无锡市	Wuxi City	1591.33	4128.99	1836.41	1820.48	2063.42
常州市	Changzhou City	744.20	1760.00	387.46	736.89	1379.84
镇江市	Zhenjiang City	409.21	922.35	295.97	371.88	663.71
南通市	Nantong City	1066.39	1076.99	165.04	717.19	1261.16
扬州市	Yangzhou City	584.72	864.10	345.16	423.70	679.96
泰州市	Taizhou City	480.09	736.70	184.18	458.27	574.35
杭州市	Hangzhou City	2405.97	3035.16	956.02	2018.53	2466.58
宁波市	Ningbo City	1805.63	3085.34	863.74	1769.50	2257.73
嘉兴市	Jiaxing City	1249.82	929.14	306.82	769.79	1102.34
湖州市	Huzhou City	493.71	577.08	80.10	400.39	590.30
绍兴市	Shaoxing City	2038.66	1176.41	875.98	1325.00	1014.09
舟山市	Zhoushan City	175.51	105.84	43.67	86.98	152.70
台州市	Taizhou City	726.23	1011.47	243.76	584.59	909.34
珠江三角洲经济区	**Pearl River Delta**					
广州市	Guangzhou City	2378.18	3653.87	2054.81	2204.66	1772.58
深圳市	Shenzhen City	2657.96	7209.58	4320.50	3023.13	2523.91
珠海市	Zhuhai City	682.42	887.14	692.02	481.68	395.86
佛山市	Foshan City	2362.32	2418.56	1315.39	1476.67	1988.83
江门市	Jiangmen City	753.04	700.21	206.91	547.11	699.23
东莞市	Dongguan City	1733.92	2208.11	719.98	1583.77	1638.29
中山市	Zhongshan City	1366.84	854.61	356.54	817.29	1047.62
惠州市区	Huizhou Urban District	537.40	486.33	546.98	337.63	139.12
惠阳市	Huiyang City	86.59	110.53	40.05	92.67	64.39
惠东县	Huidong County	27.27	11.29	3.79	9.44	25.34
博罗县	Boluo County	72.86	87.70	14.83	66.30	79.43
肇庆市区	Zhaoqing Urban District	57.53	75.56	28.89	56.57	47.63
高要市	Gaoyao City	27.69	34.27		20.89	41.07
四会市	Sihui City	24.29	44.81		25.13	43.97

8-5 全部国有及规模以上非国有工业企业主要指标（2005年）
Main Indicators of All State-owned and Non-state-owned Industrial Enterprises above Designated Size(2005)

单位：亿元 (100 million yuan)

地区	Area	企业单位数（个）Number of Enterprises (unit)	工业总产值 Gross Industrial Output Value	工业增加值 Value-added of Industry	实收资本 Paid in Capital	资产合计 Total Assets	流动资产合计 Liquid Assets
长江三角洲经济区	**Yangtze River Delta**						
上海市	Shanghai City	14769	15767.51	3918.18	4741.44	1590.94	8168.00
南京市	Nanjing City	2344	4063.48	903.91	915.18	3355.52	1729.69
苏州市	Suzhou City	6743	9908.58	2466.06	2176.92	8121.99	4509.32
无锡市	Wuxi City	4628	5720.32	1375.34	916.43	4343.88	2497.11
常州市	Changzhou City	3593	2504.19	600.68	416.72	1957.75	1158.24
镇江市	Zhenjiang City	1773	1331.56	360.44	289.87	1242.02	621.65
南通市	Nantong City	3473	2143.39	552.22	370.79	1333.98	709.58
扬州市	Yangzhou City	2045	1448.82	388.76	257.16	928.38	445.10
泰州市	Taizhou City	1905	1216.80	332.03	170.93	831.36	479.12
杭州市	Hangzhou City	7359	5441.13	1126.54	983.16	3945.24	2692.73
宁波市	Ningbo City	8788	4890.97	864.81	870.60	4148.11	2267.73
嘉兴市	Jiaxing City	4497	2178.96	478.92	490.28	2267.39	931.70
湖州市	Huzhou City	1895	1070.79	224.55	179.33	876.07	404.38
绍兴市	Shaoxing City	3676	3215.07	597.74	677.59	2954.52	1569.75
舟山市	Zhoushan City	442	283.34	63.73	47.64	251.64	147.88
台州市	Taizhou City	3945	1737.70	374.12	277.95	1312.01	753.90
珠江三角洲经济区	**Pearl River Delta**						
广州市	Guangzhou City	5240	6032.05	1622.61	1363.49	4833.84	2637.95
深圳市	Shenzhen City	5215	9867.75	2571.95	1415.78	6981.49	4543.83
珠海市	Zhuhai City	993	1569.56	303.41	346.54	1312.15	733.79
佛山市	Foshan City	5149	4780.88	1202.72	661.49	3072.39	1712.41
江门市	Jiangmen City	2366	1453.25	355.10	349.73	1152.17	564.76
东莞市	Dongguan City	4505	3942.03	1062.42	1136.72	3345.33	1873.28
中山市	Zhongshan City	3292	2221.45	435.16	419.39	1358.96	790.58
惠州市区	Huizhou Urban District	534	1023.73	214.64	153.66	585.68	389.86
惠阳市	Huiyang City	272	197.12	46.94	67.88	185.51	101.47
惠东县	Huidong County	138	38.56	11.41	18.06	41.55	19.52
博罗县	Boluo County	261	160.56	39.69	51.85	141.94	76.44
肇庆市区	Zhaoqing Urban District	206	133.09	31.56	60.62	170.51	89.81
高要市	Gaoyao City	169	61.96	13.41	13.72	46.57	23.43
四会市	Sihui City	172	69.10	16.22	23.51	67.04	30.41

8–5 续表1　continued

单位：亿元　　(100 million yuan)

地区	Area	流动资产年平均余额 Average Annual Out-standing of Liquid Assets	固定资产原值 Property of Plant and Equipment at Cost	固定资产净值年平均余额 Average Annual Out-standing of Net Fixed Assets	流动负债合计 Total Liquid Liabilities	长期负债合计 Long-term Liabilities	所有者权益合计 Owner's Equity
长江三角洲经济区	**Yangtze River Delta**						
上海市	Shanghai City	7833.28	9370.76	5226.52	6859.22	1066.98	7867.88
南京市	Nanjing City	1654.18	1840.46	1102.00	1551.37	379.41	1424.74
苏州市	Suzhou City	4060.23	4052.30	2783.56	4384.62	674.73	3062.64
无锡市	Wuxi City	2351.45	1956.09	1277.29	2446.01	286.03	1611.84
常州市	Changzhou City	1097.44	796.70	517.47	1105.46	182.34	669.95
镇江市	Zhenjiang City	600.66	671.35	432.05	656.92	169.03	416.07
南通市	Nantong City	655.26	722.45	453.75	698.72	92.88	542.38
扬州市	Yangzhou City	422.77	657.36	377.05	448.14	78.74	401.54
泰州市	Taizhou City	454.16	355.19	234.13	448.00	52.82	329.29
杭州市	Hangzhou City	2560.65	2043.67	1319.07	2407.15	467.33	1906.83
宁波市	Ningbo City	2089.71	1926.51	1249.59	2079.21	412.43	1656.38
嘉兴市	Jiaxing City	870.33	1394.06	1000.96	947.15	497.40	822.84
湖州市	Huzhou City	389.73	477.06	342.47	355.99	114.90	342.36
绍兴市	Shaoxing City	1489.52	1372.30	950.87	1488.60	277.64	1174.43
舟山市	Zhoushan City	143.26	102.41	69.39	144.48	27.84	76.78
台州市	Taizhou City	710.16	534.93	368.04	756.30	56.56	499.14
珠江三角洲经济区	**Pearl River Delta**						
广州市	Guangzhou City	2512.31	2665.14	1610.16			2218.00
深圳市	Shenzhen City	4100.10	3024.57	1783.03	3555.29	563.24	2834.26
珠海市	Zhuhai City	662.77	649.66	405.50	671.98	135.03	501.32
佛山市	Foshan City	1752.02	1679.01	988.53	1729.89	154.93	1170.81
江门市	Jiangmen City	546.56	728.10	437.85	541.62	137.06	459.33
东莞市	Dongguan City	1822.78	1856.09	1133.45	1658.98	199.11	1487.24
中山市	Zhongshan City	781.68	671.60	422.06	776.45	71.69	501.29
惠州市区	Huizhou Urban District	368.12	236.34	146.65	357.16	28.55	198.81
惠阳市	Huiyang City	103.43	102.79	67.29	98.38	14.59	72.34
惠东县	Huidong County	17.86	25.94	19.64	18.62	2.76	20.12
博罗县	Boluo County	74.74	78.25	50.96	71.61	5.44	63.78
肇庆市区	Zhaoqing Urban District	87.77	102.25	56.93	83.89	14.00	67.84
高要市	Gaoyao City	21.54	25.28	16.97	21.54	4.01	20.91
四会市	Sihui City	26.87	36.37	27.76	31.66	7.61	27.59

8-5 续表2 continued

单位：亿元 (100 million yuan)

地区	Area	主营业务收入 Revenue of Major Management	主营业务成本 Cost of Major Management	主营业务税金及附加 Major Management Tax and Extra Charges	营业利润 Operating Profit	利润总额 Total Profits	本年应交增值税 VAT Payable
长江三角洲经济区	**Yangtze River Delta**						
上海市	Shanghai City	16353.73	13982.81	167.61	821.24	939.56	437.98
南京市	Nanjing City	4027.30	3530.20	53.53	164.28	196.83	114.72
苏州市	Suzhou City	9874.41	8868.06	15.28	414.28	422.99	159.05
无锡市	Wuxi City	5657.46	5073.24	14.97	242.60	255.10	112.19
常州市	Changzhou City	2459.56	2198.77	7.93	94.36	96.23	57.53
镇江市	Zhenjiang City	1245.63	1083.50	4.29	50.23	47.76	45.65
南通市	Nantong City	2081.14	1853.32	6.29	97.14	99.60	56.79
扬州市	Yangzhou City	1370.09	1190.18	6.81	58.62	50.83	44.73
泰州市	Taizhou City	1160.07	961.65	8.06	51.34	54.80	44.94
杭州市	Hangzhou City	5282.80	4545.89	68.22	223.08	234.99	147.48
宁波市	Ningbo City	4698.16	4102.33	57.69	224.93	262.36	126.09
嘉兴市	Jiaxing City	2158.87	1893.22	8.85	92.01	101.65	69.57
湖州市	Huzhou City	1029.51	901.94	5.85	50.53	52.69	34.73
绍兴市	Shaoxing City	3148.12	2786.61	14.45	152.90	161.50	79.75
舟山市	Zhoushan City	255.55	223.46	0.97	24.70	7.25	5.96
台州市	Taizhou City	1682.92	1451.88	11.51	83.08	85.18	51.40
珠江三角洲经济区	**Pearl River Delta**						
广州市	Guangzhou City	5994.68	4870.37	79.91	392.45	404.83	203.54
深圳市	Shenzhen City	9473.84	8108.69	31.49	586.42	563.76	210.32
珠海市	Zhuhai City	1485.07	1329.15	2.11	51.30	53.38	16.57
佛山市	Foshan City	4528.61	3996.60	17.81	189.66	168.22	152.22
江门市	Jiangmen City	1409.06	1233.37	13.20	51.22	47.45	48.66
东莞市	Dongguan City	3912.15	3506.84	4.32	161.78	124.35	54.42
中山市	Zhongshan City	2082.97	1883.89	5.08	57.70	55.05	50.19
惠州市区	Huizhou Urban District	1025.41	918.53	0.80	26.21	24.74	13.63
惠阳市	Huiyang City	194.84	177.81	0.37	4.01	3.73	1.97
惠东县	Huidong County	38.08	34.09	0.26	0.91	0.26	0.74
博罗县	Boluo County	156.87	137.18	0.31	8.94	8.28	2.26
肇庆市区	Zhaoqing Urban District	131.91	116.11	0.95	2.85	2.16	5.30
高要市	Gaoyao City	56.74	49.42	0.16	2.57	2.72	1.80
四会市	Sihui City	67.22	59.95	0.29	2.04	1.92	1.63

8-6 全部国有及规模以上非国有工业企业主要经济效益指标（2005年）
Main Indicators on Economic Benefit of All State-owned and Non-state-owned Industrial Enterprises above Designated Size(2005)

地区	Area	工业增加值率(%) Ratio of Industrial Value Added (%)	总资产贡献率(%) Total Assets Contribution Ratio (%)	资产负债率(%) Assets-Liability Ratio (%)	流动资产周转次数（次／年） Times of Turnover of Liquid Assets (times/year)	工业成本费用利润率(%) Ratio of Profits to Industrial Cost (%)	全员劳动生产率（元／人.年） Overall Labor Productivity (yuan/person-year)	产品销售率(%) Proportion of Products Sold (%)
长江三角洲经济区	**Yangtze River Delta**							
上海市	Shanghai City	24.80	11.00	50.50	2.10	6.10	150912	98.90
南京市	Nanjing City	22.24	12.60	57.55	2.43	5.15	177100	98.76
苏州市	Suzhou City	24.49	9.69	62.29	2.43	4.46	118245	98.25
无锡市	Wuxi City	24.04	10.86	62.90	2.40	4.76	138858	97.97
常州市	Changzhou City	20.82	10.31	65.78	2.24	4.06	98345	97.77
镇江市	Zhenjiang City	26.16	10.08	66.50	2.07	4.20	102766	97.58
南通市	Nantong City	25.76	15.00	61.65	3.18	5.02	103635	98.92
扬州市	Yangzhou City	26.83	12.44	56.75	3.24	3.89	102932	97.40
泰州市	Taizhou City	27.28	15.21	60.24	2.55	4.96	116255	97.76
杭州市	Hangzhou City	18.07	11.80	60.12	2.06	4.69	105786	98.25
宁波市	Ningbo City	17.7	13.10	60.07	2.25	5.92	61410	98.32
嘉兴市	Jiaxing City	22	12.71	63.71	2.48	4.93	60370	98.75
湖州市	Huzhou City	19.48	20.20	60.92	2.64	5.4	94605	98.08
绍兴市	Shaoxing City	16.33	10.89	60.25	2.07	5.4	84227	97.49
舟山市	Zhoushan City	22.5	7.95	69.51	1.80	2.91	88289	96.40
台州市	Taizhou City	21.53	13.60	61.96	2.37	5.35	60114	97.22
珠江三角洲经济区	**Pearl River Delta**							
广州市	Guangzhou City	26.90	15.66	54.12	2.39	7.30	115051	98.01
深圳市	Shenzhen City	0.26	12.98	59.40	2.31	6.35	112865	97.35
珠海市	Zhuhai City	19.33	7.43	61.79	2.24	3.71	88379	97.41
佛山市	Foshan City	27.26	11.83	61.89	2.58	3.88	102600	96.39
江门市	Jiangmen City	24.43	9.49	60.13	2.58	3.52	68479	97.6
东莞市	Dongguan City	26.95	5.86	55.54	2.15	3.29	53340	99.47
中山市	Zhongshan City	19.59	8.46	63.11	2.66	2.72	58031	96.17
惠州市区	Huizhou Urban District	20.97	7.24	66.05	2.79	2.47	92212	99.27
惠阳市	Huiyang City							99.72
惠东县	Huidong County	29.59	3.59	51.59	2.13	0.71	22138	98.24
博罗县	Boluo County	24.72	8.42	55.06	2.10	5.59	45790	97.04
肇庆市区	Zhaoqing Urban District	23.71	5.68	57.41	1.50	1.72	52588	98.93
高要市	Gaoyao City	21.64	10.76	45.05	2.63	5.02	32445	97.18
四会市	Sihui City	23.47	6.49	58.58	2.50	2.95	38285	96.96

8-7 港、澳、台商投资企业和外商投资企业主要指标
Main Indicators of Hong Kong,Macao,Taiwan and Foreign Funded Enterprises

地区	Area	企业单位数(个) Number of Enterprises(unit)			工业总产值（亿元） Gross Industrial Output Value(100 million yuan)		
		2000	2004	2005	2000	2004	2005
长江三角洲经济区	**Yangtze River Delta**						
上海市	Shanghai City	4716	4797	5582	3492.17	8148.70	9788.81
南京市	Nanjing City	418	638	617	470.44	1124.42	1587.12
苏州市	Suzhou City	982	1972	2947	1184.67	4689.05	6628.44
无锡市	Wuxi City	436	789	1022	397.28	1308.80	1892.20
常州市	Changzhou City	268	802	607	169.30	630.20	721.21
镇江市	Zhenjiang City	153	342	432	125.43	323.51	449.12
南通市	Nantong City	362	685	920	236.84	563.64	805.54
扬州市	Yangzhou City	139	228	295	63.02	167.96	407.77
泰州市	Taizhou City	116	186	223	72.82	153.60	180.37
杭州市	Hangzhou City	514	903	1314	398.60	1219.38	1725.04
宁波市	Ningbo City	629	2115	2331	359.56	1294.20	1786.23
嘉兴市	Jiaxing City	248	1010	981	153.99	584.64	671.11
湖州市	Huzhou City	58	342	306	38.65	163.03	157.04
绍兴市	Shaoxing City	214	884	758	127.77	710.33	596.40
舟山市	Zhoushan City	14	39	35	9.28	39.88	52.50
台州市	Taizhou City	142	356	352	54.82	199.80	228.83
珠江三角洲经济区	**Pearl River Delta**						
广州市	Guangzhou City	1810	2195	2179	1363.49	4833.84	2637.95
深圳市	Shenzhen City	1450	3469	3220	2003.05	6111.96	7547.64
珠海市	Zhuhai City	528	684	687	449.44	1021.72	1173.19
佛山市	Foshan City	675	1087	1345	691.19	1371.87	1868.94
江门市	Jiangmen City	480	674	918	357.32	622.33	774.10
东莞市	Dongguan City	1320	3154	3301	726.00	2722.20	3106.42
中山市	Zhongshan City	547	957	1224	361.33	1080.18	1383.51
惠州市区	Huizhou Urban District	220	362	405	358.06	786.78	939.47
惠阳市	Huiyang City	102	100	224	129.21	139.34	182.64
惠东县	Huidong County	21	33	56	11.24	17.22	23.11
博罗县	Boluo County	108	141	187	62.00	106.88	140.33
肇庆市区	Zhaoqing Urban District	81	85	93	59.90	57.07	68.59
高要市	Gaoyao City	70	50	58	49.50	21.44	28.55
四会市	Sihui City	39	60	68	21.74	22.12	29.50

8-7 续表1 continued

单位：亿元 (100 million yuan)

地区	Area	工业增加值 Value-added of Industry			资产合计 Total Assets		
		2000	2004	2005	2000	2004	2005
长江三角洲经济区	**Yangtze River Delta**						
上海市	Shanghai City	845.98	1873.85	2209.57	4137.73	7661.36	8401.40
南京市	Nanjing City	114.37	222.45	314.02		813.48	1125.50
苏州市	Suzhou City	277.68	1239.60	1669.91	1097.56	3515.50	5301.37
无锡市	Wuxi City	106.11	298.05	481.04	451.91	1024.40	1466.55
常州市	Changzhou City	40.14	152.64	168.20	167.68	522.01	565.59
镇江市	Zhenjiang City	27.53	89.55	121.81	256.05	383.91	468.98
南通市	Nantong City	64.02	156.14	216.03	250.28	482.80	605.07
扬州市	Yangzhou City	15.08	39.69	85.33	62.14	144.30	281.65
泰州市	Taizhou City	18.52	47.69	48.47	77.69	113.76	135.91
杭州市	Hangzhou City	91.62	281.04	356.61	387.46	964.34	1387.20
宁波市	Ningbo City	78.35	238.88	302.31	389.68	1246.79	1738.25
嘉兴市	Jiaxing City	33.59	127.99	151.30	140.53	600.49	682.04
湖州市	Huzhou City	9.09	38.71	38.46	37.48	157.42	139.83
绍兴市	Shaoxing City	26.95	133.19	110.23	114.06	655.77	560.29
舟山市	Zhoushan City	2.57	8.52	10.44	11.28	37.58	45.92
台州市	Taizhou City	11.24	39.71	46.50	37.43	137.17	153.33
珠江三角洲经济区	**Pearl River Delta**						
广州市	Guangzhou City	390.75	931.60	1143.94	1555.65	2517.08	2956.92
深圳市	Shenzhen City	572.98	1423.24	1882.01	1812.14	3920.11	4460.47
珠海市	Zhuhai City	104.83	170.09	210.23	490.94	779.47	977.97
佛山市	Foshan City	174.53	402.76	475.56	691.27	1090.64	1215.77
江门市	Jiangmen City	82.00	141.00	187.96	332.95	400.95	612.18
东莞市	Dongguan City	183.47	687.89	846.02	792.66	2218.97	2630.05
中山市	Zhongshan City	87.18	248.36	283.18	375.85	721.34	922.68
惠州市区	Huizhou Urban District	67.06	173.64	195.96	212.30	446.28	483.79
惠阳市	Huiyang City	23.84	29.69	42.93	86.30	112.88	157.95
惠东县	Huidong County	2.77	4.98	6.57	8.43	15.12	26.98
博罗县	Boluo County	13.17	27.20	35.11	53.38	103.77	124.72
肇庆市区	Zhaoqing Urban District	143.08	11.74	16.43	48.79	65.35	53.99
高要市	Gaoyao City	7.85	3.57	5.73	33.52	23.46	25.78
四会市	Sihui City	5.26	5.52	7.22	10.36	20.62	36.89

8-7 续表2　continued

单位：亿元　　　　(100 million yuan)

地区	Area	流动资产合计 Liquid Assets			固定资产原值合计 Property of Plant and Equipment at Cost		
		2000	2004	2005	2000	2004	2005
长江三角洲经济区	**Yangtze River Delta**						
上海市	Shanghai City	2215.59	4464.35	4808.76	2105.30	3971.03	4582.64
南京市	Nanjing City	187.33	482.53	586.41	192.53	396.94	625.98
苏州市	Suzhou City	547.12	2455.34	2989.16	609.50	2258.64	2712.84
无锡市	Wuxi City	228.38	515.32	790.08	281.53	697.82	808.45
常州市	Changzhou City	90.25	323.07	347.72	78.92	217.07	224.44
镇江市	Zhenjiang City	105.94	175.43	204.69	151.05	235.23	302.47
南通市	Nantong City	100.24		274.54	161.01		415.57
扬州市	Yangzhou City	36.48		123.66	30.14		219.99
泰州市	Taizhou City	36.56	58.32	69.14	46.63	63.20	68.26
杭州市	Hangzhou City	220.91	601.17	890.51	186.66	540.53	554.88
宁波市	Ningbo City	194.81	683.71	922.65	217.27	573.26	774.63
嘉兴市	Jiaxing City	72.09	323.85	347.10	57.54	233.83	319.90
湖州市	Huzhou City	14.90	69.77	67.51	24.16	80.66	67.38
绍兴市	Shaoxing City	49.06	376.13	310.38	76.17	305.87	251.43
舟山市	Zhoushan City	7.32	26.41	33.39	4.30	10.25	11.94
台州市	Taizhou City	23.56	82.81	99.03	14.82	40.25	48.78
珠江三角洲经济区	**Pearl River Delta**						
广州市	Guangzhou City	800.98	1485.42	1749.35	881.38	1322.39	1531.67
深圳市	Shenzhen City	949.82	2520.18	3024.99	1075.78	1873.36	1962.88
珠海市	Zhuhai City	230.99	411.11	553.62	243.27	450.07	513.45
佛山市	Foshan City	366.14	688.24	705.75	404.75	592.66	694.50
江门市	Jiangmen City	179.85		347.55	146.32		341.15
东莞市	Dongguan City	376.08	1280.78	1572.30	541.35	1269.18	1392.05
中山市	Zhongshan City	190.15	679.10	922.68	213.46	407.53	466.69
惠州市区	Huizhou Urban District	154.70		354.63	73.30		166.37
惠阳市	Huiyang City	55.64		91.95	40.53		85.70
惠东县	Huidong County	4.44		14.09	3.96		15.44
博罗县	Boluo County	24.16		68.91	29.26		68.20
肇庆市区	Zhaoqing Urban District	27.24	37.41	44.25	32.30	21.67	49.63
高要市	Gaoyao City	10.93	11.34	13.37	18.19	8.25	13.20
四会市	Sihui City	4.08	9.86	16.75	6.75	8.53	22.12

8–7 续表 3　continued

单位：亿元　　(100 million yuan)

地区	Area	流动负债合计 Total Liquid Liabilities			长期负债合计 Long-term Liabilities		
		2000	2004	2005	2000	2004	2005
长江三角洲经济区	**Yangtze River Delta**						
上海市	Shanghai City	1804.84	3667.71	4008.61	256.68	449.45	596.78
南京市	Nanjing City	191.01	437.83	503.54		65.17	182.09
苏州市	Suzhou City	542.29	2326.33	2793.18	108.06	368.14	409.45
无锡市	Wuxi City	190.18	664.27	751.00	55.39	89.86	110.38
常州市	Changzhou City	88.76	301.73	312.42	10.39	17.64	34.12
镇江市	Zhenjiang City	106.60	198.24	200.69	78.44	63.52	82.93
南通市	Nantong City	99.57		269.19	44.86		52.54
扬州市	Yangzhou City	35.75		114.03	2.10		19.25
泰州市	Taizhou City	37.90	54.17	68.39	5.59	9.32	10.44
杭州市	Hangzhou City	201.07	719.73	754.26	21.90	57.09	70.42
宁波市	Ningbo City	167.99	610.92	833.20	55.85	99.44	176.91
嘉兴市	Jiaxing City	63.65	293.64	301.31	11.84	40.22	55.79
湖州市	Huzhou City	14.74	62.88	61.63	3.55	11.16	9.10
绍兴市	Shaoxing City	53.75	334.62	281.84	8.55	41.98	36.06
舟山市	Zhoushan City	6.58	26.20	29.35	1.31	2.94	6.84
台州市	Taizhou City	21.75	79.57	89.18	1.94	5.12	4.56
珠江三角洲经济区	**Pearl River Delta**						
广州市	Guangzhou City	799.86	1205.23	1399.38	138.47	157.21	182.11
深圳市	Shenzhen City	803.31	2074.77	2473.17	205.95	200.28	207.71
珠海市	Zhuhai City	194.10	356.54	495.83	82.37	111.45	113.95
佛山市	Foshan City	379.72	652.51	664.21	69.05	50.90	43.00
江门市	Jiangmen City	170.46		283.39	40.74		41.08
东莞市	Dongguan City	326.39	1123.97	1346.29	76.81	78.70	103.84
中山市	Zhongshan City	182.32	671.12	776.45	49.43	40.16	38.49
惠州市区	Huizhou Urban District	128.58		317.25	13.99		12.55
惠阳市	Huiyang City	43.01		87.88	1.59		7.60
惠东县	Huidong County	2.66		14.26	0.21		2.23
博罗县	Boluo County	24.27		62.78	7.85		4.60
肇庆市区	Zhaoqing Urban District	23.50	35.58	44.73	2.75	4.03	4.03
高要市	Gaoyao City	11.76	11.86	10.99	8.89	3.19	2.60
四会市	Sihui City	4.06	8.07	15.87	0.82	1.90	1.81

8-7 续表4 continued

单位：亿元 (100 million yuan)

地区	Area	所有者权益合计 Owner's Equity			产品销售收入 Sales Revenue		
		2000	2004	2005	2000	2004	2005
长江三角洲经济区	**Yangtze River Delta**						
上海市	Shanghai City	2116.02	3350.77	3784.05	3565.76	8790.91	10114.16
南京市	Nanjing City		310.40	439.88	451.63	1082.75	1556.63
苏州市	Suzhou City	444.13	1387.75	2098.74	1144.49	4622.56	6589.72
无锡市	Wuxi City	205.84	547.91	605.17	386.28	1282.43	1877.53
常州市	Changzhou City	67.94	202.63	219.05	163.40	613.67	705.68
镇江市	Zhenjiang City	70.89	154.75	185.36	108.92	310.08	419.91
南通市	Nantong City	103.90		283.34	218.58	544.18	782.27
扬州市	Yangzhou City	23.73	51.87	148.37	55.97	157.91	391.42
泰州市	Taizhou City	34.01	50.80	57.08	63.17	124.91	171.67
杭州市	Hangzhou City	164.49	394.93	562.52	380.41	1273.05	1808.96
宁波市	Ningbo City	165.85	536.44	718.14	343.78	1265.13	1753.99
嘉兴市	Jiaxing City	65.03	266.57	324.95	131.08	568.95	660.44
湖州市	Huzhou City	19.19	83.26	66.00	35.01	159.09	154.48
绍兴市	Shaoxing City	51.75	278.21	237.55	121.36	680.92	567.75
舟山市	Zhoushan City	3.40	8.44	9.73	11.61	41.67	49.96
台州市	Taizhou City	13.73	52.48	59.60	51.97	194.68	223.13
珠江三角洲经济区	**Pearl River Delta**						
广州市	Guangzhou City	617.32	1159.65	1369.27	1388.46	3341.08	4053.70
深圳市	Shenzhen City	785.57	1514.49	1758.18	1927.79	5929.74	7109.52
珠海市	Zhuhai City	201.28	310.51	364.50	415.69	994.45	1126.72
佛山市	Foshan City	233.99	436.79	500.19	680.18	1328.59	1760.33
江门市	Jiangmen City	116.57	165.11	281.48	326.75	585.98	754.76
东莞市	Dongguan City	389.45	998.10	1179.92	722.82	2732.17	3084.18
中山市	Zhongshan City	141.96	318.63	371.68	338.31	1055.12	1296.29
惠州市区	Huizhou Urban District	68.63		153.01	336.77	766.83	942.08
惠阳市	Huiyang City	39.98		62.33	127.68	139.42	180.51
惠东县	Huidong County	4.62		10.50	10.95	17.16	22.77
博罗县	Boluo County	21.00		56.43	60.57	103.77	137.02
肇庆市区	Zhaoqing Urban District	22.41	25.73	31.40	55.82	54.79	67.77
高要市	Gaoyao City	12.03	8.40	12.18	36.17	19.53	26.35
四会市	Sihui City	5.05	10.64	19.11	16.30	21.86	28.11

8-7 续表 5　continued

单位：亿元　　　　　　　　　　　　　　　　　　　　　　　　　　　　　　(100 million yuan)

地区	Area	产品销售利润 Sales Profit			利润总额 Total Profits		
		2000	2004	2005	2000	2004	2005
长江三角洲经济区	**Yangtze River Delta**						
上海市	Shanghai City	515.80	1029.96	945.96	246.34	586.27	447.96
南京市	Nanjing City					45.92	43.75
苏州市	Suzhou City	165.65	226.92	306.05	56.79	201.17	305.17
无锡市	Wuxi City	52.84	131.63	229.45	25.38	82.69	104.66
常州市	Changzhou City	18.59	29.97	32.31	8.17	29.39	32.07
镇江市	Zhenjiang City	10.75	34.33	35.68	12.02	16.54	17.89
南通市	Nantong City	23.78			14.22	37.25	47.53
扬州市	Yangzhou City	5.52		7.28	2.55	6.52	-2.58
泰州市	Taizhou City	7.78	16.04	16.47	1.95	6.44	8.50
杭州市	Hangzhou City	48.18	145.44	173.55	23.00	72.67	81.23
宁波市	Ningbo City	46.33	75.73	80.42	14.37	82.70	91.10
嘉兴市	Jiaxing City	15.87	46.29	70.48	8.42	47.96	37.34
湖州市	Huzhou City	4.01	15.87	10.13	1.78	9.36	10.43
绍兴市	Shaoxing City	12.26	33.78	52.96	6.57	34.94	28.02
舟山市	Zhoushan City	1.16	1.76	0.88	0.39	0.19	1.41
台州市	Taizhou City	5.61	16.89	19.73	2.63	8.15	8.93
珠江三角洲经济区	**Pearl River Delta**						
广州市	Guangzhou City	171.04			68.39	318.02	330.95
深圳市	Shenzhen City				145.49	350.46	395.09
珠海市	Zhuhai City	39.40	74.30	80.20	27.35	39.07	42.03
佛山市	Foshan City	55.11	40.72	70.03	17.91	36.08	62.91
江门市	Jiangmen City	20.30			3.22	16.68	30.93
东莞市	Dongguan City	90.97			32.24	78.68	89.77
中山市	Zhongshan City	24.09	37.02	41.11	3.34	34.32	40.07
惠州市区	Huizhou Urban District	22.95	40.58	50.89	11.61	23.37	22.29
惠阳市	Huiyang City	7.39	9.48	12.30	2.74	3.28	4.23
惠东县	Huidong County	1.71	0.45	1.60	0.06	-0.22	0.01
博罗县	Boluo County	7.75	8.56	14.05	2.50	3.16	7.87
肇庆市区	Zhaoqing Urban District	5.53	2.15	3.45	1.48	-0.90	-0.07
高要市	Gaoyao City	2.01	1.76	0.03	0.11	0.18	1.16
四会市	Sihui City	0.59	1.28	2.24	-0.01	0.45	0.59

8-8 主要工业产品产量

Output of Major Industrial Products

地区	Area	化学纤维(万吨) Chemical Fiber(10 000 tons)		纱(万吨) Yarn(10 000 tons)		布(亿米) Cloth(100 million meters)	
		2004	2005	2004	2005	2004	2005
长江三角洲经济区	**Yangtze River Delta**						
上海市	Shanghai City	48.45	49.77	11.31	11.65	1.26	1.08
南京市	Nanjing City	3.36	3.61	2.52	3.16	0.45	0.23
苏州市	Suzhou City	115.90	134.74	54.45	80.50	3.58	6.84
无锡市	Wuxi City	141.49	197.16	35.38	48.15	6.07	8.44
常州市	Changzhou City	14.99	13.38	17.09	22.81	14.57	17.98
镇江市	Zhenjiang City	0.65	0.51	3.05	3.46	1.07	1.25
南通市	Nantong City	20.32	28.31	28.36	38.37	13.60	17.58
扬州市	Yangzhou City	69.81	68.43	9.50	10.72	2.14	2.70
泰州市	Taizhou City	3.91	7.19	10.30	13.24	2.49	2.84
杭州市	Hangzhou City	191.99	251.40	22.88	26.92	23.67	26.23
宁波市	Ningbo City	80.98	80.77	14.37	16.82	2.18	3.26
嘉兴市	Jiaxing City	131.20	131.64	6.23	9.39	8.69	14.95
湖州市	Huzhou City	1.95	4.24	2.28	1.30	3.61	3.42
绍兴市	Shaoxing City	171.68	184.73	13.00	21.89	14.13	29.36
舟山市	Zhoushan City	5.03	5.03	2.18	1.57	0.23	0.15
台州市	Taizhou City			0.73	0.87	2.74	2.14
珠江三角洲经济区	**Pearl River Delta**						
广州市	Guangzhou City	1.65	1.73	2.17	1.05	6.49	5.17
深圳市	Shenzhen City	1.51	0.85			0.27	0.39
珠海市	Zhuhai City	0.05	0.04			0.66	0.52
佛山市	Foshan City	11.25	7.49	2.05	9.81	3.72	4.29
江门市	Jiangmen City	22.24	22.94	4.68	6.61	2.47	4.34
东莞市	Dongguan City	1.09	1.27	4.21	4.94	6.51	6.57
中山市	Zhongshan City	14.29	7.38	1.68	3.06	2.41	1.20
惠州市区	Huizhou Urban District					0.17	0.23
惠阳市	Huiyang City			0.30			
惠东县	Huidong County					0.02	0.01
博罗县	Boluo County					0.34	0.50
肇庆市区	Zhaoqing Urban District	0.45	0.28	2.77	2.72	0.25	0.28
高要市	Gaoyao City	0.62	0.28				
四会市	Sihui City						

8-8 续表1 continued

地区	Area	丝(万吨) Silk(10 000 tons)		机制纸及纸板(万吨) Machine-made Paper and Paperboards(10 000 tons)		塑料(万吨) Plastics(10 000 tons)	
		2004	2005	2004	2005	2004	2005
长江三角洲经济区	**Yangtze River Delta**						
上海市	Shanghai City	456.33	444.01	35.96	35.73	163.44	61.93
南京市	Nanjing City	0.02		11.33	4.35		
苏州市	Suzhou City	0.20	0.10	173.89	182.54	23.07	24.85
无锡市	Wuxi City	0.21	0.18	54.15	62.05	87.65	91.98
常州市	Changzhou City	0.06	0.14	14.91	6.38	35.54	41.40
镇江市	Zhenjiang City			141.48	161.25	51.69	51.86
南通市	Nantong City	0.56	0.81	6.71	12.99		
扬州市	Yangzhou City			2.66	3.18	16.93	20.90
泰州市	Taizhou City	0.04	0.04	10.46	8.33	0.08	0.05
杭州市	Hangzhou City	0.24	0.59	329.97	445.47		67.75
宁波市	Ningbo City			92.17	133.14	89.43	100.53
嘉兴市	Jiaxing City	1.99	2.47	128.21	139.97	10.41	17.42
湖州市	Huzhou City	6.13	1.58	23.05	14.03	4.34	3.29
绍兴市	Shaoxing City	0.10	0.35	26.00	17.53	56.63	66.63
舟山市	Zhoushan City			2.46	2.55	2.41	2.40
台州市	Taizhou City	0.03	0.08	19.97	21.03		64.95
珠江三角洲经济区	**Pearl River Delta**						
广州市	Guangzhou City			109.34	71.70	87.98	94.10
深圳市	Shenzhen City					64.48	76.02
珠海市	Zhuhai City			22.46	22.65	16.46	17.48
佛山市	Foshan City			57.44	54.65	77.53	106.39
江门市	Jiangmen City			38.81	32.23	14.67	10.55
东莞市	Dongguan City			332.28	408.18	84.72	126.59
中山市	Zhongshan City			49.28	64.86	44.74	50.21
惠州市区	Huizhou Urban District					4.88	6.85
惠阳市	Huiyang City					2.53	3.15
惠东县	Huidong County						
博罗县	Boluo County			0.61	1.78	0.47	4.12
肇庆市区	Zhaoqing Urban District					0.06	0.05
高要市	Gaoyao City					0.65	0.06
四会市	Sihui City						

8-8 续表 2 continued

地区	Area	房间空调器(万台) Air-conditioners (10 000 units)		家用洗衣机(万台) Home Washing Machines (10 000 units)		彩色电视机(万台) Color Television Sets (10 000 units)	
		2004	2005	2004	2005	2004	2005
长江三角洲经济区	**Yangtze River Delta**						
上海市	Shanghai City	399.16	358.57	165.67	183.26	135.08	145.46
南京市	Nanjing City	4.71	6.80	131.61	165.67	149.40	159.67
苏州市	Suzhou City	255.39	292.82	112.66	159.89	168.06	132.52
无锡市	Wuxi City	29.93	27.77	152.18	185.09	18.38	17.57
常州市	Changzhou City	66.74	22.78			4.48	19.74
镇江市	Zhenjiang City	15.61	12.44			33.57	23.87
南通市	Nantong City					67.27	50.43
扬州市	Yangzhou City	5.74	3.15				
泰州市	Taizhou City	127.93	186.01	7.95	2.55	0.08	
杭州市	Hangzhou City	1.40		135.27	189.29	102.77	125.39
宁波市	Ningbo City	377.49	365.69	519.67	763.24	0.70	
嘉兴市	Jiaxing City						
湖州市	Huzhou City	4.69	12.96				
绍兴市	Shaoxing City			0.78	0.74		
舟山市	Zhoushan City						
台州市	Taizhou City	29.14	38.21	0.65			
珠江三角洲经济区	**Pearl River Delta**						
广州市	Guangzhou City	297.96	292.71			223.13	256.31
深圳市	Shenzhen City	177.84				1857.02	1964.43
珠海市	Zhuhai City	833.08	1029.36			18.31	27.78
佛山市	Foshan City	1451.86	1534.11	90.26	101.69	1.12	
江门市	Jiangmen City	31.83	38.16	74.03	80.58		
东莞市	Dongguan City	0.12	0.50			258.00	147.36
中山市	Zhongshan City	229.38	429.00	14.75		299.07	315.32
惠州市区	Huizhou Urban District				79.38	947.66	1360.36
惠阳市	Huiyang City						
惠东县	Huidong County						
博罗县	Boluo County						
肇庆市区	Zhaoqing Urban District						
高要市	Gaoyao City						
四会市	Sihui City						

8-8 续表 3 continued

地区	Area	硫酸(万吨) Sulfuric Acid (10 000 tons)		烧碱(万吨) Caustic Soda (10 000 tons)		发电量(亿千瓦小时) Electricity (100 million kwh)	
		2004	2005	2004	2005	2004	2005
长江三角洲经济区	**Yangtze River Delta**						
上海市	Shanghai City	33.67	33.32	42.52	41.72	766.15	728.74
南京市	Nanjing City	72.37	77.18	5.49	5.15	150.98	180.74
苏州市	Suzhou City	50.96	48.69	9.51	9.16	210.38	262.70
无锡市	Wuxi City	29.06	26.63	14.07	15.43	186.58	220.58
常州市	Changzhou City	17.13	15.24	13.11	22.31	63.06	61.93
镇江市	Zhenjiang City	47.42	60.38	8.55	8.74	180.22	215.11
南通市	Nantong City	15.34	13.58	10.33	10.60	144.18	162.11
扬州市	Yangzhou City	36.14	36.34	10.83	14.00	183.11	152.02
泰州市	Taizhou City	10.38	10.06	27.77	31.37	9.82	1.34
杭州市	Hangzhou City	6.46	8.12	13.39	14.49	89.82	113.88
宁波市	Ningbo City	9.48	8.03	10.03	10.46	339.62	348.29
嘉兴市	Jiaxing City	16.66	68.90	5.02	15.36	305.17	398.19
湖州市	Huzhou City	0.41		2.31	2.53	101.06	108.73
绍兴市	Shaoxing City	4.79	4.55			58.42	66.92
舟山市	Zhoushan City					21.65	22.14
台州市	Taizhou City					115.30	111.27
珠江三角洲经济区	**Pearl River Delta**						
广州市	Guangzhou City	9.12	8.23	10.50	10.20	372.27	353.00
深圳市	Shenzhen City					522.09	568.58
珠海市	Zhuhai City					104.85	94.57
佛山市	Foshan City			3.06	3.16	125.39	121.20
江门市	Jiangmen City	20.66	16.98	7.59	2.73	85.54	119.45
东莞市	Dongguan City					331.00	343.65
中山市	Zhongshan City					19.27	39.13
惠州市区	Huizhou Urban District					4.95	2.27
惠阳市	Huiyang City					3.58	2.32
惠东县	Huidong County					0.54	1.01
博罗县	Boluo County					0.15	0.89
肇庆市区	Zhaoqing Urban District	4.39	5.42			4.12	4.25
高要市	Gaoyao City					0.43	0.53
四会市	Sihui City					1.24	1.28

8-8 续表4 continued

地区	Area	钢(万吨) Steel(10 000 tons)		成品钢材(万吨) Steel Products(10 000 tons)		水　泥(万吨) Cement(10 000 tons)	
		2004	2005	2004	2005	2004	2005
长江三角洲经济区	**Yangtze River Delta**						
上海市	Shanghai City	1823.65	1927.96	1818.41	1964.16	665.01	719.97
南京市	Nanjing City	611.27	723.22	709.95	864.85	1431.42	1426.63
苏州市	Suzhou City	874.73	1358.33	1278.13	1336.64	929.00	958.88
无锡市	Wuxi City	326.95	594.56	1168.05	1470.53	948.98	1147.74
常州市	Changzhou City	200.86	341.50	284.89	253.35	1315.07	2128.00
镇江市	Zhenjiang City	11.03	11.18	43.42	58.19	809.82	896.03
南通市	Nantong City	60.85	65.89	89.89	106.74	342.00	519.89
扬州市	Yangzhou City	20.40	5.72	9.32	11.61	114.71	129.08
泰州市	Taizhou City			44.96	29.95	437.25	476.08
杭州市	Hangzhou City	286.53	305.14	336.99	370.77	1426.74	1596.01
宁波市	Ningbo City	9.83	5.97	55.51	82.69	591.02	608.92
嘉兴市	Jiaxing City	20.63	6.75	30.09	60.57	1433.43	1561.88
湖州市	Huzhou City	7.94	8.04	70.77	53.93	1358.01	1373.17
绍兴市	Shaoxing City			66.01	81.40	988.42	1134.70
舟山市	Zhoushan City						
台州市	Taizhou City			2.83	2.64	60.54	41.65
珠江三角洲经济区	**Pearl River Delta**						
广州市	Guangzhou City	303.39	308.71	514.89	454.27	1667.00	1920.00
深圳市	Shenzhen City			50.30	38.09	1.88	
珠海市	Zhuhai City					14.35	10.38
佛山市	Foshan City					893.00	927.06
江门市	Jiangmen City					689.00	737.92
东莞市	Dongguan City			89.94	108.72	488.00	305.36
中山市	Zhongshan City			36.91	33.39	29.00	21.32
惠州市区	Huizhou Urban District					16.00	13.05
惠阳市	Huiyang City			16.83	25.74	38.00	23.55
惠东县	Huidong County					37.00	30.59
博罗县	Boluo County					139.00	218.30
肇庆市区	Zhaoqing Urban District					23.99	9.07
高要市	Gaoyao City					69.87	72.50
四会市	Sihui City					95.24	194.72

8-8 续表5 continued

地区	Area	农用氮、磷、钾化肥(万吨) Chemical Fertilizer (10 000 tons)		化学农药(万吨) Chemical Pesticide (10 000 tons)		金属切削机床(万台) Metal-cutting Machine Tools (10 000 units)	
		2004	2005	2004	2005	2004	2005
长江三角洲经济区	**Yangtze River Delta**						
上海市	Shanghai City	2.49	3.14	1.45	1.43	1.40	1.32
南京市	Nanjing City	40.59	25.49	0.93	1.08	0.57	0.57
苏州市	Suzhou City	42.87	46.38	3.75	4.70	0.15	0.16
无锡市	Wuxi City	22.30	20.73	0.54	1.74	0.33	0.33
常州市	Changzhou City	1.03	0.24	2.46	3.60	0.28	0.26
镇江市	Zhenjiang City	1.70	1.40	0.65	1.29	0.10	0.13
南通市	Nantong City	11.20	11.02	6.64	7.53	0.80	0.96
扬州市	Yangzhou City	1.84	1.59	0.77	0.72	1.78	1.78
泰州市	Taizhou City	15.70	31.08	0.23	0.34	0.55	0.52
杭州市	Hangzhou City	5.48	5.12	6.03	6.89	0.93	1.08
宁波市	Ningbo City	28.20	27.11	0.45	0.88	1.96	1.69
嘉兴市	Jiaxing City	7.45	6.53	1.49	1.94		
湖州市	Huzhou City	2.76	3.98	2.31	3.92		
绍兴市	Shaoxing City	2.67	3.56			1.05	1.15
舟山市	Zhoushan City						
台州市	Taizhou City			0.88	0.85	4.24	1.12
珠江三角洲经济区	**Pearl River Delta**						
广州市	Guangzhou City	1.88	2.90	0.05	0.02	1.16	0.82
深圳市	Shenzhen City						
珠海市	Zhuhai City						
佛山市	Foshan City	1.52				0.08	
江门市	Jiangmen City	2.94	2.37				
东莞市	Dongguan City						
中山市	Zhongshan City			0.20	0.25		
惠州市区	Huizhou Urban District						
惠阳市	Huiyang City						
惠东县	Huidong County						
博罗县	Boluo County						
肇庆市区	Zhaoqing Urban District	0.28	0.39				
高要市	Gaoyao City						
四会市	Sihui City						

8-8 续表6 continued

地区	Area	汽 车(万辆) Motor Vehicles (10 000 uints)		微型电子计算机(万部) Micro-Computers (10 000 units)		集成电路(万块) Integrated Circuit (10 000 units)	
		2004	2005	2004	2005	2004	2005
长江三角洲经济区	**Yangtze River Delta**						
上海市	Shanghai City	55.96	48.45	996	2176	548727	677003
南京市	Nanjing City	16.36	17.32	26	31		
苏州市	Suzhou City	2.30	2.17	1068	2955	49009	87677
无锡市	Wuxi City	1.14	0.76	17	10	386765	463724
常州市	Changzhou City	0.41	0.63			186	94
镇江市	Zhenjiang City	0.08	0.03				
南通市	Nantong City					18	27
扬州市	Yangzhou City	1.03	0.80				
泰州市	Taizhou City	0.32					
杭州市	Hangzhou City	0.62	0.65	118	138	77856	95156
宁波市	Ningbo City	2.60	2.50	2		1	20
嘉兴市	Jiaxing City						
湖州市	Huzhou City					13	26
绍兴市	Shaoxing City	0.88	0.47			53505	57403
舟山市	Zhoushan City						
台州市	Taizhou City	5.68	11.27				
珠江三角洲经济区	**Pearl River Delta**						
广州市	Guangzhou City	27.61	41.35	102	170	10183	50942
深圳市	Shenzhen City			735	1144	255504	268006
珠海市	Zhuhai City					144287	100056
佛山市	Foshan City			127	62		
江门市	Jiangmen City					3654	3921
东莞市	Dongguan City			141	180	30502	45182
中山市	Zhongshan City			70	104	26612	29670
惠州市区	Huizhou Urban District			61	70		
惠阳市	Huiyang City	0.02					
惠东县	Huidong County						
博罗县	Boluo County						25698
肇庆市区	Zhaoqing Urban District					11127	16581
高要市	Gaoyao City						
四会市	Sihui City						

8-9 工业用电量
Industry Electricity Consumption

单位：亿千瓦小时 (100 million kwh)

地区	Area	1978	1980	1990	2000	2004	2005
长江三角洲经济区	**Yangtze River Delta**						
上海市	Shanghai City	131.87	143.13	220.97	393.13	555.08	617.59
南京市	Nanjing City			52.36	98.34	147.61	173.53
苏州市	Suzhou City	10.69	16.15	38.14	153.17	386.86	483.56
无锡市	Wuxi City			39.82	106.42	247.24	286.55
常州市	Changzhou City		10.27	22.34	49.30	110.79	145.20
镇江市	Zhenjiang City	5.07	5.82	20.32	35.66	66.96	79.96
南通市	Nantong City				42.00	87.93	105.15
扬州市	Yangzhou City	3.04	4.15	15.28	29.98	54.69	60.32
泰州市	Taizhou City				22.75	63.97	77.59
杭州市	Hangzhou City			44.17	105.26	197.01	235.31
宁波市	Ningbo City	4.37	6.69	23.38	84.01	170.31	211.07
嘉兴市	Jiaxing City	3.15	4.30	16.63	49.41	90.48	122.80
湖州市	Huzhou City	3.27	4.27	13.11	30.59	60.08	68.62
绍兴市	Shaoxing City	3.44	5.02	15.51	63.29	128.75	158.62
舟山市	Zhoushan City	0.36	0.69	2.77	5.51	9.93	11.45
台州市	Taizhou City	1.16	1.83	6.94	30.94	61.83	74.41
珠江三角洲经济区	**Pearl River Delta**						
广州市	Guangzhou City			29.73	108.50	185.41	214.25
深圳市	Shenzhen City			21.97	101.88	223.48	246.26
珠海市	Zhuhai City			3.56	17.82	32.21	38.20
佛山市	Foshan City			26.34	123.26	227.44	251.37
江门市	Jiangmen City			17.74	40.99	69.63	78.71
东莞市	Dongguan City	1.08	1.34	11.93	134.58	296.61	330.31
中山市	Zhongshan City	1.30	1.76	4.29	33.38	73.56	89.16
惠州市区	Huizhou Urban District			1.75	8.55	23.10	25.79
惠阳市	Huiyang City			1.00	9.23	12.98	14.19
惠东县	Huidong County			0.82	2.48	5.74	6.55
博罗县	Boluo County			1.09	5.69	13.69	18.00
肇庆市区	Zhaoqing Urban District			2.45	5.37	8.68	9.38
高要市	Gaoyao City			0.76	3.06	5.88	7.99
四会市	Sihui City			0.58	2.48	6.59	9.73

8-10 建筑业企业单位数及从业人数

Number of Construction Enterprises and Persons Employed

地区	Area	企业单位数(个) Number of Enterprises(Units)			从业人数(万人) Persons Employed (10 000 persons)		
		2000	2004	2005	2000	2004	2005
长江三角洲经济区	**Yangtze River Delta**						
上海市	Shanghai City	1586	2690	2442	35.91	74.26	72.23
南京市	Nanjing City	329	869	986	18.21	30.21	35.36
苏州市	Suzhou City	491	770	1027	14.74	30.71	35.13
无锡市	Wuxi City	338	427	414	10.89	14.65	15.96
常州市	Changzhou City	374	442	450	14.57	17.71	20.90
镇江市	Zhenjiang City	153	271	257	6.75	9.60	10.80
南通市	Nantong City	556	554	680	30.49	44.79	57.78
扬州市	Yangzhou City	318	530	624	23.38	28.00	32.00
泰州市	Taizhou City	301	275	384	21.60	31.91	47.09
杭州市	Hangzhou City	735	805	861	33.13	49.52	56.09
宁波市	Ningbo City	557	635	655	25.00	42.00	43.92
嘉兴市	Jiaxing City	261	198	202	7.74	10.09	12.35
湖州市	Huzhou City	177	165	186	5.98	7.39	8.60
绍兴市	Shaoxing City	343	414	452	38.54	69.65	88.44
舟山市	Zhoushan City	133	87	96	2.95	2.92	3.06
台州市	Taizhou City	290	316	321	15.40	24.38	28.84
珠江三角洲经济区	**Pearl River Delta**						
广州市	Guangzhou City	757	772	747	28.12	29.35	30.33
深圳市	Shenzhen City	447	884	602	14.09	24.37	26.82
珠海市	Zhuhai City	143	157	165	3.86	3.03	3.24
佛山市	Foshan City	248	803	502	8.42	12.37	13.44
江门市	Jiangmen City	342	141	156	9.51	7.99	10.58
东莞市	Dongguan City	183	355	361	6.43	9.86	7.80
中山市	Zhongshan City	388	217	273	3.54	5.06	5.75
惠州市区	Huizhou Urban District	169	81	80	2.09	2.69	2.55
惠阳市	Huiyang City	32	16	34	0.45	0.51	0.58
惠东县	Huidong County	12	5	5	0.19	0.14	0.22
博罗县	Boluo County	18	12	18	0.44	0.27	0.38
肇庆市区	Zhaoqing Urban District	75			1.57	1.5	
高要市	Gaoyao City	17			0.77	0.72	
四会市	Sihui City	12			0.29	0.36	

8-11 建筑业增加值

Value Added of Construction

单位：亿元 (100 million yuan)

地区	Area	2000	2001	2002	2003	2004	2005
长江三角洲经济区	**Yangtze River Delta**						
上海市	Shanghai City	101.72	103.94	135.33	264.87	295.33	323.40
南京市	Nanjing City	38.99	49.63	63.76	145.50	134.48	157.10
苏州市	Suzhou City	79.27	87.78	104.65	185.25	200.00	161.21
无锡市	Wuxi City	19.64	25.30	32.99	38.68	37.10	41.84
常州市	Changzhou City	32.38	38.07	38.28	42.93	49.30	57.11
镇江市	Zhenjiang City	28.97	31.04	33.09	36.86	43.26	51.31
南通市	Nantong City	65.24	74.44	99.01	105.18	86.61	151.33
扬州市	Yangzhou City	40.28	41.99	54.41	63.99	74.32	96.16
泰州市	Taizhou City	33.73	38.23	45.67	52.20	67.33	75.06
杭州市	Hangzhou City	57.77	68.86	101.11	140.13	158.00	167.34
宁波市	Ningbo City	44.37	57.47	75.32	99.00	119.99	139.99
嘉兴市	Jiaxing City	13.47	14.49	18.60	23.44	28.21	28.24
湖州市	Huzhou City	8.43	11.56	15.71	16.58	16.50	23.38
绍兴市	Shaoxing City	73.25	91.43	127.43	172.81	215.42	288.09
舟山市	Zhoushan City			5.28	7.25	8.56	9.77
台州市	Taizhou City	29.40	32.33	35.80	45.72	56.24	60.42
珠江三角洲经济区	**Pearl River Delta**						
广州市	Guangzhou City	143.64	156.83	160.40	171.80	193.91	201.26
深圳市	Shenzhen City	123.34	124.42	128.01	145.00	151.46	149.95
珠海市	Zhuhai City	5.72	4.87	7.21	7.43	8.55	9.61
佛山市	Foshan City	15.70	19.90	26.28	31.24	36.55	37.49
江门市	Jiangmen City	9.71	11.34	13.09	10.69	8.39	15.58
东莞市	Dongguan City	20.25	23.48	26.96	41.01	48.03	54.63
中山市	Zhongshan City	4.35	6.86	8.25	10.64	25.13	28.56
惠州市区	Huizhou Urban District	2.76	2.35	5.17	5.24		71.93
惠阳市	Huiyang City	0.71	1.30	1.29	0.83		11.74
惠东县	Huidong County	0.28	0.34	0.33	0.31		4.00
博罗县	Boluo County	0.79	0.83	0.91	0.74		7.03
肇庆市区	Zhaoqing Urban District	1.90	3.27	3.40	3.04		
高要市	Gaoyao City	0.56	0.17	0.27	0.76		
四会市	Sihui City	0.33	0.41	0.61	0.54		

8-12 建筑业企业主要指标（2005年）

Main Indicators of Construction Enterprises(2005)

地区	Area	施工面积（万平方米）Floor Space of Buildings under Construction (10 000 sq.m)	竣工面积（万平方米）Floor Space of Building Completed (10 000 sq.m)	利润总额（万元）Total Profits (10 000 yuan)	税金总额（万元）Total Tax (10 000 yuan)	劳动生产率按总产值计算（元/人）Overall Labor Productivity In Term of Value-added (yuan/person)
长江三角洲经济区	**Yangtze River Delta**					
上海市	Shanghai City	14138.05	5648.85	66.97	67.40	182299
南京市	Nanjing City	3997.90	1978.90	164904	170522	162046
苏州市	Suzhou City	6224.17	2921.34	127009	194735	43962
无锡市	Wuxi City	2828.40	1423.81	78398	99878	128908
常州市	Changzhou City	3184.00	1589.00	82236	81948	33609
镇江市	Zhenjiang City	1001.50	534.63	34850	57415	41295
南通市	Nantong City	14066.49	5521.24	250605	62837	23787
扬州市	Yangzhou City	5188.00	2684.00	84722	131242	138246
泰州市	Taizhou City	6737.80	3670.23	83478	24922	111924
杭州市	Hangzhou City	11142.50	4349.00	215396	317895	29473
宁波市	Ningbo City	9104.33	3874.90	289948	200491	31869
嘉兴市	Jiaxing City	2000.40	1048.70	28296	41716	23380
湖州市	Huzhou City	1552.70	758.30	37865	39096	28037
绍兴市	Shaoxing City	18421.90	7757.80	339752	420036	32305
舟山市	Zhoushan City	433.40	155.90	7173	13822	30163
台州市	Taizhou City	4655.90	1992.30	117919	113647	32565
珠江三角洲经济区	**Pearl River Delta**					
广州市	Guangzhou City	5311.14	1598.79	186678	267519	43033
深圳市	Shenzhen City	4800.07	1688.34	156500	241032	183721
珠海市	Zhuhai City	624.30	265.94	19800	21800	29744
佛山市	Foshan City	2782.45	1026.17	65381	2860	
江门市	Jiangmen City	416.15	519.79	15500	22400	
东莞市	Dongguan City	1234.98	707.77	38144	25416	70037
中山市	Zhongshan City	945.60	471.15	36314	3167	46594
惠州市区	Huizhou Urban District	535.30	246.13	8910	10795	130407
惠阳市	Huiyang City	95.79	27.59	912	1512	
惠东县	Huidong County	50.01	27.73	258	688	110000
博罗县	Boluo County	74.29	37.34	110	956	82450
肇庆市区	Zhaoqing Urban District					
高要市	Gaoyao City					
四会市	Sihui City					

8-12 续表 continued

地区	Area	技术装备率（元／人） Value of Machines per Laborer (yuan/person)	动力装备率（千瓦／人） Power of Machines per Laborer (kw/person)	房屋建筑面积竣工率(%) Rate of Floor Space of Buildings Completed (%)	产值利润率(%) Ratio of Profit to Gross Output Value (%)	产值利税率(%) Ratio of Pre-tax Profit to Gross Output Value (%)
长江三角洲经济区	**Yangtze River Delta**					
上海市	Shanghai City	11856	4.4	40.0	3.5	7.1
南京市	Nanjing City	9810	4.3	45.9	3.0	6.02
苏州市	Suzhou City	6542	3.6	46.9	2.7	4.10
无锡市	Wuxi City	8883	5.0	50.3	3.5	6.9
常州市	Changzhou City	8855	4.0	49.9	3.0	5.9
镇江市	Zhenjiang City	19494	4.5	44.5	2.4	5.7
南通市	Nantong City	8104	4.0	39.3	2.5	5.3
扬州市	Yangzhou City	7501	4.4	51.7	1.9	3.0
泰州市	Taizhou City	4071	2.6	54.5	1.7	4.0
杭州市	Hangzhou City	7023	2.7	39.0	2.1	5.2
宁波市	Ningbo City	6092	2.5	42.6	4.4	7.4
嘉兴市	Jiaxing City	5086	2.2	52.4	2.3	5.7
湖州市	Huzhou City	11264	4.4	48.8	2.7	5.4
绍兴市	Shaoxing City	4958	2.3	42.1	2.4	5.4
舟山市	Zhoushan City	11302	4.9	36.0	1.7	5.1
台州市	Taizhou City	7073	3.1	42.8	3.0	5.9
珠江三角洲经济区	**Pearl River Delta**					
广州市	Guangzhou City	16866	7.4	30.1	3.0	7.2
深圳市	Shenzhen City	12318	5.8	35.2	2.9	7.3
珠海市	Zhuhai City	8390	5.6	42.6	3.8	7.9
佛山市	Foshan City			36.9		
江门市	Jiangmen City					
东莞市	Dongguan City	6769	5.0	57.3	4.5	7.5
中山市	Zhongshan City	6579	5.4	49.8	4.9	5.4
惠州市区	Huizhou Urban District	8580	6.8	59.8	2.6	8.6
惠阳市	Huiyang City			41.6		
惠东县	Huidong County	8629	13.8	42.9	1.1	4.9
博罗县	Boluo County	7497	4.1	62.7	0.3	4.7
肇庆市区	Zhaoqing Urban District					
高要市	Gaoyao City					
四会市	Sihui City					

主要统计指标解释

全部国有及规模以上非国有工业企业 指全部国有工业企业及年销售收入在500万元以上的非国有企业。

国有及国有控股企业 指国有企业加上国有控股企业。国有企业（即原全民所有制工业或国营工业）是指企业全部资产归国家所有，并按《中华人民共和国企业法人登记管理条例》规定登记注册的非公司制的经济组织。包括国有企业、国有独资公司和国有联营企业。

集体企业 指企业资产归集体所有，并按《中华人民共和国企业法人登记管理条例》规定登记注册的经济组织。是社会主义公有制经济的组成部分。包括城乡所有使用集体投资举办的企业，以及部分个人通过集资自愿放弃所有权并依法经工商行政管理机关认定为集体所有制的企业。

股份有限公司 指根据《中华人民共和国企业法人登记管理条例》规定登记注册，其全部注册资本由等额股份构成并通过发行股票筹集资本，股东以其认购的股份对公司承担有限责任，公司以其全部资产对其债务承担责任的经济组织。

港、澳、台商投资企业 指企业注册登记类型中的港、澳、台资合资、合作、独资经营企业和股份有限公司之和。

外商投资企业 指企业注册登记类型中的中外合资、合作经营企业、外资企业和外商投资股份有限公司之和。

轻工业 指主要提供生活消费品和制作手工工具的工业。按其所使用的原料不同，可分为两大类：(1)以农产品为原料的轻工业，是指直接或间接以农产品为基本原料的轻工业。主要包括食品制造、饮料制造、烟草加工、纺织、缝纫、皮革和毛皮制作、造纸以及印刷等工业；(2)以非农产品为原料的轻工业，是指以工业品为原料的轻工业。主要包括文教体育用品、化学药品制造、合成纤维制造、日用化学制品、日用玻璃制品、日用金属制品、手工工具制造、医疗器械制造、文化和办公用机械制造等工业。

重工业 是指为国民经济各部门提供物质技术基础的主要生产资料的工业。按其生产性质和产品用途，可以分为下列三类：(1)采掘(伐)工业，是指对自然资源的开采，包括石油开采、煤炭开采、金属矿开采、非金属矿开采和木材采伐等工业；(2)原材料工业，指向国民经济各部门提供基本材料、动力和燃料的工业。包括金属冶炼及加工、炼焦及焦炭、化学、化工原料、水泥、人造板以及电力、石油和煤炭加工等工业；(3)加工工业，是指对工业原材料进行再加工制造的工业。包括装备国民经济各部门的机械设备制造工业、金属结构、水泥制品等工业，以及为农业提供的生产资料如化肥、农药等工业。

根据上述划分原则，修理业中以重工业产品为修理作业对象的划为重工业，反之划为轻工业。

工业总产值 是以货币表现的工业企业在一定时期内生产的已出售或可供出售工业产品总量，它反映一定时间内工业生产的总规模和总水平。

工业增加值 是指工业行业在报告期内以货币表现的工业生产活动的最终成果。

实收资本 指企业实际收到的投资者的可作为长期周转使用的经营资金。实收资本按投资主体分为国家资本、集体资本、法人资本、个人资本、港澳台资本和外商资本等。

资产合计 指企业拥有或控制的能以货币计量的经济资源。包括各种财产、债权和其他权利。资产按其流动性划分为流动资产、长期投资、固定资产、无形及递延资产和其他资产。该指标根据企业会计“资产负债表”中“资产总计”项目的期末数增加。

流动资产合计 指可以在一年或者超过一年的一个营业周期内变现或者耗用的资产，包括现金及各种存款、短期投资、应收及预付货款、存款等。

流动资产平均余额 指企业在报告期内全部流动资产的平均余额。

固定资产原价 指企业在建造、购置、安装、改建、扩建、技术改造某项固定资产时所支出的全部货币总额。它一般包括买价、包装费、运杂费和安装费等。

固定资产净值年平均余额 指固定资产净值在报告期内余额的平均数。计算公式为：

固定资产净值年平均余额=1至12月各月月初、月末固定资产净值之和/24

该指标根据“资产负债表”中“固定资产原价”、“累计折旧”指标的期初、期末数计算填列。

固定资产净值指固定资产原价减去历年已提折旧额后的净额。计算公式为：

固定资产净值=固定资产原价－累计折旧

流动负债合计 指将在一年或超过一年的一个营业周期内偿还的债务。流动负债包括短期负债、应付票据、应付帐款、预收帐款、应付工资、应付福利费、应交税金、应付利润、其他应付款、预提费用等。

流动负债具有偿还期限短，在债权人提出要求时即期偿付，或在一年内必须偿还的特点。该指标根据“资产负债表”中“流动负债”项的期末数填列。

长期负债合计 指偿还期在一年或超过一年的一个营业周期以上的债务，它是除了投资人投入企业的资本以外，企业向债权人筹集、可供企业长期使用的资金，是企业必须以资产或劳务偿还的经济责任，包括长期借款、应付债款、长期应付款、其他长期负债等。与流动负债相比，长期负债具有为数较大、偿还期限较长的特点，且对投资者来说可带来更大的利益。指标根据“资产负债表”中“长期负债合计”项的期末数填列。

所有者权益 指企业投资人对企业净资产的所有权。企业净资产等于企业全部资产减去全部负债后的余额，包括企业投资人对企业的最初投入的实际到位的资产及资本公积金、盈余公积金和未分配利润。所有者权益合计数小于零,表示企业资不抵债。

产品销售收入 指企业在报告期内生产的成品、自制半成品和工业性劳务取得的收入。

产品销售成本 指企业在报告期内销售本企业生产的成品、自制半成品和工业性劳务等的实际成本。

产品销售税金及附加 指企业在品销售税金及附加指企业在报告期内销售产品、提供的劳务等主要经营业务应负担的城市维护建设税、消费税、资源税和教育费附加等。

产品销售利润 指企业销售产品、提供的劳务等主要经营业务收入扣除其成本、费用、税金的利润。

利润总额 指企业生产经营活动的最终成果,是企业在一定时期内实现的盈亏相抵后的利润总额(亏损以"-"号表示),它等于营业利润加上补贴收入加上投资收益加上营业外净收入再加上以前年度损益调整。

本年应交增值税 指企业在报告期内应交纳的增值税额。它等于本年销项税额加上出口退税加上进项税额转出数减去本年进项税额。小规模纳税企业直接按全年计税销售额乘以征收率计算取得。

总资产贡献率 反映企业全部资产的获利能力,是企业经营业绩和管理水平的集中体现,是评价和考核企业盈利能力的核心指标。计算公式为:

总资产贡献率(%)=(利润总额+税金总额+利息支出)/平均资产总额×100%

公式中:税金总额为产品销售税金及附加与应交增值税之和;平均资产总额为期初期末资产之和的算术平均值。

资产负债率 该指标既反映企业经营风险的大小,也反映企业利用债权人提供的资金从事经营活动的能力。计算公式为:

资产负债率(%)=负债总额/资产总额×100%

资产与负债均为报告期期末数。

流动资产周转次数 指一定时期内流动资产完成的周转次数,反映投入工业企业流动资金的周转速度。计算公式为:

流动资金周转次数=产品销售收入/全部流动资产平均余额

公式中:全部流动资产平均余额为期初和期末的流动资产之和的算术平均值。

成本费用利润率 反映企业投入的生产成本及费用的经济效益,同时也反映企业降低成本所取得的经济效益。计算公式为:

成本费用利润率(%)=利润总额/成本费用总额× 100%

公式中:成本费用总额为产品销售成本、销售费用、管理费用、财务费用之和。

全员劳动生产率 该指标反映企业的生产效率和劳动投入的经济效益。计算公式为:

全员劳动生产率(元/人)=工业增加值/全部从业人员平均人数

产品销售率 该指标反映工业产品已实现销售的程度,是分析工业产销衔接情况、研究工业产品满足社会需求的指标。计算公式为:

产品销售率(%)=工业销售产值/工业总产值(现价)×100%

建筑业增加值 指建筑业企业在报告期内以货币表现的建筑业生产经营活动的最终成果。目前建筑业增加值采用分配法(收入法)计算,即从收入的角度出发,根据生产要素在生产过程中应得的收入份额计算。具体计算公式为:

建筑业增加值=本年提取的固定资产折旧+主营业务应付工资+主营业务应付福利费+管理费用中的劳动待业保险金、税金+工程结算税金及附加+工程结算利润

房屋建筑施工面积 指在报告期内施工的全部房屋建筑面积,包括本期新开工的房屋面积、上期施工跨入本期继续施工的房屋面积、上期停缓建在本期恢复施工的房屋面积、本期竣工的房屋面积及本期施工后又停缓建的房屋面积。

房屋建筑竣工面积 指在报告期内房屋建筑按照设计要求全部完工,达到了使用条件,经验收鉴定合格,正式移交使用单位的房屋建筑面积。

Explanatory Notes on Main Statistical Indicators

All State-owned and Non-state-owned Industrial Enterprises Above Designated Size refer to all state-owned industrial enterprises and the non-state-owned industrial enterprises with an annual sales income of over 5 million yuan.

State-owned Enterprises refers to industrial enterprises where the means of production or income are owned by the state.

Collective-owned Enterprises refers to industrial enterprises where the means of production are owned collectively, including urban and rural enterprises invested by collectives and some enterprises which were formerly owned privately but have been registered in industrial and commercial administration agency as collective units through raising fund from the public.

Share-holding Corporations Ltd. refer to economic units registered in accordance with the regulation of the People's Republic of China on the Management of Registration of Corporate Enterprises, with total registered capitals divided into equal shares and raised through issuing stocks. Each investor bears limited liability to the corporation depending on the holding of shares, and the corporation bears liability to its debt to the maximum of its total assets.

Enterprises with Funds form Hong Kong, Macao and Taiwan refers to all industrial enterprises registered as the joint-venture, cooperative, sole (exclusive) investment industrial enterprises and limited liability corporations with funds from Hong Kong, Macao and Taiwan.

Foreign Funded Enterprises refers to all industrial enterprises registered as the joint-venture, cooperative, sole (exclusive) investment industrial enterprises and limited liability corporations with foreign funds.

Light Industry refers to the industry that produces consumer goods and hand tools. It consists of two categories, depending on the materials used:

(1)Industries using farm products as raw materials. These are branches of light industry which directly or indirectly use farm products as basic raw materials, including the manufacture of food and beverages, tobacco processing, textile, clothing, fur and leather manufacturing, paper making, printing, etc.

(2)Industries using non farm products as raw materials. These are branches of light industry which use manufactured goods as raw materials, including the manufacture of cultural, educational articles and sports goods, chemicals, synthetic fiber, chemical products for daily use, glass products for daily use, metal products for daily use, hand tools, medical apparatus and instruments, and the manufacture of cultural and clerical machinery.

Heavy Industry refers to the industry which produces capital goods, and provides various sectors of the national economy with necessary material and technical basis. It consists of the following three branches according to the purpose of production or the use of products:

(1)Mining, quarrying and logging industry refers to the industry that extracts natural resources, including extraction of petroleum, coal, metal and non-metal ores and logging.

(2)Raw materials industry refers to the industry that provides various sectors of the national economy with raw materials, fuels and power. It includes smelting and processing of metals, coking and coke chemistry, chemical materials and building materials such as cement, plywood, and power, petroleum refining and coal dressing.

(3)Manufacturing industry refers to the industry that processes raw materials. It includes machine building industry which equips sectors of the national economy, industries of metal structure and cement products, industries producing means of agricultural production, such as chemical fertilizers and pesticides. According to the above principle of classification, the repairing trades which are engaged primarily in repairing products of heavy industry are classified into heavy industry while these engaged in repairing products of light industry are classified into light industry.

Gross Industrial Output Value is the total volume of industrial products sold or available for sale in value terms which reflects the total achievements and overall scale of industrial production during a given period.

Value-added of Industry refers to the final results of industrial production of the industrial trade in money terms during the reference period.

Capitals Obtained refers to capital actually received by the enterprise from investors that could be used as operational capitals for a long period. According to the current accounting system, capitals obtained can be classified by investors as state cap ital, collective cap ital, corporate capital, individual capital, capital from Hong Kong, Macao and Taiwan and foreign capital.

Total Assets refer to all economic resources, in monetary terms, that is owned or controlled by enterprises, including properties, creditors equity and other economic rights of all forms. Classified by the degree of equitability, total assets include circulating assets, long-term investment, fixed assets, intangible assets and deferred assets, and other as sets. Data on this indicator can be obtained by the year-end figures of tot al assets in the Assets and Liability Table of accounting records of enterprises.

Total of Working Capitals refer to capitals which can be cashed in or spent or consumed in an operating cycle of one year or over one year, including cash, all kinds of deposits, short term investment, receivable and payable payment for goods or deposits.

Average Value of Working Capitals refers to the average value of all working capitals of t he enterprise during the reference period.

Original Value of Fixed Assets refers to the value of payment by the enterprise in building, purchasing installing reconstructing, expending or transforming a particular item of fixed assets . In general, it includes value of purchase, cost for packaging, transportation, installation, etc.

Annual Average of Net Value of Fixed Assets refer to average of the net value of fixed as sets during the reference period, calculated with the following formula:

Annual Average of Net Value of Fixed Assets = sum of net value of fixed assets at the beginning and at the end of each month from January to December / 24.

Information on this indicator can be obtained from the beginning and ending figures of the original value of fixed assets and cumulative depreciation from the Assets and Liability Table of enterprises.

Net value of fixed assets refers to the original value of fixed assets minus depreciation over the years, i.e.:

Net value of fixed assets = original value of fixed assets–cumulative depreciation

Total Liquid Liabilities refer to enterprises' total debt payable within an operating cycle of one year or over one year, including short-term loans, notes and accounts payable, advance payments received, wages and welfare funds pay able, taxes and profit payable, other payables, fees received by advance payment, etc.

Liquid liabilities feature in the short term of payment , immediate payment at the request of creditors, or pay able within one year. Data on this item can be obtained from the ending figures on liquid liabilities from the Assets and Liability Table of enterprises.

Total Long-term Liabilities refers to the debt payable within an operating cycle of one year or over one year. It is the capital that enterprises raised from creditors for the long-term use of enterprises in addition to capitals put into the enterprise by investors, and constitutes the economic liabilities that enterprises have to repay by assets or labor services, including long-term loans, payable liabilities, long term payable, other long-term liabilities, etc. Compared with the liquid liabilities, the long-term liabilities feature in large volume, longer term for repayment, and larger benefits for investors. Data on this item can be obtained from the ending figures on long-term liabilities from the Assets and Liability Table of enterprises.

Creditors' Equity refers to investors ownership of net assets of the enterprise, which is equal to the total assets of the enterprise minus its total liabilities, including the primary input actually received at the enterprise from investors, capital accumulation fund, surplus accumulation fund and undistributed profit. When the total of creditors' equity is less than zero, that indicates the liability of the enterprise is larger that its assets.

Sales Revenue of Industrial Products refers to the revenue from the sales of finished and semi-finished products and from rendering of industrial services by industrial enterprises during the reference period.

Cost of Industrial Products Sold refers to the actual cost of finished and semi-finished products sold and industrial services rendered by industrial enterprises during the reference period.

Tax and Extra Charges on Sales of Products refer to the tax on city maintenance and construction, consumption tax, resources tax and extra charges for education, which should be borne by the enterprises in selling products and providing industrial services during the reference period.

Profit from Sales of Products refers to the profit gained by the enterprises by deducting cost, charges and taxes from the business income of the enterprises obtained in selling products and providing industrial services.

Total Profits refer to the final achievements of production and operation of the enterprises, represented by the total profits after deducting losses (loss is expressed by the negative figure).It is the sum of profits from operation, income from subsidies, investment earnings, net income from activities other than operation, and adjustment of profits and losses of previous y ears.

Value-added Tax Payable refers to the amount of the value-added tax which should be paid by the enterprises during the reference period. It is the sum of tax on sales, export rebate, and transferred tax on purchases of the current year, minus the tax on purchases of the current year. Value-added tax payable of small-size enterprises is determined by the taxable sales of the year multiplied by the tax rate.

Ratio of Profits, Taxes and Interests to Average Assets reflect s the profit-making cap ability of all assets of the enterprise and is a key indicator manifesting the performance and management and evaluating the profit-making potential of the enterprise. It is calculated as follows:

Ratio of profits, taxes and interests to average as sets (%) =[(total profits + total taxes + interest payment) / average assets] × 100%

In the above formula, total taxes is the sum of tax and extra charges on the sales of products and value-added tax payable; and average assets is the arithmetic mean of the sum of beginning assets and ending assets.

Ratio of Debts to Assets reflects both the operation risk and the capability of the enterprise in making use of the capital from the creditors. It is calculated as follows:

Ratio of debts to assets (%) = (total debts / total assets) × 100%

Both assets and debts are figures at the end of the reference period.

Turn over of Working Capital refers to the number of times of turnover of working capital in a given period of time, which reflects the speed of the turnover of working capital of industrial enterprises, and is calculated as follows:

Turnover of working capital=(sales revenue of products)/(average balance of total working capital)

In the above formula, average balance of total working capital refers to the arithmetic mean of the sum of working capital at the beginning and at the end of the reference period.

Ratio of Profits to Total Industrial Costs refers to the ratio of profits realized in a given period to the total costs in the same period, which reflects the economic efficiency of input cost and is calculated as follows:

Ratio of profits to total industrial cost (%)=(total profits/total costs) × 100%

Total costs in the above formula is the sum of cost of products sold, marketing cost, management cost and financial cost.

Overall Labor Productivity of Industrial Enterprises reflects efficiency of production and economic results of labour input of enterprises. The formula used is:

Overall labour productivity=(value added of industry) / (average number of staff and workers)

Ratio of Sales to Gross Output Value reflects the degree at which industrial products are sold. It helps to analyze the linkage between production and sales and the extent of the needs of the society that has been met by the sup ply of industrial products. It is calculated as follows:

Ratio of Sales to Gross Output Value=[Industrial sales / Gross industrial output value (at current prices)] × 100%

Value-added of Construction refers to the final result of the activities of production and management of construction in monetary terms in the reference period. At present, the value-added of construction is calculated with the income approach. In other words, it is the sum of income of various production factors in the production process. The formula is as follows:

Value-added of construction=depreciation of fixed assets in the year + wages payable + welfare expenses payable + insurance premium and tax for waiting for employment in the administrative expenses +taxes and surcharges on project settlement + profit gained from project settlement.

Floor Space of Buildings Under Construction refers to floor space of buildings under construction during the reference period, including newly started buildings, buildings started earlier and continued during the reference period, and buildings suspended earlier but restarted during the reference period, buildings completed during the reference period, and buildings under construction and then suspended during the reference period.

Floor Space of Buildings Completed refers to the floor space of buildings that are completed in the reference period in accordance with the requirements of the design, up to the standard for putting them into use, and have been checked and accepted by concerned departments as qualified ones.

9-1 客运量
Passenger Traffic

单位：万人 (10 000 persons)

地区	Area	总计 Total 2000	2002	2003	2004	2005
长江三角洲经济区	**Yangtze River Delta**					
上海市	Shanghai City	6893	7326	7212	8968	9487
南京市	Nanjing City	15294	16868	16800	18991	20537
苏州市	Suzhou City	19500	22193	24132	26774	32371
无锡市	Wuxi City	16587	16885	15877	17469	20466
常州市	Changzhou City	10197	11216	11413	12679	15235
镇江市	Zhenjiang City	5638	6148	6239	6669	7223
南通市	Nantong City	7663	7947	8059	8860	9319
扬州市	Yangzhou City	6207	6590	6897	7430	8144
泰州市	Taizhou City	1891	2560	3480	4238	4725
杭州市	Hangzhou City	20342	21089	21348	22833	24124
宁波市	Ningbo City	22736	23816	24938	27291	28412
嘉兴市	Jiaxing City	6495	8095	11102	13628	16197
湖州市	Huzhou City	6769	7252	7082	7381	7563
绍兴市	Shaoxing City	12048	13376	13277	14139	14604
舟山市	Zhoushan City	7518	7781	7479	8028	8832
台州市	Taizhou City	12324	13523	13813	14307	15675
珠江三角洲经济区	**Pearl River Delta**					
广州市	Guangzhou City	23430	30084	30546	36941	40524
深圳市	Shenzhen City	9346	10644	10452	12276	12901
珠海市	Zhuhai City	3209	3387	3299	4397	5066
佛山市	Foshan City	8503	11606	12133	13655	14715
江门市	Jiangmen City	6609	7182	8366	8304	8349
东莞市	Dongguan City	30697	32100	32588	33240	33551
中山市	Zhongshan City	7122	8625	8516	9236	10300
惠州市区	Huizhou Urban District	1861	1938	1885	2147	
惠阳市	Huiyang City	832	951	449	650	
惠东县	Huidong County	676	741	789	892	
博罗县	Boluo County	724	842	978	1171	
肇庆市区	Zhaoqing Urban District	2140	2646	1981	1452	1600
高要市	Gaoyao City	1039	1639	1699	545	574
四会市	Sihui City	684	1215	1292	544	570

9-1 续表 1 continued

单位：万人 (10 000 persons)

地区	Area	铁路 Railways				
		2000	2002	2003	2004	2005
长江三角洲经济区	**Yangtze River Delta**					
上海市	Shanghai City	2980	3518	3391	4076	4313
南京市	Nanjing City	1181	1196	1119	1294	1367
苏州市	Suzhou City	940	1162	1211	1482	1664
无锡市	Wuxi City	765	799	784	956	1032
常州市	Changzhou City	557	603	577	682	715
镇江市	Zhenjiang City	436	507	515	484	511
南通市	Nantong City				34	88
扬州市	Yangzhou City				43	33
泰州市	Taizhou City					55
杭州市	Hangzhou City	1202	1574	1534	1908	2011
宁波市	Ningbo City	288	393	438	567	607
嘉兴市	Jiaxing City	376	398	390	472	445
湖州市	Huzhou City	94	88	97	115	
绍兴市	Shaoxing City	295	356	331	400	402
舟山县	Zhoushan City					
台州市	Taizhou City					
珠江三角洲经济区	**Pearl River Delta**					
广州市	Guangzhou City	2818	5347	5285	6041	6356
深圳市	Shenzhen City	1068	1215	1137	1447	1554
珠海市	Zhuhai City					
佛山市	Foshan City	139	118	106	117	143
江门市	Jiangmen City					
东莞市	Dongguan City					
中山市	Zhongshan City					
惠州市区	Huizhou Urban District	219	192	196	223	386
惠阳市	Huiyang City					
惠东县	Huidong County					
博罗县	Boluo County					
肇庆市区	Zhaoqing Urban District	55	51	58	65	79
高要市	Gaoyao City					
四会市	Sihui City					

9-1 续表2 continued

单位：万人 (10 000 persons)

地区	Area	公路 Highways				
		2000	2002	2003	2004	2005
长江三角洲经济区	**Yangtze River Delta**					
上海市	Shanghai City	2482	2046	2052	2465	2468
南京市	Nanjing City	13869	15355	15348	17641	18595
苏州市	Suzhou City	18447	20935	22835	25265	30703
无锡市	Wuxi City	15769	16036	15077	16468	19372
常州市	Changzhou City	9620	10598	10820	11973	14505
镇江市	Zhenjiang City	5175	5615	5704	6168	6712
南通市	Nantong City	7628	7936	8050	8815	9220
扬州市	Yangzhou City	6180	6571	6880	7413	8096
泰州市	Taizhou City	1802	2480	3480	4238	4670
杭州市	Hangzhou City	17102	19213	19510	20372	21431
宁波市	Ningbo City	22255	23160	24320	26510	27570
嘉兴市	Jiaxing City	6105	7690	10710	13150	15747
湖州市	Huzhou City	6670	7164	6985	7264	7555
绍兴市	Shaoxing City	11751		12944	13737	14200
舟山市	Zhoushan City	5958		5946	6260	6914
台州市	Taizhou City	12174		13743	14214	15590
珠江三角洲经济区	**Pearl River Delta**					
广州市	Guangzhou City	19964	23158	23839	27845	30782
深圳市	Shenzhen City	7866	8840	8635	9891	10212
珠海市	Zhuhai City	2653	2900	2870	3942	4626
佛山市	Foshan City	8284		11949	13438	14471
江门市	Jiangmen City	6500		8181	8189	8230
东莞市	Dongguan City	30680		32566	33200	33510
中山市	Zhongshan City	7040		8423	9123	10186
惠州市区	Huizhou Urban District	1638		1689	1924	
惠阳市	Huiyang City	832		449	650	
惠东县	Huidong County	676		789	892	
博罗县	Boluo County	724		978	1171	
肇庆市区	Zhaoqing Urban District	5664			1369	
高要市	Gaoyao City				538	
四会市	Sihui City				538	

9–1 续表 3 continued

单位：万人 (10 000 persons)

地区	Area	水运 Waterways				
		2000	2002	2003	2004	2005
长江三角洲经济区	**Yangtze River Delta**					
上海市	Shanghai City	539	526	528	621	626
南京市	Nanjing City					
苏州市	Suzhou City	112	96	86	27	4
无锡市	Wuxi City	52	49	16	12	
常州市	Changzhou City	1				
镇江市	Zhenjiang City	27	26	20	17	
南通市	Nantong City	26	4	3	3	3
扬州市	Yangzhou City	27	19	17	17	15
泰州市	Taizhou City	89	80			
杭州市	Hangzhou City	179	108	89	237	304
宁波市	Ningbo City	133	135	115	119	113
嘉兴市	Jiaxing City	14	7	2	6	5
湖州市	Huzhou City	5			2	8
绍兴市	Shaoxing City	2	3	2	2	2
舟山市	Zhoushan City	1560	1583	1533	1730	1880
台州市	Taizhou City	138	53	63	83	73
珠江三角洲经济区	**Pearl River Delta**					
广州市	Guangzhou City	190	172	137	130	104
深圳市	Shenzhen City	159	157	139	194	205
珠海市	Zhuhai City	498	410	369	378	374
佛山市	Foshan City	75	92	78	100	101
江门市	Jiangmen City	109	123	185	115	119
东莞市	Dongguan City	17	19	22	40	41
中山市	Zhongshan City	82	100	93	113	114
惠州市区	Huizhou Urban District	1	1			
惠阳市	Huiyang City	7	16			
惠东县	Huidong County					
博罗县	Boluo County					
肇庆市区	Zhaoqing Urban District	376	343		18	
高要市	Gaoyao City				7	
四会市	Sihui City				6	

9-1 续表4　continued

单位：万人　　(10 000 persons)

地区	Area	民用航空 Civil Aviation				
		2000	2002	2003	2004	2005
长江三角洲经济区	**Yangtze River Delta**					
上海市	Shanghai City	892	1236	1241	1806	2080
南京市	Nanjing City	244	317	323	458	511
苏州市	Suzhou City					
无锡市	Wuxi City	1	1		33	62
常州市	Changzhou City	19	15	16	24	15
镇江市	Zhenjiang City					
南通市	Nantong City	9	7	6	8	8
扬州市	Yangzhou City					
泰州市	Taizhou City					
杭州市	Hangzhou City	124	194	215	316	378
宁波市	Ningbo City	60	64	65	95	122
嘉兴市	Jiaxing City					
湖州市	Huzhou City					
绍兴市	Shaoxing City					
舟山市	Zhoushan City	18	30	26	38	38
台州市	Taizhou City	12	7	7	10	12
珠江三角洲经济区	**Pearl River Delta**					
广州市	Guangzhou City	458	1407	1285	2925	3282
深圳市	Shenzhen City	253	432	541	744	930
珠海市	Zhuhai City	58	77	61	77	66
佛山市	Foshan City	5	4			
江门市	Jiangmen City					
东莞市	Dongguan City					
中山市	Zhongshan City					
惠州市区	Huizhou Urban District		1			
惠阳市	Huiyang City					
惠东县	Huidong County					
博罗县	Boluo County					
肇庆市区	Zhaoqing Urban District					
高要市	Gaoyao City					
四会市	Sihui City					

9-2 旅客周转量(2005年)
Passenger-Kilometers(2005)

单位：万人公里 (10 000 person-km)

地区	Area	总计 Total	铁路 Railways	公路 Highways	水运 Waterways	民用航空 Civil Aviation
长江三角洲经济区	**Yangtze River Delta**					
上海市	Shanghai City	6639300	488600	750600	45200	5354800
南京市	Nanjing City	2435204	476469	1674203		284532
苏州市	Suzhou City	1919138		1918713	425	
无锡市	Wuxi City	1294596		1239374		55222
常州市	Changzhou City	640944		640944		
镇江市	Zhenjiang City	307083		307083		
南通市	Nantong City	816360		816290	70	
扬州市	Yangzhou City	515681		515382	299	
泰州市	Taizhou City	345414		345414		
杭州市	Hangzhou City	1065885		1058010	7875	
宁波市	Ningbo City	1042307		1040410	1897	
嘉兴市	Jiaxing City	471951		471787	164	
湖州市	Huzhou City	294182		294133	49	
绍兴市	Shaoxing City	475619		475598	21	
舟山市	Zhoushan City	181400		118917	62483	
台州市	Taizhou City	794448		793262	1186	
珠江三角洲经济区	**Pearl River Delta**					
广州市	Guangzhou City	9750755	2741746	2079891	8682	4920436
深圳市	Shenzhen City	2288700	33600	685700	9600	1257400
珠海市	Zhuhai City	429809		330879	23180	75750
佛山市	Foshan City	466679	3371	450031	13277	
江门市	Jiangmen City	570892		560288	10604	
东莞市	Dongguan City	1185290		118200	3290	
中山市	Zhongshan City	492384		481683	10701	
惠州市区	Huizhou Urban District					
惠阳市	Huiyang City					
惠东县	Huidong County					
博罗县	Boluo County					
肇庆市区	Zhaoqing Urban District	85859	4609			
高要市	Gaoyao City	31209				
四会市	Sihui City	31264				

9–3 货运量
Freight Traffic

单位：万吨 (10 000 tons)

地区	Area	总计 Total				
		2000	2002	2003	2004	2005
长江三角洲经济区	**Yangtze River Delta**					
上海市	Shanghai City	52206	58901	63861	68741	71304
南京市	Nanjing City	12699	16275	15147	16938	18083
苏州市	Suzhou City	7974	7388	7520	9001	10539
无锡市	Wuxi City	7443	7493	7097	7431	8430
常州市	Changzhou City	4696	5140	5437	5648	6032
镇江市	Zhenjiang City	4100	4385	4654	5189	5231
南通市	Nantong City	6678	7073	7293	7859	8650
扬州市	Yangzhou City	4686	4933	5223	5514	5855
泰州市	Taizhou City	3264	5387	4093	5374	5558
杭州市	Hangzhou City	11459	14347	16815	18895	19909
宁波市	Ningbo City	10819	12431	13919	16026	17664
嘉兴市	Jiaxing City	6024	6624	7343	7919	9457
湖州市	Huzhou City	6772	9481	10978	12152	13811
绍兴市	Shaoxing City	5670	6192	8032	9443	9698
舟山市	Zhoushan City	2947	3265	3777	5430	6717
台州市	Taizhou City	5000	6719	7923	8849	10247
珠江三角洲经济区	**Pearl River Delta**					
广州市	Guangzhou City	24585	28496	29309	35700	38153
深圳市	Shenzhen City	4697	5878	6761	7955	9807
珠海市	Zhuhai City	3725	4140	4230	4370	3331
佛山市	Foshan City	9642	12444	14382	15848	17603
江门市	Jiangmen City	3259	4075	4307	4115	5025
东莞市	Dongguan City	5431	5857	5877	6054	6400
中山市	Zhongshan City	3132	3956	4331	5248	5985
惠州市区	Huizhou Urban District	1273	1404	1437	1854	
惠阳市	Huiyang City	1364	1637	1097	1360	
惠东县	Huidong County	496	386	373	398	
博罗县	Boluo County	716	887	1005	1110	
肇庆市区	Zhaoqing Urban District	4802	5760	5946	1130	1188
高要市	Gaoyao City				411	474
四会市	Sihui City				380	441

9-3 续表 1 continued

单位：万吨 (10 000 tons)

地区	Area	铁路 Railways				
		2000	2002	2003	2004	2005
长江三角洲经济区	**Yangtze River Delta**					
上海市	Shanghai City	5307	5836	6400	6814	3841
南京市	Nanjing City	829	817	872	987	1056
苏州市	Suzhou City	159	164	166	168	146
无锡市	Wuxi City	178	183	178	186	205
常州市	Changzhou City	223	246	254	361	296
镇江市	Zhenjiang City	383	437	472	557	264
南通市	Nantong City				26	23
扬州市	Yangzhou City				4	
泰州市	Taizhou City					5
杭州市	Hangzhou City	417	446	438	480	525
宁波市	Ningbo City	682	980	1158	1210	1207
嘉兴市	Jiaxing City	72	69	72	96	69
湖州市	Huzhou City	231	212	214	200	
绍兴市	Shaoxing City	110	113	138	135	139
舟山市	Zhoushan City					
台州市	Taizhou City					
珠江三角洲经济区	**Pearl River Delta**					
广州市	Guangzhou City	2018	4708	4852	6962	6379
深圳市	Shenzhen City	281	273	316	354	395
珠海市	Zhuhai City					
佛山市	Foshan City	171	98	79	130	249
江门市	Jiangmen City					
东莞市	Dongguan City					
中山市	Zhongshan City					
惠州市区	Huizhou Urban District	70	229	226	284	224
惠阳市	Huiyang City				13	
惠东县	Huidong County					
博罗县	Boluo County					
肇庆市区	Zhaoqing Urban District	86	92	87	76	103
高要市	Gaoyao City					
四会市	Sihui City					

9-3 续表 2 continued

单位：万吨 (10 000 tons)

地区	Area	公路 Highways				
		2000	2002	2003	2004	2005
长江三角洲经济区	**Yangtze River Delta**					
上海市	Shanghai City	28369	29759	30678	31554	32684
南京市	Nanjing City	7590	9255	9266	9741	10530
苏州市	Suzhou City	4567	5010	5389	6941	7762
无锡市	Wuxi City	5932	6057	5891	6174	7008
常州市	Changzhou City	3335	3783	4040	4334	4950
镇江市	Zhenjiang City	3343	3632	3856	4283	4574
南通市	Nantong City	5314	5728	5885	6296	6957
扬州市	Yangzhou City	3516	3740	3977	4197	4433
泰州市	Taizhou City	1631	1794	2029	2032	2123
杭州市	Hangzhou City	7865	10391	12118	13117	13539
宁波市	Ningbo City	8219	8630	9070	9890	10480
嘉兴市	Jiaxing City	2072	2063	2317	2360	2596
湖州市	Huzhou City	3329	3734	4219	4683	5385
绍兴市	Shaoxing City	5560	6079	6766	8132	8406
舟山市	Zhoushan City	1268	1323	1339	1439	1806
台州市	Taizhou City	3659	4616	5193	5362	5948
珠江三角洲经济区	**Pearl River Delta**					
广州市	Guangzhou City	12549	14122	14693	17585	20601
深圳市	Shenzhen City	3825	4819	5433	6388	7390
珠海市	Zhuhai City	1734	1951	2033	2100	2183
佛山市	Foshan City	6789	8876	10977	12138	13383
江门市	Jiangmen City	1838	2366	2043	2101	2793
东莞市	Dongguan City	3440	4015	4046	4250	4586
中山市	Zhongshan City	2160	2934	3220	3639	4147
惠州市区	Huizhou Urban District	1173	1157	1161	1195	
惠阳市	Huiyang City	618	929	385	500	
惠东县	Huidong County	408	365	348	375	
博罗县	Boluo County	562	642	749	755	
肇庆市区	Zhaoqing Urban District	3651	4439	4652	922	
高要市	Gaoyao City				363	
四会市	Sihui City				335	

9–3 续表3 continued

单位：万吨 (10 000 tons)

地区	Area	水运 Waterways				
		2000	2002	2003	2004	2005
长江三角洲经济区	**Yangtze River Delta**					
上海市	Shanghai City	18442	23174	26621	30148	34557
南京市	Nanjing City	4275	4122	4657	6206	6483
苏州市	Suzhou City	3248	3340	1965	1892	2631
无锡市	Wuxi City	1333	1253	1028	1070	1216
常州市	Changzhou City	1137	1111	1143	952	786
镇江市	Zhenjiang City	374	316	326	349	393
南通市	Nantong City	1364	1345	1408	1537	1670
扬州市	Yangzhou City	1170	1193	1246	1317	1373
泰州市	Taizhou City	1633	3593	2064	3342	3430
杭州市	Hangzhou City	3173	3504	4253	5289	5833
宁波市	Ningbo City	1829	2716	3568	4734	5619
嘉兴市	Jiaxing City	3886	4492	4954	5463	6792
湖州市	Huzhou City	3212	5535	6545	7269	8426
绍兴市	Shaoxing City	910	1055	1128	1176	1153
舟山市	Zhoushan City	1679	1942	2438	3991	4911
台州市	Taizhou City	1341	2103	2730	3487	4299
珠江三角洲经济区	**Pearl River Delta**					
广州市	Guangzhou City	9569	9201	9292	10631	10710
深圳市	Shenzhen City	586	778	1003	1201	2005
珠海市	Zhuhai City	1990	2188	2195	1124	1147
佛山市	Foshan City	2682	3470	3326	3580	3971
江门市	Jiangmen City	1421	1709	2264	2014	2232
东莞市	Dongguan City	1991	1842	1831	1804	1814
中山市	Zhongshan City	972	1022	1111	1609	1838
惠州市区	Huizhou Urban District	30	18	50	375	
惠阳市	Huiyang City	66	26	22	79	
惠东县	Huidong County	88	21	25	23	
博罗县	Boluo County	154	245	256	355	
肇庆市区	Zhaoqing Urban District	1065	1229	1207	132	
高要市	Gaoyao City				48	
四会市	Sihui City				45	

4-3 续表 continued

单位：亿元 (100 million yuan)

地区	Area	利用外资 Foreign Investment	自筹资金 Self-raising Funds	其他资金 Others
长江三角洲经济区	**Yangtze River Delta**			
上海市	Shanghai City	235.61	1976.72	1033.55
南京市	Nanjing City	65.29	668.12	199.61
苏州市	Suzhou City	237.86	453.97	337.25
无锡市	Wuxi City	166.27	540.11	138.31
常州市	Changzhou City	20.16	280.01	10.04
镇江市	Zhenjiang City	22.28	163.90	36.30
南通市	Nantong City	46.78	221.96	53.81
扬州市	Yangzhou City	58.30	266.47	15.07
泰州市	Taizhou City	15.98	168.73	26.11
杭州市	Hangzhou City	30.40	588.91	408.32
宁波市	Ningbo City	138.28	417.36	161.43
嘉兴市	Jiaxing City	55.11	132.95	15.70
湖州市	Huzhou City	5.97	118.14	118.87
绍兴市	Shaoxing City	23.70	190.32	6.21
舟山市	Zhoushan City	1.31	69.40	24.90
台州市	Taizhou City	6.54	158.15	90.60
珠江三角洲经济区	**Pearl River Delta**			
广州市	Guangzhou City	109.45	651.24	458.45
深圳市	Shenzhen City	14.40	791.29	337.36
珠海市	Zhuhai City	65.30	86.18	27.95
佛山市	Foshan City	15.08	113.72	15.86
江门市	Jiangmen City	37.25	120.80	36.38
东莞市	Dongguan City			
中山市	Zhongshan City	50.53	175.11	86.33
惠州市区	Huizhou Urban District	14.45	57.55	18.66
惠阳市	Huiyang City	73.99	57.73	2.82
惠东县	Huidong County	7.32	15.40	1.65
博罗县	Boluo County	7.09	7.09	1.17
肇庆市区	Zhaoqing Urban District	0.68	15.91	1.52
高要市	Gaoyao City	3.10	5.19	0.63
四会市	Sihui City	19.51	18.51	0.30

4-4 按登记注册类型分的固定资产投资额（2005年）

Total Investment in Fixed Assets by Type of Ownership(2005)

单位：亿元 (100 million yuan)

地区	Area	内资 Domestic Funds	国有及国有控股 State-owned and state-holding	集体 Collective-owned	私营个体 Individuals Economy
长江三角洲经济区	**Yangtze River Delta**				
上海市	Shanghai City	2902.24	1240.27	131.07	565.24
南京市	Nanjing City	924.86	457.48	60.34	157.06
苏州市	Suzhou City	1291.01	380.89	63.02	562.22
无锡市	Wuxi City	1037.05	186.21	149.53	490.35
常州市	Changzhou City	459.22	188.59	22.51	83.60
镇江市	Zhenjiang City	155.20	88.44	2.06	23.48
南通市	Nantong City	263.55	70.37		92.94
扬州市	Yangzhou City	262.29	104.64	12.15	142.10
泰州市	Taizhou City	184.85	62.78	3.16	53.24
杭州市	Hangzhou City	955.33	329.46	8.98	101.53
宁波市	Ningbo City	740.97	327.39	3.39	140.03
嘉兴市	Jiaxing City	474.19	129.43	14.69	127.95
湖州市	Huzhou City	210.86	83.25	2.28	17.94
绍兴市	Shaoxing City	370.88	102.81	3.18	80.66
舟山市	Zhoushan City	158.56	98.46		22.69
台州市	Taizhou City	272.57	90.26	4.06	2.31
珠江三角洲经济区	**Pearl River Delta**				
广州市	Guangzhou City	1130.98	528.35	22.06	187.21
深圳市	Shenzhen City	808.60	321.29	35.95	142.31
珠海市	Zhuhai City	110.05	33.56	3.91	24.78
佛山市	Foshan City	182.68	133.96	14.76	2.08
江门市	Jiangmen City	184.57	68.67	13.22	99.71
东莞市	Dongguan City				
中山市	Zhongshan City	235.64	48.53	29.58	72.97
惠州市区	Huizhou Urban District	47.04	18.71	0.68	
惠阳市	Huiyang City	11.10	6.01	1.57	
惠东县	Huidong County	5.97	5.87		
博罗县	Boluo County	10.70	8.76	1.50	
肇庆市区	Zhaoqing Urban District	19.96	13.25	0.02	3.32
高要市	Gaoyao City	5.51	4.04	0.03	1.30
四会市	Sihui City	19.98	8.00	0.75	4.92

9-5 公路、内河航道、码头情况(2005年)

Basic Conditions of Highways,Inland Waterways and Berths(2005)

单位：公里 (km)

地区	Area	公路通车里程 Length of Highways	# 一级公路 First Class Highways	# 二级公路 Second Class Highways	# 高速公路 Express-way	内河通航里程 Length of Navigable Inland Waterways	码头泊位个数(个) Number of Berths (unit)
长江三角洲经济区	**Yangtze River Delta**						
上海市	Shanghai City	8110				2110	1181
南京市	Nanjing City	8805	268	909	309	645	269
苏州市	Suzhou City	6993	892	2050	434	2836	170
无锡市	Wuxi City	4296	240	1354	221	1565	714
常州市	Changzhou City	5444	406	886	117	1247	574
镇江市	Zhenjiang City	6109	299	612	106	597	230
南通市	Nantong City	8986	234	1272	217	3516	85
扬州市	Yangzhou City	6865	160	928	241	2164	314
泰州市	Taizhou City	4977	290	822	200	2568	738
杭州市	Hangzhou City	13148	1931	11644	335	2005	
宁波市	Ningbo City	5824	575	658	226	1204	268 ①
嘉兴市	Jiaxing City	2837	397	300	150	1914	2337
湖州市	Huzhou City	3045	273	273	86	1167	1473
绍兴市	Shaoxing City	7882	124	728	279	1078	148
舟山市	Zhoushan City	952	45	138			385
台州市	Taizhou City	4128	182	1031	128	986	153
珠江三角洲经济区	**Pearl River Delta**						
广州市	Guangzhou City	5493	559	740	433	855	761
深圳市	Shenzhen City	1580	588	280	244		142
珠海市	Zhuhai City	1074	319	57	4	676	98
佛山市	Foshan City	4026	982	464	97	864	186
江门市	Jiangmen City	6951	618	798	330		
东莞市	Dongguan City	2871	1315	703	154	664	155 ②
中山市	Zhongshan City	1333	208	449	67	996	122
惠州市区	Huizhou Urban District	1139	99	147	67		
惠阳市	Huiyang City	901	123	159	42		
惠东县	Huidong County	2051	23	107	108		
博罗县	Boluo County	1801	14	253	61		
肇庆市区	Zhaoqing Urban District	495	53	45			
高要市	Gaoyao City	1498	33	182	67		
四会市	Sihui City	1275	80	117			

注：①指500吨级以上泊位数。②泊位含沿海、内河港口。

Note: ① Data refer to the number of berths above 500 tons level. ② Includes inland waterways and berths.

9-6 沿海主要港口与内河码头货物吞吐量

Volume of Freight Handled in Major Coastal Ports and River Trade Terminal

单位：万吨 (10 000 tons)

地区	Area	2000	2001	2002	2003	2004	2005
长江三角洲经济区	**Yangtze River Delta**						
上海市	Shanghai City	20440	22099	26384	31621	37896	44317
南京市	Nanjing City	6850	5963	6398	8564	10428	11610
苏州市	Suzhou City	8028	8064	9308	10329	13088	15743
无锡市	Wuxi City	1408	1684	2017	2890	3543	5045
常州市	Changzhou City	1711	1819	1945	2672	2933	3825
镇江市	Zhenjiang City	2996	2949	3247	3691	5692	6001
南通市	Nantong City	2748	3511	3746	7918	7218	8327
扬州市	Yangzhou City	1429	1506	1611	1769	2256	4634
泰州市	Taizhou City	662	742	841	2090	2848	4231
杭州市	Hangzhou City						
宁波市	Ningbo City	11547	12852	15398	18543	22586	26881
嘉兴市	Jiaxing City	906	1019	1130	1328	1349	1704
湖州市	Huzhou City						
绍兴市	Shaoxing City						
舟山市	Zhoushan City	3189	3281	4068	5722	7359	9052
台州市	Taizhou City	1271	1397	1614	2150	2492	2571
珠江三角洲经济区	**Pearl River Delta**						
广州市	Guangzhou City	12455	13539	16772	19200	23887	27283
深圳市	Shenzhen City	5697	6643	8767	11220	13537	15351
珠海市	Zhuhai City	1770	1998	2340	2470	3203	3557
佛山市	Foshan City	2033	2329	2990	3077	3798	3951
江门市	Jiangmen City	879	1072	1942	1960	2030	2438
东莞市	Dongguan City	746	883	1611	2352	2600	2280
中山市	Zhongshan City	635	677	850	1478	1960	2072
惠州市区①	Huizhou Urban District ①	13	10	15	14	16	
惠阳市①	Huiyang City ①	779	784	910	1022	1296	1184
惠东县①	Huidong County ①	8	13		28	75	87
博罗县①	Boluo County ①	25	26	31	34	155	
肇庆市区	Zhaoqing Urban District	101	128	147	131	196	210
高要市	Gaoyao City	26	38	46	51	64	65
四会市	Sihui City	62	64	70	76	78	80

注：①2000年—2002年数据为区划调整前的港口货物吞吐量。

Note: ① The data from 2000 to 2002 is volume of freight handle in coastal ports before adjusted by regionalism.

9-7 港口国际标准集装箱吞吐量

Volume of International Standard Containers Handled in Ports

单位：标准集装箱 TEU

地区	Area	2000	2001	2002	2003	2004	2005
长江三角洲经济区	**Yangtze River Delta**						
上海市	Shanghai City	5612000	6340000	8612000	11282500	14554000	18084000
南京市	Nanjing City	44486	221436	250222	404517	490224	605023
苏州市	Suzhou City	197000	232000	291100	346308	508778	753256
无锡市	Wuxi City	12733	12182	24513	54285	80713	92298
常州市	Changzhou City	11441	14173	20011	28120	26997	33237
镇江市	Zhenjiang City	58000	73000	102000	132929	163837	177683
南通市	Nantong City	182441	183546	205097	246588	287383	301156
扬州市	Yangzhou City	61286	80917	99011	135895	131456	77539
泰州市	Taizhou City		5300	9000	17200	23838	41700
杭州市	Hangzhou City						
宁波市	Ningbo City	22000	1213000	1859000	2772214	4005000	5208100
嘉兴市	Jiaxing City			4959	8525	16604	14375
湖州市	Huzhou City					2400	1273
绍兴市	Shaoxing City						
舟山市	Zhoushan City	19658	23961	26631	33554	49540	54986
台州市	Taizhou City	23454	33578	34704	44289	42428	47204
珠江三角洲经济区	**Pearl River Delta**						
广州市	Guangzhou City	921654	1545663	1635300	1755538	1932764	2161700
深圳市	Shenzhen City	3993600	5076400	7617801	10651600	13660000	16200000
珠海市	Zhuhai City					448000	478000
佛山市	Foshan City				1304000		1729811
江门市	Jiangmen City						
东莞市	Dongguan City			230900	248300	248400	197700
中山市	Zhongshan City	505757	552473	642297	754733	930035	998690
惠州市区	Huizhou Urban District						
惠阳市	Huiyang City				181763	2252000	
惠东县	Huidong County				70000	6500	
博罗县	Boluo County				12838	231300	
肇庆市区	Zhaoqing Urban District						
高要市	Gaoyao City						
四会市	Sihui City						

9-8 民用车辆拥有量

Possession of Civil Vehicles

单位：辆　　(unit)

地区	Area	总计 Total			#汽 车 Vehicles		
		2000	2004	2005	2000	2004	2005
长江三角洲经济区	**Yangtze River Delta**						
上海市	Shanghai City	1042900	2028500	2217400	491900	835100	951500
南京市	Nanjing City	315119	581405	662316	109289	263614	311519
苏州市	Suzhou City	887513	1274730	1414192	125918	361177	449696
无锡市	Wuxi City	739276	963470	973366	89117	238903	290254
常州市	Changzhou City	438027	637787	688280	57600	128735	165901
镇江市	Zhenjiang City	27453	390895	424114	34712	78177	85074
南通市	Nantong City		1193272	1306880	57146	112516	130374
扬州市	Yangzhou City	765460	548187	632943	29552	68059	81695
泰州市	Taizhou City	274265	424937	484388	28872	68864	85996
杭州市	Hangzhou City	427104	988173	1078412	162831	410781	492696
宁波市	Ningbo City		931885	1025913	90664	241257	333084
嘉兴市	Jiaxing City	264479	715762	749151	43595	114125	132673
湖州市	Huzhou City	160374	571686	631808	27866	67609	80960
绍兴市	Shaoxing City	278530	502672	565489	57646	132867	164639
舟山市	Zhoushan City	32702	81383	78466	9436	15604	18423
台州市	Taizhou City	359374	723636	807178	52390	170650	211745
珠江三角洲经济区	**Pearl River Delta**						
广州市	Guangzhou City	1350390	1722105	1773818	395773	6824444	761521
深圳市	Shenzhen City	53885	691033	813108	299508	647069	770877
珠海市	Zhuhai City	86331	145932	167096	55204	82770	105938
佛山市	Foshan City	1359046	1620360	1755381	216870	366078	421607
江门市	Jiangmen City	655107	1112744	1251276	82139	124760	142950
东莞市	Dongguan City	637863	1009535	1184646	153684	319725	406577
中山市	Zhongshan City	425162	497222	559657	78926	148387	190965
惠州市区	Huizhou Urban District	305074			56419		
惠阳市	Huiyang City						
惠东县	Huidong County						
博罗县	Boluo County						
肇庆市区	Zhaoqing Urban District		181161			21824	
高要市	Gaoyao City		134664			8546	
四会市	Sihui City		69260			6455	

9-8 续表 continued

单位：辆 (unit)

地区	Area	# 摩托车 Motorcycles			# 拖拉机(台) Tractors		
		2000	2004	2005	2000	2004	2005
长江三角洲经济区	**Yangtze River Delta**						
上海市	Shanghai City	537700	1138500	1204200	4500	13000	12400
南京市	Nanjing City	182061	311526	330318	13852	1943	16033
苏州市	Suzhou City	725523	916320	958249	30235	14658	13038
无锡市	Wuxi City	631365	721096	679422	13850	23832	23214
常州市	Changzhou City	349876	499962	483496	30551	39821	37549
镇江市	Zhenjiang City	216270	305083	317458	12255	6412	20623
南通市	Nantong City		1079941	1197802			
扬州市	Yangzhou City	422192	459759	494515	58718	58560	56733
泰州市	Taizhou City	221858	355515	397998	11637		
杭州市	Hangzhou City	223630	550674	582536	31131	23144	22333
宁波市	Ningbo City		665684	674062	15026	18577	18767
嘉兴市	Jiaxing City	209650	599151	603591	11234	12901	12887
湖州市	Huzhou City	124725	500108	550309	7783	8402	11069
绍兴市	Shaoxing City	209650	366883	400164	11234		
舟山市	Zhoushan City	19732	62113	56548	3534	3619	3495
台州市	Taizhou City	267219	528609	576227	35823	22867	18086
珠江三角洲经济区	**Pearl River Delta**						
广州市	Guangzhou City	946632	1028043	1004808	4016	41	619
深圳市	Shenzhen City	54168	43964	28816			
珠海市	Zhuhai City	29517	59606	57629	1606	1519	1425
佛山市	Foshan City	1126210	1246591	1330022	15228	24	1828
江门市	Jiangmen City	560431	975159	1094277	12042	134	9962
东莞市	Dongguan City	482636	687651	775838	1534	8	9
中山市	Zhongshan City	342825	347718	367524	1575	2796	2721
惠州市区	Huizhou Urban District	237466			11189		
惠阳市	Huiyang City						
惠东县	Huidong County						
博罗县	Boluo County						
肇庆市区	Zhaoqing Urban District	289220	166310		12199	278	
高要市	Gaoyao City		122703			3387	
四会市	Sihui City		61425			1377	

9-9 私人车辆拥有量

Possession of Private Vehicles

单位：辆 (unit)

地区	Area	总计 Total			# 汽车 Vehicles		
		2000	2004	2005	2000	2004	2005
长江三角洲经济区	**Yangtze River Delta**						
上海市	Shanghai City		1427700	1576500		317700	410000
南京市	Nanjing City	226556	449180	523933	27413	142818	181687
苏州市	Suzhou City				44996	222954	301358
无锡市	Wuxi City	663522	838644	848538	19551	103406	152030
常州市	Changzhou City	360755	599165	605605	13801	58610	88086
镇江市	Zhenjiang City				7752	41714	48560
南通市	Nantong City		1130797	1259541	9782	58244	68275
扬州市	Yangzhou City	237110	445038	489685	5580	30513	40404
泰州市	Taizhou City	218030	377229	433394	6182	31724	45396
杭州市	Hangzhou City	285563	779610	882552	42349	233048	303929
宁波市	Ningbo City		778084	833031	21595	112400	158969
嘉兴市	Jiaxing City	29466	651464	676180	13007	59124	76095
湖州市	Huzhou City	132592	541369	601905	8204	41261	54191
绍兴市	Shaoxing City	141797			8536	88576	112808
舟山市	Zhoushan City	27654	69358	65793	2473	7250	9245
台州市	Taizhou City	301116	655080	740242	33897	129272	166561
珠江三角洲经济区	**Pearl River Delta**						
广州市	Guangzhou City	1108488	1435305		207668	434866	512273
深圳市	Shenzhen City	141473	402926	520884	102871	402926	520884
珠海市	Zhuhai City	40129	94944	106543	16969	40883	55563
佛山市	Foshan City	1246587	1532512	1650082	141869	296881	334404
江门市	Jiangmen City	602460	1056476	1194760	40722	87092	103109
东莞市	Dongguan City	517537	835734	986069	91205	216419	282515
中山市	Zhongshan City	384389	446411	495494	47939	104405	136318
惠州市区	Huizhou Urban District	256660			28705		
惠阳市	Huiyang City						
惠东县	Huidong County						
博罗县	Boluo County						
肇庆市区	Zhaoqing Urban District	310424			14526		
高要市	Gaoyao City						
四会市	Sihui City						

9-9 续表 continued

单位：辆 (unit)

地区	Area	# 摩托车 Motorcycles 2000	2004	2005
长江三角洲经济区	**Yangtze River Delta**			
上海市	Shanghai City	497399	1098700	1165000
南京市	Nanjing City	175779	304760	326043
苏州市	Suzhou City	725523	916402	958249
无锡市	Wuxi City	625399	711406	673294
常州市	Changzhou City	349876	495669	479965
镇江市	Zhenjiang City	216270	305083	317458
南通市	Nantong City		1072497	1191234
扬州市	Yangzhou City	231530	414525	449281
泰州市	Taizhou City	211848	345505	387988
杭州市	Hangzhou City	227967	546469	578558
宁波市	Ningbo City		665684	674062
嘉兴市	Jiaxing City	16459	592298	600085
湖州市	Huzhou City	124388	498421	547605
绍兴市	Shaoxing City	133261		
舟山市	Zhoushan City	25181	62108	56548
台州市	Taizhou City	267219	525808	573681
珠江三角洲经济区	**Pearl River Delta**			
广州市	Guangzhou City	900820	996773	
深圳市	Shenzhen City	54168	31845	28816
珠海市	Zhuhai City	23092	53976	50898
佛山市	Foshan City	1095589	1233720	1315391
江门市	Jiangmen City	549746	957942	1078323
东莞市	Dongguan City	426215	687651	703505
中山市	Zhongshan City	336268	341951	359131
惠州市区	Huizhou Urban District	216610		
惠阳市	Huiyang City			
惠东县	Huidong County			
博罗县	Boluo County			
肇庆市区	Zhaoqing Urban District			
高要市	Gaoyao City			
四会市	Sihui City			

9-10 民用运输船舶拥有量

Number of Vessels Owned

地区	Area	机动船 Motor Vessels 艘数（艘）Number(unit) 2003	2004	2005	净载重量(吨) Dead Weight Tonage(ton) 2003	2004	2005
长江三角洲经济区	**Yangtze River Delta**						
上海市	Shanghai City	2309	2077	2016	9904592	13537518	16939040
南京市	Nanjing City	2006	2012	1953	1082459	3194588	3617514
苏州市	Suzhou City	2913	1830	2232	114533	125087	100378
无锡市	Wuxi City	3018	2748	2622	319797	372600	348763
常州市	Changzhou City	1490	1314	1116	163623	216873	248577
镇江市	Zhenjiang City	802	546	573	68528	40914	44830
南通市	Nantong City	3005	3005	2749	385321	385321	280682
扬州市	Yangzhou City	2979	3655	3160	440848	507218	385513
泰州市	Taizhou City	7294	9180	8971	855888	1274015	1830382
杭州市	Hangzhou City	4358	4424	4585	533204	630805	765117
宁波市	Ningbo City	567	608	696	1100767	136284	1885779
嘉兴市	JiaxIng City	9158	8239	7813	701995	106673	818538
湖州市	Huzhou City	7092	6931	5293	770265	894766	866114
绍兴市	Shaoxing City	2687	1709	1578	140683	150704	166434
舟山市	Zhoushan City	1144	1368	1582	1003931	1410925	1878351
台州市	Taizhou City	2281	2127	2078	780320	960802	1365200
珠江三角洲经济区	**Pearl River Delta**						
广州市	Guangzhou City	5431	2414	1845	3180994	3583383	3860733
深圳市	Shenzhen City	101	104	94	986269	1042898	997215
珠海市	Zhuhai City	601	723	678	267345	288254	286515
佛山市	Foshan City	1317	1190	1236	423003	418906	413739
江门市	Jiangmen City	839	967	1007	176853	150335	261553
东莞市	Dongguan City	392	417	467	77997	107910	148737
中山市	Zhongshan City	3119	3118	3197	248740	250780	262446
惠州市区	Huizhou Urban District	174	368		26324	53733	
惠阳市	Huiyang City	33	73		2643	11053	
惠东县	Huidong County	79	23		19007	3455	
博罗县	Boluo County	319	236		67723	36580	
肇庆市区	Zhaoqing Urban District	161			35741		
高要市	Gaoyao City	102			6155		
四会市	Sihui City	190			11089		

9-10 续表1 continued

地区	Area	机动船 Motor Vessels					
		载客量（客位） Passenger Capacity (seat)			拖船功率(千瓦) Drawing Power (kw)		
		2003	2004	2005	2003	2004	2005
长江三角洲经济区	**Yangtze River Delta**						
上海市	Shanghai City	79445	79273	82126	91264	101767	97542
南京市	Nanjing City	12512	9566	5651	6825	97615	82897
苏州市	Suzhou City	4640	5030	3275	10837	6030	12979
无锡市	Wuxi City	4824	4719	5863	11154	10369	11860
常州市	Changzhou City	2185		2703	3575	6840	2835
镇江市	Zhenjiang City	5658	6110	6559	11700	12113	15810
南通市	Nantong City	1763	1763	771	13252	13252	10503
扬州市	Yangzhou City	3303	3303	4109	10082	10877	15385
泰州市	Taizhou City	1360	1360	2748	10066	16122	16160
杭州市	Hangzhou City	15621	16477	16564	11500	10968	10640
宁波市	Ningbo City	6176	3837	5064	747	747	1482
嘉兴市	Jiaxing City	927	454	1460	8960	6640	4018
湖州市	Huzhou City		128	242	13474	13749	12658
绍兴市	Shaoxing City	1513	1867	1983	1652	1461	777
舟山市	Zhoushan City	28414	29240	31528	528701	662365	828185
台州市	Taizhou City	2224	1737	1784			
珠江三角洲经济区	**Pearl River Delta**						
广州市	Guangzhou City	23592	23743	18775	15280	8656	7230
深圳市	Shenzhen City	2934	3117	2751	317775	311295	295447
珠海市	Zhuhai City	9089	9526	9783	20587	14862	14276
佛山市	Foshan City	2386	2386	2386	2644	1979	2852
江门市	Jiangmen City	6588	3480	3845			
东莞市	Dongguan City	604	604	604			
中山市	Zhongshan City	1423	1468	1993	2266	1272	1272
惠州市区	Huizhou Urban District	240				73616	
惠阳市	Huiyang City					14637	
惠东县	Huidong County					4612	
博罗县	Boluo County					47389	
肇庆市区	Zhaoqing Urban District						
高要市	Gaoyao City						
四会市	Sihui City						

9-10 续表2 continued

地区	Area	驳船 Barges					
		数量（艘） Number (unit)			净载重量(吨) Dead Weight Tonage (ton)		
		2003	2004	2005	2003	2004	2005
长江三角洲经济区	**Yangtze River Delta**						
上海市	Shanghai City	663	603	546	290801	263081	286839
南京市	Nanjing City	247	430	456	24700	740262	670914
苏州市	Suzhou City	405	402	384	35481	42355	29045
无锡市	Wuxi City	708	782	1034	63617	80880	109970
常州市	Changzhou City	301	336	220	36252	50624	32752
镇江市	Zhenjiang City	206	242	219	84300	84077	75529
南通市	Nantong City	770	770	645	81940	81940	45397
扬州市	Yangzhou City	746	904	385	139709	45953	55136
泰州市	Taizhou City	605	794	591	79534	110783	78540
杭州市	Hangzhou City	641	646	590	65397	72411	68450
宁波市	Ningbo City	5	5	8	4090	4090	11622
嘉兴市	Jiaxing City	819	559	468	70204	51993	46480
湖州市	Huzhou City	1197	1140	1036	108595	108251	104087
绍兴市	Shaoxing City	190	191	93	9808	10251	4715
舟山市	Zhoushan City		10	10		7724	6911
台州市	Taizhou City						
珠江三角洲经济区	**Pearl River Delta**						
广州市	Guangzhou City	276	55	24	57600	27621	20479
深圳市	Shenzhen City	11	10	8	25495	21054	19880
珠海市	Zhuhai City	19	24	15	5328	8065	4069
佛山市	Foshan City	12	6	4	4381	3220	418
江门市	Jiangmen City						
东莞市	Dongguan City						
中山市	Zhongshan City	15	11	11	9426	5710	5710
惠州市区	Huizhou Urban District						
惠阳市	Huiyang City						
惠东县	Huidong County						
博罗县	Boluo County						
肇庆市区	Zhaoqing Urban District						
高要市	Gaoyao City						
四会市	Sihui City						

9-10 续表 3 continued

地区	Area	驳船 Barges 载客量（客位） Passenger Capacity(seat) 2003	2004	2005
长江三角洲经济区	**Yangtze River Delta**			
上海市	Shanghai City			
南京市	Nanjing City			
苏州市	Suzhou City	214	176	364
无锡市	Wuxi City			
常州市	Changzhou City			
镇江市	Zhenjiang City			
南通市	Nantong City			
扬州市	Yangzhou City	413		
泰州市	Taizhou City			
杭州市	Hangzhou City	253	142	
宁波市	Ningbo City			
嘉兴市	Jiaxing City	304	204	189
湖州市	Huzhou City			
绍兴市	Shaoxing City			
舟山市	Zhoushan City			
台州市	Taizhou City			
珠江三角洲经济区	**Pearl River Delta**			
广州市	Guangzhou City	164	121	
深圳市	Shenzhen City	2934	3117	2751
珠海市	Zhuhai City			
佛山市	Foshan City			
江门市	Jiangmen City			
东莞市	Dongguan City			
中山市	Zhongshan City			
惠州市区	Huizhou Urban District			
惠阳市	Huiyang City			
惠东县	Huidong County			
博罗县	Boluo County			
肇庆市区	Zhaoqing Urban District			
高要市	Gaoyao City			
四会市	Sihui City			

9-11 邮电业务基本情况

Basic Conditions of Post and Telecommunication Services

地区	Area	年末邮电局所数(处) Number of Post and Telecommunication Offices at Year-end (unit)			邮政业务总量（万元） Business Volume of Post (10 000yean)		
		2000	2004	2005	2000	2004	2005
长江三角洲经济区	**Yangtze River Delta**						
上海市	Shanghai City	580	615	631	224000	362600	384900
南京市	Nanjing City	322	212	212		65142	72378
苏州市	Suzhou City	376	405	419	31674	70937	80380
无锡市	Wuxi City	355	218	216	23792	51086	56181
常州市	Changzhou City	248	165	166	22583	318161	348747
镇江市	Zhenjiang City	248	133	133	11149	188935	214180
南通市	Nantong City	531	339	346	20384	47835	58416
扬州市	Yangzhou City	281	218	218	21988	219392	239072
泰州市	Taizhou City	357	351	351	13499	447690	483622
杭州市	Hangzhou City	443	336	336	40200	64833	66887
宁波市	Ningbo City	373	395	501	14900	43601	48667
嘉兴市	Jiaxing City	251	164	168	6960	19456	21728
湖州市	Huzhou City	166	138	132	7693	10921	11466
绍兴市	Shaoxing City	183	222	258	15730	26933	30444
舟山市	Zhoushan City	112	77	75	4171	6342	6852
台州市	Taizhou City	408	327	417	9530	27001	28160
珠江三角洲经济区	**Pearl River Delta**						
广州市	Guangzhou City	821	394		101735	123827	129376
深圳市	Shenzhen City	652	660	647		101000	109800
珠海市	Zhuhai City	128	114	102	6900	17226	19045
佛山市	Foshan City	336	301	266	15828	40493	45216
江门市	Jiangmen City	170	164	165	9588	24737	24985
东莞市	Dongguan City	594	854	725		54191	62093
中山市	Zhongshan City	230	221	202	6300	20716	21282
惠州市区	Huizhou Urban District	57	75			6267	
惠阳市	Huiyang City		38			2645	
惠东县	Huidong County		25			1794	
博罗县	Boluo County		51			2183	
肇庆市区	Zhaoqing Urban District		63	52		4353	4332
高要市	Gaoyao City		53	42		1944	1639
四会市	Sihui City		54	48		1891	2259

9-11 续表1 continued

地区	Area	电信业务总量（万元） Business Volume of Telecommunication (10 000 yuan)			本地电话用户数（万户） Number of Subscribers of Local Telephone (10 000 subscribers)		
		2000	2004	2005	2000	2004	2005
长江三角洲经济区	**Yangtze River Delta**						
上海市	Shanghai City	1493000	3112000	3757700	549.00	868.00	996.70
南京市	Nanjing City		458764	645443	131.85	290.75	339.75
苏州市	Suzhou City	410236	758762	912633	169.98	383.44	483.10
无锡市	Wuxi City	305128	528540	568277	116.21	249.68	308.48
常州市	Changzhou City	159949	287968	314300	75.88	165.17	202.08
镇江市	Zhenjiang City	150920	167644	191223	63.56	125.61	140.98
南通市	Nantong City	100273	783697	803360	116.95	275.61	319.10
扬州市	Yangzhou City	147147	182810	205058	91.58	168.43	182.93
泰州市	Taizhou City	163574	414661	446391	82.20	162.47	172.45
杭州市	Hangzhou City	178147	785829	846700	161.19	360.58	411.05
宁波市	Ningbo City		625140	714500	130.15	296.72	339.41
嘉兴市	Jiaxing City	220540	321712	361282	71.49	147.95	172.51
湖州市	Huzhou City	85317	301642	307485.3198	45.13	104.18	117.78
绍兴市	Shaoxing City		132230	442423	96.02	189.92	221.39
舟山市	Zhoushan City	48911	98136	82419	22.68	47.05	48.73
台州市	Taizhou City	352802	809829	861117	100.81	198.32	207.69
珠江三角洲经济区	**Pearl River Delta**						
广州市	Guangzhou City	1209390	2566808	2804845	260.24	524.15	599.27
深圳市	Shenzhen City		2559100	3098200	173.51	405.66	465.28
珠海市	Zhuhai City	192500	486576	625736	31.00	68.34	79.45
佛山市	Foshan City	631789	1298492	1532658.66	107.49	227.21	264.00
江门市	Jiangmen City	128978	851320	656866	76.32	133.63	142.00
东莞市	Dongguan City		454480	497676	78.12	281.35	383.91
中山市	Zhongshan City	119500	321633	345191	44.20	119.52	146.54
惠州市区	Huizhou Urban District				18.06	53.78	
惠阳市	Huiyang City					25.31	
惠东县	Huidong County					21.06	
博罗县	Boluo County					26.43	
肇庆市区	Zhaoqing Urban District		99789	104137	19.28	27.71	32.15
高要市	Gaoyao City		17295	26132	5.86	13.49	13.62
四会市	Sihui City		19589	20647	8.24	12.98	11.88

9-11 续表 2 continued

地区	Area	移动电话用户数(万户) Number of Mobile Telephone (10 000 subscribers)			互联网上网人数(万人) Number of Uers of Internet Services (10 000 subscribers)		
		2000	2004	2005	2000	2004	2005
长江三角洲经济区	**Yangtze River Delta**						
上海市	Shanghai City	362.00	1311.00	1444.00	88.24	633.00	803.00
南京市	Nanjing City	95.00	384.34	454.27	18.39	79.31	62.90
苏州市	Suzhou City	110.30	491.43	562.69	36.25	57.20	70.48
无锡市	Wuxi City	76.92	302.13	360.53	31.68	58.37	48.50
常州市	Changzhou City	56.68	194.00	207.46	16.56	24.67	23.23
镇江市	Zhenjiang City	33.36	101.88	106.10	13.28	13.08	14.73
南通市	Nantong City	52.23	205.63	238.48	13.03	28.42	25.30
扬州市	Yangzhou City	37.30	125.99	161.85	5.52	28.62	31.44
泰州市	Taizhou City	31.34	96.04	118.14	5.51	15.62	20.68
杭州市	Hangzhou City	99.99	479.58	618.61	11.42	106.00	109.50
宁波市	Ningbo City	117.92	421.00	467.10	7.09	104.01	170.53
嘉兴市	Jiaxing City	49.90	212.09	243.90	3.16	33.37	41.45
湖州市	Huzhou City	33.15	133.40	150.04	3.38	15.79	16.83
绍兴市	Shaoxing City	52.74	178.62	243.91	7.62	38.72	74.66
舟山市	Zhoushan City	17.82	51.19	59.18	1.51	16.21	16.49
台州市	Taizhou City	78.35	283.06	360.83	6.23	39.33	43.18
珠江三角洲经济区	**Pearl River Delta**						
广州市	Guangzhou City	318.46	1092.65	1406.65	82.59	248.44	228.04
深圳市	Shenzhen City	230.91	986.00	1292.00			
珠海市	Zhuhai City	32.50	171.00	225.27	23.00	19.30	
佛山市	Foshan City	139.00	566.43	658.24	77.02		
江门市	Jiangmen City	61.83	257.72	297.93	0.53	19.23	19.00
东莞市	Dongguan City	123.68	856.09	1016.41	13.78	50.57	52.90
中山市	Zhongshan City	54.08	243.45	312.96	11.30	31.81	32.63
惠州市区	Huizhou Urban District	11.80	67.30		2.79		
惠阳市	Huiyang City		62.20				
惠东县	Huidong County		37.52				
博罗县	Boluo County		39.25				
肇庆市区	Zhaoqing Urban District	24.40	73.11	52.89		20.00	13.44
高要市	Gaoyao City	3.11	18.14	26.81	0.45		3.62
四会市	Sihui City	2.53	19.71	28.17			3.33

主要统计指标解释

公路里程　指在一定时期内实际达到《公路工程[WTBZ]技术标准JTJ01－88》规定的等级公路，并经公路主管部门正式验收交付使用的公路里程数。包括大中城市的郊区公路以及通过小城镇街道部分的公路里程和桥梁、渡口的长度、不包括大中城市的街道、厂矿、林区生产用道和农业生产用道的里程。两条或多条公路共同经由同一路径，只计算一次，不得重复计算公路里程长度。该指标可以反映公路建设的发展规模，也是计算运输网密度等指标的基础资料。

内河航道里程　也称内河通航里程，指在一定时期内，能通航运输船舶及排筏的天然河流、湖泊水库、运河及通航渠道的长度。包括全年季节性通航累计三个月以上的航道，不包括仅供零散流放竹、木排的河道。它是反映内河水运网规模、水平和发展情况的主要指标。

货(客)运量　指在一定时期内，各种运输工具实际运送的货物(旅客)数量。它是反映运输业为国民经济和人民生活服务的数量指标，也是制定和检查运输生产计划、研究运输发展规模和速度的重要指标。货运按吨计算，客运按人计算。货物不论运输距离长短、货物类别，均按实际重量统计。旅客不论行程远近或票价多少，均按一人一次客运量统计；半价票、小孩票也按一人统计。

货物(旅客)周转量　指在一定时期内，由各种运输工具运送的货物(旅客)数量与其相应运输距离的乘积之总和。它是反映运输业生产总成果的重要指标，也是编制和检查运输生产计划，计算运输效率、劳动生产率以及核算运输单位成本的主要基础资料。计算货物周转量通常按发出站与到达站之间的最短距离，也就是计费距离计算。计算公式为：

货物(旅客)周转量＝Σ货物(旅客)运输量×运输距离

沿海主要港口货物吞吐量　指经水运进出沿海主要港区范围，并经过装卸的货物数量，包括邮件及办理托运手续的行李、包裹以及补给运输船舶的燃、物料和淡水。货物吞吐量按货物流向分为进口、出口吞吐量，按货物交流性质分为外贸货物吞吐量和国内贸易货物吞吐量。货物吞吐量的货类构成及其流向，是衡量港口生产能力大小的重要指标。

运输船舶拥有量　根据各省航道管理部门登记的船舶资料整理，由各省交通厅提供。民用船舶数量指报告期末拥有的船舶实际数量。统计的船舶包括运输船舶、工程船舶和辅助船舶，不包括渔船和军用船舶。船舶一般分为机动船和驳船，机动船又可分为客船、客货船、货船（包括集装箱船）和拖船。

民用汽车拥有量　指报告期末，在公安交通管理部门按照《机动车注册登记工作规范》，已注册登记领有民用车辆牌照的全部汽车数量。汽车拥有量统计的主要分类：根据汽车结构分为载客汽车、载货汽车及其他汽车；根据汽车所有者不同分为个人(私人)汽车、单位汽车；根据汽车的使用性质分为营运汽车、非营运汽车和特种汽车；根据汽车大小规格不同载客汽车分为大型、中型、小型和微型，载货汽车分为重型、中型、轻型和微型。

邮电业务总量　指以价值量形式表现的邮电通信企业为社会提供各类邮电通信服务的总数量。邮电业务量按专业分类包括函件、包件、汇票、报刊发行、邮政快件、特快专递、邮政储蓄、集邮、公众电报、用户电报、传真、长途电话、出租电路、市话无线寻呼、移动电话、分组交换数据通信、出租代维等。计算方法为各类产品乘以相应的平均单价(不变价)之和，再加上出租电路和设备、代用户维护电话交换机和线路等的服务收入。它综合反映了一定时期邮电业务发展的总成果，是研究邮电业务量构成和发展趋势的重要指标。计算公式为：

邮电业务总量＝Σ（各类邮电业务量×不变单价）＋出租代维及其他业务收入＝邮电业务总量＋电信业务总量

移动电话用户　指在移动电话营业部门登记，通过移动电话交换机进入移动电话网、占有移动电话号码的电话用户。用户数量以实际办理登记手续进入邮电部门移动电话网的户数进行计算，一部或一台移动电话统计为一户。

本地电话用户　指接入本地电信运营商固定电话网上的电话用户。包括：住宅用户、单位用户、公用电话用户等。按电话用户位置又分为市内电话用户和农村电话用户。1997年以前，“市内电话用户”是指接入县城及县以上城市的电话网上的电话用户；“农村电话用户”是指接入县邮电局农话台及县以下农村电话交换点，以县城为中心(除市话用户外)联通县、乡(镇)、行政村、村民小组的用户。从1997年起，电话用户数分组调整为以用户所在区域划分为“城市电话用户”和“乡村电话用户”，与过去的按市内电话和农村电话划分方法不同。而电话用户总数、电话机总部数统计范围不变。

互联网上网人数　指平均每周使用互联网至少1小时的中国公民人数。

Explanatory Notes on Main Statistical Indicators

Length of Highways refers to the length of highways which are built in conformity with the grades specified by the highway engineering standard formulated by the Ministry of Communications, and have been formally checked and accepted by the departments of highways and put into use. The length of highways includes that of the suburb highways at large and medium sized cities, highways passing through streets at small cities and towns, and also the length of bridges and ferries. It does not include the length of streets in big and medium-sized cities and highways built for the production purpose at factories, mines, forest areas and agricultural areas. If two or more highways go the same section of the way, the length of the section is only calculated for once and no duplication is allowed. The length of highways is an important indicator to show the development of the highway construction and to provide essential information to calculate the transport network density.

Length of Navigable Inland Waterways it is an indicator reflecting the size and development of inland water network, it refers to the length of the natural rivers, lakes, reservoirs, canals, and ditches open to navigation during a given period, which enables the transport by ships and rafts. It includes the channels open to navigation for over an accumulative 3 months in a year, yet this does not include the river courses, which are only used to float odd logs and bamboo rafts. This indicator can reflect the scale, level and development situation of the inland waterway network.

Freight (Passenger) Traffic refers to the volume of freight (passenger) transported with various means. Freight transport is calculated in tons and passenger traffic is calculated in the number of persons. Despite the type of freight and traveling distance, the freight transport is calculated in the actual weight of the goods: and despite the traveling distance and ticket price, the passenger traffic is calculated by the principle that one person can be counted only once in one travel. The passengers who travel with a half price ticket or a child ticket is also calculated as one person. The freight (passenger) traffic provides a quantitative measure to show how the transport industry serves the national economy and people, and is also an important indicator for planning the transport industry and for studying the development scale and speed of the transport industry.

Freight Ton-kilometers (Passenger-kilometers) refer to the sum of the products of the volume of transported cargo (passengers) multiplying by the transport distance. It is an important indicator to reflect the achievement of transportation industry.Normally,the shortest distance between the departure station and the destination station (i.e., the payable distance) is the basis to calculate the freight ton-kilometers. This is an important indicator to show the total results of the transport industry, to prepare and examine the transport plan and to measure the efficiency, the labour productivity and the unit cost of transport.

The formula is as follows:

Freight Ton-kilometers (Passenger-kilometers) = Σ {Freight(Passenger) Traffic $\times$ Distance of Transportation}

Volume of Freight Handled in Major Coastal Ports refers to the volume of cargo passing in and out the harbor area of the major coastal ports and having been loaded and unloaded. The volume includes that of the postal matters, registered luggage and fuels, materials and fresh water as supplies of the ships.The volume of freight handled may be classified by direction of flow as freight for import and freight for export, or by nature of cargo as freight for domestic trade and freight for foreign trade. As an important indicator, the volume of freight handled by type of cargo and by main flow direction reflects the production capacity of ports.

Possession of Transport Vessels The number of vessels is registered by sea-route managing departments of each province, and is provided by transportation office. The number of civil shipping refers to that of actual-owned at the end of the reporting term. That include transportation shipping, engineering shipping and assistant shipping, excluding hookers and serve shipping. Shipping generally consists of motor vehicles and bargers,as well as motor vehicles consists of passenger shipping, passenger-and-freight shipping, freight shipping(including container shipping) and drawing shipping.

Possession of Civil Motor Vehicles refer to the total numbers of vehicles that are registered and received vehicles' license tags according to the Work Standard for Motor Vehicles Registration formulated by transport management office under department of public security at the end of reference period. They are divided into following categories according to the structure of motor vehicles: passenger vehicles, trucks and others; and private vehicles and vehicles for units use according to ownerships; working vehicles, non-working vehicles and special motor vehicles according to kind of usage; large passenger vehicles, medium passenger vehicles and small passenger vehicles, heavy trucks, light-heavy trucks and light trucks according to sizes of vehicles.

Business Volume of Post and Telecommunications refers to the total amount of post and telecommunication services, expressed in value terms, provided by the post and telecommunications departments for the society. Post and telecommunication services can be classified as letters, parcels, remittance, issue of newspapers and magazines, fast mail service, express mail service, savings deposits, stamps for collection, public and individual telegraph service, facsimiles, long-distance telephone service, leasing of telephone lines, urban paging service, mobile telephone service, data transfer and transmission, etc. The accounting approach is to multiply the service products of all types with their average unit price (constant price) to get sum of business value, plus income from other services such as leasing of telephone lines and equipment, maintenance of telephone switchboards and lines on behalf of customers. This indicator reflects the overall results of post and telecommunications service during a given period, and is important to study the composition of business service and the development of post and telecommunications service.

The formula is as follows:

Business Volume of Post and Telecommunications= Σ (Transaction of Post and Telecommunication Service $\times$ Constant Price) + Income from Leasing, Maintenance and other Services

Mobile Telephone Subscribers refer to the persons who own mobile telephone numbers and are connected with the mobile telephone communication network through the mobile telephone switchboards, including contracted subscribers and prepaid subscribers for intelligent network. One mobile telephone is taken as a subscriber.

Local Telephone Subscribers refer to subscribers that are connected to the local telecommunication service provider through fix line network, including household subscribers, institutional subscribers and public telephones. They are also classified as city subscribers and rural subscribers according to locations. Before 1997, city subscribers referred to those connected to city telephone networks in county towns and cities, while village subscribers referred to those connected to village telephone stations at and below counties. Since 1997, the classification of telephone subscribers was modified on the basis of physical location of the subscribers as urban telephone subscribers and rural telephone subscribers, which is different from the previous classification of categorizing local telephones and rural telephones, while the definition of total subscribers and total number of telephones remain unchanged.

Internet Users refer to the number of Chinese citizens who use Internet at least for one hour each week.

10-1 社会消费品零售总额
Total Retail Sales of Consumer Goods

单位：亿元 (100 million yuan)

地区	Area	1990	2000	2002	2003	2004	2005
长江三角洲经济区	**Yangtze River Delta**						
上海市	Shanghai City	333.86	1865.28	2203.89	2404.45	2656.91	2972.97
南京市	Nanjing City	72.79	509.39	637.23	728.99	863.85	1005.00
苏州市	Suzhou City	72.15	428.17	571.32	664.05	776.88	905.07
无锡市	Wuxi City	50.63	430.05	543.56	595.89	708.62	824.11
常州市	Changzhou City	38.19	202.31	248.80	280.65	382.10	444.08
镇江市	Zhenjiang City	124.46	134.62	149.27	168.24	209.82	241.37
南通市	Nantong City	52.45	250.11	297.14	331.28	461.54	536.41
扬州市	Yangzhou City	41.12	152.04	202.56	230.23	265.18	306.89
泰州市	Taizhou City	30.82	133.57	154.56	173.76	202.01	233.81
杭州市	Hangzhou City	98.17	514.68	660.65	742.58	855.45	975.43
宁波市	Ningbo City	54.98	389.29	462.87	521.53	666.78	759.83
嘉兴市	Jiaxing City	33.95	200.33	249.21	279.39	325.34	374.44
湖州市	Huzhou City	21.32	149.18	170.88	182.34	208.08	237.75
绍兴市	Shaoxing City	31.40	215.36	269.27	291.98	334.80	381.63
舟山市	Zhoushan City	12.26	59.48	74.07	75.11	87.52	100.14
台州市	Taizhou City	37.15	218.08	283.90	326.44	378.87	439.92
珠江三角洲经济区	**Pearl River Delta**						
广州市	Guangzhou City	147.78	1121.13	1370.68	1494.27	1677.77	1898.74
深圳市	Shenzhen City	66.76	735.02	941.94	1095.13	1250.64	1437.67
珠海市	Zhuhai City	21.76	121.17	150.91	167.44	189.22	220.14
佛山市	Foshan City	303.82	337.55	419.80	473.19	555.75	647.73
江门市	Jiangmen City	39.29	177.03	219.89	246.06	275.83	309.82
东莞市	Dongguan City	31.97	235.16	321.24	369.78	426.47	500.01
中山市	Zhongshan City	19.75	141.81	178.41	201.50	234.61	276.60
惠州市区①	Huizhou Urban District ①	6.86	50.71	69.95	82.26	97.16	116.59
惠阳市①	Huiyang City ①	4.01	19.35	23.57	26.35	30.81	36.76
惠东县①	Huidong County ①	5.34	31.27	37.52	41.35	45.48	50.98
博罗县	Boluo County	3.66	19.16	23.75	26.95	31.04	36.94
肇庆市区	Zhaoqing Urban District	4.43	37.11	40.70	52.26	41.54	49.03
高要市	Gaoyao City	3.58	19.36	23.93	26.93	19.38	22.55
四会市	Sihui City		20.44	23.70	27.12	20.91	24.80

注：①2000年及以后为经济普查调整数据。

Note: ① After 2000,the data is adjusted according to the data of economic census.

10-2 按行业分的社会消费品零售总额
Total Retail Sale of Consumer Goods by Sector

单位：亿元 (100 million yuan)

地区	Area	批发零售贸易业 Wholesale and Retail Trade			餐饮业 Catering Services		
		2000	2004	2005	2000	2004	2005
长江三角洲经济区	**Yangtze River Delta**						
上海市	Shanghai City	1493.13	2108.59	2340.57	134.12	279.44	350.32
南京市	Nanjing City	453.35	764.02	884.52	37.12	89.07	108.19
苏州市	Suzhou City	376.07	672.03	786.56	48.82	89.85	102.01
无锡市	Wuxi City	265.27	630.36	736.76	46.29	67.44	72.56
常州市	Changzhou City	153.51	277.79	393.85	14.08	39.64	40.06
镇江市	Zhenjiang City	82.96	176.34	201.33	15.18	30.90	37.05
南通市	Nantong City	174.23	421.68	488.44	12.78	37.09	45.11
扬州市	Yangzhou City	104.61	226.20	261.78	15.43	35.56	41.23
泰州市	Taizhou City	88.82	177.22	200.80	12.16	23.38	28.95
杭州市	Hangzhou City	253.18	595.66	872.01	35.75	88.38	100.86
宁波市	Ningbo City	296.58	584.58	664.74	37.81	77.18	91.49
嘉兴市	Jiaxing City	130.95	276.18	318.06	13.70	33.83	39.70
湖州市	Huzhou City	101.90	182.39	208.05	11.56	21.88	25.49
绍兴市	Shaoxing City	148.56	300.85	345.18	17.68	33.95	36.45
舟山市	Zhoushan City	37.87	75.34	86.06	6.10	11.94	13.84
台州市	Taizhou City	192.88	320.35	369.15	17.44	47.91	58.84
珠江三角洲经济区	**Pearl River Delta**						
广州市	Guangzhou City	783.95	1403.10	1591.88	208.15	263.67	301.73
深圳市	Shenzhen City		1092.63	1258.17		158.01	179.50
珠海市	Zhuhai City	89.76	159.75	185.28	20.10	29.47	34.86
佛山市	Foshan City	244.39	449.23	519.39	64.10	106.42	128.34
江门市	Jiangmen City	131.00	227.31	257.91	28.32	45.36	49.90
东莞市	Dongguan City	199.20	365.71	430.38	35.90	60.70	69.57
中山市	Zhongshan City	102.59	203.87	240.44	26.21	30.45	35.86
惠州市区	Huizhou Urban District	44.22	84.74	101.14	6.49	12.42	15.45
惠阳市	Huiyang City	15.50	24.45	29.18	3.85	6.36	7.58
惠东县	Huidong County	28.36	40.43	45.21	2.91	5.05	5.77
博罗县	Boluo County	17.16	25.54	33.31	2.00	5.50	3.63
肇庆市区	Zhaoqing Urban District	18.35	32.35	38.77	6.64	9.11	10.22
高要市	Gaoyao City	11.84	16.39	19.27	2.11	2.98	3.28
四会市	Sihui City	14.34	18.24	21.63	1.48	2.67	3.17

10–2 续表 continued

单位：亿元 (100 million yuan)

地区	Area	其他行业 Others		
		2000	2004	2005
长江三角洲经济区	**Yangtze River Delta**			
上海市	Shanghai City	188.87	212.59	282.08
南京市	Nanjing City	18.92	10.76	12.29
苏州市	Suzhou City	3.29	15.00	16.50
无锡市	Wuxi City	39.96	7.70	12.14
常州市	Changzhou City	34.72	6.63	5.89
镇江市	Zhenjiang City	16.83	2.58	2.99
南通市	Nantong City	63.10	2.76	2.86
扬州市	Yangzhou City	32.00	3.35	3.88
泰州市	Taizhou City	32.60	1.40	2.17
杭州市	Hangzhou City	90.02	20.30	2.57
宁波市	Ningbo City	54.90	5.02	3.60
嘉兴市	Jiaxing City	21.59	15.33	16.68
湖州市	Huzhou City	35.71	3.81	4.21
绍兴市	Shaoxing City	49.12		
舟山市	Zhoushan City	15.51	0.23	0.24
台州市	Taizhou City	7.76	10.61	11.93
珠江三角洲经济区	**Pearl River Delta**			
广州市	Guangzhou City	129.04	11.00	5.13
深圳市	Shenzhen City			
珠海市	Zhuhai City	11.31		
佛山市	Foshan City	29.06	0.09	
江门市	Jiangmen City	17.71	3.16	2.01
东莞市	Dongguan City	0.06	0.06	0.06
中山市	Zhongshan City	13.01	0.29	0.30
惠州市区	Huizhou Urban District			
惠阳市	Huiyang City			
惠东县	Huidong County			
博罗县	Boluo County			
肇庆市区	Zhaoqing Urban District	9.46	0.08	0.04
高要市	Gaoyao City	5.41	0.01	0.01
四会市	Sihui City	3.93		

10-3 限额以上批发零售贸易、餐饮业法人企业数

Number of Corporation Units above Designated Size in Wholesale and Retail Trade,Catering Services

单位：个 (unit)

地区	Area	合计 Total			批发业 Wholesale Trade		
		2000	2004	2005	2000	2004	2005
长江三角洲经济区	**Yangtze River Delta**						
上海市	Shanghai City	1002	3897	3013	445	2392	1803
南京市	Nanjing City		891	680		462	237
苏州市	Suzhou City	308	676	659	179	367	300
无锡市	Wuxi City	190	419	370	90	173	131
常州市	Changzhou City	128	197	247	77	97	69
镇江市	Zhenjiang City	88	167	171	49	70	43
南通市	Nantong City	163	236	270	92	83	105
扬州市	Yangzhou City	93	139	144	51	42	36
泰州市	Taizhou City	103	117	119	48	43	35
杭州市	Hangzhou City	519	1672	1678	305	1337	1127
宁波市	Ningbo City	395	789	758	264	422	376
嘉兴市	Jiaxing City	241	322	365	150	193	221
湖州市	Huzhou City	129	174	186	73	84	86
绍兴市	Shaoxing City	158	336	312	101	156	146
舟山市	Zhoushan City	83	137	136	36	76	75
台州市	Taizhou City	147	271	254	86	169	147
珠江三角洲经济区	**Pearl River Delta**						
广州市	Guangzhou City	861	1497	2847	486	673	1613
深圳市	Shenzhen City		1122	1140		632	632
珠海市	Zhuhai City		285	208		117	108
佛山市	Foshan City	267	1089	928	172	710	563
江门市	Jiangmen City	182	284	255	122	122	94
东莞市	Dongguan City	193	628	587	74	161	162
中山市	Zhongshan City	89	342	316	48	196	170
惠州市区	Huizhou Urban District	43	79	82	17	29	28
惠阳市	Huiyang City	17	32	36	7	8	8
惠东县	Huidong County	6	11	23	1	8	7
博罗县	Boluo County	10	9	13	6	8	6
肇庆市区	Zhaoqing Urban District	36	72	68	23	25	28
高要市	Gaoyao City	5	10	6	4	4	3
四会市	Sihui City	10	17	20	2	2	3

10–3 续表 continued

单位：个 (unit)

地区	Area	零售业 Retail Trade			餐饮业 Catering Service		
		2000	2004	2005	2000	2004	2005
长江三角洲经济区	**Yangtze River Delta**						
上海市	Shanghai City	384	637	493	173	868	717
南京市	Nanjing City		158	167		271	276
苏州市	Suzhou City	87	186	241	42	123	118
无锡市	Wuxi City	34	116	116	66	130	123
常州市	Changzhou City	26	59	74	25	67	56
镇江市	Zhenjiang City	24	58	69	15	39	59
南通市	Nantong City	67	110	110	4	43	55
扬州市	Yangzhou City	39	63	54	3	34	28
泰州市	Taizhou City	50	60	62	5	14	22
杭州市	Hangzhou City	214	184	185	27	151	366
宁波市	Ningbo City	104	141	141	27	226	241
嘉兴市	Jiaxing City	61	93	107	30	36	37
湖州市	Huzhou City	34	66	68	22	24	32
绍兴市	Shaoxing City	35	80	74	22	100	92
舟山市	Zhoushan City	47	44	44		17	17
台州市	Taizhou City	42	60	71	19	42	36
珠江三角洲经济区	**Pearl River Delta**						
广州市	Guangzhou City	164	308	674	211	516	560
深圳市	Shenzhen City		225	267		265	241
珠海市	Zhuhai City		95	100		73	71
佛山市	Foshan City	27	238	211	68	141	154
江门市	Jiangmen City	20	75	72	40	87	89
东莞市	Dongguan City	27	366	324	92	101	101
中山市	Zhongshan City	7	101	102	34	45	44
惠州市区	Huizhou Urban District	13	19	25	13	11	29
惠阳市	Huiyang City	3	4	5	7	13	23
惠东县	Huidong County	2	3	7	3	8	9
博罗县	Boluo County	3	3	1	1	2	6
肇庆市区	Zhaoqing Urban District	8	21	28	5	26	12
高要市	Gaoyao City	1	4	3		2	
四会市	Sihui City	6	7	10	2	8	7

10-4 限额以上批发零售贸易、餐饮业从业人数

Number of Persons Employed in Enterprises above Designated Size in Wholesale and Retail Trade,Catering Services

单位：人 (person)

地区	Area	合计 Total 2000	2004	2005	批发业 Wholesale Trade 2000	2004	2005
长江三角洲经济区	**Yangtze River Delta**						
上海市	Shanghai City	313006	378576	538581	132767	182592	165542
南京市	Nanjing City	81482	143848	135081	37830	47925	35860
苏州市	Suzhou City	49972	65795	76547	20836	20715	17900
无锡市	Wuxi City	54957	57549	60170	21782	13709	11796
常州市	Changzhou City	24568	28069	33498	11877	6942	5406
镇江市	Zhenjiang City	16348	21420	20496	7934	6434	2974
南通市	Nantong City	28135	35848	34220	12092	9227	8776
扬州市	Yangzhou City	17204	17066	19296	6370	3097	2927
泰州市	Taizhou City	14326	16274	15614	4573	4187	3417
杭州市	Hangzhou City	63740	110413	110632	33561	48291	47276
宁波市	Ningbo City	50632	78241	82279	22917	24623	22699
嘉兴市	Jiaxing City	22341	21503	21251	10326	10110	9502
湖州市	Huzhou City	14902	11795	13567	5974	4452	3967
绍兴市	Shaoxing City	27928	30955	36687	14341	9641	9628
舟山市	Zhoushan City		8422	12783		3218	7352
台州市	Taizhou City	16733	28287	30617	8572	9337	10968
珠江三角洲经济区	**Pearl River Delta**						
广州市	Guangzhou City	134931	187095	216317	57620	52967	76870
深圳市	Shenzhen City		109045	194979		56454	57538
珠海市	Zhuhai City		23097	20439		6521	6017
佛山市	Foshan City		48399	48681		16372	18465
江门市	Jiangmen City	22383	25239	28435	12340	7068	6790
东莞市	Dongguan City	19912	50350	53480	2943	8900	7727
中山市	Zhongshan City	7532	29972	33830	311	16028	16570
惠州市区①	Huizhou Urban District ①	6734	13221	14397	2472	3804	3808
惠阳市①	Huiyang City ①	2342	4997	6069	560	518	537
惠东县①	Huidong County ①	568	1253	1583	137	399	370
博罗县	Boluo County	786	1410	1588	416	407	306
肇庆市区	Zhaoqing Urban District	3707		10860	2122		3254
高要市	Gaoyao City	706		1337	658		431
四会市	Sihui City	234		2757	118		246

10-4 续表 continued

单位：人 (person)

地区	Area	零售业 Retail Trade 2000	2004	2005	餐饮业 Catering Services 2000	2004	2005
长江三角洲经济区	**Yangtze River Delta**						
上海市	Shanghai City	137530	195984	264523	42709	109985	108516
南京市	Nanjing City	35462	50550	50129	8190	45373	49092
苏州市	Suzhou City	20520	28028	41057	8616	17052	17590
无锡市	Wuxi City	18535	24393	28685	14640	19447	19689
常州市	Changzhou City	8608	12530	13608	4083	8597	7508
镇江市	Zhenjiang City	6502	10963	12227	2212	4023	5295
南通市	Nantong City	15564	19803	17885	479	6818	7559
扬州市	Yangzhou City	8950	10398	9938	1884	3923	3471
泰州市	Taizhou City	8437	10124	9202	1316	1963	2995
杭州市	Hangzhou City	24641	30482	33354	5538	31640	30002
宁波市	Ningbo City	19390	23012	25535	8325	30606	34045
嘉兴市	Jiaxing City	8336	8308	8870	3679	3085	2879
湖州市	Huzhou City	5218	4983	5763	3710	2360	3837
绍兴市	Shaoxing City	8384	13166	12872	5203	8184	14187
舟山市	Zhoushan City		4002	4356		1202	1075
台州市	Taizhou City	3685	8721	10986	4476	10229	8663
珠江三角洲经济区	**Pearl River Delta**						
广州市	Guangzhou City	31901	44308	64006	45410	89820	75441
深圳市	Shenzhen City		79597	88727		54894	48714
珠海市	Zhuhai City		8316	7534		8260	6888
佛山市	Foshan City		15175	14283		16852	15933
江门市	Jiangmen City	3218	5531	6800	6825	12640	14845
东莞市	Dongguan City	2198	19851	23828	14771	21599	21925
中山市	Zhongshan City	1802	8213	10505	2419	5731	6755
惠州市区①	Huizhou Urban District ①	2454	5113	6137	1808	846	4452
惠阳市①	Huiyang City ①	260	388	534	1522	2169	4998
惠东县①	Huidong County ①	303	105	599	128	675	614
博罗县	Boluo County	310	152	292	60	496	990
肇庆市区	Zhaoqing Urban District	424		2586	1161		5020
高要市	Gaoyao City	48		206			700
四会市	Sihui City	234		615	186		1896

注：①2000年及以后为经济普查调整数据。

Note: ① After 2000,the data is adjusted according to the data of economic census.

10-5 限额以上批发零售贸易业商品购、销、存总额（2005年）

Total Purchases,Sales and Inventory of Enterprises above Designated Size in Wholesale and Retail Trade(2005)

单位：亿元 (100 million yuan)

地区	Area	购进总额 Total Purchases	销售总额 Total Sales	# 批发 Wholesale	# 零售 Retail	年末库存总额 Inventory (year-end)	年末零售营业面积（万平方米） Operating Area for Retail at Year End (10 000 sq.m)
长江三角洲经济区	**Yangtze River Delta**						
上海市	Shanghai City	8988.9	10400.0	8566.4	1833.6	376.4	100.8
南京市	Nanjing City	1930.8	2696.1	2304.6	391.5	114.8	181.7
苏州市	Suzhou City	934.7	1181.3	863.1	318.3	50.1	114.7
无锡市	Wuxi City	674.9	759.6	474.3	285.3	44.2	124.8
常州市	Changzhou City	331.3	354.2	247.4	106.8	26.6	74.4
镇江市	Zhenjiang City	99.2	117.6	68.8	48.8	9.5	33.3
南通市	Nantong City	405.5	455.9	349.8	106.1	27.6	53.8
扬州市	Yangzhou City	136.4	168.8	98.5	70.3	9.8	48.6
泰州市	Taizhou City	128.7	145.1	100.8	44.3	12.0	8.4
杭州市	Hangzhou City	4315.9	4309.9	3867.1	442.8	233.4	150.1
宁波市	Ningbo City	1744.1	1827.3	1571.5	255.8	78.7	113.7
嘉兴市	Jiaxing City	468.1	472.9	390.9	82.0	25.9	41.0
湖州市	Huzhou City	188.0	215.9	155.4	60.5	9.3	30.5
绍兴市	Shaoxing City	347.5	375.7	260.6	115.2	20.2	75.3
舟山市	Zhoushan City	139.4	142.8	124.3	18.5	8.5	14.9
台州市	Taizhou City	409.5	440.0	359.7	80.4	20.5	38.4
珠江三角洲经济区	**Pearl River Delta**						
广州市	Guangzhou City	5055.2	4986.1	4263.5	722.6	309.5	298.1
深圳市	Shenzhen City	2146.0	2334.0	1692.0	642.0	128.0	461.3
珠海市	Zhuhai City	291.8	316.2	247.4	68.8	19.5	45.9
佛山市	Foshan City	1346.5	1412.4	1224.1	188.4	87.1	177.8
江门市	Jiangmen City	164.2	225.9	157.1	68.8	9.2	47.8
东莞市	Dongguan City	479.9	568.4	388.2	180.1	32.2	285.3
中山市	Zhongshan City	402.6	447.3	363.4	83.9	22.5	52.0
惠州市区	Huizhou Urban District	61.4	73.5	47.0	26.5	7.4	
惠阳市	Huiyang City	17.6	19.5	14.4	5.1	0.4	
惠东县	Huidong County	10.3	11.6	8.2	3.4	0.2	
博罗县	Boluo County	9.9	12.2	4.6	7.6	0.1	
肇庆市区	Zhaoqing Urban District	7.4	100.1	72.9	27.2	2.1	8.3
高要市	Gaoyao City	6.4	10.6	5.4	5.2	0.7	0.1
四会市	Sihui City	4.6	6.8	4.0	2.8	0.3	0.2

10−6 限额以上批发零售贸易业主要商品分类销售额（2005 年）

Total Sales of Enterprises above Designated Size in Wholesale and Retail Trade By Category of Main Commodities(2005)

单位：亿元 (100 million yuan)

地区	Area	食品、饮料、烟酒类 Food,Beverages, Tobacco and Liquor	服装鞋帽、针、纺织品类 Clothing, Shoes,Hats and Textiles	化妆品类 Cosmetics	金银珠宝类 Gold, Silver and Jewelry	五金、电料类 Hardware and Electrical Materials	体育、娱乐用品类 Sports and Recreation Articles
长江三角洲经济区	**Yangtze River Delta**						
上海市	Shanghai City	1644.41	950.90	89.31	55.89	91.42	49.57
南京市	Nanjing City	311.42	432.54	10.72	8.76	36.70	8.96
苏州市	Suzhou City	141.09	282.53	9.66	7.55	10.89	8.91
无锡市	Wuxi City	111.92	80.62	4.24	3.68	7.81	3.58
常州市	Changzhou City	61.00	34.88	1.83	1.70	4.43	1.72
镇江市	Zhenjiang City	23.33	5.58	0.65	0.07	23.63	1.60
南通市	Nantong City	71.87	50.48	3.72	4.46	2.93	1.96
扬州市	Yangzhou City	47.78	29.05	1.36	2.22	0.89	0.52
泰州市	Taizhou City	35.26	5.83	1.02	1.07	0.23	0.17
杭州市	Hangzhou City	297.28	433.79	14.26	5.31	57.80	13.58
宁波市	Ningbo City	148.77	225.55	9.07	3.25	70.88	10.30
嘉兴市	Jiaxing City	83.83	75.82	1.48	1.56	9.08	0.98
湖州市	Huzhou City	39.95	29.08	0.78	1.11	0.93	0.39
绍兴市	Shaoxing City	70.16	124.43	1.53	1.14	4.66	0.52
舟山市	Zhoushan City	29.96	1.81	0.36	0.06	0.23	0.25
台州市	Taizhou City	74.49	16.89	2.24	0.30	8.11	0.18
珠江三角洲经济区	**Pearl River Delta**						
广州市	Guangzhou City	440.99	285.21	25.38	14.36	37.03	33.87
深圳市	Shenzhen City	233.00	128.00	9.80	14.00	9.30	10.23
珠海市	Zhuhai City	33.16	5.34	1.12	0.05	6.93	0.40
佛山市	Foshan City	77.50	55.49	2.13	0.91	18.59	1.71
江门市	Jiangmen City	49.24	17.46	0.40	0.66	7.54	0.57
东莞市	Dongguan City	52.20	27.44	1.64	1.16	12.75	0.62
中山市	Zhongshan City	34.75	48.50	1.80	0.10	12.48	1.64
惠州市区	Huizhou Urban District	3.19	20.49			1.03	
惠阳市	Huiyang City	5.26	0.07	0.04		0.04	
惠东县	Huidong County	5.54	1.85				
博罗县	Boluo County	4.02	0.09		0.01	0.19	
肇庆市区	Zhaoqing Urban District	19.94	3.92	0.06	0.48	0.58	0.13
高要市	Gaoyao City	2.89					
四会市	Sihui City	1.58	0.33	0.01			

10-6 续表1 continued

单位：亿元 (100 million yuan)

地区	Area	书报杂志类 Newspapers and Magazines	家用电器和音像器材类 Household Electrical Appliances and Video Appliances	中西药品类 Traditional Chinese and Western Medicines	文化办公用品类 Culture and Official Goods	家具类 Furniture
长江三角洲经济区	**Yangtze River Delta**					
上海市	Shanghai City	70.67	341.54	307.14	414.28	67.46
南京市	Nanjing City	41.52	173.48	80.75	183.14	1.64
苏州市	Suzhou City	3.72	60.95	46.02	15.90	1.09
无锡市	Wuxi City	2.99	80.54	26.72	6.28	0.85
常州市	Changzhou City	2.38	18.46	19.39	2.26	0.13
镇江市	Zhenjiang City	1.53	9.49	1.77	0.32	0.49
南通市	Nantong City	4.75	30.91	13.80	6.01	0.14
扬州市	Yangzhou City	2.30	14.86	12.86	0.29	0.10
泰州市	Taizhou City	3.21	20.32	4.06	0.51	0.03
杭州市	Hangzhou City	27.28	124.13	151.49	96.50	6.37
宁波市	Ningbo City	3.42	70.05	57.01	30.66	4.73
嘉兴市	Jiaxing City	2.21	14.89	23.53	4.13	4.47
湖州市	Huzhou City	1.09	6.85	7.38	0.60	0.19
绍兴市	Shaoxing City	2.18	19.53	26.28	1.68	0.26
舟山市	Zhoushan City	0.41	2.10	4.11	1.07	0.01
台州市	Taizhou City	1.92	6.08	28.05	0.77	0.63
珠江三角洲经济区	**Pearl River Delta**					
广州市	Guangzhou City	28.70	207.20	261.09	141.17	27.71
深圳市	Shenzhen City	5.95	83.54	109.59	39.52	15.37
珠海市	Zhuhai City	0.85	9.87	25.15	2.19	0.89
佛山市	Foshan City	2.87	52.42	25.62	5.03	10.37
江门市	Jiangmen City	1.42	5.95	7.08	0.79	3.23
东莞市	Dongguan City	0.91	79.67	13.31	3.03	2.61
中山市	Zhongshan City	0.43	59.83	23.47	1.85	5.22
惠州市区	Huizhou Urban District		47.07			
惠阳市	Huiyang City		0.19	0.22		
惠东县	Huidong County			0.09		
博罗县	Boluo County	0.16	0.03	0.01		
肇庆市区	Zhaoqing Urban District	0.05	0.72	1.70	0.54	1.00
高要市	Gaoyao City	0.18		0.05		
四会市	Sihui City	0.08	0.05	0.66		

10-6 续表2 continued

单位：亿元 (100 million yuan)

地区	Area	通讯器材类 Communication Appliances	煤炭及制品类 Coal and Related Products	木材及制品类 Wood and Wooden Products	石油及制品类 Petroleum and Related Products	化工材料及制品类 Raw Chemical Materials and Related Products	金属材料类 Metal Materials
长江三角洲经济区	**Yangtze River Delta**						
上海市	Shanghai City	190.27	182.05	22.53	2120.54	516.15	946.28
南京市	Nanjing City	104.49	44.37	19.20	366.76	233.07	200.34
苏州市	Suzhou City	17.29	4.75	1.23	138.05	50.46	115.67
无锡市	Wuxi City	9.07	19.31	0.35	106.78	40.20	93.48
常州市	Changzhou City	2.29	3.10		43.62	37.30	28.24
镇江市	Zhenjiang City	1.38	3.23		3.77	3.08	7.60
南通市	Nantong City	5.15	29.72	0.47	80.51	73.02	19.45
扬州市	Yangzhou City	0.80	4.76		22.17	7.24	10.79
泰州市	Taizhou City	1.41		0.07	23.44	4.08	19.72
杭州市	Hangzhou City	82.28	98.82	4.53	453.99	339.98	1108.62
宁波市	Ningbo City	52.66	15.90	1.76	199.38	156.59	163.57
嘉兴市	Jiaxing City	0.88	4.20	4.46	62.29	32.21	38.62
湖州市	Huzhou City	0.81	7.24	0.68	56.56	4.78	12.16
绍兴市	Shaoxing City	1.62	5.42	0.12	43.59	14.24	5.25
舟山市	Zhoushan City	0.78	6.92	0.37	81.51	0.25	7.16
台州市	Taizhou City	0.69	2.66	1.28	70.75	52.40	57.21
珠江三角洲经济区	**Pearl River Delta**						
广州市	Guangzhou City	147.82	276.90	15.02	1091.29	285.26	773.84
深圳市	Shenzhen City	173.15	5.90	7.08	438.34	68.30	171.54
珠海市	Zhuhai City	5.19			177.36	3.04	20.58
佛山市	Foshan City	19.01	7.34	2.34	250.38	80.90	279.66
江门市	Jiangmen City	0.76	0.17	0.08	38.15	9.90	2.44
东莞市	Dongguan City	13.09	12.17	1.33	101.44	20.14	5.53
中山市	Zhongshan City	0.41	0.47	1.21	48.44	11.64	26.94
惠州市区	Huizhou Urban District	1.26			15.03		0.19
惠阳市	Huiyang City				13.24		
惠东县	Huidong County				3.05		
博罗县	Boluo County	0.01			6.91	0.34	
肇庆市区	Zhaoqing Urban District	1.10	1.00	0.12	7.63	2.11	3.70
高要市	Gaoyao City				4.62		
四会市	Sihui City				2.87	0.08	

10-6 续表3 continued

单位：亿元 (100 million yuan)

地区	Area	建筑及装潢材料类 Building and Decoration Materials	机电产品及设备类 Mechanical and Electrical Products	日用品类 Articles for Daily Use	种子饲料类 Seed and Feedstuff	棉麻类 Cotton,Hemp	其他类 Others
长江三角洲经济区	**Yangtze River Delta**						
上海市	Shanghai City	153.89	1492.31	322.58	4.05	6.69	353.82
南京市	Nanjing City	11.07	168.54	56.36	4.02	14.05	91.34
苏州市	Suzhou City	8.83	49.20	31.70	0.27	2.30	51.69
无锡市	Wuxi City	4.02	27.26	12.45		1.56	22.91
常州市	Changzhou City	0.56	34.99	7.73	1.82	3.33	9.40
镇江市	Zhenjiang City	0.59	16.53	4.28			2.63
南通市	NantonG City	1.17	12.73	11.00	0.62	2.26	6.98
扬州市	Yangzhou City	0.16	10.37	5.77		0.02	11.59
泰州市	Taizhou City	0.01	4.58	2.59			
杭州市	Hangzhou City	32.47	148.37	77.52	22.63	38.11	183.21
宁波市	Ningbo City	12.90	94.71	99.29	2.91	2.22	148.85
嘉兴市	Jiaxing City	3.07	11.64	12.19	0.03	4.56	38.20
湖州市	Huzhou City	0.53	5.98	1.80		3.41	6.81
绍兴市	Shaoxing City	0.45	4.78	7.16	0.21	1.83	1.48
舟山市	Zhoushan City	0.49	2.09	1.48	0.02	0.16	0.31
台州市	Taizhou City	1.44	20.95	10.67			34.57
珠江三角洲经济区	**Pearl River Delta**						
广州市	Guangzhou City	60.32	150.97	168.73	8.56	7.82	166.29
深圳市	Shenzhen City	51.00	224.75	65.22	2.97		205.25
珠海市	Zhuhai City	0.92	4.77	2.66	2.04		17.77
佛山市	Foshan City	38.40	24.86	19.72	0.09	0.22	68.27
江门市	Jiangmen City	0.16	4.41	10.72	0.01		18.93
东莞市	Dongguan City	4.12	13.27	12.56			26.93
中山市	Zhongshan City	2.57	5.76	42.36			23.50
惠州市区	Huizhou Urban District		0.17				36.35
惠阳市	Huiyang City		0.44	0.09			0.08
惠东县	Huidong County	0.35	0.47	0.01			0.19
博罗县	Boluo County		1.60	0.04			0.30
肇庆市区	Zhaoqing Urban District	1.94	4.98	3.23			2.57
高要市	Gaoyao City		0.07				
四会市	Sihui City	0.08					0.91

10-7 限额以上批发零售贸易企业主要财务指标(2005年)

Main Financial Indicators of Enterprises above Designated Size in Wholesale and Retail Trade (2005)

单位：亿元 (100 million yuan)

地区	Area	流动资产合计 Liquid Assets	# 存货 Inventories	固定资产原值 Property of Plant and Equipment at Cost	负债合计 Total Liabilities	所有者权益合计 Owner's Equity
长江三角洲经济区	**Yangtze River Delta**					
上海市	Shanghai City	2929.27	422.78	546.78	2727.26	1198.97
南京市	Nanjing City	534.43	109.59	151.39	566.37	257.32
苏州市	Suzhou City	237.90	46.42	71.30	237.42	94.29
无锡市	Wuxi City	190.27	40.50	56.51	200.69	69.87
常州市	Changzhou City	74.03	24.43	106.30	82.39	23.91
镇江市	Zhenjiang City	27.41	8.77	14.40	28.09	15.71
南通市	Nantong City	104.33	25.32	25.66	91.38	41.65
扬州市	Yangzhou City	31.58	9.16	14.80	28.40	18.95
泰州市	Taizhou City	454.16	44.60	355.19	500.82	329.29
杭州市	Hangzhou City	1145.88	197.46	163.54	1038.03	476.50
宁波市	Ningbo City	422.99	76.71	66.17	395.05	127.67
嘉兴市	Jiaxing City	124.95	23.40	32.92	120.19	45.43
湖州市	Huzhou City	45.74	7.94	18.34	42.63	28.15
绍兴市	Shaoxing City	135.21	20.83	41.59	132.99	64.45
舟山市	Zhoushan City	30.05	7.70	10.80	27.59	16.60
台州市	Taizhou City	93.40	17.14	24.75	80.56	46.14
珠江三角洲经济区	**Pearl River Delta**					
广州市	Guangzhou City	1219.96	290.00	223.63	1206.99	514.20
深圳市	Shenzhen City	754.57	167.41	245.58	751.49	359.43
珠海市	Zhuhai City	104.08	14.45	24.65	85.94	173.14
佛山市	Foshan City	380.98	75.75	44.08	371.57	73.71
江门市	Jiangmen City	50.41	9.21	16.39	65.97	11.61
东莞市	Dongguan City	165.12	29.48	39.74	184.15	35.07
中山市	Zhongshan City	98.12	18.01	15.69	103.30	12.24
惠州市区	Huizhou Urban District	19.09	3.49	8.04	27.09	2.44
惠阳市	Huiyang City	2.82	0.44	1.59	4.13	0.81
惠东县	Huidong County	1.86	0.34	0.35	2.02	0.36
博罗县	Boluo County	0.96	0.06	0.58	1.32	0.05
肇庆市区	Zhaoqing Urban District	17.50	2.03	9.76	23.04	5.37
高要市	Gaoyao City	1.51	0.53	0.47	1.50	0.63
四会市	Sihui City	0.80	0.23	0.23	0.83	0.16

10–7 续表 continued

单位：亿元 (100 million yuan)

地区	Area	主营业务收入 Revenue of Major Management	主营业务成本 Cost of Major Management	主营业务利润 Profits of Major Management	其他业务利润 Other Business Profit	利润总额 Total Profits
长江三角洲经济区	**Yangtze River Delta**					
上海市	Shanghai City	11236.19	9874.12	737.71	97.13	223.35
南京市	Nanjing City	1932.81	1755.18	126.86	14.59	41.84
苏州市	Suzhou City	1013.93	918.84	55.05	5.14	19.87
无锡市	Wuxi City	636.73	585.14	47.35	4.60	11.26
常州市	Changzhou City	311.43	290.72	19.10	1.31	4.47
镇江市	Zhenjiang City	102.60	88.58	11.01	0.60	4.53
南通市	Nantong City	391.11	352.52	27.87	3.67	14.05
扬州市	Yangzhou City	143.53	129.13	12.85	0.69	5.05
泰州市	Taizhou City	122.99	104.47	7.43	0.19	5.20
杭州市	Hangzhou City	3665.56	3489.53	172.65	15.36	57.13
宁波市	Ningbo City	1638.34	1557.52	79.20	7.49	26.39
嘉兴市	Jiaxing City	410.02	381.23	27.33	1.72	10.50
湖州市	Huzhou City	175.29	157.54	16.41	0.67	6.28
绍兴市	Shaoxing City	326.62	297.22	25.39	2.37	9.92
舟山市	Zhoushan City	128.06	113.88	8.76	0.80	2.48
台州市	Taizhou City	381.94	351.19	25.38	0.91	8.28
珠江三角洲经济区	**Pearl River Delta**					
广州市	Guangzhou City	4302.17	4042.23	209.25	33.06	61.24
深圳市	Shenzhen City	2241.79	2039.43	188.53	26.93	53.88
珠海市	Zhuhai City	310.56	286.97	21.62	1.37	7.24
佛山市	Foshan City	1239.91	1175.46	35.90	3.08	10.81
江门市	Jiangmen City	197.73	184.44	11.41	0.63	4.22
东莞市	Dongguan City	557.79	521.66	27.20	0.36	5.93
中山市	Zhongshan City	405.56	389.95	14.67	0.94	2.92
惠州市区	Huizhou Urban District	71.11	65.76	5.17	0.73	1.52
惠阳市	Huiyang City	16.05	14.80	1.21	0.21	0.32
惠东县	Huidong County	8.62	7.70	0.86	0.04	0.49
博罗县	Boluo County	4.96	4.16	0.71	0.01	0.37
肇庆市区	Zhaoqing Urban District	101.30	95.51	3.97	0.24	0.68
高要市	Gaoyao City	6.72	5.28	0.48		0.35
四会市	Sihui City	4.19	3.78	0.40		0.17

10-8 限额以上住宿和餐饮业企业主要财务指标(2005年)

Main Financial Indicators of Enterprises above Designated Size in Catering Services(2005)

单位：万元 (10 000 yuan)

地区	Area	固定资产原值 Property of Plant and Equipment at Cost	负债合计 Total Liabilities	所有者权益合计 Owner's Equity
长江三角洲经济区	**Yangtze River Delta**			
上海市①	Shanghai City ①	447600	641300	303600
南京市	Nanjing City	748434	651524	201202
苏州市	Suzhou City	806741	587622	431432
无锡市	Wuxi City	558102	419494	239275
常州市	Changzhou City	180941	178959	81218
镇江市	Zhenjiang City	99858	75277	43368
南通市	Nantong City	107178	114319	38451
扬州市	Yangzhou City	148504	253866	-104634
泰州市	Taizhou City	57900	56900	29800
杭州市	Hangzhou City	1315980	1012860	699150
宁波市	Ningbo City	526137	529439	198018
嘉兴市	Jiaxing City	109334	110528	21548
湖州市	Huzhou City	111410	107056	32271
绍兴市	Shaoxing City	283428	260722	109827
舟山市	Zhoushan City	77859	60717	51170
台州市	Taizhou City	191024	265321	77619
珠江三角洲经济区	**Pearl River Delta**			
广州市	Guangzhou City	1813012	1398345	780004
深圳市	Shenzhen City	1387500	797700	706100
珠海市	Zhuhai City	399735	380854	121322
佛山市	Foshan City	357698	332418	142579
江门市	Jiangmen City	190076	168498	74402
东莞市	Dongguan City	668100	616100	248800
中山市	Zhongshan City	203276	365320	31915
惠州市区	Huizhou Urban District	37392	38226	13199
惠阳市	Huiyang City	71521	48079	50721
惠东县	Huidong County	3525	1485	3981
博罗县	Boluo County	5363	5039	1513
肇庆市区	Zhaoqing Urban District	79907	82479	23643
高要市	Gaoyao City	7875	1319	7010
四会市	Sihui City	11071	5544	5695

10−8 续表 continued

单位：万元 (10 000 yuan)

地区	Area	主营业务利润 Profits of Major Management	其他业务利润 Other Business Profit	利润总额 Total Profits
长江三角洲经济区	**Yangtze River Delta**			
上海市①	Shanghai City ①	657500	9500	54900
南京市	Nanjing City	230003	5053	-4085
苏州市	Suzhou City	212773	2299	21948
无锡市	Wuxi City	148731	1236	-5784
常州市	Changzhou City	79657	918	-425
镇江市	Zhenjiang City	23009	484	-2649
南通市	Nantong City	34223	230	572
扬州市	Yangzhou City	-454	193	-27588
泰州市	Taizhou City	16800	200	-600
杭州市	Hangzhou City	529635	8884	44017
宁波市	Ningbo City	189355	2498	5276
嘉兴市	Jiaxing City	37951	386	-1253
湖州市	Huzhou City	36690		-4113
绍兴市	Shaoxing City	75890	1176	1771
舟山市	Zhoushan City	24498		2065
台州市	Taizhou City	62755	488	-10547
珠江三角洲经济区	**Pearl River Delta**			
广州市	Guangzhou City	824958	5689	35002
深圳市	Shenzhen City	598900	2500	30400
珠海市	Zhuhai City	92893	230	-4683
佛山市	Foshan City	63175	2496	9974
江门市	Jiangmen City	46160	420	-9941
东莞市	Dongguan City	250000	2600	-14800
中山市	Zhongshan City	74996	452	-7415
惠州市区	Huizhou Urban District	18453	134	-1979
惠阳市	Huiyang City	12269	2724	-2527
惠东县	Huidong County	1465	12	459
博罗县	Boluo County	1660	41	-331
肇庆市区	Zhaoqing Urban District	20360	154	-1998
高要市	Gaoyao City	1238	84	-72
四会市	Sihui City	2934	21	-442

10-9 限额以上连锁零售业、住宿和餐饮业经营情况(2005年)

The Basic Statistics of Chain Stores above Designated Size(2005)

地区	Area	门店总数(个) Number of Stores (unit)	营业面积(万平方米) Operational Area (10 000sq.m)	从业人数(人) Number of Persons Employed (person)	营业收入(万元) Total Operating Revenue (10 000 yuan)
长江三角洲经济区	**Yangtze River Delta**				
上海市①	Shanghai City ①	15393	753	263277	16823136
南京市	Nanjing City	4379	367	165771	9665842
苏州市	Suzhou City	1815	67	28398	1395222
无锡市	Wuxi City	790	66	17221	1116624
常州市	Changzhou City	918	54	14732	365381
镇江市	Zhenjiang City	2	2	497	23558
南通市	Nantong City	1256	78	24828	2179410
扬州市	Yangzhou City	107	6	2120	39369
泰州市	Taizhou City	133	18	4538	189209
杭州市	Hangzhou City	2268	176	53009	2340559
宁波市	Ningbo City	930	72	23550	450170
嘉兴市	Jiaxing City	263	8	2162	72909
湖州市	Huzhou City	276	4	1353	85355
绍兴市	Shaoxing City	1343	29	7102	331856
舟山市	Zhoushan City	193	8	2506	86925
台州市	Taizhou City	68	11	2410	92435
珠江三角洲经济区	**Pearl River Delta**				
广州市	Guangzhou City	6020	261	94362	5373914
深圳市	Shenzhen City				
珠海市	Zhuhai City	201	15	18279	188538
佛山市	Foshan City				
江门市	Jiangmen City				
东莞市	Dongguan City				
中山市	Zhongshan City	180	21	4358	318431
惠州市区	Huizhou Urban District	262	16	1316	336637
惠阳市	Huiyang City				
惠东县	Huidong County				
博罗县	Boluo County				
肇庆市区	Zhaoqing Urban District	217	85	1589	220786
高要市	Gaoyao City	23	1	364	6256
四会市	Sihui City				

注：①含上海在外省市开的门店数.

Note: ① Number of stores of Shang hai include those located in other provinces.

主要统计指标解释

社会消费品零售总额 指国民经济各行业直接售给城乡居民和社会集团的消费品总额。它是反映各行业通过多种商品流通渠道向居民和社会集团供应的生活消费品总量，是研究国内零售市场变动情况、反映经济景气程度的重要指标。

社会消费品零售总额包括：(1)售给城乡居民作为生活用的商品和修建房屋用的建筑材料；(2)售给社会集团的各种办公用品和公用消费品；(3)售给机关、团体、学校、部队、(4)企业、事业单位的职工食堂和旅店(招待所)附设专门供本店旅客食用，不对外营业的食堂的各种食品、燃料；(5)企业、单位和国营农场直接售给本单位职工和职工食堂的自己生产的产品；(6)售给部队干部、战士生活用的粮食、副食品、衣着品、日用品、燃料；(7)售给来华的外国人、华侨、港澳台同胞的消费品；(8)居民自费购买的中、西药品、中药材及医疗用品；(9)报社、出版社直接售给居民和社会集团的报纸、图书、杂志，集邮公司出售的新、旧纪念邮票、特种邮票、首日封、集邮册、集邮工具等；旧货寄售商店自购、自销部分的商品；(10)煤气公司、液化石油气站售给居民和社会集团的煤气灶具和罐装液化石油气；农民售给非农业居民和社会集团的商品。不包括售给国民经济各部门企业、事业单位(包括国有经济的农场)生产经营用的各种原材料、燃料、设备、工具等和售给批发零售贸易业、餐饮业作为转卖用的商品，旧货寄售商店受托寄售卖出的商品，服务业的营业收入，邮局出售邮票的收入，自来水、电力、煤气生产(供应)单位的产品供应收入，也不包括农民之间的商品销售。

商品购进总额 指从本企业(单位)以外的单位和个人购进(包括从境外直接进口)作为转卖或加工后转卖的商品总额。它反映批发零售贸易业从国内、国外市场上购进商品的总量。商品购进总额包括：(1)从工农业生产者购进的商品；(2)从出版社、报社的出版发行部门购进的图书、杂志和报纸；(3)从各种登记注册类型的批发零售贸易企业(单位)购进的商品；(4)从其他单位购进的商品，如从机关、团体、企业等单位购进的剩余物资，从餐饮业、服务业购进的商品，从海关、市场管理部门购进的缉私和没收的商品，从居民手中收购的废旧商品等；(5)从国(境)外直接进口的商品。不包括企业(单位)为自身经营用和未通过买卖行为而收入的商品以及销售退回、商品升溢等。

商品销售总额 指对本企业(单位)以外的单位和个人出售(包括对境外直接出口)的商品总额。它反映批发零售贸易业在国内市场上销售商品以及出口商品的总量。商品销售总额包括：(1)售给城乡居民和社会集团消费用的商品；(2)售给工业、农业、建筑业、运输邮电业、批发零售贸易业、餐饮业、服务业等作为生产、经营使用的商品；(3)售给批发零售贸易业作为转卖或加工后转卖的商品；(4)对国(境)外直接出口的商品。不包括出售本企业(单位)自用的废旧包装用品；未通过买卖行为付出的商品；经本单位介绍，由买卖双方直接结算，本单位只收取手续费的业务；购货退出的商品以及商品损耗和损失等。

批发零售贸易业库存 指报告期末各种登记注册类型的批发零售贸易企业(单位)已取得所有权的商品。它反映批发零售贸易企业(单位)的商品库存情况和对市场商品供应的保证程度。期末库存包括：(1)存放在批发零售贸易业经营单位(如门市部、批发站、经营处)仓库、货场、货柜和货架中的商品；(2)挑选、整理、包装中的商品；(3)已记入购进而尚未运到本单位的商品，即发货单或银行承兑凭证已到而货未到的部分；(4)寄放他处的商品，如因购货方拒绝承付而暂时存放在购货方的商品和已办完加工成品收回手续而未提回的商品；(5)委托其他单位代销(未作销售或调出)尚未售出的商品；(6)代其他单位购进尚未交付的商品。不包括所有权不属于本单位的商品、拨付除批发零售贸易业以外的其他行业所属独立核算加工厂等加工生产尚未收回成品的商品、代国家物资储备部门保管的商品等。库存总额采用的计算价格是：农副产品采购单位按购进价计算；批发单位按进货价计算；零售单位按核算价格计算。

批发零售贸易、餐饮业统计限额标准 批发业年末从业人员在20人及以上，年销售额在2000万元及以上；零售业年末从业人员在60人及以上，年销售额在500万元及以上；餐饮业年末从业人员在40人及以上，年营业额在200万元及以上。外贸企业一律包括在批发业中，按批发标准执行。

连锁店 指在核心企业或总店的领导下，由分散的、经营同类商品或服务的企业或活动单位，采取共同方针，实行集中采购和分散销售的有机结合，通过规范化经营，实现规模效益的经济联合组织形式。一般连锁店应由若干个分店组成。其经营特征：（1）经营同类商品；（2）使用统一商号；（3）统一采购配送，采购与销售相分离（部分商品可根据物流合理和保质保鲜原则由供应商直接送货到门店，其余均由总部统一配送）。

Explanatory Notes on Main Statistical Indicators

Total Retail Sales of Consumer Goods refer to the sum of retail sales of consumer goods sold by all sectors of the national economy to urban and rural residents and social groups. This indicator is used to show the supply of consumers goods through various channels to households and institutions, and is very important for the study on changes at the domestic retail market, and on economic cycles.

The retail sales of consumer goods include: (1) commodities sold to urban and rural residents for their daily use and building materials sold to them for the construction or repair of houses; (2) office appliances and supplies sold to institutions; (3) food and fuels sold to canteens of institutions, enterprises, schools, military units and to canteens of hotels and hostels that only serve their guests, and commodities produced by enterprises, institutions or state farms and sold directly to their employees or their canteens; (4) grain and non-staple food, clothing, daily articles and fuels sold to military personnel; (5)consumer goods sold to foreigners, overseas Chinese, and Chinese compatriots from Taiwan, Hong Kong and Macao during their stay in the mainland of China; (6) Chinese and western medicines, herbs and medical facilities purchased by residents; (7) newspapers, books and magazines directly sold to residents and social groups by publishers, new and old commemorative stamps, special stamps, first-day covers, stamp albums and other stamp-collection articles sold by stamp companies; (8) consumer goods purchased and then sold by second-hand shops; (9) stoves and other heating facilities and liquefied gas sold by gas companies to households and institutions; and (10) commodities sold by farmers to non-agricultural residents and social groups. Excluded under this heading are: raw materials, fuels, equipment, tools sold to enterprises, institutions and state farms for production purpose; commodities sold to trade establishments for re-selling; commissioned sales at second-hand shops; operational income of urban public utilities; stamps sold at post offices; income of water, power, gas production and supply establishments from the supply of their products; and sales of commodities among farmers.

Total Purchases of Commodities refer to the total value of purchases of commodities by the establishments from other establishments or individuals (including direct import from abroad) for the purpose of re-selling, either with or without further processing of the commodities purchased. This indicator is used to show the total value of purchases of commodities by wholesale and retail establishments from domestic and overseas markets. The total purchases include: (1) agricultural and industrial products purchased from producers; (2) books, magazines and newspapers purchased from distribution departments of the publishers; (3) commodities purchased from wholesale and retail establishments of different status of registration; (4) commodities purchased from other units, such as surplus materials purchased from government agencies, enterprises or institutions, commodities purchased from catering and service establishments, confiscated goods purchased from customs authorities or market management agencies, second-hand goods and wastes purchased from residents; and (5) commodities directly imported from abroad. Excluded are commodities purchased by establishments (units) for use in their own business operation, commodities obtained without buying or selling procedures, rejected commodities, etc.

Total Sales of Commodities refer to value of commodities sold by the establishments to other establishments and individuals (including direct export). This indicator is used to show the total value of sales of commodities at domestic markets and export. The total sales include: (1) commodities sold to urban and rural residents and social groups for their consumption; (2) commodities sold to establishments in industry, agriculture, construction, transportation, post and telecommunications, wholesale and retail trades, catering trade and public utility for their production and operation; (3) commodities sold to wholesale and retail establishments for re selling, with or without further processing; and (4)commodities for direct export to other countries. Excluded are selling of waste packaging materials used by the establishments (units) themselves, commodities transferred without buying or selling procedures, commission income from brokerage in transactions whose settlement is directly handled by buyers and sellers, rejected commodities in the purchase, loss in commodities, etc.

Commodity Inventory of Wholesale and Retail Enterprises refers to total commodities possessed by wholesale and retail enterprises (units) of various types of registration status at the end of the reference period, which reflects the commodity level of various wholesale and retail enterprises and the potential for market supply. It includes: (1) commodities located in storage, garages, counters, and shelves of operating units (such as sale stores, wholesale centers, and operating offices) of wholesale and retail enterprises; (2) commodities in the process of selecting, sorting, and packing; (3)commodities not arrived but recorded as purchase in the account, i.e. commodities not arrived but payment receipts for the commodities from the sellers or the banks arrived; (4) commodities deposited in other places rather than places mentioned above, for instance: commodities in the hold of purchasers temporarily due to the refusal of payment and commodities not taken back after going through the formalities; (5) commodities entrusted to other units to sell but not sold yet; (6) commodities purchased for other units but not delivered yet. Commodities not included as stock are those not owned by the enterprises (units), those allocated to financially independent factories rather than wholesale and retail enterprises for processing but not taken back yet, and finally those put in stock by wholesale and retail enterprises on behalf of the state material reserves units.

For the calculation of the value of commodities stock, the value is calculated at purchasing prices in agricultural goods purchasing units and wholesale units, and at the accounting prices in retail units.

The Statistical Designated Size Standard in Wholesale, Retail Trade and Catering Industry refer to persons employed at the year-end in wholesale are 20 persons and above, annual sales are 20 million yuan and above; persons employed at the year-end in retail are 60 persons and above; annual sales are 5 million yuan and above; persons employed at the year-end in catering are 40 persons and above, annual turnover are 2 million yuan and above. Foreign trade enterprise are all included in retail industry and executed according to the wholesale standard.

Chain Stores (also called chain stores or chain corporations) refer to a form of joint economic entities under which scattered enterprises or establishments engaged in providing homogeneous commodities or services, with the central leadership of core enterprise or headquarters and guided by common policies, conduct centralized purchase and distributed selling of commodities, in order to gain better efficiency through standardized operation. Consisting of a number of branch stores, the chain stores have in general following features:(1)homogeneous commodities,(2)unique name of stores,(3)centralized purchase and delivery which is separated from distributed selling operation (most commodities are delivered from the headquarters except some items which, from logistics, quality or freshness considerations, might be delivered by the suppliers directly).

11-1 进出口贸易总额及年增长率
Total Imports and Exports and Annual Growth Rate

单位：亿美元 (USD 100 million)

地区	Area	进出口贸易总额 Total Imports and Exports				
		2000	2002	2003	2004	2005
长江三角洲经济区	**Yangtze River Delta**					
上海市	Shanghai City	547.10	726.64	1123.97	1600.26	1863.65
南京市	Nanjing City	91.02	100.94	147.12	206.38	270.90
苏州市	Suzhou City	200.70	363.90	656.61	1031.94	1405.89
无锡市	Wuxi City	59.83	97.41	143.79	218.24	291.91
常州市	Changzhou City	28.22	39.18	52.51	69.05	83.34
镇江市	Zhenjiang City	14.61	20.98	26.70	34.79	39.65
南通市	Nantong City	31.56	38.96	51.64	67.93	85.20
扬州市	Yangzhou City	11.18	15.14	20.33	24.18	27.90
泰州市	Taizhou City	4.48	5.73	8.80	12.56	19.28
杭州市	Hangzhou City	104.76	131.07	182.38	244.96	298.70
宁波市	Ningbo City	75.41	122.73	188.09	261.12	334.94
嘉兴市	Jiaxing City	27.28	36.96	57.11	79.25	99.22
湖州市	Huzhou City	6.93	8.87	12.18	16.98	22.71
绍兴市	Shaoxing City	16.62	38.70	59.61	86.62	104.85
舟山市	Zhoushan City	4.67	4.97	6.20	10.11	12.09
台州市	Taizhou City	11.44	21.91	32.88	47.89	63.53
珠江三角洲经济区	**Pearl River Delta**					
广州市	Guangzhou City	233.51	279.27	349.41	447.88	534.75
深圳市	Shenzhen City	639.40	872.31	1173.99	1472.83	1828.17
珠海市	Zhuhai City	91.65	128.39	167.83	218.13	257.29
佛山市	Foshan City	103.27	129.70	164.64	216.87	257.12
江门市	Jiangmen City	48.33	47.76	58.70	78.40	90.50
东莞市	Dongguan City	320.45	442.47	520.23	645.18	743.72
中山市	Zhongshan City	60.89	93.42	131.29	156.21	186.88
惠州市区	Huizhou Urban District		70.19	84.81	118.19	137.91
惠阳市	Huiyang City		25.67	25.60	23.67	28.04
惠东县	Huidong County		5.79	8.47	9.74	9.33
博罗县	Boluo County		10.04	11.85	14.06	14.31
肇庆市区	Zhaoqing Urban District	8.21	9.44	11.39	12.34	14.30
高要市	Gaoyao City	1.33	1.62	1.66	2.04	2.60
四会市	Sihui City	1.39	1.71	1.81	2.23	2.15

11—1续表　continued

单位：%　　(%)

地区	Area	贸易总额年增长率 Annual Growth Rate of Total Imports and Exports				
		2000	2002	2003	2004	2005
长江三角洲经济区	**Yangtze River Delta**					
上海市	Shanghai City	41.70	19.30	54.70	42.40	16.50
南京市	Nanjing City	35.30	5.30	45.74	40.30	31.30
苏州市	Suzhou City	59.90	53.80	80.44	57.17	36.20
无锡市	Wuxi City	37.80	46.30	47.61	51.90	33.60
常州市	Changzhou City	46.40	20.30	34.00	31.50	20.70
镇江市	Zhenjiang City	59.00	44.30	27.28	30.30	13.96
南通市	Nantong City	30.90	20.50	32.55	31.50	25.40
扬州市	Yangzhou City	40.60	22.90	34.26	19.00	15.40
泰州市	Taizhou City	25.80	7.80	53.54	42.61	53.50
杭州市	Hangzhou City	42.70	16.00	39.20	34.30	21.90
宁波市	Ningbo City	50.50	38.00	53.30	38.80	28.50
嘉兴市	Jiaxing City	52.90	13.10	54.50	38.80	25.20
湖州市	Huzhou City	91.50	18.50	37.20	39.40	33.80
绍兴市	Shaoxing City	69.60	56.60	54.00	45.31	21.10
舟山市	Zhoushan City	47.50	7.10	25.10	62.90	19.60
台州市	Taizhou City	73.60	42.00	50.10	45.60	32.67
珠江三角洲经济区	**Pearl River Delta**					
广州市	Guangzhou City	21.71	21.23	25.11	28.18	19.40
深圳市	Shenzhen City	26.80	27.10	34.60	25.50	24.10
珠海市	Zhuhai City	45.80	31.00	30.72	29.97	18.00
佛山市	Foshan City	30.60	17.20	26.90	31.70	18.60
江门市	Jiangmen City	21.73	8.84	22.91	33.56	15.40
东莞市	Dongguan City	12.59	28.40	17.80	24.00	15.30
中山市	Zhongshan City	26.15	30.67	40.55	18.98	19.67
惠州市区	Huizhou Urban District			20.83	39.90	17.80
惠阳市	Huiyang City			-0.27	-7.70	15.20
惠东县	Huidong County			46.29	13.70	-7.90
博罗县	Boluo County			18.03	17.00	1.50
肇庆市区	Zhaoqing Urban District		15.00	20.70	8.30	15.88
高要市	Gaoyao City		21.80	2.50	22.90	27.45
四会市	Sihui City		23.00	5.80	23.20	-3.59

11-2 进口总额及年增长率

Total Value and Annual Growth Rate of Imports

单位：亿美元 (USD 100 million)

地区	Area	进口总额 Total Imports 2000	2002	2003	2004	2005
长江三角洲经济区	**Yangtze River Delta**					
上海市	Shanghai City	293.56	406.09	639.15	865.06	956.23
南京市	Nanjing City	37.33	40.83	70.46	101.78	128.45
苏州市	Suzhou City	95.89	178.69	330.28	524.21	678.14
无锡市	Wuxi City	26.17	45.97	70.55	108.06	136.45
常州市	Changzhou City	9.62	12.62	17.21	21.89	22.09
镇江市	Zhenjiang City	8.03	10.87	13.81	19.60	19.31
南通市	Nantong City	11.21	13.65	18.80	24.43	27.27
扬州市	Yangzhou City	5.12	7.14	9.21	10.67	8.85
泰州市	Taizhou City	1.19	1.53	2.46	3.01	5.86
杭州市	Hangzhou City	35.11	46.26	72.83	93.21	100.66
宁波市	Ningbo City	23.73	41.10	67.36	94.23	112.62
嘉兴市	Jiaxing City	8.38	11.48	20.96	28.19	28.78
湖州市	Huzhou City	2.30	1.78	2.06	2.50	2.75
绍兴市	Shaoxing City	3.85	9.69	14.28	20.54	23.43
舟山市	Zhoushan City	0.56	0.52	0.81	1.97	2.14
台州市	Taizhou City	2.76	3.89	6.37	9.90	11.57
珠江三角洲经济区	**Pearl River Delta**					
广州市	Guangzhou City	115.60	141.49	180.52	233.14	268.07
深圳市	Shenzhen City	293.76	406.74	544.37	694.37	812.99
珠海市	Zhuhai City	55.19	76.34	98.73	127.73	149.58
佛山市	Foshan City	45.91	50.82	62.42	78.56	86.32
江门市	Jiangmen City	18.48	18.24	22.20	27.65	30.30
东莞市	Dongguan City	148.86	205.11	241.04	293.25	334.42
中山市	Zhongshan City	24.12	36.17	48.75	56.26	64.80
惠州市区	Huizhou Urban District		35.09	39.07	58.35	60.40
惠阳市	Huiyang City		11.21	12.24	11.05	12.66
惠东县	Huidong County		2.25	2.81	2.72	3.52
博罗县	Boluo County		4.58	5.51	6.57	6.83
肇庆市区	Zhaoqing Urban District	2.94	3.28	3.53	4.62	4.55
高要市	Gaoyao City	0.53	0.50	0.50	0.65	0.79
四会市	Sihui City	0.56	0.53	0.50	0.65	0.64

11-2续表 continued

单位：% (%)

地区	Area	进口总额增长率 Annual Growth Rate of Total Imports				
		2000	2002	2003	2004	2005
长江三角洲经济区	**Yangtze River Delta**					
上海市	Shanghai City	14.10	22.10	57.40	35.30	10.50
南京市	Nanjing City	49.82	6.41	72.60	44.40	26.20
苏州市	Suzhou City	70.40	57.40	84.80	58.70	29.35
无锡市	Wuxi City	46.80	49.90	53.50	53.40	26.10
常州市	Changzhou City	47.80	15.50	36.40	27.20	0.80
镇江市	Zhenjiang City	59.33	53.54	27.10	42.00	-1.50
南通市	Nantong City	37.40	18.80	37.70	30.00	11.60
扬州市	Yangzhou City	45.04	39.25	29.17	15.60	-17.10
泰州市	Taizhou City	0.10	4.50	60.70	22.40	94.68
杭州市	Hangzhou City	55.30	15.20	57.40	28.00	8.00
宁波市	Ningbo City	54.90	55.30	63.90	39.90	19.60
嘉兴市	Jiaxing City	58.10	9.10	82.60	34.50	2.10
湖州市	Huzhou City	160.60	3.30	15.70	21.00	10.20
绍兴市	Shaoxing City	44.00	62.50	47.40	43.80	14.10
舟山市	Zhoushan City	3.90	-4.70	55.70	144.00	8.60
台州市	Taizhou City	62.80	6.80	63.70	55.28	16.96
珠江三角洲经济区	**Pearl River Delta**					
广州市	Guangzhou City	24.06	23.97	27.59	29.15	14.98
深圳市	Shenzhen City	32.20	30.70	33.84	27.60	17.10
珠海市	Zhuhai City	53.90	26.90	29.33	29.37	17.10
佛山市	Foshan City	29.40	7.80	22.83	25.90	9.90
江门市	Jiangmen City	25.03	0.33	21.71	24.55	9.60
东莞市	Dongguan City	11.85	32.60	17.52	21.70	14.00
中山市	Zhongshan City	20.25	29.59	34.78	15.41	15.20
惠州市区	Huizhou Urban District			11.34	50.00	4.90
惠阳市	Huiyang City			9.19	-9.90	10.60
惠东县	Huidong County			24.89	-3.50	13.30
博罗县	Boluo County			20.31	17.00	3.70
肇庆市区	Zhaoqing Urban District		11.60	7.62	30.88	-1.52
高要市	Gaoyao City		-5.70		27.92	21.54
四会市	Sihui City		-5.40	-5.66	30.64	-1.54

11-3 出口总额及年增长率
Total Value and Annual Growth Rate of Exports

单位：亿美元 (USD 100 million)

地区	Area	出口总额 Total Exports				
		2000	2002	2003	2004	2005
长江三角洲经济区	**Yangtze River Delta**					
上海市	Shanghai City	253.54	320.55	484.82	735.20	907.42
南京市	Nanjing City	53.69	60.11	76.65	104.60	142.45
苏州市	Suzhou City	104.81	185.21	326.33	507.73	727.75
无锡市	Wuxi City	33.67	51.44	73.24	110.19	155.46
常州市	Changzhou City	18.60	26.56	35.30	47.16	61.24
镇江市	Zhenjiang City	6.59	10.11	12.89	15.19	20.34
南通市	Nantong City	20.35	25.31	32.85	43.49	57.93
扬州市	Yangzhou City	6.06	8.01	11.12	13.51	19.05
泰州市	Taizhou City	3.29	4.20	6.34	9.54	13.41
杭州市	Hangzhou City	69.65	84.81	109.55	151.75	198.04
宁波市	Ningbo City	51.68	81.63	120.74	166.90	222.33
嘉兴市	Jiaxing City	18.90	25.48	36.16	51.06	70.44
湖州市	Huzhou City	4.63	7.09	10.11	14.48	19.96
绍兴市	Shaoxing City	12.77	29.01	45.33	66.09	81.42
舟山市	Zhoushan City	4.12	4.44	5.40	8.14	9.95
台州市	Taizhou City	8.69	18.02	26.51	37.99	51.96
珠江三角洲经济区	**Pearl River Delta**					
广州市	Guangzhou City	117.91	137.78	168.89	214.74	266.68
深圳市	Shenzhen City	345.63	465.57	629.62	778.46	1015.18
珠海市	Zhuhai City	36.46	52.04	69.10	90.40	107.71
佛山市	Foshan City	57.36	78.88	102.23	138.31	170.80
江门市	Jiangmen City	29.85	29.52	36.50	50.74	60.20
东莞市	Dongguan City	171.59	237.36	280.02	351.92	409.29
中山市	Zhongshan City	36.77	57.25	82.54	99.95	122.09
惠州市区	Huizhou Urban District	26.16	35.10	45.74	59.83	77.51
惠阳市	Huiyang City	11.30	14.46	13.36	12.61	15.38
惠东县	Huidong County	2.37	3.54	5.66	7.02	5.81
博罗县	Boluo County	4.89	5.46	6.33	7.49	7.48
肇庆市区	Zhaoqing Urban District	5.28	6.16	7.86	7.72	8.69
高要市	Gaoyao City	0.80	1.12	1.16	1.39	1.82
四会市	Sihui City	0.82	1.18	1.31	1.58	1.51

11-3续表 continued

单位：%　　　　(%)

地区	Area	出口总额年增长率 Annual Growth Rate of Total Exports				
		2000	2002	2003	2004	2005
长江三角洲经济区	**Yangtze River Delta**					
上海市	Shanghai City	35.00	16.00	51.20	51.60	23.40
南京市	Nanjing City	33.90	4.50	27.50	36.50	36.20
苏州市	Suzhou City	51.30	50.50	76.20	55.60	43.30
无锡市	Wuxi City	31.60	43.40	42.40	50.50	41.00
常州市	Changzhou City	45.70	22.70	32.90	33.60	29.80
镇江市	Zhenjiang City	57.60	35.50	27.50	17.80	33.90
南通市	Nantong City	27.50	21.40	29.80	32.40	33.20
扬州市	Yangzhou City	37.20	20.60	39.00	21.50	41.00
泰州市	Taizhou City	38.60	9.00	51.00	50.47	40.57
杭州市	Hangzhou City	37.10	16.40	29.20	38.60	30.50
宁波市	Ningbo City	48.60	30.70	47.90	38.20	33.50
嘉兴市	Jiaxing City	51.20	14.90	41.90	41.20	38.00
湖州市	Huzhou City	69.20	23.10	42.60	43.20	37.80
绍兴市	Shaoxing City	79.20	54.80	56.30	45.80	23.20
舟山市	Zhoushan City	56.40	8.70	21.50	50.80	22.30
台州市	Taizhou City	77.30	52.90	47.10	43.32	36.76
珠江三角洲经济区	**Pearl River Delta**					
广州市	Guangzhou City	19.50	18.54	22.57	27.15	24.18
深圳市	Shenzhen City	22.50	24.20	35.24	23.60	30.40
珠海市	Zhuhai City	35.10	37.40	32.78	30.83	19.10
佛山市	Foshan City	31.60	24.10	29.60	35.30	23.50
江门市	Jiangmen City	19.69	14.82	23.64	38.90	18.60
东莞市	Dongguan City	13.23	25.00	17.97	26.10	16.30
中山市	Zhongshan City	30.35	31.36	44.17	21.09	22.18
惠州市区	Huizhou Urban District			30.31	31.30	30.20
惠阳市	Huiyang City			-7.61	-5.60	19.30
惠东县	Huidong County			59.89	22.10	-17.20
博罗县	Boluo County			15.93	16.90	-0.40
肇庆市区	Zhaoqing Urban District		16.70	27.60	-1.81	12.56
高要市	Gaoyao City		40.00	3.57	19.83	30.94
四会市	Sihui City		43.90	11.02	20.61	-4.43

11-4 外商直接投资

Foreign Direct Investment

地区	Area	项目总计(个) Number of Projects (unit)			合同金额(万美元) Contracted Value(USD 10 000)			实际使用金额(万美元) Actually Utilized Value (USD 10 000)		
		2000	2004	2005	2000	2004	2005	2000	2004	2005
长江三角洲经济区	**Yangtze River Delta**									
上海市	Shanghai City	1814	4334	4091	639000	1169100	1383300	316000	654100	685000
南京市	Nanjing City	156	803	728	207902	451544	512905	81277	151208	141778
苏州市	Suzhou City	943	2282	2181	467787	1357785	1527178	288338	464810	511596
无锡市	Wuxi City	359	897	811	176373	651358	814519	108240	194828	200713
常州市	Changzhou City	329	438	509	100285	218671	285107	55977	53563	73120
镇江市	Zhenjiang City	179	477	471	39814	247868	321651	28925	55965	59590
南通市	Nantong City	229	1033	998	32938	349109	484425	14292	101986	153162
扬州市	Yangzhou City	670	334	371	9222	151031	229437	6654	75177	52579
泰州市	Taizhou City	28	206	253	17646	65829	92859	10196	38255	45647
杭州市	Hangzhou City	315	802	756	89781	629727	400503	43093	140982	171274
宁波市	Ningbo City	550	1081	873	95151	413633	421015	62186	210332	231079
嘉兴市	Jiaxing City	188	574	440	34575	257970	250049	15318	102187	115666
湖州市	Huzhou City	115	475	475	12264	160145	169172	8205	61121	65072
绍兴市	Shaoxing City	156	431	416	16642	167117	202139	11598	82344	90095
舟山市	Zhoushan City	23	20	21	2692	6070	6940	1055	2251	3120
台州市	Taizhou City	120	123	117	10715	27507	39893	5083	30296	33780
珠江三角洲经济区	**Pearl River Delta**									
广州市	Guangzhou City	647	1046	1061	152759	320494	340205	298923	240062	264882
深圳市	Shenzhen City	1130	2718	2797	173813	412131	525097	196145	234994	296872
珠海市	Zhuhai City	554	472	587	54490	176182	228527	101937	51007	66610
佛山市	Foshan City	223	542	533	53538	115709	154575	93377	69137	92868
江门市	Jiangmen City	275	447	470	80823	101233	120003	76614	51205	60624
东莞市①	Dongguan City ①	405	1032	772	114331	289127	298040	108468	213875	146778
中山市	Zhongshan City	178	380	392	67469	82245	100226	56610	50983	65110
惠州市区	Huizhou Urban District	92	202	222		51568	84355		18841	37831
惠阳市	Huiyang City	59	131	133		36383	60654		29984	44508
惠东县	Huidong County	42	71	69		16668	16220		6289	9624
博罗县	Boluo County	39	133	111		22112	29270		7277	9561
肇庆市区	Zhaoqing Urban District	15	76			36573			28300	35924
高要市	Gaoyao City	12	34			7008			7561	9347
四会市	Sihui City		24			5025			5810	7063

注：①2005 年为新口径。

Note: ① The coverage of 2005 data is different with prior to 2005.

11-5 按行业分的实际外商直接投资额(2005年)

Actually of Foreign Direct Investment by Sector(2005)

单位：万美元 (USD 10 000)

地区	Area	总计 Total	# 农、林、牧、渔业 Agriculture, Forestry, Animal Husbandry and Fishery	# 采矿业 Mining	# 制造业 Manufacturing	# 电力、煤气及水的生产和供应业 Production and Supply of Electricity,Gas and Water
长江三角洲经济区	**Yangtze River Delta**					
上海市	Shanghai City	685000	900		331400	
南京市	Nanjing City	200906	907	911	148201	1722
苏州市	Suzhou City	511607	721	33	464879	12225
无锡市	Wuxi City	200740	486		166679	9151
常州市	Changzhou City	73120	355		58581	449
镇江市	Zhenjiang City					
南通市	Nantong City	174772	4410		136387	
扬州市	Yangzhou City	52580	236		34821	
泰州市	Taizhou City	49060	469	140	39199	128
杭州市	Hangzhou City	171274	266	102	101246	2267
宁波市	Ningbo City	231079	110		195899	2113
嘉兴市	Jiaxing City	115666	1350		103720	427
湖州市	Huzhou City	65072	314	180	45948	5234
绍兴市	Shaoxing City	90095	609		86516	190
舟山市	Zhoushan City	3120	29		2084	
台州市	Taizhou City	33780	40		18004	641
珠江三角洲经济区	**Pearl River Delta**					
广州市	Guangzhou City	264882	223	28	170927	3615
深圳市	Shenzhen City	296872	146	7778	167882	6144
珠海市	Zhuhai City	66610	560		46723	887
佛山市	Foshan City	92868	117		82140	1882
江门市	Jiangmen City	60624	412		53222	
东莞市	Dongguan City	146778	314		141446	1099
中山市	Zhongshan City	65110	149		58335	1284
惠州市区	Huizhou Urban District	37831				
惠阳市	Huiyang City	44508				
惠东县	Huidong County	9624				
博罗县	Boluo County	9561	36		8582	
肇庆市区	Zhaoqing Urban District	35924				
高要市	Gaoyao City	9347				
四会市	Sihui City	7063				

11−5 续表 1　continued

单位：万美元　　　　(USD 10 000)

地区	Area	# 建筑业 Construction	# 交通运输、仓储和邮政业 Transport, Storage and Post	# 批发和零售业 Wholesale & Retail Trade	# 金融、保险业 Financial and Insurance	# 房地产业 Real Estate
长江三角洲经济区	**Yangtze River Delta**					
上海市	Shanghai City					
南京市	Nanjing City	609	3708	4128		25851
苏州市	Suzhou City	1579	5898	918		14904
无锡市	Wuxi City	1863	1587	3458	711	12056
常州市	Changzhou City	1123		501		11318
镇江市	Zhenjiang City					
南通市	Nantong City	5996	2756	504		12740
扬州市	Yangzhou City	2237	30			
泰州市	Taizhou City	532	3756	232		4386
杭州市	Hangzhou City	159	76	1350	20	17027
宁波市	Ningbo City	1291	5660	2579		9681
嘉兴市	Jiaxing City	401	568	321		5543
湖州市	Huzhou City	2107	1058			6843
绍兴市	Shaoxing City	410	643	500		1078
舟山市	Zhoushan City	7	819			
台州市	Taizhou City		1000	146		4693
珠江三角洲经济区	**Pearl River Delta**					
广州市	Guangzhou City	1993	8277	1531	3025	45135
深圳市	Shenzhen City	134	23146	12085	20	16336
珠海市	Zhuhai City	174	1669	1620		3920
佛山市	Foshan City	214	1249	225	488	5571
江门市	Jiangmen City	206	787	1674		3165
东莞市	Dongguan City	290	264	610		1219
中山市	Zhongshan City		945	142		3160
惠州市区	Huizhou Urban District					
惠阳市	Huiyang City					
惠东县	Huidong County					
博罗县	Boluo County			595		254
肇庆市区	Zhaoqing Urban District					
高要市	Gaoyao City					
四会市	Sihui City					

11－5 续表 2　continued

单位：万美元　(USD 10 000)

地区	Area	# 社会服务业 Social Services	# 卫生体育和社会福利业 Health Care,Sports and Social Welfare	# 体育、文化艺术和广播电影电视业 Education,Culture and Arts,Radio,Film and Television	# 科学研究和综合技术服务业 Scientific Research and Polytechnic Services	# 其他行业 Other Sectors
长江三角洲经济区	**Yangtze River Delta**					
上海市	Shanghai City					
南京市	Nanjing City	6627	2104	1602	3941	
苏州市	Suzhou City	100	456	1337	1541	7016
无锡市	Wuxi City	92		1030	845	2782
常州市	Changzhou City					
镇江市	Zhenjiang City					
南通市	Nantong City				900	11079
扬州市	Yangzhou City					15256
泰州市	Taizhou City	40	78		100	
杭州市	Hangzhou City	13223	20	496	2848	
宁波市	Ningbo City	605				3144
嘉兴市	Jiaxing City	8	300		482	
湖州市	Huzhou City		90			3298
绍兴市	Shaoxing City				60	
舟山市	Zhoushan City				18	163
台州市	Taizhou City					
珠江三角洲经济区	**Pearl River Delta**					
广州市	Guangzhou City					
深圳市	Shenzhen City	3121	120	346	9366	50248
珠海市	Zhuhai City	8165		59	41	
佛山市	Foshan City					
江门市	Jiangmen City	526			4	628
东莞市	Dongguan City				311	426
中山市	Zhongshan City			26		
惠州市区	Huizhou Urban District					
惠阳市	Huiyang City					
惠东县	Huidong County					
博罗县	Boluo County					
肇庆市区	Zhaoqing Urban District					
高要市	Gaoyao City					
四会市	Sihui City					

11-6 国内旅游人数、收入及年增长率

Tourist Numbers,Receipts and Annual Growth Rate of Domestic Tourism

地区	Area	国内旅游 Domestic Tourists 人数（万人次） Numbers (10 000 person-times)			收入（亿元） Receipts (100 million yuan)		
		2000	2004	2005	2000	2004	2005
长江三角洲经济区	**Yangtze River Delta**						
上海市	Shanghai City	7848	8505	9012	775	1216	1308
南京市	Nanjing City	1505	2800	3220	138	278	333
苏州市	Suzhou City	1496	3157	3657	125	296	380
无锡市	Wuxi City	1128	2202	2638	102	212	280
常州市	Changzhou City	428	1041	1283	36	92	114
镇江市	Zhenjiang City	443	971	1167	42	86	103
南通市	Nantong City	320	629	743	28	49	65
扬州市	Yangzhou City	501	904	1113	37	68	92
泰州市	Taizhou City	285	421	488	20	35	41
杭州市	Hangzhou City	2305	3016	3266	190	361	404
宁波市	Ningbo City	1230	2010	2352	116	205	238
嘉兴市	Jiaxing City	415	1117	1363	24	78	105
湖州市	Huzhou City	350	851	1078	22	49	63
绍兴市	Shaoxing City	729	1211	1503	63	91	111
舟山市	Zhoushan City	454	825	988	20	46	55
台州市	Taizhou City	508	1238	1608	38	97	135
珠江三角洲经济区	**Pearl River Delta**						
广州市	Guangzhou City	1879	2238	2340	291	390	435
深圳市	Shenzhen City	928	1383	1526			
珠海市	Zhuhai City	814	1274	1453	38	57	58
佛山市	Foshan City	403	478	495	45	67	82
江门市	Jiangmen City	475	512	543	31	38	41
东莞市	Dongguan City	185	982	987	27	86	91
中山市	Zhongshan City	311	368	404	27	40	49
惠州市区①	Huizhou Urban District①	191	321	380	20	32	37
惠阳市	Huiyang City			108			11
惠东县	Huidong County			61			6
博罗县	Boluo County			72			6
肇庆市区	Zhaoqing Urban District	373	463	501	23	31	37
高要市	Gaoyao City						
四会市	Sihui City						

11-6续表 continued

单位：%　　　　(%)

地区	Area	国内旅游年增长率 Annual Growth Rate of Domestic Tourists					
		人数 Persons			收入 Receipts		
		2000	2004	2005	2000	2004	2005
长江三角洲经济区	**Yangtze River Delta**						
上海市	Shanghai City	4.7	11.9	6.0	7.7	12.6	7.6
南京市	Nanjing City	12.0	26.9	15.0	12.9	31.1	19.4
苏州市	Suzhou City	14.6	34.3	15.8	16.7	39.6	28.6
无锡市	Wuxi City	5.2	24.8	19.8	14.2	27.0	31.8
常州市	Changzhou City	11.0	27.4	23.2	3.5	31.4	24.2
镇江市	Zhenjiang City	16.4	44.9	20.2	35.5	59.1	20.4
南通市	Nantong City	-0.6	22.1	18.2	-25.0	21.2	33.0
扬州市	Yangzhou City	22.0	25.0	23.1	17.0	25.0	34.2
泰州市	Taizhou City		20.3	15.9		28.0	17.1
杭州市	Hangzhou City	4.4	8.6	8.3	14.0	24.2	11.7
宁波市	Ningbo City	11.0	16.9	17.0	10.5	23.5	23.8
嘉兴市	Jiaxing City	25.0	23.4	22.0	47.6	30.3	33.8
湖州市	Huzhou City	37.0	20.8	25.9	68.1	20.8	28.3
绍兴市	Shaoxing City	20.9	17.8	24.1	20.8	17.8	21.9
舟山市	Zhoushan City	15.7	29.1	19.7	26.0	38.0	19.7
台州市	Taizhou City	31.0	16.3	29.9	53.3	16.3	38.7
珠江三角洲经济区	**Pearl River Delta**						
广州市	Guangzhou City	4.0	11.5	4.6		21.6	11.5
深圳市	Shenzhen City	11.0	36.4	10.3			
珠海市	Zhuhai City	1.0	26.4	12.1	12.0	25.7	1.3
佛山市	Foshan City	1.0	11.5	3.5	2.9	29.7	22.1
江门市	Jiangmen City	5.0	7.3	6.1	12.0	6.9	6.6
东莞市	Dongguan City		-2.4	0.5		7.2	5.9
中山市	Zhongshan City	9.0	11.8	9.8	15.0	18.5	21.6
惠州市区①	Huizhou Urban District ①		28.7	18.4		48.3	15.0
惠阳市	Huiyang City						
惠东县	Huidong County						
博罗县	Boluo County						
肇庆市区	Zhaoqing Urban District	9.8	10.2	8.3	11.2	18.5	19.0
高要市	Gaoyao City						
四会市	Sihui City						

注：①惠州市数据。

Note: ① Data of Huizhou City.

11−7 入境旅游人数、收入及年增长率

Tourist Number,Receipts and Annual Growth Rate of International Tourism

地区	Area	入境旅游 International Tourism 人数（万人次） Number(person-times) 2000	2004	2005	收入（万美元） Receipts (USD 10 000) 2000	2004	2005
长江三角洲经济区	**Yangtze River Delta**						
上海市	Shanghai City	181	492	571	161300	308900	360800
南京市	Nanjing City	42	72	88	22100	50773	57557
苏州市	Suzhou City	56	130	156	20135	48608	63905
无锡市	Wuxi City	33	54	66	9787	20746	26323
常州市	Changzhou City	3	14	18	2412	11244	14364
镇江市	Zhenjiang City	10	25	31	4988	12991	17988
南通市	Nantong City	6	11	15	4803	9934	13531
扬州市	Yangzhou City	9	19	23	3935	10873	15177
泰州市	Taizhou City	1	3	3	676	1916	2899
杭州市	Hangzhou City	71	123	151	29200	59736	75774
宁波市	Ningbo City	12	32	44	5588	15314	24800
嘉兴市	Jiaxing City	3	34	44	2160	10187	13848
湖州市	Huzhou City	1	7	10	626	1990	3688
绍兴市	Shaoxing City	5	15	20	2108	5356	6679
舟山市	Zhoushan City	6	12	14	2969	5974	7532
台州市	Taizhou City	2	6	8	903	3923	5304
珠江三角洲经济区	**Pearl River Delta**						
广州市	Guangzhou City	421	437	510	150580	189667	229408
深圳市	Shenzhen City	397	560	616	141100	178723	200900
珠海市	Zhuhai City	97	140	298	39400	56300	70148
佛山市	Foshan City	64	71	77	159	269	345
江门市	Jiangmen City	27	29	32	8295	9254	10500
东莞市	Dongguan City	106	150	169	7617	23437	28189
中山市	Zhongshan City	62	62	67	14674	20688	21027
惠州市区	Huizhou Urban District						
惠阳市	Huiyang City						
惠东县	Huidong County						
博罗县	Boluo County						
肇庆市区	Zhaoqing Urban District	16	11	11	6264	4594	4718
高要市	Gaoyao City						
四会市	Sihui City						

11-7续表 continued

单位：%　　　　(%)

地区	Area	入境旅游年增长率 Annual Growth Rate of International Tourism					
		人数 Persons			收入 Receipts		
		2000	2004	2005	2000	2004	2005
长江三角洲经济区	**Yangtze River Delta**						
上海市	Shanghai City	9.5	53.8	16.1	18.3	50.5	16.8
南京市	Nanjing City	10.6	39.7	21.8		59.8	13.4
苏州市	Suzhou City	20.3	59.6	19.9	16.1	67.0	31.5
无锡市	Wuxi City	26.7	23.2	22.1	13.4	30.3	26.9
常州市	Changzhou City	18.2	29.4	27.1	10.7	36.1	27.7
镇江市	Zhenjiang City	30.7	61.7	20.5	23.5	76.5	38.5
南通市	Nantong City	20.0	30.5	37.6	28.7	24.6	36.2
扬州市	Yangzhou City	18.3	45.7	21.0	16.2	91.0	39.6
泰州市	Taizhou City	32.3	18.8	14.9	6.5	45.6	51.3
杭州市	Hangzhou City	20.0	43.3	22.6	23.2	41.5	26.8
宁波市	Ningbo City	30.0	45.4	36.1	27.5	53.3	62.1
嘉兴市	Jiaxing City	14.2	79.7	30.1	20.8	73.0	35.9
湖州市	Huzhou City	29.1	48.2	44.8	39.1	40.6	85.3
绍兴市	Shaoxing City	21.5	76.8	31.6	22.5	54.9	24.7
舟山市	Zhoushan City	10.0	111.5	20.2	20.0	134.2	26.1
台州市	Taizhou City	21.0	31.5	19.7	12.0	1.8	35.2
珠江三角洲经济区	**Pearl River Delta**						
广州市	Guangzhou City	34.0	20.6	16.7		16.9	21.0
深圳市	Shenzhen City	51.4	28.6	10.1	26.9	37.4	12.4
珠海市	Zhuhai City	23.0	33.1	22.3	10.0	21.9	24.7
佛山市	Foshan City	26.6	22.2	8.3	38.5	47.2	28.0
江门市	Jiangmen City	20.0	24.1	12.3	10.0	20.6	13.5
东莞市	Dongguan City		86.6	13.2	8.0	69.5	20.3
中山市	Zhongshan City	24.0	8.0	7.2	39.0	10.6	1.6
惠州市区	Huizhou Urban District						
惠阳市	Huiyang City						
惠东县	Huidong County						
博罗县	Boluo County						
肇庆市区	Zhaoqing Urban District	18.3	10.9	1.9	3.0	3.9	2.7
高要市	Gaoyao City						
四会市	Sihui City						

11−8　星级宾馆接待能力

Capacity of Star-class Hotels

地区	Area	宾馆酒店数（家） Total Number of Hotel and Restaurant (unit)			房间数（间） Total Number of Room (unit)		
		2000	2004	2005	2000	2004	2005
长江三角洲经济区	**Yangtze River Delta**						
上海市	Shanghai City	248	359	351	46256	60502	61800
南京市	Nanjing City	135	114	114	11902	12934	14714
苏州市	Suzhou City	94	100	120	8406	14779	15233
无锡市	Wuxi City	77	80	72	9643	12171	10010
常州市	Changzhou City	22	49	51	2690	5446	5962
镇江市	Zhenjiang City	21	28	29	1123	2207	2268
南通市	Nantong City	20	36	44	2379	3505	4630
扬州市	Yangzhou City	31	43	50	2579	4386	4727
泰州市	Taizhou City	15	20	20	1720	2101	2078
杭州市	Hangzhou City	102	203	229	16000	26771	30321
宁波市	Ningbo City	76	160	178	8935	14785	16086
嘉兴市	Jiaxing City	35	59	56	3427	5247	5986
湖州市	Huzhou City	29	56	53	1392	5033	3959
绍兴市	Shaoxing City	51	77	82	5286	7502	8618
舟山市	Zhoushan City	18	58	61	3480	3716	3072
台州市	Taizhou City	44	63	72	2838	6743	7022
珠江三角洲经济区	**Pearl River Delta**						
广州市	Guangzhou City	135	195	206	30564	31828	40948
深圳市	Shenzhen City	297	343	359	26410	41360	42794
珠海市	Zhuhai City	54	73	76	8272	10276	10637
佛山市	Foshan City	38	72	84	4690	9030	9855
江门市	Jiangmen City	57	57	58	6861	9412	9302
东莞市	Dongguan City	30	60	63	18024	10530	
中山市	Zhongshan City	17	36	38	2696	4030	4363
惠州市区①	Huizhou Urban District ①		60	68		8838	9102
惠阳市	Huiyang City			9	689		
惠东县	Huidong County			4	339		
博罗县	Boluo County			5	289		
肇庆市区	Zhaoqing Urban District	31	29	35	3305	3019	3700
高要市	Gaoyao City	1	2		30	153	
四会市	Sihui City	5	6	4	553	564	482

11-8续表 continued

地区	Area	床位数（张） Total Number of Bed (unit)		
		2000	2004	2005
长江三角洲经济区	**Yangtze River Delta**			
上海市	Shanghai City	81552	60502	103500
南京市	Nanjing City	22116	22816	27427
苏州市	Suzhou City	14816	26048	26848
无锡市	Wuxi City	18113	21632	22078
常州市	Changzhou City	4990	10274	11184
镇江市	Zhenjiang City	2021	3973	4082
南通市	Nantong City	4461		7391
扬州市	Yangzhou City	5172	7894	8510
泰州市	Taizhou City	3406	4095	4051
杭州市	Hangzhou City	6532	51085	56850
宁波市	Ningbo City	2610	26700	28984
嘉兴市	Jiaxing City	6532	9636	10993
湖州市	Huzhou City	6920	7774	8049
绍兴市	Shaoxing City	4813	13719	16545
舟山市	Zhoushan City	6920	7109	7590
台州市	Taizhou City		11968	12572
珠江三角洲经济区	**Pearl River Delta**			
广州市	Guangzhou City	57934	58750	74735
深圳市	Shenzhen City	47509	70143	70600
珠海市	Zhuhai City	16543	20048	20622
佛山市	Foshan City	11231	15973	17623
江门市	Jiangmen City	14625	17357	16922
东莞市	Dongguan City	4941	17591	
中山市	Zhongshan City	5165	7746	8024
惠州市区①	Huizhou Urban District ①		15911	16658
惠阳市	Huiyang City			
惠东县	Huidong County			
博罗县	Boluo County			
肇庆市区	Zhaoqing Urban District	6833	5891	7409
高要市	Gaoyao City	62	288	
四会市	Sihui City	1045	976	945

注：①惠州市数据。

Note: ① Data of Huizhou City.

主要统计指标解释

进出口总额 指实际进出我国国境的货物总金额。包括对外贸易实际进出口货物，来料加工装配进出口货物，国家间、联合国及国际组织无偿援助物资和赠送品，华侨、港澳台同胞和外籍华人捐赠品，租赁期满归承租人所有的租赁货物，进料加工进出口货物，边境地方贸易及边境地区小额贸易进出口货物(边民互市贸易除外)，中外合资企业、中外合作经营企业、外商独资经营企业进出口货物和公用物品，到、离岸价格在规定限额以上的进出口货样和广告品(无商业价值、无使用价值和免费提供出口的除外)，从保税仓库提取在中国境内销售的进口货物，以及其他进出口货物。进出口总额用以观察一个国家在对外贸易方面的总规模。我国规定出口货物按离岸价格统计，进口货物按到岸价格统计。

外商直接投资 指外国企业和经济组织或个人(包括华侨、港澳台胞以及我国在境外注册的企业)按我国有关政策、法规，用现汇、实物、技术等在我国境内开办外商独资企业、与我国境内的企业或经济组织共同举办中外合资经营企业、合作经营企业或合作开发资源的投资(包括外商投资收益的再投资)，以及经政府有关部门批准的项目投资总额内企业从境外借入的资金。

旅游者人数 包括入境国际旅游者人数、出境居民人数和国内旅游者人数。

(1) 入境旅游人数：指来中国参观、访问、旅行、探亲、访友、休养、考察、参加会议和从事经济、科技、文化、教育、宗教等活动的外国人、华侨、港澳同胞和台湾同胞的人数。不包括外国在我国的常驻机构，如使领馆、通讯社、企业办事处的工作人员；来我国常住的外国专家、留学生以及在岸逗留不过夜人员。

(2)出境居民人数：指大陆居民因公务活动或私人事务短期出境的人数。公务活动出境居民人数包括在国际交通工具上的中国服务员工，因私出境居民人数不包括在国际交通工具上的中国服务员工。

(3) 国内旅游人数：指我国大陆居民和在我国常住1年以上的外国人、华侨、港澳台同胞离开常住地在境内其他地方的旅游设施内至少停留一夜，最长不超过6个月的人数。

国际旅游（外汇）收入 指入境旅游的外国人、华侨、港澳同胞和台湾同胞在中国大陆旅游过程中发生的一切旅游支出，对于国家来说就是国际旅游(外汇)收入。

Explanatory Notes on Main Statistical Indicators

Total Value of Imports and Exports refer to the real value of commodities imported into and exported from the boundary of China. They include the actual imports and exports through foreign trade, imported and exported goods under the processing and assembling trades and materials, supplies and gifts as aid given gratis between governments and by the United Nations and other international organizations, and contributions donated by overseas Chinese, compatriots in Hong Kong and Macao and Chinese with foreign citizenship, leasing commodities owned by tenant at the expiration of leasing period, the imported and exported commodities processed with imported materials, commodities trading in border areas (excluding mutual exchange goods), the imported and exported commodities and articles for public use of the Sino-foreign joint ventures, cooperative enterprises and ventures exclusively with foreign own investment. Also included are import or export of samples and advertising goods for whose CIF or FOB value are beyond the permitted ceiling (excluding goods of no trading or use value and free commodities for export), imported goods sold in China from bonded warehouses and other imported or exported goods. The indicator of the total imports and exports at customs can be used to observe the total size of external trade in a country. In accordance with the stipulation of the Chinese government, imports are calculated at CIF, while exports are calculated at FOB

Foreign Direct Investment refers to the investments inside China by foreign enterprises and economic organizations or individuals (including overseas Chinese, compatriots from Hong Kong and Macao, and Chinese enterprises registered abroad), following the relevant policies and laws of China, for the establishment of ventures exclusively with foreign own investment, Sino-foreign joint ventures and cooperative enterprises or for cooperative exploration of resources with enterprises or economic organizations in China. It includes the re investment of the foreign entrepreneurs with the profits gained from the investment and the funds that enterprises borrow from abroad in the total investment of projects which are approved by the relevant department of the government.

Number of Tourists including international tourists, Chinese residents going abroad and domestic tourists.

(1) International Tourists refer to foreigners, overseas Chinese, Chinese compatriots from Hong Kong, Macao and Taiwan coming to China for sight-seeing, visits, tours, family reunions, vacations, study tours, conferences and other activities of a business, scientific and technological, cultural, educational and religious nature. It does not include representatives and employees of resident institutions of foreign countries in China such as embassies, consulates, news agencies and offices of foreign companies and organizations, nor does it include long-term foreign experts or students residing in China, or persons in transition without spending a night in China.

(2) Chinese residents going abroad refer to Chinese residents going abroad for short terms for either public business or private purposes. Chinese employees working on international transport carriers are included in those going abroad for public business purpose, not in those for private purpose.

(3) Domestic tourists refer to residents of the mainland of China who stay for one night at least but no more than 6 months at tourist facilities in other places than their permanent residence within the territory of the mainland China, including foreigners, overseas Chinese and Chinese compatriots from Hong Kong, Macao and Taiwan who have resided in China for over one year.

Foreign Exchange Earnings from International Tourism refer to the total expenditures of foreigners, overseas Chinese, Chinese compatriots from Hong Kong, Macao and Taiwan during their stay in the mainland of China, which are earnings of foreign exchange from international tourism from the point of view from China.

12-1 地方一般预算内收入

Intra-Budgetary Revenue of the Local Government

单位：亿元　(100 million yuan)

地区	Area	2000	2002	2003	2004	2005
长江三角洲经济区	**Yangtze River Delta**					
上海市	Shanghai City	485.38	708.95	886.23	1106.19	1417.40
南京市	Nanjing City	89.06	115.60	136.48	169.88	211.07
苏州市	Suzhou City	80.39	123.74	170.50	219.57	316.78
无锡市	Wuxi City	55.85	78.99	104.34	135.28	181.68
常州市	Changzhou City	32.25	43.23	56.67	67.34	94.99
镇江市	Zhenjiang City	17.40	23.01	28.60	35.90	47.14
南通市	Nantong City	28.45	38.73	48.81	52.59	71.99
扬州市	Yangzhou City	16.34	23.16	30.55	38.14	49.55
泰州市	Taizhou City	17.03	21.90	26.57	34.07	46.91
杭州市	Hangzhou City	69.20	118.32	150.39	197.45	250.46
宁波市	Ningbo City	69.21	115.62	139.42	151.75	212.38
嘉兴市	Jiaxing City	19.20	31.69	41.22	47.87	66.79
湖州市	Huzhou City	9.89	18.63	25.26	29.62	39.73
绍兴市	Shaoxing City	24.54	39.62	50.48	50.92	76.13
舟山市	Zhoushan City	6.23	9.01	11.39	13.57	18.21
台州市	Taizhou City	26.15	43.11	52.70	62.60	72.33
珠江三角洲经济区	**Pearl River Delta**					
广州市	Guangzhou City	200.55	245.87	274.77	302.87	371.26
深圳市	Shenzhen City	221.92	265.93	290.84	321.47	412.39
珠海市	Zhuhai City	24.23	31.23	34.82	34.46	48.97
佛山市	Foshan City	59.53	85.00	95.44	95.29	130.85
江门市	Jiangmen City	21.24	25.74	29.37	28.94	41.63
东莞市	Dongguan City	30.47	55.29	67.45	82.64	103.96
中山市	Zhongshan City	17.46	31.21	36.63	34.54	54.26
惠州市区	Huizhou Urban District	6.58	11.72	13.58	13.48	20.01
惠阳市	Huiyang City	2.79	3.54	5.34	6.11	6.81
惠东县	Huidong County	1.19	1.48	1.73	2.01	2.66
博罗县	Boluo County	1.99	2.50	2.91	3.07	4.22
肇庆市区	Zhaoqing Urban District	4.83	5.36	5.83	5.98	8.31
高要市	Gaoyao City	1.70	2.10	2.34	2.50	3.05
四会市	Sihui City	1.32	1.74	2.01	2.30	3.10

12-2 地方一般预算内收入构成(2005年)

Proportion of Local government Intra-Budgetary Revenue (2005)

单位：%　　　　(%)

地区	Area	总收入 Total Revenue	# 增值税 Value-added Tax	# 营业税 Business Tax	# 企业所得税 Company Income Tax
长江三角洲经济区	**Yangtze River Delta**				
上海市	Shanghai City	100.00	16.00	36.20	20.40
南京市	Nanjing City	100.00	18.88	27.98	12.44
苏州市	Suzhou City	100.00	24.02	25.87	14.16
无锡市	Wuxi City	100.00	24.42	22.57	13.20
常州市	Changzhou City	100.00	20.68	22.94	11.25
镇江市	Zhenjiang City	100.00	24.93	22.15	7.92
南通市	Nantong City	100.00	23.29	26.17	10.65
扬州市	Yangzhou City	100.00	23.13	23.05	6.98
泰州市	Taizhou City	100.00	25.60	17.84	10.06
杭州市	Hangzhou City	100.00	18.17	34.17	18.05
宁波市	Ningbo City	100.00	21.73	28.13	17.81
嘉兴市	Jiaxing City	100.00	24.33	32.18	12.94
湖州市	Huzhou City	100.00	20.56	31.08	10.95
绍兴市	Shaoxing City	100.00	22.31	28.87	14.36
舟山市	Zhoushan City	100.00	11.48	47.17	8.95
台州市	Taizhou City	100.00	21.74	24.19	14.84
珠江三角洲经济区	**Pearl River Delta**				
广州市	Guangzhou City	100.00	21.98	24.05	10.06
深圳市	Shenzhen City	100.00	17.91	37.32	13.66
珠海市	Zhuhai City	100.00	26.61	22.20	8.96
佛山市	Foshan City	100.00	24.36	18.92	9.93
江门市	Jiangmen City	100.00	27.72	19.12	8.07
东莞市	Dongguan City	100.00	28.37	21.85	9.60
中山市	Zhongshan City	100.00	28.88	23.79	7.00
惠州市区	Huizhou Urban District	100.00	23.72	24.94	8.60
惠阳市	Huiyang City	100.00	17.12	35.49	6.79
惠东县	Huidong County	100.00	20.51	25.59	4.84
博罗县	Boluo County	100.00	27.50	25.18	5.68
肇庆市区	Zhaoqing Urban District	100.00	18.30	25.88	4.57
高要市	Gaoyao City	100.00	17.08	12.81	4.93
四会市	Sihui City	100.00	18.38	18.38	2.58

12–2 续表1 continued

单位：% (%)

地区	Area	# 个人所得税 Personal Income Tax	# 城市维护建设税 Urban Maintenance and Development Tax	# 房产税 Tax on Real Estates	印花税 Stamp Tax
长江三角洲经济区	**Yangtze River Delta**				
上海市	Shanghai City	7.90	3.50	2.40	1.80
南京市	Nanjing City	5.22	6.75	3.19	1.28
苏州市	Suzhou City	5.12	4.18	3.93	1.46
无锡市	Wuxi City	4.44	5.92	3.66	1.75
常州市	Changzhou City	4.46	5.84	3.80	1.34
镇江市	Zhenjiang City	3.72	6.13	2.95	1.32
南通市	Nantong City	4.24	5.01	3.47	1.49
扬州市	Yangzhou City	3.23	6.14	2.74	1.05
泰州市	Taizhou City	3.30	6.78	2.43	1.19
杭州市	Hangzhou City	5.71	6.55	2.93	1.11
宁波市	Ningbo City	7.22	6.15	2.69	1.37
嘉兴市	Jiaxing City	6.06	6.29	2.96	1.30
湖州市	Huzhou City	5.18	5.03	2.40	0.99
绍兴市	Shaoxing City	5.65	5.93	4.07	1.88
舟山市	Zhoushan City	5.11	5.55	2.75	0.88
台州市	Taizhou City	6.19	6.66	3.27	1.23
珠江三角洲经济区	**Pearl River Delta**				
广州市	Guangzhou City	5.33	6.15	5.39	1.75
深圳市	Shenzhen City	9.56	0.94	3.15	1.42
珠海市	Zhuhai City	3.98	4.57	5.27	1.69
佛山市	Foshan City	4.43	6.17	4.86	1.35
江门市	Jiangmen City	3.60	5.86	5.77	1.63
东莞市	Dongguan City	5.31	4.56	4.25	1.28
中山市	Zhongshan City	4.29	5.23	4.55	1.64
惠州市区	Huizhou Urban District	8.82	3.65	5.27	2.74
惠阳市	Huiyang City	4.99	4.10	5.82	1.49
惠东县	Huidong County	3.72	4.35	7.21	0.71
博罗县	Boluo County	4.00	4.05	5.22	2.07
肇庆市区	Zhaoqing Urban District	5.30	7.10	5.90	0.84
高要市	Gaoyao City	3.28	4.27	2.63	0.66
四会市	Sihui City	2.58	4.51	2.58	0.97

12-2 续表 2 continued

单位：%　　(%)

地区	Area	# 农牧业税和耕地占用税 Tax on Agriculture and Animal Husbandry,on the Occupancy of Cultivated Land	# 国有企业计划亏损补贴 Planning Subsidies to State-owned Enterprise Loss-Suffering	# 行政性收费收入 Income from Administrative Fees	# 罚没收入 Penalty and Confiscatory Income	# 专项收入 Expert Project Income
长江三角洲经济区	**Yangtze River Delta**					
上海市	Shanghai City		-0.01	0.02	0.01	0.02
南京市	Nanjing City	0.72		3.17	3.88	3.38
苏州市	Suzhou City	0.98		2.56	2.94	2.94
无锡市	Wuxi City	7.66	-0.23	2.99	2.91	3.31
常州市	Changzhou City	1.11		6.66	3.45	3.56
镇江市	Zhenjiang City	0.74		6.47	6.00	4.52
南通市	Nantong City	1.74		5.76	3.35	3.83
扬州市	Yangzhou City	9.49		8.27	4.16	4.42
泰州市	Taizhou City			6.46	4.90	4.78
杭州市	Hangzhou City	0.73	-4.14	0.69	3.10	2.58
宁波市	Ningbo City	6.33	-3.88	1.76	4.43	3.34
嘉兴市	Jiaxing City	10.20	-10.02	2.38	5.72	3.25
湖州市	Huzhou City	1.68	-4.04		8.91	2.35
绍兴市	Shaoxing City	1.43	-6.68	0.02	9.38	2.25
舟山市	Zhoushan City	7.85	-11.04	2.80	5.55	27.68
台州市	Taizhou City	1.22	-2.31	1.11	9.33	3.38
珠江三角洲经济区	**Pearl River Delta**					
广州市	Guangzhou City		-0.08	5.44	3.09	3.61
深圳市	Shenzhen City	0.02		2.99	2.88	1.93
珠海市	Zhuhai City			4.98	3.23	
佛山市	Foshan City	5.07		2.79	3.62	4.00
江门市	Jiangmen City	1.51	-381.94	4.59	7.28	4.01
东莞市	Dongguan City	1.08		3.56	6.23	3.50
中山市	Zhongshan City	1.90		2.62	2.14	5.64
惠州市区	Huizhou Urban District	0.26	-0.21	7.66	2.53	3.03
惠阳市	Huiyang City	0.45		3.08	3.47	3.27
惠东县	Huidong County	0.79		18.35	2.76	3.61
博罗县	Boluo County	0.71		6.67	8.43	3.76
肇庆市区	Zhaoqing Urban District	1.32	-0.60	6.26	4.21	4.09
高要市	Gaoyao City	3.61		29.88	6.90	2.96
四会市	Sihui City	1.61	-0.06	10.00	4.51	3.22

12-3 地方一般预算内支出

Intra-Budgetary Expenditure of the Local Government

单位：亿元 (100 million yuan)

地区	Area	2000	2002	2003	2004	2005
长江三角洲经济区	**Yangtze River Delta**					
上海市	Shanghai City	608.56	862.38	1088.44	1371.45	1646.26
南京市	Nanjing City	98.66	133.12	155.28	191.68	231.35
苏州市	Suzhou City	77.56	136.39	183.60	233.13	335.28
无锡市	Wuxi City	52.05	84.22	109.36	143.10	182.89
常州市	Changzhou City	31.64	51.82	63.05	75.66	97.85
镇江市	Zhenjiang City	18.82	28.67	36.66	44.13	52.18
南通市	Nantong City	33.87	50.65	62.04	75.65	121.69
扬州市	Yangzhou City	22.37	32.74	40.18	49.22	62.22
泰州市	Taizhou City	22.48	34.76	40.62	49.49	62.64
杭州市	Hangzhou City	73.43	141.02	163.59	195.63	238.33
宁波市	Ningbo City	83.91	145.26	180.25	215.95	264.77
嘉兴市	Jiaxing City	21.52	38.54	47.24	59.72	73.45
湖州市	Huzhou City	13.25	24.34	30.47	36.51	44.08
绍兴市	Shaoxing City	25.76	45.16	57.05	64.50	80.04
舟山市	Zhoushan City	11.48	20.00	23.10	28.93	31.94
台州市	Taizhou City	33.19	55.64	68.88	79.15	88.09
珠江三角洲经济区	**Pearl River Delta**					
广州市	Guangzhou City	240.72	326.67	370.09	408.34	438.41
深圳市	Shenzhen City	225.04	307.77	348.95	377.57	599.16
珠海市	Zhuhai City	31.08	41.80	45.35	50.89	57.77
佛山市	Foshan City	72.21	104.19	120.45	130.93	150.85
江门市	Jiangmen City	27.98	36.44	41.28	47.58	54.24
东莞市	Dongguan City	33.61	64.96	76.52	94.16	117.04
中山市	Zhongshan City	19.24	34.97	39.87	43.18	56.71
惠州市区	Huizhou Urban District	9.26	16.35	18.66	21.42	24.36
惠阳市	Huiyang City	3.69	6.00	7.56	9.09	9.46
惠东县	Huidong County	2.37	3.60	4.45	5.31	6.89
博罗县	Boluo County	3.01	4.82	5.70	7.32	8.28
肇庆市区	Zhaoqing Urban District	7.59	9.06	10.61	11.55	13.32
高要市	Gaoyao City	2.55	3.60	4.40	4.64	5.35
四会市	Sihui City	2.32	3.36	3.79	5.44	5.45

12-4 地方一般预算内支出构成(2005年)

Composition of Intra-Budgetary Expenditure of the Local Government(2005)

单位：%　　　　(%)

地区	Area	总支出 Total Expenditure	#基本建设支出 Expenditure for Capital Construction	#企业挖潜改造资金 Expenditure for Innovation Exterprises	#科技三项费用 Expenditure for Science and Technology Promotion	#支援农村生产支出 Expenditure for Supporting Agriculture Production	#工业交通部门事业费 Expenditure for Operating Expenses of Departments of Industry & Transportation
长江三角洲经济区	**Yangtze River Delta**						
上海市	Shanghai City	100.00	0.22	0.16		0.02	
南京市	Nanjing City	100.00	9.12	7.94	1.44		0.29
苏州市	Suzhou City	100.00	16.37	2.97	1.66		0.84
无锡市	Wuxi City	100.00	9.97	6.50	1.54	3.71	1.55
常州市	Changzhou City	100.00	6.15	2.95	2.05	0.11	0.17
镇江市	Zhenjiang City	100.00	2.30	3.82	1.58		1.09
南通市	Nantong City	100.00	3.81	1.93	1.30	4.38	0.58
扬州市	Yangzhou City	100.00	7.20	1.43	1.62	6.98	1.37
泰州市	Taizhou City	100.00	5.81	6.35	1.36		1.10
杭州市	Hangzhou City	100.00	7.25	6.12	2.77	4.97	1.58
宁波市	Ningbo City	100.00	14.16	9.19	2.08		0.85
嘉兴市	Jiaxing City	100.00	0.97	3.06	2.93	5.41	2.64
湖州市	Huzhou City	100.00	4.45	4.08	2.56	3.27	2.97
绍兴市	Shaoxing City	100.00	3.02	2.44	3.19		3.30
舟山市	Zhoushan City	100.00	6.70	2.57	2.79	10.05	1.35
台州市	Taizhou City	100.00	3.65	2.29	1.95		2.10
珠江三角洲经济区	**Pearl River Delta**						
广州市	Guangzhou City	100.00	15.70	1.67	2.08		0.66
深圳市	Shenzhen City	100.00	19.43	1.53	4.59	0.56	0.29
珠海市	Zhuhai City	100.00	5.54	0.36	2.54	2.20	0.57
佛山市	Foshan City	100.00	2.11	1.57	2.24		0.96
江门市	Jiangmen City	100.00	0.65	0.66	1.64		0.50
东莞市	Dongguan City	100.00	23.63	0.78	2.70		1.75
中山市	Zhongshan City	100.00	11.30	0.35	3.03	4.66	1.50
惠州市区	Huizhou Urban District	100.00	4.19	1.00	0.86		1.30
惠阳市	Huiyang City	100.00	1.84	0.22	0.09		1.18
惠东县	Huidong County	100.00	2.04	0.71	0.26		1.23
博罗县	Boluo County	100.00	1.64	0.40	0.19		1.06
肇庆市区	Zhaoqing Urban District	100.00	0.23	1.80	1.95		
高要市	Gaoyao City	100.00	0.75	0.75	2.06		
四会市	Sihui City	100.00	2.57	1.65	1.83		

12–4 续表 continued

单位：% (%)

地区	Area	# 农林水利气象等部门事业费 Expenditure for Operating Expenses of Agriculture, Foresty,Water Conservancy and Meteorology	# 文教科学卫生事业费 Expenditure for Operating Expenses of Culture, Education,Science and Public Health	# 抚恤和社会福利救济费 Expenditure for Pensions and Relief Funds for Social Welfare	# 行政管理费 Expenditure for Government Administration	# 城市维护费 Expenditure for City Maintenance
长江三角洲经济区	**Yangtze River Delta**					
上海市	Shanghai City	0.01	0.17	0.02	0.04	0.05
南京市	Nanjing City	5.00	17.53	3.11	8.10	18.83
苏州市	Suzhou City	5.68	15.16	1.55	9.62	15.38
无锡市	Wuxi City	5.07	18.14	2.03	9.02	13.50
常州市	Changzhou City	6.90	21.26	2.36	10.12	14.59
镇江市	Zhenjiang City	6.48	24.35	2.34	14.53	6.37
南通市	Nantong City	0.90	17.92	2.48	8.68	2.56
扬州市	Yangzhou City	2.03	27.11	3.01	15.59	3.46
泰州市	Taizhou City	7.74	28.21	2.94	13.49	3.96
杭州市	Hangzhou City	4.97	22.52	2.14	11.73	11.41
宁波市	Ningbo City	5.33	18.81	2.16	8.60	9.23
嘉兴市	Jiaxing City	7.57	28.48	2.61	12.63	9.30
湖州市	Huzhou City	3.20	29.72	3.24	14.76	4.14
绍兴市	Shaoxing City	7.97	29.64	2.79	12.32	3.89
舟山市	Zhoushan City	10.05	26.68	3.35	16.16	2.63
台州市	Taizhou City	7.44	32.31	3.10	14.26	3.58
珠江三角洲经济区	**Pearl River Delta**					
广州市	Guangzhou City	2.62	18.24	1.98	8.44	5.57
深圳市	Shenzhen City	0.92	12.84	0.59	6.02	3.59
珠海市	Zhuhai City	0.54	20.81	1.47	7.63	4.95
佛山市	Foshan City	3.28	24.26	2.10	11.08	10.80
江门市	Jiangmen City	9.29	26.46	2.36	12.89	2.77
东莞市	Dongguan City	5.31	17.99	0.71	8.74	13.88
中山市	Zhongshan City		22.91	1.62	6.01	4.14
惠州市区	Huizhou Urban District	6.96	21.72	2.19	12.42	4.48
惠阳市	Huiyang City	5.36	22.62	2.14	16.63	4.93
惠东县	Huidong County	15.84	26.62	2.90	11.47	4.43
博罗县	Boluo County	10.38	32.44	4.31	11.61	4.27
肇庆市区	Zhaoqing Urban District	5.56	21.40	1.95	16.22	11.41
高要市	Gaoyao City	13.46	26.36	2.99	9.72	1.87
四会市	Sihui City	16.33	23.49	2.39	11.38	3.67

12-5 用于文教、科学和卫生事业费的财政支出

Budgetary Expenditure for Operating Expenses of Culture, Education,Science and Health Care

单位：亿元 (100 million yuan)

地区	Area	2000	2002	2003	2004	2005
长江三角洲经济区	**Yangtze River Delta**					
上海市	Shanghai City	135.67	170.73	196.11	233.82	277.45
南京市	Nanjing City	17.70	26.01	30.69	34.39	40.56
苏州市	Suzhou City	16.23	24.98	34.65	41.82	50.84
无锡市	Wuxi City	13.29	18.53	23.07	28.19	33.17
常州市	Changzhou City	9.63	13.28	14.86	17.31	20.80
镇江市	Zhenjiang City	6.55	8.92	9.77	11.84	12.71
南通市	Nantong City	11.48	14.96	16.72	20.44	21.81
扬州市	Yangzhou City	8.02	10.42	11.34	13.53	16.87
泰州市	Taizhou City	9.00	11.57	12.47	15.66	17.67
杭州市	Hangzhou City	18.27	30.81	37.10	45.71	54.62
宁波市	Ningbo City	17.20	27.68	33.61	40.28	49.81
嘉兴市	Jiaxing City	6.54	11.15	14.50	17.95	21.50
湖州市	Huzhou City	4.38	7.35	9.05	11.14	13.10
绍兴市	Shaoxing City	8.41	13.33	17.17	20.44	23.72
舟山市	Zhoushan City	3.67	5.59	6.44	7.45	8.52
台州市	Taizhou City	10.78	16.97	21.23	25.29	28.46
珠江三角洲经济区	**Pearl River Delta**					
广州市	Guangzhou City	44.46	60.89	63.94	69.39	79.96
深圳市	Shenzhen City	34.27	50.72	59.92	63.79	76.91
珠海市	Zhuhai City	4.48	7.18	8.54	10.06	12.02
佛山市	Foshan City	13.19	17.47		31.13	36.60
江门市	Jiangmen City		10.84	11.59	12.81	14.35
东莞市	Dongguan City	8.67	14.74	19.82	16.94	21.06
中山市	Zhongshan City	4.86	8.34	9.02	10.81	12.99
惠州市区	Huizhou Urban District		3.11	4.00	4.50	5.29
惠阳市	Huiyang City		1.65	1.00	1.80	2.14
惠东县	Huidong County		1.25	1.00	1.56	1.84
博罗县	Boluo County		1.49	2.00	2.35	2.69
肇庆市区	Zhaoqing Urban District		1.99	2.00	2.56	2.85
高要市	Gaoyao City		0.95	1.00	1.34	1.41
四会市	Sihui City		1.00	1.00	1.18	1.28

12-6 用于抚恤和社会福利救济费的财政支出

Budgetary Expenditure for Pensions and Relief Funds for Social Welfare

单位：万元 (10 000 yuan)

地区	Area	2000	2002	2003	2004	2005
长江三角洲经济区	**Yangtze River Delta**					
上海市	Shanghai City	72495	113329	155024	190279	248436
南京市	Nanjing City	39736	33810	43971	54643	71900
苏州市	Suzhou City	11044	18911	29182	37143	51930
无锡市	Wuxi City	11573	19265	24419	31214	37094
常州市	Changzhou City	7322	21963	14398	17537	23148
镇江市	Zhenjiang City	4435	6509	8795	9812	12187
南通市	Nantong City	12354	16276	20851	24090	30188
扬州市	Yangzhou City	6293	8348	11857	13694	18685
泰州市	Taizhou City	7854	10069	12301	13938	18430
杭州市	Hangzhou City	13731	21581	29668	39644	51022
宁波市	Ningbo City	11255	21371	32908	43191	57186
嘉兴市	Jiaxing City	4241	7314	9835	12935	19230
湖州市	Huzhou City	3152	4742	7597	10126	14290
绍兴市	Shaoxing City	5067	8965	12209	17998	22358
舟山市	Zhoushan City	2539	4702	5718	7068	10700
台州市	Taizhou City	7808	12474	14461	22578	27298
珠江三角洲经济区	**Pearl River Delta**					
广州市	Guangzhou City	34898	64619	74348	72235	86749
深圳市	Shenzhen City	12855	26399	25755	28787	35578
珠海市	Zhuhai City	4195	6235	7184	7420	8461
佛山市	Foshan City		18584	20000	24276	31712
江门市	Jiangmen City		7670	10183	10463	12759
东莞市	Dongguan City	2888	4695	6533	9658	8335
中山市	Zhongshan City	3859	7146	7242	7403	9180
惠州市区	Huizhou Urban District		610	3849	4915	5341
惠阳市	Huiyang City		648	1033	1579	2021
惠东县	Huidong County		423	1469	1748	1997
博罗县	Boluo County		541	1233	1725	3574
肇庆市区	Zhaoqing Urban District		1740	1879	1898	2649
高要市	Gaoyao City		1005	1536	1490	1576
四会市	Sihui City		812	934	953	1269

12-7 地方一般预算内财政收入占地区生产总值比重

Inter-Budgetary Revenue as Percentage of Regional Domestic Product

单位：%　　　　　　　　　　　　　　　　　　　　　　　　　　　　　　　　　　　　(%)

地区	Area	2000	2002	2003	2004	2005
长江三角洲经济区	**Yangtze River Delta**					
上海市	Shanghai City	10.17	12.35	13.24	13.70	15.48
南京市	Nanjing City	8.70	8.90	8.66	8.89	8.75
苏州市	Suzhou City	5.20	5.90	6.09	6.36	7.87
无锡市	Wuxi City	4.70	5.00	5.49	5.76	6.48
常州市	Changzhou City	5.40	5.70	6.29	6.12	7.29
镇江市	Zhenjiang City	3.80	4.10	4.46	4.60	5.41
南通市	Nantong City	3.90	4.40	4.85	4.29	4.89
扬州市	Yangzhou City	3.50	4.10	4.72	4.84	5.37
泰州市	Taizhou City	4.20	4.30	4.58	4.83	5.71
杭州市	Hangzhou City	5.00	6.60	7.20	7.90	8.50
宁波市	Ningbo City	5.90	7.70	7.80	7.03	8.70
嘉兴市	Jiaxing City	3.60	4.50	4.80	4.56	5.76
湖州市	Huzhou City	2.90	4.40	5.10	5.01	6.17
绍兴市	Shaoxing City	3.30	4.20	4.63	3.88	5.26
舟山市	Zhoushan City	5.40	6.20	6.61	6.40	6.50
台州市	Taizhou City	3.90	5.00	5.30	5.33	5.78
珠江三角洲经济区	**Pearl River Delta**					
广州市	Guangzhou City	8.05	7.67	7.31	6.81	7.26
深圳市	Shenzhen City	13.51	11.93	10.04	9.40	8.30
珠海市	Zhuhai City	7.34	7.69	7.36	6.31	7.71
佛山市	Foshan City	6.22	7.23	6.91	5.75	5.49
江门市	Jiangmen City	3.74	3.90	4.02	4.16	5.17
东莞市	Dongguan City	3.72	4.66	4.64	4.58	4.77
中山市	Zhongshan City	5.58	7.51	7.31	5.66	6.16
惠州市区	Huizhou Urban District	4.90	5.90	5.20	4.42	5.65
惠阳市	Huiyang City	2.40	3.40	5.20	5.56	5.20
惠东县	Huidong County	1.30	1.70	1.50	1.61	1.91
博罗县	Boluo County	2.40	2.70	2.70	2.41	2.90
肇庆市区	Zhaoqing Urban District	5.60	5.60	5.40	4.83	5.94
高要市	Gaoyao City	1.50	1.60	1.70	1.53	3.11
四会市	Sihui City	2.40	2.50	2.60	2.44	4.86

12-8 地方一般预算内财政支出占地区生产总值比重

Inter-Budgetary Expenditure as percentage of Regional Domestic Product

单位：% (%)

地区	Area	2000	2002	2003	2004	2005
长江三角洲经济区	**Yangtze River Delta**					
上海市	Shanghai City	12.75	15.02	16.26	16.99	17.98
南京市	Nanjing City	9.70	10.30	9.85	10.04	9.60
苏州市	Suzhou City	5.00	6.60	6.55	6.76	8.33
无锡市	Wuxi City	4.30	5.30	5.75	6.09	6.52
常州市	Changzhou City	5.30	6.80	6.99	6.87	7.51
镇江市	Zhenjiang City	4.20	5.10	5.72	5.65	5.99
南通市	Nantong City	4.60	5.70	6.16	6.17	8.27
扬州市	Yangzhou City	4.70	5.90	6.21	6.25	6.75
泰州市	Taizhou City	5.50	6.90	7.00	7.02	7.61
杭州市	Hangzhou City	5.30	7.90	7.80	7.80	8.10
宁波市	Ningbo City	7.60	10.00	10.09	10.01	10.80
嘉兴市	Jiaxing City	4.00	5.50	5.51	5.68	6.33
湖州市	Huzhou City	3.90	5.80	6.20	6.18	6.84
绍兴市	Shaoxing City	3.50	4.90	5.24	4.91	5.53
舟山市	Zhoushan City	10.00	13.70	13.41	13.64	11.40
台州市	Taizhou City	4.90	6.50	6.90	6.74	7.04
珠江三角洲经济区	**Pearl River Delta**					
广州市	Guangzhou City	9.66	10.20	9.85	9.18	8.57
深圳市	Shenzhen City	13.76	13.83	12.05	11.00	12.40
珠海市	Zhuhai City	9.41	10.29	9.58	9.32	9.10
佛山市	Foshan City	7.54	8.86	8.72	7.91	6.33
江门市	Jiangmen City	4.93	5.51	5.67	6.84	6.73
东莞市	Dongguan City	4.10	5.47	5.27	5.21	5.36
中山市	Zhongshan City	6.15	8.41	7.95	7.08	6.44
惠州市区	Huizhou Urban District	6.90	8.60	7.10	7.02	6.88
惠阳市	Huiyang City	3.20	5.00	7.40	8.27	7.22
惠东县	Huidong County	2.70	3.70	3.90	4.25	4.96
博罗县	Boluo County	3.70	5.10	5.20	5.77	5.70
肇庆市区	Zhaoqing Urban District	8.90	9.50	9.90	9.33	9.53
高要市	Gaoyao City	2.30	3.00	3.10	2.84	5.46
四会市	Sihui City	4.10	4.70	4.80	5.77	8.53

12-9 中资金融机构存款年末余额

Deposit Balances of Domestic Financial Institutions(Year-end)

单位：亿元 (100 million yuan)

地区	Area	2000	2002	2003	2004	2005
长江三角洲经济区	**Yangtze River Delta**					
上海市	Shanghai City	9088.66	13658.42	16728.07	19164.88	22219.53
南京市	Nanjing City	1963.76	3005.89	3622.55	4234.01	5083.32
苏州市	Suzhou City	1477.01	2232.03	3149.79	3814.53	4730.05
无锡市	Wuxi City	1078.35	1626.83	2156.85	2585.16	3222.39
常州市	Changzhou City	629.36	904.71	1170.56	1362.22	1649.61
镇江市	Zhenjiang City	337.22	457.52	580.88	676.51	803.96
南通市	Nantong City	773.42	1087.42	1279.29	1523.40	1800.02
扬州市	Yangzhou City	444.47	592.79	720.98	839.74	952.69
泰州市	Taizhou City	388.82	488.61	596.33	701.15	824.90
杭州市	Hangzhou City	2088.47	3373.15	4652.73	5707.20	6748.72
宁波市	Ningbo City	1172.94	1906.24	2629.03	3091.80	3791.94
嘉兴市	Jiaxing City	545.83	763.40	1027.95	1166.04	1341.75
湖州市	Huzhou City	268.87	369.64	486.42	527.39	598.59
绍兴市	Shaoxing City	655.66	970.24	1280.18	1523.50	1864.89
舟山市	Zhoushan City	150.77	211.02	259.37	309.82	363.49
台州市	Taizhou City	528.96	811.76	1056.19	1182.31	1384.98
珠江三角洲经济区	**Pearl River Delta**					
广州市	Guangzhou City	5545.19	7498.35	8676.72	9613.57	11085.30
深圳市	Shenzhen City	3169.00	4952.73	6079.48	7100.75	8478.16
珠海市	Zhuhai City	445.23	575.38	673.21	769.71	925.47
佛山市	Foshan City	1955.97	2434.40	2978.30	3258.85	3770.74
江门市	Jiangmen City	670.00	793.84	917.01	1029.94	1163.76
东莞市	Dongguan City	1228.67	1790.18	2126.78	2462.87	2933.40
中山市	Zhongshan City	554.07	707.92	845.19	959.72	1131.19
惠州市区	Huizhou Urban District	173.61	244.03	296.10	338.89	401.80
惠阳市	Huiyang City	74.00	94.25	107.16	125.29	138.38
惠东县	Huidong County	46.81	56.93	67.30	78.01	93.01
博罗县	Boluo County	52.61	68.96	83.98	101.89	122.48
肇庆市区	Zhaoqing Urban District		166.86	198.52	218.89	249.61
高要市	Gaoyao City	38.44	43.70	50.18	57.61	67.46
四会市	Sihui City	32.40	41.93	46.97	53.60	62.48

12-10 中资金融机构贷款年末余额

Loan Balances of Domestic Financial Institutions (Year-end)

单位：亿元 (100 million yuan)

地区	Area	2000	2002	2003	2004	2005
长江三角洲经济区	**Yangtze River Delta**					
上海市	Shanghai City	6427.84	9734.13	12198.62	13468.52	14801.05
南京市	Nanjing City	1706.44	2549.31	3375.34	4062.10	4452.57
苏州市	Suzhou City	970.60	1490.96	2359.28	2915.74	3478.34
无锡市	Wuxi City	712.39	1046.99	1435.82	1802.45	2183.41
常州市	Changzhou City	389.26	559.85	799.14	956.38	1113.25
镇江市	Zhenjiang City	252.13	328.03	425.07	489.26	560.50
南通市	Nantong City	394.34	526.90	702.27	853.23	995.70
扬州市	Yangzhou City	276.05	356.23	433.87	470.69	513.33
泰州市	Taizhou City	236.26	287.59	348.71	397.73	446.95
杭州市	Hangzhou City	1686.64	2752.38	3818.70	4800.04	5545.30
宁波市	Ningbo City	883.12	1479.47	2102.78	2483.61	2959.78
嘉兴市	Jiaxing City	137.81	198.87	757.83	877.36	960.51
湖州市	Huzhou City	192.52	261.93	365.45	400.68	453.72
绍兴市	Shaoxing City	458.51	695.10	986.79	1176.76	1381.68
舟山市	Zhoushan City	98.25	139.98	190.12	235.20	284.70
台州市	Taizhou City	330.43	571.62	809.09	945.41	1058.04
珠江三角洲经济区	**Pearl River Delta**					
广州市	Guangzhou City	3895.49	5257.21	6127.27	6535.39	6908.03
深圳市	Shenzhen City	2292.18	3512.48	4525.05	5242.77	6168.04
珠海市	Zhuhai City	300.26	347.17	412.67	417.18	424.33
佛山市	Foshan City	1453.96	1588.47	1972.14	2030.12	2056.29
江门市	Jiangmen City	520.00	584.41	637.01	573.42	534.17
东莞市	Dongguan City	630.84	933.41	1206.72	1405.25	1500.52
中山市	Zhongshan City	360.35	442.13	495.66	477.42	479.02
惠州市区	Huizhou Urban District	115.83	173.58	217.03	251.57	247.89
惠阳市	Huiyang City	45.48	42.48	45.49	47.18	66.87
惠东县	Huidong County	20.58	18.10	19.56	17.24	20.68
博罗县	Boluo County	25.20	25.38	25.76	26.19	30.49
肇庆市区	Zhaoqing Urban District		158.38	173.81	183.66	149.43
高要市	Gaoyao City	38.44	20.19	22.31	23.75	30.05
四会市	Sihui City	21.54	24.34	22.90	18.11	17.79

12-11 金融机构现金收入（2005年）
Cash Income of Financial Institutions(2005)

单位：亿元 (100 million yuan)

地区	Area	收入总计 Total Income	商品销售收入 Commodity Sales	服务业收入 Service Trade	税款收入 Taxes	城乡个体经营收入 Urban and Rural Individual Business	其他 Other
长江三角洲经济区	**Yangtze River Delta**						
上海市	Shanghai City	21195.88	3152.31	745.68	89.03	296.79	177.19
南京市	Nanjing City	6672.15	1012.70	345.61	27.98	220.36	22.88
苏州市	Suzhou City	10844.55	1710.74	328.50	27.74	680.83	10.64
无锡市	Wuxi City	7863.17	1747.45	387.03	38.80	251.26	19.31
常州市	Changzhou City	4511.51	771.63	120.96	28.53	209.31	2.60
镇江市	Zhenjiang City	2274.32	338.30	98.73	18.44	97.98	3.85
南通市	Nantong City	5001.68	681.25	190.97	24.72	147.62	24.78
扬州市	Yangzhou City	2529.08	316.96	98.67	17.69	26.64	19.20
泰州市	Taizhou City	2912.17	303.64	161.52	27.65	151.80	5.40
杭州市	Hangzhou City	11752.54	1398.67	334.74	36.99	115.40	26.29
宁波市	Ningbo City	10067.94	1268.50	317.66	40.22	409.70	33.95
嘉兴市	Jiaxing City	3893.59	500.04	98.60	10.10	58.47	5.27
湖州市	Huzhou City	2892.06	369.87	108.10	25.24	130.56	6.46
绍兴市	Shaoxing City	6654.56	525.86	139.54	38.36	249.98	3.79
舟山市	Zhoushan City	814.65	117.08	42.18	2.10	13.59	
台州市	Taizhou City	9200.81	605.92	162.31	37.52	1803.87	6.46
珠江三角洲经济区	**Pearl River Delta**						
广州市	Guangzhou City	15071.58	1096.16	642.18	36.80	384.40	68.24
深圳市	Shenzhen City	9795.69	657.56	480.03	49.27	152.79	16.33
珠海市	Zhuhai City	1613.60	99.45	64.39	7.18	6.54	0.56
佛山市	Foshan City	1109.52	57.64	18.12	3.12	72.66	0.68
江门市	Jiangmen City						
东莞市	Dongguan City	7375.25	553.23	427.14	44.87	248.66	43.65
中山市	Zhongshan City	2977.66	202.84	111.86	13.32	87.39	2426.30
惠州市区	Huizhou Urban District	859.47	76.06	39.67	5.58	21.16	0.67
惠阳市	Huiyang City	359.64	20.51	30.84	8.32	14.99	0.35
惠东县	Huidong County	418.64	12.48	13.64	3.18	15.35	4.02
博罗县	Boluo County	375.78	17.97	26.00	5.13	36.74	0.57
肇庆市区	Zhaoqing Urban District						
高要市	Gaoyao City						
四会市	Sihui City						

12-11 续表 continued

单位：亿元 (100 million yuan)

地区	Area	居民归还贷款收入 Repayment of the Loans by Residents	汇兑收入 Remittances	有价证券收入 Valuable Securities	其他收入 Other	# 兑换外币收入 Exchange of Foreign Currencies
长江三角洲经济区	**Yangtze River Delta**					
上海市	Shanghai City	62.41	124.40	72.15	1637.78	17.89
南京市	Nanjing City	66.94	64.81	18.38	442.72	
苏州市	Suzhou City	111.79	74.04	16.24	834.46	1.45
无锡市	Wuxi City	30.70	51.37	9.71	652.55	0.60
常州市	Changzhou City	36.32	41.16	5.26	258.95	0.53
镇江市	Zhenjiang City	58.25	44.42	0.46	147.69	0.09
南通市	Nantong City	201.35	38.51	11.07	541.09	0.26
扬州市	Yangzhou City	58.06	25.78	3.26	213.87	0.62
泰州市	Taizhou City	179.98	16.23	1.95	112.60	0.42
杭州市	Hangzhou City	158.13	81.78	27.26	1299.55	2.94
宁波市	Ningbo City	122.41	112.11	24.45	947.13	
嘉兴市	Jiaxing City	79.18	28.27	3.64	224.13	0.66
湖州市	Huzhou City	84.45	28.32	1.86	151.36	0.15
绍兴市	Shaoxing City	71.46	31.47	2.53	396.61	1.21
舟山市	Zhoushan City	14.61	3.64	1.92	90.05	
台州市	Taizhou City	228.22	44.98	13.45	466.80	0.16
珠江三角洲经济区	**Pearl River Delta**					
广州市	Guangzhou City	22.13	115.36	12.31	439.88	11.47
深圳市	Shenzhen City	6.55	258.64	2.71	470.09	12.30
珠海市	Zhuhai City	3.21	4.23	0.78	81.06	0.13
佛山市	Foshan City	0.41	2.07		18.83	0.53
江门市	Jiangmen City					
东莞市	Dongguan City	5.63	225.93	2.59	113.35	0.89
中山市	Zhongshan City	0.85	31.81	0.38	102.26	0.09
惠州市区	Huizhou Urban District	3.02	5.92	0.83	25.48	0.28
惠阳市	Huiyang City	0.55	9.68	0.13	17.73	0.04
惠东县	Huidong County	3.16	6.13	0.01	12.97	
博罗县	Boluo County	4.31	6.75	0.07	8.32	0.01
肇庆市区	Zhaoqing Urban District					
高要市	Gaoyao City					
四会市	Sihui City					

12-12 金融机构现金支出（2005 年）

Cash Expenditures of Financial Institutions(2005)

单位：亿元 (100 million yuan)

地区	Area	支出合计 Total Expenditure	工资性支出 Wages	农副产品采购支出 Purchases of Agricultural and Sideline Products	工矿及其他产品采购支出 Purchases of Industrial and Mineral Products	行政企事业管理费支出 Government and Enterprises Overhead	城乡个体经营支出 Individual Business
长江三角洲经济区	**Yangtze River Delta**						
上海市	Shanghai City	21701.53	1919.32	141.96	133.74	2615.49	621.16
南京市	Nanjing City	6623.78	568.72	110.49	99.90	568.37	320.98
苏州市	Suzhou City	11122.57	780.27	201.96	472.11	524.27	812.46
无锡市	Wuxi City	7984.22	1182.35	318.29	265.22	617.57	367.68
常州市	Changzhou City	4577.69	497.53	94.19	87.76	368.65	236.37
镇江市	Zhenjiang City	2341.27	231.01	71.28	49.50	160.91	133.39
南通市	Nantong City	4980.99	414.29	189.90	116.51	181.91	199.60
扬州市	Yangzhou City	2567.29	267.37	72.84	28.23	131.75	124.14
泰州市	Taizhou City	2922.23	258.19	115.56	92.54	141.93	178.24
杭州市	Hangzhou City	11353.90	631.70	169.75	221.74	663.60	278.38
宁波市	Ningbo City	10236.86	691.86	182.37	254.13	532.77	582.97
嘉兴市	Jiaxing City	4000.75	113.07	72.18	260.74	99.92	158.00
湖州市	Huzhou City	2917.34	135.92	117.81	116.15	73.94	228.04
绍兴市	Shaoxing City	6787.26	163.18	94.11	144.99	128.96	337.72
舟山市	Zhoushan City	787.98	35.68	61.22		16.27	11.74
台州市	Taizhou City	9268.72	243.50	110.98	342.72	121.08	1950.86
珠江三角洲经济区	**Pearl River Delta**						
广州市	Guangzhou City	15089.55	728.04	107.42	48.02	702.66	460.04
深圳市	Shenzhen City	10904.83	574.34	122.07	22.93	748.84	413.85
珠海市	Zhuhai City	1714.65	64.91	7.29	1.43	144.02	16.54
佛山市	Foshan City	1109.52	41.37	12.58	10.65	14.29	76.01
江门市	Jiangmen City						
东莞市	Dongguan City	7178.50	638.79	72.58	126.52	451.61	389.79
中山市	Zhongshan City	3111.17	310.08	29.91	7.09	92.33	139.17
惠州市区	Huizhou Urban District	841.24	81.15	8.53	2.20	61.89	34.36
惠阳市	Huiyang City	361.70	41.47	1.74	0.19	88.78	19.07
惠东县	Huidong County	430.37	39.07	5.92	2.33	10.12	1.57
博罗县	Boluo County	369.69	30.57	5.91	4.62	22.85	29.13
肇庆市区	Zhaoqing Urban District						
高要市	Gaoyao City						
四会市	Sihui City						

12-12 续表 continued

单位：亿元 (100 million yuan)

地区	Area	储蓄存款支出 Savings Deposists	其他金融机构支出 Other Financial Institutions	居民提取贷款支出 Loans by Residents	汇兑支出 Remittances	有价证券支出 Valuable Securities	其他支出 Other Expenditure
长江三角洲经济区	**Yangtze River Delta**						
上海市	Shanghai City	14417.49	194.31	24.42	92.70	94.18	1446.76
南京市	Nanjing City	4386.30	22.66	54.12	34.19	10.85	447.18
苏州市	Suzhou City	7315.10	18.43	112.81	34.72	7.64	842.82
无锡市	Wuxi City	4455.15	20.28	24.64	43.03	15.31	674.71
常州市	Changzhou City	3001.11	3.87	10.46	25.40	4.77	247.57
镇江市	Zhenjiang City	1440.95	16.02	58.78	14.57	0.16	164.70
南通市	Nantong City	3029.18	14.21	207.57	31.77	9.87	586.20
扬州市	Yangzhou City	1624.20	17.05	57.67	11.91	2.28	229.86
泰州市	Taizhou City	1842.57	6.15	181.51	7.18	2.17	96.19
杭州市	Hangzhou City	8117.20	24.05	51.06	24.77	27.36	1131.65
宁波市	Ningbo City	6801.51	40.66	59.14	56.64	17.31	1017.50
嘉兴市	Jiaxing City	3030.29	7.53	23.55	5.30	3.38	226.81
湖州市	Huzhou City	2043.60	6.47	23.51	15.33	2.71	153.85
绍兴市	Shaoxing City	5443.64	1.44	11.92	13.77	2.75	444.78
舟山市	Zhoushan City	511.09		11.21	5.29	0.93	90.00
台州市	Taizhou City	5903.75	4.37	115.26	31.35	0.69	444.14
珠江三角洲经济区	**Pearl River Delta**						
广州市	Guangzhou City	12410.65	30.19	10.13	63.68	10.60	518.12
深圳市	Shenzhen City	8427.80	24.13	8.54	74.66	1.39	486.09
珠海市	Zhuhai City	1382.68	0.34	0.18	2.31	0.87	94.09
佛山市	Foshan City	505.59	1.16		1.80	0.08	17.19
江门市	Jiangmen City						
东莞市	Dongguan City	5307.07	17.36	1.00	40.04	1.39	132.35
中山市	Zhongshan City	2458.26	0.05	0.00	7.74	0.10	66.44
惠州市区	Huizhou Urban District	599.48	0.64	0.40	2.66	0.20	50.52
惠阳市	Huiyang City	250.58		0.79	1.51	0.02	24.39
惠东县	Huidong County	338.89	1.94	1.21	1.06		14.09
博罗县	Boluo County	261.72	2.22	1.42	2.23		9.02
肇庆市区	Zhaoqing Urban District						
高要市	Gaoyao City						
四会市	Sihui City						

12-13 金融机构数与人员数

Number of Institutions and Number of Staff and Workers

地区	Area	金融机构数（个） Number of Institution(unit)			年末人数（人） Number of Staff and Workers(Person)		
		2003	2004	2005	2003	2004	2005
长江三角洲经济区	**Yangtze River Delta**						
上海市	Shanghai City	3504	3710	3780	121100	132860	135491
南京市	Nanjing City	1318	1246	1402	23990	23893	28366
苏州市	Suzhou City	1944	1888	1591	21078	21779	20767
无锡市	Wuxi City	1288	1226	1182	16460	16301	15971
常州市	Changzhou City	990	947	905	11966	11795	11338
镇江市	Zhenjiang City	714	664	644	9542	9384	9077
南通市	Nantong City	1343	1285	937	12693	13195	12793
扬州市	Yangzhou City	944	888	887	10923	11055	12316
泰州市	Taizhou City	650	610	548	7788	7758	7316
杭州市	Hangzhou City	1599	1547	1543	27887	29112	30708
宁波市	Ningbo City	1576	1544	1480	20657	21932	22718
嘉兴市	Jiaxing City	785	821	893	9656	10966	10781
湖州市	Huzhou City	500	573	618	7121	7991	11635
绍兴市	Shaoxing City	931	906	876	11531	13355	13392
舟山市	Zhoushan City	336	297	280	3859	4170	4092
台州市	Taizhou City	845	836	793	12179	12654	12784
珠江三角洲经济区	**Pearl River Delta**						
广州市	Guangzhou City	2403	2951	2786	66178	64749	61140
深圳市	Shenzhen City	156	247	248	39050	44976	38309
珠海市	Zhuhai City						
佛山市	Foshan City	1986	1903	1898	21647	20938	20945
江门市	Jiangmen City	958	856	812	11928	10684	10740
东莞市	Dongguan City	1278	1255	1223	13840	14632	14352
中山市	Zhongshan City	591	565	551	7103	7614	7544
惠州市区	Huizhou Urban District						
惠阳市	Huiyang City						
惠东县	Huidong County						
博罗县	Boluo County						
肇庆市区	Zhaoqing Urban District						
高要市	Gaoyao City						
四会市	Sihui City						

主要统计指标解释

财政收入 指国家财政参与社会产品分配所取得的收入，是实现国家职能的财力保证。财政收入所包括的内容几经变化，目前主要包括：(1)各项税收；(2)专项收入；(3)其他收入；(4)国有企业亏损补贴。

财政支出 指国家财政将筹集起来的资金进行分配使用，以满足经济建设和各项事业的需要，主要包括：(1)基本建设支出；(2)企业挖潜改造资金；(3)地质勘探费用；(4)科技三项费用；(5)支援农村生产支出；(6)农林水利气象等部门的事业费用；(7)工业交通商业等部门的事业费；(8)文教科学卫生事业费；(9)抚恤和社会福利救济费；(10)行政事业单位离退休支出；(11)社会保障补助支出；(12)国防支出；(13)行政管理费；(14)政策性补贴支出；(15)债务利息支出。

中央财政收入和地方一般预算内收入 指按现行分税制财政体制划分的中央本级收入和地方本级收入。1994年实行分税制财政体制以后，属于中央财政的收入包括关税、海关代征消费税和增值税，消费税，中央企业所得税，地方银行和外资银行及非银行金融企业所得税，铁道部门、各银行总行、各保险总公司等集中缴纳的营业税、利润或城市维护建设税，车辆购置税，船舶吨税，增值税的75%部分，证券交易税（印花税）94%部分，个人所得税中的利息所得税，利息所得税之外的个人所得税中央分享的部分，海洋石油资源税。属于地方一般预算内收入包括营业税，地方企业所得税，利息所得税之外的个人所得税地方分享的部分，城镇土地使用税，固定资产投资方向调节税，城镇维护建设税，房产税，车船使用税，印花税，屠宰税，农牧业税，农业特产税，耕地占用税，契税，土地增值税、国有土地有偿使用收入，增值税25%部分，证券交易税（印花税）6%部分和除海洋石油资源税以外的其他资源税。

中央财政支出和地方一般预算内支出 指根据政府在经济和社会活动中的不同职责，划分中央和地方政府的责权，按照政府的责权划分确定的支出。中央政府支出包括国防支出，武装警察部队支出，中央级行政管理费和各项事业费，重点建设支出以及中央政府调整国民经济结构、协调地区发展、实施宏观调控的支出。地方一般预算内支出主要包括地方行政管理和各项事业费，地方统筹的基本建设、技术改造支出，支援农村生产支出，城市维护和建设经费、价格补贴支出等。

存款 指企业、机关、团体或居民根据资金必须收回的原则，把货币资金存入银行或其他信用机构保管并取得一定利息的一种信用活动形式。根据存款对象或性质的不同可划分为企业存款、财政存款、机关团体存款、基本建设存款、储蓄存款、农村存款、委托存款、其他存款等科目。它是银行信贷资金的主要来源。

贷款 指银行或其他信用机构根据资金必须归还的原则，按一定利率，为企业、个人等提供资金的一种信用活动形式。我国银行贷款分为短期贷款、中期流动资金贷款、中长期贷款、信托贷款、融资租赁、委托贷款、票据融资、各项垫款等。

Explanatory Notes on Main Statistical Indicators

Government Revenue refers to the revenue of the government finance by means of participating in the distribution of the social products, which is the financial resources for ensuring the government to function, The contents of government revenue have been changed several times. Now it includes the following main items: (1)Various tax revenues; (2)Special revenues; (3)Other revenues; (4) Subsidies for the losses of the state-owned enterprises.

Government Expenditure refers to the distribution and use of the funds the government finance has raised, so as to meet the needs of economic construction and various causes. It includes the following main items: (1) Expenditure for capital construction; (2)Innovation funds of the enterprises; (3)Geological prospecting expenses; (4)Expenditures for science and technology promotion; (5)Expenditure for supporting rural production; (6)Operating expenses of the departments of farming, forestry, water conservancy and meteorology etc; (7)Operating expenses of the departments of industry, transport and commerce; (8)Operating expenses of the departments of culture, education, science and public health; (9)Pension for the disabled or for the families of the bereaved and relief funds for social welfare; (10)Expenditures on retirees; (11)Expenses on subsidies to social security system; (12)Expenditures for national defence; (13)Administrative expenses; (14)Expenditure on policy-related subsidies; (15)Expenditure on interest of debts.

Revenue of the Central Government and Intra-Budgetary Revenue of the Local Governments refers to the revenue of the central government and that of the local government as defined by the decentralized taxation system starting from 1994. In accordance with this system, the revenue of the central government includes tariff, consumption tax and value added tax levied by the customs, consumption tax, income tax of the enterprises subordinate to the central government, income taxes of the local banks, foreign-funded banks and non-bank financial institutions, business tax and profits of railways, head officers of banks, head office of insurance company, which are handed over to the government in a centralized way, tax on city maintenance and construction, tax on purchasing motor vehicles, tonnage tax of ships,75%of the value added tax,94% of the tax on stock dealing(stamp tax), interest income tax in the personal income tax, proportion of the personal income tax(other that interest income tax) to be shared by the central government, and tax on ocean petroleum resources. The Intra-Budgetary revenue of the local governments includes business tax, income tax of the enterprises subordinate to the local government, proportion of the personal income tax(other that interest income tax) to be shared by the central government, tax on the use of urban land, tax on the adjustment of the investment in fixed assets, tax on town maintenance and construction, tax on real estates, tax on the use of vehicles and ships, stamp tax, slaughter tax, tax on agriculture and animal husbandry, tax on special agriculture products, tax on the occupancy of cultivated land, contract tax, value-added tax on land, income from charges on use of state-owned land,25% of the value added tax,6% of the tax on stock dealing(stamp tax) and tax on resources other than the ocean petroleum resources.

Expenditure of the Central Government and Intra-Budgetary Expenditure of the Local Governments according to the different functions of the central government and local governments in the economic and social activities, the rights of affairs administration are classified between the central government and local government; and the classification of the expenditure between the central government and local governments are made on the basis of the classification of the rights of affairs administration between them. The expenditure of the central government includes the expenditure for national defence, expenditure for armed police forces, the administrative expenses and various operating expenses at the level of central government, expenditure for key projects and the expenditure of the central government for adjusting the national economic structure, coordinating the development among different regions and exercising the macro-economic regulation and control. The Intra-Budgetary expenditure of the local governments includes mainly the administrative expenses and various operating expenses at the level of local government, the expenditure for capital construction and technological innovation with the funds raised by the local government, expenditure for supporting rural production, expenditure for city maintenance and construction and expenditure for price subsidies, etc.

Deposit is a form of credit by which enterprises, institutions, organizations or households can put money into banks and other credit institutions for safekeeping and interest earning under the principle of free withdrawal. According to different depositors, deposits are divided into enterprise deposits, treasury deposits, deposits of government agencies and organizations, capital construction deposits, savings deposits, rural saving deposits, entrusted deposits and other deposits. Deposits are major sources of the credit funds of banks.

Loan is a form of credit by which banks and other credit institutions provide funds at certain interest rate to enterprises and individuals in the light of the principle of unconditional repayment. Loans from Chinese banks include circulating capital loans, fixed assets loans, loans to urban and rural individuals engaged in industrial and commercial business and agricultural loans.

13-1 市政建设
Municipal Construction

地区	Area	年末实有道路面积（万平方米）Area of Paved Roads at the Year-end (10 000 m²)			排水管道总长度（公里）Length of Sewage Pipes (km)		
		2000	2004	2005	2000	2004	2005
长江三角洲经济区	**Yangtze River Delta**						
上海市	Shanghai City	8147	20558	20942	3920	6469	6933
南京市	Nanjing City	2185	6523	7427	1370	2991	3380
苏州市	Suzhou City	972	3230	4280	1034	3030	3610
无锡市	Wuxi City	1090	4583	4717	1259	4633	5176
常州市	Changzhou City	868	3772	3954	929	2775	2918
镇江市	Zhenjiang City	643	1158	1562	381	851	1092
南通市	Nantong City	360	844	1055	339	385	591
扬州市	Yangzhou City	433	982	1825	420	1067	2705
泰州市	Taizhou City	329	1105	857	254	709	647
杭州市	Hangzhou City		3598	4827	1431	3153	3457
宁波市	Ningbo City	766	3197	3326	1125	3454	3691
嘉兴市	Jiaxing City	1267	1882	2056	1124	1479	1815
湖州市	Huzhou City	448	1616	1975		1712	1901
绍兴市	Shaoxing City	684	1984	2049	617	2053	2327
舟山市	Zhoushan City	272	475	499	214	371	382
台州市	Taizhou City	1781	3147	3387	1040	2081	2240
珠江三角洲经济区	**Pearl River Delta**						
广州市	Guangzhou City	2805	7706	8325	1952	4285	4827
深圳市	Shenzhen City	3405	7208	7277	2553	6222	6266
珠海市	Zhuhai City	1639	2510	2628	940	1530	1643
佛山市	Foshan City			1791	2303		1238
江门市	Jiangmen City		1976	2177		2126	2182
东莞市	Dongguan City	1884	7824	8961	1127	2633	3680
中山市	Zhongshan City	310	539	971	347	509	887
惠州市区	Huizhou Urban District		587	609	471	487	517
惠阳市	Huiyang City		223	223		205	205
惠东县	Huidong County		103	109		53	57
博罗县	Boluo County		75	83		48	49
肇庆市区	Zhaoqing Urban District		405	425	188	320	329
高要市	Gaoyao City		122	123	70	86	89
四会市	Sihui City		349	370	74	206	213

13-1 续表 continued

地区	Area	绿化覆盖面积(公顷) Total Green Areas (hectare)			园林绿地面积(公顷) Total Area of Parks,Gardens and Green Areas(hectare)		
		2000	2004	2005	2000	2004	2005
长江三角洲经济区	**Yangtze River Delta**						
上海市	Shanghai City	14208	28316	30526	12601	26689	28865
南京市	Nanjing City	8250	21531	23037	10587	69282	71020
苏州市	Suzhou City	2691	6942	9490	2529	7920	8400
无锡市	Wuxi City	3621	7052	7720	3566	13445	14001
常州市	Changzhou City	2185	3700	4047	1441	5213	5529
镇江市	Zhenjiang City	2086	3057	5277	2676	4897	5110
南通市	Nantong City	1980	2335	2615	1100	2197	2230
扬州市	Yangzhou City	1750	2319	2705	1604	2125	2501
泰州市	Taizhou City	949	1913	4749	684	2682	3366
杭州市	Hangzhou City	6083	13021	14142	6035	12133	12868
宁波市	Ningbo City	2296	8286	8852	1994	7077	7758
嘉兴市	Jiaxing City	2873	6293	7373	2224	5771	6769
湖州市	Huzhou City	1208	3403	5161	929	2977	4519
绍兴市	Shaoxing City	3524	10048	11957	3088	6745	8215
舟山市	Zhoushan City	2412	2844	2919	2281	2763	2959
台州市	Taizhou City	3247	5876	6208	2154	4312	4639
珠江三角洲经济区	**Pearl River Delta**						
广州市	Guangzhou City	49088	113970	118832	45473	109014	111931
深圳市	Shenzhen City		98060	97642		97580	97101
珠海市	Zhuhai City	1639		10656	940	4840	4910
佛山市	Foshan City			4498	2303		5862
江门市	Jiangmen City		12869	13186		11854	11919
东莞市	Dongguan City	1364	6317	9436	1396	11404	10298
中山市	Zhongshan City	1033	1254	1303	960	1158	1185
惠州市区	Huizhou Urban District		1992	2049	471	1776	1842
惠阳市	Huiyang City		540	985		510	943
惠东县	Huidong County		514	589		479	548
博罗县	Boluo County		164	227		159	223
肇庆市区	Zhaoqing Urban District		6071	6264	188	4070	4297
高要市	Gaoyao City		800	800	70	768	768
四会市	Sihui City		850	859	74	709	718

13-2 城市公用事业
Urban Public Utilities

地区	Area	供水综合生产能力（万立方米／日）Production Capacity of Tap Water(10 000 cu.m/day)		供水总量（万立方米）Annual Volume of Water Supply (10 000 cu.m)		#家庭用量 For Residential Use（万立方米）(10 000 cu.m)	
		2004	2005	2004	2005	2004	2005
长江三角洲经济区	**Yangtze River Delta**						
上海市	Shanghai City	1058	1096	273500	286500	132300	163900
南京市	Nanjing City	577	590	116275	118875	31053	27280
苏州市	Suzhou City	128	127	48005	37335	11273	12301
无锡市	Wuxi City	134	146	26670	23990	11156	15022
常州市	Changzhou City	128	128	30965	32384	10758	13566
镇江市	Zhenjiang City	63	67	15071	15586	4484	4752
南通市	Nantong City	60	60	16162	14275	7993	7056
扬州市	Yangzhou City	51	58	10469	13288	2908	5025
泰州市	Taizhou City	28	31	5107	5661	1959	2262
杭州市	Hangzhou City	334	290	73783	84784	23191	26372
宁波市	Ningbo City	211	222	51635	53226	16444	16893
嘉兴市	Jiaxing City	94	111	21068	22122	5491	6146
湖州市	Huzhou City	78	58	10550	12361	3885	4908
绍兴市	Shaoxing City	178	217	21253	23096	5936	6894
舟山市	Zhoushan City	33	45	4271	4655	1536	1624
台州市	Taizhou City	81	83	20116	22135	8434	9484
珠江三角洲经济区	**Pearl River Delta**						
广州市	Guangzhou City	647	694	188675	179266	75572	85745
深圳市	Shenzhen City	508	534	135026	139487	52848	54626
珠海市	Zhuhai City	78	80	23051	23868	8846	9975
佛山市	Foshan City		243		38113		11806
江门市	Jiangmen City	163	163	32515	35124	12320	12330
东莞市	Dongguan City	430	480	140100	155100	43200	51100
中山市	Zhongshan City	70	70	7548	7754	5597	5867
惠州市区	Huizhou Urban District	44	52	12610	13044	4632	4825
惠阳市	Huiyang City	20	20	3717	3980	1142	1214
惠东县	Huidong County	8	15	1889	1970	744	806
博罗县	Boluo County	9	9	1180	1183	450	467
肇庆市区	Zhaoqing Urban District	39	39	7887	7957	3035	3092
高要市	Gaoyao City	9	9	1711	1772	560	561
四会市	Sihui City	8	15	3161	3253	948	986

13-2 续表1 continued

地区	Area	人工煤气供气总量（万立方米） Annual Volume of Manufactured Gas Supply (10 000 cu.m)		#家庭用量（万立方米） For Residential Use(10 000 cu.m)	
		2004	2005	2004	2005
长江三角洲经济区	**Yangtze River Delta**				
上海市	Shanghai City	229900	228600	180700	178800
南京市	Nanjing City	994094	1265490	15738	9261
苏州市	Suzhou City	7546	6200	4813	4270
无锡市	Wuxi City	4955	3176	3841	2719
常州市	Changzhou City	5694	724	4032	634
镇江市	Zhenjiang City	4674	2601	3347	2224
南通市	Nantong City	4010	5072	3479	2918
扬州市	Yangzhou City	2287	2460	1951	2007
泰州市	Taizhou City	4995	3176	3841	2719
杭州市	Hangzhou City	8583	1631	4556	1094
宁波市	Ningbo City				
嘉兴市	Jiaxing City				
湖州市	Huzhou City				
绍兴市	Shaoxing City	23554	24614	20701	23383
舟山市	Zhoushan City	681	781	405	458
台州市	Taizhou City				
珠江三角洲经济区	**Pearl River Delta**				
广州市	Guangzhou City	22466	24470	8716	9761
深圳市	Shenzhen City				
珠海市	Zhuhai City	9	14	7	7
佛山市	Foshan City		1		
江门市	Jiangmen City				
东莞市	Dongguan City				
中山市	Zhongshan City	1793	2040	309	375
惠州市区	Huizhou Urban District				
惠阳市	Huiyang City				
惠东县	Huidong County				
博罗县	Boluo County				
肇庆市区	Zhaoqing Urban District				
高要市	Gaoyao City				
四会市	Sihui City				

13-2 续表2 continued

地区	Area	天然气供气总量(万立方米) Annual Volume of Natural Gas Supply (10 000 cu.m)		#家庭用量(万立方米) For Residential Use(10 000 cu.m)	
		2004	2005	2004	2005
长江三角洲经济区	**Yangtze River Delta**				
上海市	Shanghai City	98300	175000	19695	26547
南京市	Nanjing City	1061	14173	477	3886
苏州市	Suzhou City	9524	11931	773	1474
无锡市	Wuxi City	1200	5447	111	1065
常州市	Changzhou City	1497	7306	375	2223
镇江市	Zhenjiang City		3140		631
南通市	Nantong City				
扬州市	Yangzhou City				
泰州市	Taizhou City		1295		520
杭州市	Hangzhou City	1186	6598	348	2248
宁波市	Ningbo City	544	1558	116	513
嘉兴市	Jiaxing City	1304	1704	52	151
湖州市	Huzhou City	205	673	124	345
绍兴市	Shaoxing City		145		145
舟山市	Zhoushan City				
台州市	Taizhou City				
珠江三角洲经济区	**Pearl River Delta**				
广州市	Guangzhou City				
深圳市	Shenzhen City				
珠海市	Zhuhai City				
佛山市	Foshan City				
江门市	Jiangmen City				
东莞市	Dongguan City	12			
中山市	Zhongshan City	13896	15415	2395	2868
惠州市区	Huizhou Urban District				
惠阳市	Huiyang City				
惠东县	Huidong County				
博罗县	Boluo County				
肇庆市区	Zhaoqing Urban District				
高要市	Gaoyao City				
四会市	Sihui City				

13-2 续表3 continued

地区	Area	液化石油气供气总量（吨） Annual Volume of Liquefied Petroleum Gas Supply(ton)		#家庭用量（吨） for Residential Use (ton)	
		2004	2005	2004	2005
长江三角洲经济区	**Yangtze River Delta**				
上海市	Shanghai City	446500	452600	203600	239700
南京市	Nanjing City	170264	145509	88712	81903
苏州市	Suzhou City	331486	242230	65400	54510
无锡市	Wuxi City	91778	16442	80740	14465
常州市	Changzhou City	77510	80800	60025	53262
镇江市	Zhenjiang City	56942	56109	22557	16637
南通市	Nantong City	37000	34000	26000	23000
扬州市	Yangzhou City	26159	28126	23868	24386
泰州市	Taizhou City	18564	18847	18564	18247
杭州市	Hangzhou City	203636	196198	134012	127490
宁波市	Ningbo City	374726	385400	151602	149039
嘉兴市	Jiaxing City	97990	98494	59991	58494
湖州市	Huzhou City	30258	37795	26939	27111
绍兴市	Shaoxing City	61906	65154	44885	61522
舟山市	Zhoushan City	30070	30048	20782	18582
台州市	Taizhou City	110984	138248	103219	127274
珠江三角洲经济区	**Pearl River Delta**				
广州市	Guangzhou City	686628	934701	452138	298481
深圳市	Shenzhen City	880514	697520	311774	256808
珠海市	Zhuhai City	99385	143000	65500	73000
佛山市	Foshan City		284627		52954
江门市	Jiangmen City	115237	116932	83136	77691
东莞市	Dongguan City	117953	151736	15686	16178
中山市	Zhongshan City	44744	77274	31153	44179
惠州市区	Huizhou Urban District	68094	70341	66684	68439
惠阳市	Huiyang City	9300	10500	5760	6360
惠东县	Huidong County	22054	23654	20387	21787
博罗县	Boluo County	22950	9000	21075	6000
肇庆市区	Zhaoqing Urban District	20474	25208	15522	15361
高要市	Gaoyao City	2775	2882	2563	2542
四会市	Sihui City	9500	9300	7600	7200

13-3 城市公共交通

Urban Public Transportation

地区	Area	公共汽（电）车运营车数（辆） Number of Public Vehicles under Operation (unit)			公共汽（电）车运营线路（条） Number of Public Vehicle Lines under Operation(unit)		
		2000	2004	2005	2000	2004	2005
长江三角洲经济区	**Yangtze River Delta**						
上海市	Shanghai City	17939	18186	17985	978	948	940
南京市	Nanjing City	3538	4796	5074	196	306	
苏州市	Suzhou City	1050	1430	1731	42	95	119
无锡市	Wuxi City	1768	2075	2954	83	113	114
常州市	Changzhou City	1572	2065	2105	55	77	81
镇江市	Zhenjiang City	271	591	695	28	40	44
南通市	Nantong City	321	670	791			
扬州市	Yangzhou City	844	838	1086	20	34	37
泰州市	Taizhou City	155	221	228	16	28	28
杭州市	Hangzhou City	1781	3847	4959	163	345	
宁波市	Ningbo City	1529	3418	3626			
嘉兴市	Jiaxing City	771	838	817			
湖州市	Huzhou City	351	753	852			
绍兴市	Shaoxing City	871	1664	1968			
舟山市	Zhoushan City	362	341	426	13	20	21
台州市	Taizhou City	816	969	1110			
珠江三角洲经济区	**Pearl River Delta**						
广州市	Guangzhou City	5645	8105	8130	386	398	441
深圳市	Shenzhen City		18991	18708		379	366
珠海市	Zhuhai City		1138	1179		90	90
佛山市	Foshan City			1614			
江门市	Jiangmen City		764	781			
东莞市	Dongguan City		412	525		42	46
中山市	Zhongshan City	469	691	726	34	55	69
惠州市区	Huizhou Urban District		464	450			
惠阳市	Huiyang City		80	80			
惠东县	Huidong County		76	76			
博罗县	Boluo County		25	25			
肇庆市区	Zhaoqing Urban District		257	251			
高要市	Gaoyao City		8				
四会市	Sihui City		53	66			

13–3 续表 continued

地区	Area	公共汽（电）车客运总量（万人次） Number of Passengers Carried by Public Vehicles (10 000 person-times)			年末实有出租汽车数（辆） Number of Taxi at the Year-end (unit)		
		2000	2004	2005	2000	2004	2005
长江三角洲经济区	**Yangtze River Delta**						
上海市	Shanghai City	264900	283800	278100	42943	44415	47794
南京市	Nanjing City	134705	96590	96563	8597	9098	9055
苏州市	Suzhou City	17650	29006	35138	2005	3204	3203
无锡市	Wuxi City	22237	28335	29878	3850	3840	3840
常州市	Changzhou City	14616	18089	21829	1443	1642	1842
镇江市	Zhenjiang City	7881	8258	8804	1258	1256	1254
南通市	Nantong City	6887	8299	7442	1287	1277	1278
扬州市	Yangzhou City	5203	11595	14535	3128	1842	1842
泰州市	Taizhou City	1128	1400	2125	700	740	740
杭州市	Hangzhou City	57986	67261	92041	6300	8851	9035
宁波市	Ningbo City		43442	47687		4712	5099
嘉兴市	Jiaxing City	3478	7914	8417		1906	1954
湖州市	Huzhou City	2276	7042	8718	702	1466	1420
绍兴市	Shaoxing City	6079	18802	20016	1862	2550	2358
舟山市	Zhoushan City	1340	2922	3268		1184	1250
台州市	Taizhou City		13544	15561		2577	2679
珠江三角洲经济区	**Pearl River Delta**						
广州市	Guangzhou City	154774	196505	184289	15622	16918	16889
深圳市	Shenzhen City		101092	150489		10305	10305
珠海市	Zhuhai City		26002	27225	1743	1882	1852
佛山市	Foshan City			15548			1655
江门市	Jiangmen City		9994	10736		870	882
东莞市	Dongguan City		6901	8216		4056	5069
中山市	Zhongshan City	6543	8876	9075	2631	1304	1304
惠州市区	Huizhou Urban District		7270	8676		578	578
惠阳市	Huiyang City		327	500		200	129
惠东县	Huidong County		500	380			
博罗县	Boluo County		200	200			
肇庆市区	Zhaoqing Urban District		1306	3754		595	656
高要市	Gaoyao City		15				
四会市	Sihui City		636	760		150	150

13-4 环境治理

Environment Treatments

单位：万元 (10 000 yuan)

地区	Area	污染源治理本年完成投资总额 Investment Completed in the Treatment of Polluting Sources		城市环境基础设施建设本年完成投资额 Investment Completed in Building Citiy's Environmental Infrastructure		"三废"综合利用产品产值 Output Value of Products Made from Comprehensive Utilization of Waste Gas,Waste Water & Industrial Solide Wastes	
		2004	2005	2004	2005	2004	2005
长江三角洲经济区	**Yangtze River Delta**						
上海市	Shanghai City			1669000	2010100	130400	91100
南京市	Nanjing City	23303	725500	513076	632800	107263	151994
苏州市	Suzhou City	826306	145595	703052	745275	75963	218187
无锡市	Wuxi City	182992	237141	412077	509280	33014	48221
常州市	Changzhou City	59014	21020	149684	210889	162378	237999
镇江市	Zhenjiang City	19791	25626	113508	106440	31578	42079
南通市	Nantong City	16094	25117	268945	330248	22634	49090
扬州市	Yangzhou City	24732	169387	150579	142509	15305	11326
泰州市	Taizhou City	23557	45173	116050	143469	21131	20454
杭州市	Hangzhou City	80115	150114	301965	324097	19774	25373
宁波市	Ningbo City	44102	118057	225994	149667	148553	143623
嘉兴市	Jiaxing City	21566	46835	147733	206341	44518	48883
湖州市	Huzhou City	13794	34216	114294	131299	11686	14282
绍兴市	Shaoxing City	49430	60158	227028	230998	42440	49151
舟山市	Zhoushan City	516	39772	13305	13305	387	2819
台州市	Taizhou City	19086	45272	165274	156458	38660	125032
珠江三角洲经济区	**Pearl River Delta**						
广州市	Guangzhou City	22684		39739		35221	32531
深圳市	Shenzhen City	11074	33862	675087	991960	18631	15548
珠海市	Zhuhai City	24380	127235	112350	76174	4126	28917
佛山市	Foshan City	52794	56009	285997	419617	16205	22464
江门市	Jiangmen City	63323	66668	66697	79009	37103	
东莞市	Dongguan City	97563	165035	207965	488981	18110	22193
中山市	Zhongshan City	22967	26508	99768	116455	4448	19720
惠州市区	Huizhou Urban District	24936	16169	45130	42789	19	20
惠阳市	Huiyang City	1789	2928	10641	24495	1	
惠东县	Huidong County	400	525	25283	19498		
博罗县	Boluo County	1384	4301	24334	25244	17	
肇庆市区	Zhaoqing Urban District	807	474	13153	7741	4952	4480
高要市	Gaoyao City	25		28574	16111	90	90
四会市	Sihui City	236		11548	6189		20

13-5 工业废水排放及处理

Discharge and Treatment of Industrial Waste Water

单位：万吨　　　　(10 000 tons)

地区	Area	工业废水排放量 Volume of Industrial Waste Water Discharged			工业废水排放达标量 Volume of Industrial Waste Water Meeting Discharge Standards		
		2003	2004	2005	2003	2004	2005
长江三角洲经济区	**Yangtze River Delta**						
上海市	Shanghai City	61100	56400	51100	58020	54255	49590
南京市	Nanjing City	48836	46974	47200	44904	42396	43115
苏州市	Suzhou City	59909	62426	77682	59706	61917	77177
无锡市	Wuxi City	31520	46580	50122	31094	45789	48839
常州市	Changzhou City	24072	23082	30733	23887	22809	30291
镇江市	Zhenjiang City	10000	8073	10314	9847	7947	10151
南通市	Nantong City	12055	14233	12189	12055	14233	12189
扬州市	Yangzhou City	9192	8142	12615	8967	7961	12367
泰州市	Taizhou City	14985	15757	16260	14537	15264	15943
杭州市	Hangzhou City	67775	62100	85735	66594	60252	83888
宁波市	Ningbo City	14321	11528	11895	13870	11019	11305
嘉兴市	Jiaxing City	17630	15789	15824	17318	15387	15370
湖州市	Huzhou City	9998	10677	9518	9694	10193	9333
绍兴市	Shaoxing City	18864	19678	20520	18337	19076	20225
舟山市	Zhoushan City	958	1037	1800	744	833	1414
台州市	Taizhou City	4018	4265	4428	3532	3763	4105
珠江三角洲经济区	**Pearl River Delta**						
广州市	Guangzhou City	21213	21638	20249	18384	19894	19449
深圳市	Shenzhen City	5653	6483	6444	5383	6221	6240
珠海市	Zhuhai City	2527	2721	2428	2407	2595	2731
佛山市	Foshan City	11020	17874	24937	9417	15872	23959
江门市	Jiangmen City	10882	9840	11993	10487	9526	11040
东莞市	Dongguan City	23389	22501	21355	19761	20274	19667
中山市	Zhongshan City	6999	6349	8411	6668	6073	7996
惠州市区	Huizhou Urban District	1138	1412	1568	1106	1387	1540
惠阳市	Huiyang City	730	811	901	641	728	851
惠东县	Huidong County	113	104	97	108	100	94
博罗县	Boluo County	1298	1492	1575	1217	1412	1473
肇庆市区	Zhaoqing Urban District	2869	2725	2955	2765	2696	2942
高要市	Gaoyao City	481	525	741	427	508	713
四会市	Sihui City	1455	2087	2127	1379	1962	1626

13-6 工业废气排放和处理

Emission and Treatment of Industrial Waste Gas

单位：吨 (ton)

地区	Area	工业二氧化硫去除量 Volume of Industrial Sulfur Dioxide Removed			工业二氧化硫排放量 Volume of Industrial Sulfur Dioxide Emission		
		2000	2004	2005	2000	2004	2005
长江三角洲经济区	**Yangtze River Delta**						
上海市	Shanghai City	37700	55300	74900	464900	349500	375200
南京市	Nanjing City	77565	173528	315614	141072	144364	149171
苏州市	Suzhou City	39332	95499	151332	190236	231704	242362
无锡市	Wuxi City	10670	33635	57671	81759	133468	149865
常州市	Changzhou City	6587	10424	16248	39042	62958	77727
镇江市	Zhenjiang City	12676	11199	26712	61030	93894	91400
南通市	Nantong City	4303	20081	6340	71313	80663	101318
扬州市	Yangzhou City	2814	10999	18603	60576	77205	95662
泰州市	Taizhou City	1483	5289	9439	20729	28891	42296
杭州市	Hangzhou City	16450	60252	40216	95229	125876	125844
宁波市	Ningbo City		217301	317647		200452	209866
嘉兴市	Jiaxing City	10879	13564	17464	44285	85593	91022
湖州市	Huzhou City		54988	144242		59866	60688
绍兴市	Shaoxing City	28301	45275	51477	40182	65683	71851
舟山市	Zhoushan City		562	840	9509	22606	28002
台州市	Taizhou City		4969	5159	62344	71716	78831
珠江三角洲经济区	**Pearl River Delta**						
广州市	Guangzhou City	14100	79192	100100	195800	185500	149400
深圳市	Shenzhen City	4288	26316	27061	38427	43633	43453
珠海市	Zhuhai City		3629	4556		37433	30252
佛山市	Foshan City		9368	14281		126026	148932
江门市	Jiangmen City		13256	23774		35596	37095
东莞市	Dongguan City		25000	16200		199400	175200
中山市	Zhongshan City	1576	1933	3129	8668	34394	31739
惠州市区	Huizhou Urban District		17	38		2484	1884
惠阳市	Huiyang City					1466	1545
惠东县	Huidong County					879	1290
博罗县	Boluo County		152	152		2127	2132
肇庆市区	Zhaoqing Urban District		464			5567	4972
高要市	Gaoyao City		365	284		2683	3824
四会市	Sihui City		763	314		7347	6755

13–6 续表 continued

单位：吨 (ton)

地区	Area	工业烟尘排放量 Volume of Industrial Soot Discharged			工业烟尘处理量 Volume of Industrial Soot Treated		
		2000	2004	2005	2000	2004	2005
长江三角洲经济区	**Yangtze River Delta**						
上海市	Shanghai City	83200	52500	49500	3083500	6552700	5742400
南京市	Nanjing City	56922	47387	47560	1379800	2468840	2837822
苏州市	Suzhou City	45780	53185	61028	933714	1895937	2746092
无锡市	Wuxi City	19199	41315	48268	90358	794674	2548700
常州市	Changzhou City	30798	28086	32179	384806	391111	498961
镇江市	Zhenjiang City	33768	34540	34213	157520	1381954	1481800
南通市	Nantong City	42688	37618	36273	722416	1062019	1006746
扬州市	Yangzhou City	14512	16024	18513	860317	886811	816855
泰州市	Taizhou City	11163	10724	17046	53896	95037	17046
杭州市	Hangzhou City	54435	42720	35782	666108	711566	987053
宁波市	Ningbo City		26454	26369		2255000	1919126
嘉兴市	Jiaxing City		37093	23523		293339	764373
湖州市	Huzhou City		14492	11867		119183	113582
绍兴市	Shaoxing City	25598	26201	27222	207091	364221	375024
舟山市	Zhoushan City	8402	6986	17509		240204	248556
台州市	Taizhou City	16111	10339	7884		930214	860501
珠江三角洲经济区	**Pearl River Delta**						
广州市	Guangzhou City	45000	23856	16100	1800000	2351600	1234300
深圳市	Shenzhen City	3258	6120	6366	220256	367881	370204
珠海市	Zhuhai City	4018	4563	3296		394833	316946
佛山市	Foshan City		14862	21485		357419	523169
江门市	Jiangmen City		269250	521363		15123	16500
东莞市	Dongguan City		29326	28914		1701402	609274
中山市	Zhongshan City	2431	3159	6870		58468	25360
惠州市区	Huizhou Urban District		332	282		2888	3642
惠阳市	Huiyang City		130	126		1844	2277
惠东县	Huidong County		24	28		507	527
博罗县	Boluo County		440	452		4702	4613
肇庆市区	Zhaoqing Urban District	738	2134	2685	1730	3774	
高要市	Gaoyao City	3083	607	727	339	1569	2804
四会市	Sihui City	1391	1102	858	88	4305	3333

13-7 工业固体废物排放和处理

Discharge and Treatment of Industrial Solid Wastes

单位：万吨 (10 000 tons)

地区	Area	工业固体废物产生量 Volume of Industrial Solid Wastes Produced		工业固体废物处置量 Volume of Industrial Solid Wastes Treated		工业固体废物利用量 Volume of Industrial Solid Wastes Utilized	
		2004	2005	2004	2005	2004	2005
长江三角洲经济区	**Yangtze River Delta**						
上海市	Shanghai City	1810.80	1963.62	44.29	64.66	1777.84	1891.62
南京市	Nanjing City	959.26	1159.00	15.66	17.88	873.40	1051.60
苏州市	Suzhou City	891.00	1564.39	27.95	19.44	868.94	1540.20
无锡市	Wuxi City	527.00	581.00	14.49	10.12	510.75	570.75
常州市	Changzhou City	177.37	358.47	0.71	5.95	187.65	352.47
镇江市	Zhenjiang City	402.50	371.43	35.89	44.67	451.03	1190.89
南通市	Nantong City	249.06	240.00	3.12	3.27	245.57	244.13
扬州市	Yangzhou City	181.00	187.00	34.89	8.64	140.25	182.38
泰州市	Taizhou City	108.90	122.00	2.40	2.00	106.50	120.00
杭州市	Hangzhou City	455.04	460.90	31.29	27.52	423.15	436.46
宁波市	Ningbo City	431.00	476.81	95.00	70.66	334.00	405.61
嘉兴市	Jiaxing City	182.22	242.17	3.16		178.93	241.08
湖州市	Huzhou City	175.04	203.01	2.71	1.15	169.86	199.70
绍兴市	Shaoxing City	291.98	285.02	73.94	1.08	217.49	280.81
舟山市	Zhoushan City	38.25	44.33	0.99	0.42	36.38	42.24
台州市	Taizhou City	167.57	154.09	3.09	2.16	158.46	147.88
珠江三角洲经济区	**Pearl River Delta**						
广州市	Guangzhou City	566.58	540.36	37.68	44.15	625.42	520.25
深圳市	Shenzhen City	83.37	85.39	9.75	13.05	72.73	71.21
珠海市	Zhuhai City	59.30	54.91		15.92		48.96
佛山市	Foshan City	168.01	152.24	13.35	2.09	154.07	150.05
江门市	Jiangmen City	84.13	130.79	6.22	21.15	77.47	109.23
东莞市	Dongguan City	266.89	283.58	266.03	12.26	220.48	245.70
中山市	Zhongshan City	24.72	29.42	3.61	3.61	20.96	25.79
惠州市区	Huizhou Urban District	5.27	5.85	0.89	1.61	4.28	4.22
惠阳市	Huiyang City	2.58	2.48	0.15	1.70	2.38	0.76
惠东县	Huidong County	0.31	0.40	0.07	0.08	0.22	0.30
博罗县	Boluo County	3.18	4.96	0.60	1.45	2.57	3.50
肇庆市区	Zhaoqing Urban District	8.40	8.83	0.40	0.27	7.98	8.41
高要市	Gaoyao City	20.96	27.89	20.61	27.26	0.35	0.63
四会市	Sihui City	11.22	12.14	0.06	0.04	10.12	12.03

13-8 噪声和生活方面污染治理（2005年）

Treatment of Noise Pollution and Living Pollution (2005)

地区	Area	环境噪声达标区总面积(平方公里) Area of Environmental Noise Meeting National Standard (sq.km)	烟尘控制区总面积(平方公里) Area of Soot Consrol Zones (sq.km)	高污染燃料禁烧区总面积(平方公里) Area of Prohibiting Burnning High-Polluted Fuel (sq.km)	生活污水处理率(%) Ratio of Consumption Waste Water Treated(%)	生活垃圾无害化处理率(%) Ratio of Consumption Wastes Treated (%)
长江三角洲经济区	**Yangtze River Delta**					
上海市	Shanghai City	617	1802	619	70.2	38.0
南京市	Nanjing City	386	567	424	81.2	87.5
苏州市	Suzhou City	510	530	80	61.5	100.0
无锡市	Wuxi City	353	413		72.1	80.3
常州市	Changzhou City	104	104		86.8	92.1
镇江市	Zhenjiang City	129	128	61	75.9	100.0
南通市	Nantong City	132	193		75.2	100.0
扬州市	Yangzhou City	169	278		81.0	100.0
泰州市	Taizhou City	105	122		80.1	100.0
杭州市	Hangzhou City	573	827	274	72.3	100.0
宁波市	Ningbo City	182	373		59.2	95.1
嘉兴市	Jiaxing City	142	206		52.8	80.8
湖州市	Huzhou City	80	123	102	66.1	90.2
绍兴市	Shaoxing City	144	477	31	60.2	100.0
舟山市	Zhoushan City	24	39		35.0	87.0
台州市	Taizhou City	120	476		51.0	80.4
珠江三角洲经济区	**Pearl River Delta**					
广州市	Guangzhou City	291	442			100.0
深圳市	Shenzhen City	399	551		60.5	81.7
珠海市	Zhuhai City		106		31.0	43.0
佛山市	Foshan City	77	127		63.6	81.8
江门市	Jiangmen City	97	139		63.1	100.0
东莞市	Dongguan City	21	39		100.0 ①	74.8 ①
中山市	Zhongshan City	24	87		66.9	100.0
惠州市区	Huizhou Urban District	31	85	31	80.7	98.0
惠阳市	Huiyang City	26	32			
惠东县	Huidong County	10	14			
博罗县	Boluo County	6	11			
肇庆市区	Zhaoqing Urban District	85	136		69.5	66.9
高要市	Gaoyao City	12	17		54.1	50.0
四会市	Sihui City	15	24		47.1	

注：①为东莞市区统计数据。

Note: ① Data refer to Dongguan Urban District.

主要统计指标解释

年末实有城市道路面积 指路面宽度在3.5米以上(含3.5米)的各种铺装道路面积,包括路面面积和与道路相通的广场、桥梁、隧道面积。包括开放型工业区和住宅区道路在内。

城市排水管道长度 指所有排水总管、干管、支管、检查井及连接井进出口等长度之和。

城市园林绿地面积 指报告期末用作园林和绿化的各种绿地面积。包括公共绿地、居住区绿地、单位附属绿地、防护绿地、生产绿地、道路绿地和风景林地面积。

不包括:

1. 屋顶绿化、垂直绿化、阳台绿化和室内绿化。

2. 以物质生产为主的林地、耕地、牧草地、果园和竹园等。

3. 城市总体规划中不列入绿地的水域。

供水综合生产能力 指按供水设施取水、净化、送水、出厂输水干管等环节设计能力计算的综合生产能力。包括在原设计能力的基础上,经挖、革、改增加的生产能力。计算时。以四个环节中最薄弱的环节为主确定能力。

供水总量 指报告期供水企业(单位)供出的全部水量。包括有效供水量和漏损水量。

家庭用水量 指城市范围内所有居民家庭的日常生活用水。包括城市居民、农民家庭、公共供水站用水。

煤气(人工煤气、天然气)供气总量 指全年燃气企业(单位)向用户供应的燃气数量。包括销售量和损失量。

公共汽(电)车运营车数 指年末公交企业(单位)用于运营业务的全部车辆数。以企业(单位)固定资产台帐中已投入运营的车辆数为准。

环境污染治理投资 指在工业污染源治理和城市环境基础设施建设的资金投入中,用于形成固定资产的资金。包括工业新老污染源治理工程投资、建设项目"三同时"环保投资,以及城市环境基础设施建设所投入的资金。

"三废"综合利用产品产值 指报告期内利用"三废"作为主要原料生产的产品价值(现行价)已经销售或准备销售的应计算产品价值,留作生产自用的不应计算产品价值。

工业废水排放量 指经过企业厂区所有排放口排到企业外部工业废水量。包括生产废水、外排的直接冷却水、超标排放的矿井地下水和与工业废水混排的厂区生活污水,不包括外排的间接冷却水(清污不分流的间接冷却水应计算在内)。

工业废水排放达标量 指报告期内废水中各项污染物指标都达到国家或地方排放标准的外排工业废水量,包括未经处理外排达标的,经废水处理设施处理后达标标准排放的,以及经污水处理厂处理后达标排放的。

工业二氧化硫排放量 指报告期内企业在燃料燃烧和生产工艺过程中排入大气的二氧化硫总量。

工业烟尘排放量 指企业厂区内燃料燃烧过程中产生的烟气中夹带的颗粒物排放量。

工业固体废物产生量 指报告期内企业在生产过程中产生的固体状、半固体状和高浓度液体状废弃物的总量,包括危险废物、冶炼废渣、粉煤灰、炉渣、煤矸石、尾矿、放射性废物和其他废物等;不包括矿山开采的剥离废石和掘进废石(煤矸石和呈酸性或碱性的废石除外)。酸性或碱性废石指采掘的废石其流经水、雨淋水的PH值小于4或PH值大于10.5者。

工业固体废物处置量 指报告期内企业将固体废物焚烧或者最终置于符合环境保护规定要求的场所,并不再回取的工业固体废物量(包括当年处置往年的工业固体废物贮存量)。处置方式有填埋(其中危险物应安全填埋)、焚烧、专业贮存场(库)封场处理、深层灌注、回填矿井及海洋处置(经海洋管理部门同意投海处置)等。

工业固体废物利用量 指报告期内企业通过回收、加工、循环、交换等方式,从固体废物中提取或者使其转化为可以利用的资源、能源和其他原材料的固体废物量(包括当年利用年的工业固体废物贮存量),如用作农业肥料、生产建筑材料、筑路等。综合利用量由原产生固体废物的单位统计。

生活垃圾无害化处理率 指报告期生活垃圾无害化处理量与生活垃圾产生量比率。在统计上,由于生活垃圾产生量不易取得,可用清运量代替。

Explanatory Notes on Main Statistical Indicators

Square of Roads Paved at the Year-end refers to the square of roads with paved surface including squares, bridges and tunnels connected with roads by the end of the year. Square paved roads measured the roads square with a width of 3.5meters and over, including roads in open-ended factory compounds and residential quarters.

Length of Urban Sewage Pipes refers to the total length of general drainage, trunks, branch and inspection wells, connection wells, inlets and outlets, etc.

Area of Urban Gardens and Green Areas refers to the total area occupied for green projects at the end of the reference period, including public green land, green land in residential quarters, green land attached to institutions, protection green land, production green land, roadside green land and forest in scenic spots. It does not include the following,

(1)Greenery and plants on roofs, balconies, in doors and vertical green areas;

(2)Forest, cultivated land grassland, orchards and bamboo grooves that are for production purpose;

(3)Water areas that is not included in urban master plan as green land.

Production Capacity of Water Supply refers to the designed comprehensive production capacity of water facilities, covering the 4 links of water collection, purifications, conveyance, and outflow through trunk pipelines. Increase capacity through transformation and innovation projects are included as well. The capacity is determined mainly on the weakest of the above-mentioned 4 links.

Volume of Water Supply refers to the total volume of water supplied by water-works (units) during the reference period, including both the effective water supply and loss during the water supply.

Household Water Consumption refers to consumption of water for daily life of all households in the boundary of cities, including households of urban residents and farmers, and public water supply stations.

Volume of Gas Supply refers to the total volume of gas provided to users by gas-producing enterprises (units) in a year, including the volume sold and the volume lost.

Number of Public Vehicles for Business Transportation refers to the total number of vehicles under operation by public transport enterprises (units) at the end of the year, based on the records of operational vehicles by the enterprises (units).

Investment in Environment Pollution Harnessing Projects refers to the proportion of investment in fixed assets in the total investment in harnessing Industrial pollution and in the construction of urban environment infrastructure facilities. It includes investment in harnessing sources of Industrial pollution investment in environment protection facilities designed concurrently with construction projects, and investment in urban environment infrastructure facilities.

Output Value of Products Made from Waste Gas, Waste Water and Solid Wastes refers current value of products with waste gas, wasted water and solid wastes as main materials of production. Products sold and ready to sell shall be included while those produced for own use shall not be included.

Waste Water Discharged by Industry refers to the volume of waste water discharged by industrial enterprises through all outlets, including waste water from production process, directly cool water, groundwater from mining wells which does not meet discharge standards and sewage from households mixed with waste water produced by industrial activities, but excluding indirectly cooled water discharged(It should be included if the discharge is not separated with waste water.

Industrial Waste Water Meeting Discharged Standards refers to volume of industrial wasted water discharged which, with or without treatment, reaches national or local standards.

Industrial Sulfur Dioxide Emission refers to volume of sulfur dioxide emission from fuel burning and production process in premises of enterprises for given period of time.

Industrial Soot Emission refers to volume of soot in smoke emitted in process of fuel burning in premises of enterprises.

Industrial Solid Wastes Produced refers to total volume of solid, semi-solid and high concentration liquid residues produced by industrial enterprises from production process in a given period of time, including hazardous wastes, slag, coal ash, gangue, tailings, radioactive residues and other wastes, but excluding stones stripped or dug out in mining (gangue and acid or alkaline stones not included). A stone is acid or alkaline depending on the pH value of the water below 4 or above 10.5 when the stone is in, or soaked, by the water.

Industrial Solid Wastes Disposed refers to quantity of industrial wasted solid wasted which are burnt or placed ultimately in the sites meeting the requirements for environmental protection and not salvaged or recycled (including disposition in the year of those wastes of previous years). The disposition includes landfill (safe landfills should be conducted for hazardous wastes), incineration, containment spaces, deep underground disposal, backfill in mining pits and disposal at sea.

Industrial Solid Wastes Utilized refers to volume of solid wastes from which useful materials can be extracted or which can be converted into use resources, energy or other materials by means of reclamation, processing, recycling and exchange (including utilized in the year the stocks of Industrial solid wastes of previous year). Examples of such utilizations include fertilizers, building materials, and road materials. Producing units of the wastes collected the information .

Ratio of Consumption Wastes Treated refers to consumption wastes treated over that produced. In practical statistics, as it is difficult to estimate, the volume of consumption wastes produced is replaced with that transported.

14-1 各级各类学校数

Number of Schools by Level and Type

单位：所 (unit)

地区	Area	普通高校 Regular Institutions of Higher Education					
		1990	1995	2000	2003	2004	2005
长江三角洲经济区	**Yangtze River Delta**						
上海市	Shanghai City	50	45	37	57	59	60
南京市	Nanjing City	29	29	28	39	38	38
苏州市	Suzhou City	9	8	7	12	13	16
无锡市	Wuxi City	2	2	4	9	11	11
常州市	Changzhou City	3	3	3	8	9	9
镇江市	Zhenjiang City	3	6	5	4	5	5
南通市	Nantong City			5	8	6	6
扬州市	Yangzhou City	2	2	2	2	5	5
泰州市	Taizhou City			1	3	3	5
杭州市	Hangzhou City	21	20	32	35	36	36
宁波市	Ningbo City	4	4	8	12	14	13
嘉兴市	Jiaxing City	2	3	3	3	5	5
湖州市	Huzhou City	1	1	2	4	3	3
绍兴市	Shaoxing City	2	2	3	4	4	5
舟山市	Zhoushan City	2	2	3	3	5	5
台州市	Taizhou City	1	1	1	3	3	3
珠江三角洲经济区	**Pearl River Delta**						
广州市	Guangzhou City	26	25	31	44	52	59
深圳市	Shenzhen City	2	2	2	9	9	9
珠海市	Zhuhai City					7	8
佛山市	Foshan City	1	2	1	3	3	3
江门市	Jiangmen City	1	1	1	1	1	2
东莞市	Dongguan City		1	1	1	2	4
中山市	Zhongshan City	1	1	1	1	3	4
惠州市区	Huizhou Urban District				1	1	1
惠阳市	Huiyang City						
惠东县	Huidong County						
博罗县	Boluo County						
肇庆市区	Zhaoqing Urban District	4	4	2	2	2	3
高要市	Gaoyao City						
四会市	Sihui City						

14-1 续表 1 continued

单位：所 (unit)

地区	Area	普通中等学校 Regular Secondary Schools					
		1990	1995	2000	2003	2004	2005
长江三角洲经济区	**Yangtze River Delta**						
上海市	Shanghai City	1219	1083	1120	1065	990	966
南京市	Nanjing City	369	328	294	260	272	324
苏州市	Suzhou City	499	391	353	328	318	322
无锡市	Wuxi City	300	253	211	204	212	251
常州市	Changzhou City	278	257	227	212	181	179
镇江市	Zhenjiang City	312	236	195	162	159	159
南通市	Nantong City			445	374	359	349
扬州市	Yangzhou City	463	286	232	214	220	234
泰州市	Taizhou City			279	262	257	276
杭州市	Hangzhou City	523	502	443	406	395	440
宁波市	Ningbo City	411	389	325	303	308	304
嘉兴市	Jiaxing City	213	212	179	172	164	168
湖州市	Huzhou City	213	211	213	180	168	170
绍兴市	Shaoxing City	420	396	307	252	243	238
舟山市	Zhoushan City	94	95	89	63	61	55
台州市	Taizhou City	421	403	396	374	360	334
珠江三角洲经济区	**Pearl River Delta**						
广州市	Guangzhou City	539	576	617	602	600	650
深圳市	Shenzhen City	49	62	94	179	216	245
珠海市	Zhuhai City	37	36	42	53	52	58
佛山市	Foshan City	159	182	187	182	177	177
江门市	Jiangmen City	338	305	276	275	271	268
东莞市	Dongguan City	64	69	77	110	134	154
中山市	Zhongshan City	103	119	100	93	102	92
惠州市区	Huizhou Urban District				58	63	
惠阳市	Huiyang City				24	20	
惠东县	Huidong County				41	43	
博罗县	Boluo County				48	47	
肇庆市区	Zhaoqing Urban District	34	33	33	52	51	46
高要市	Gaoyao City	43	37	43	42	42	37
四会市	Sihui City	25	25	25	24	24	25

注：普通中等学校包括：普通高中、普通中等专业学校、职业高中、技工学校、普通初中和职业初中。

Note: Secondary schools including:senior secondary schools,specialized secondary schools,vacational secondary schools,technical schools,secondary schools and vocational junior secondary schools.

14–1 续表 2 continued

单位：所 (unit)

地区	Area	小学 Primary Schools 1990	1995	2000	2003	2004	2005
长江三角洲经济区	**Yangtze River Delta**						
上海市	Shanghai City	2630	1807	1021	686	648	640
南京市	Nanjing City	1866	1704	1100	538	450	419
苏州市	Suzhou City	2757	2061	980	550	488	452
无锡市	Wuxi City	1749	1540	986	488	411	371
常州市	Changzhou City	1736	1332	581	327	307	284
镇江市	Zhenjiang City	1659	1387	770	311	238	219
南通市	Nantong City			1610	765	678	529
扬州市	Yangzhou City	2173	1742	951	472	408	364
泰州市	Taizhou City			1439	595	484	438
杭州市	Hangzhou City	4077	3172	1659	1044	897	791
宁波市	Ningbo City	2747	1945	1066	790	719	692
嘉兴市	Jiaxing City	1645	1278	722	526	456	391
湖州市	Huzhou City	1740	1618	678	343	290	262
绍兴市	Shaoxing City	3166	2207	1027	729	686	624
舟山市	Zhoushan City	416	298	170	101	91	82
台州市	Taizhou City	3377	2248	1134	843	794	749
珠江三角洲经济区	**Pearl River Delta**						
广州市	Guangzhou City	1575	1604	1626	1533	1429	1283
深圳市	Shenzhen City	263	274	353	376	378	358
珠海市	Zhuhai City	194	199	199	154	140	135
佛山市	Foshan City	936	853	746	584	519	484
江门市	Jiangmen City	1402	1380	1230	1030	962	892
东莞市	Dongguan City	570	595	552	525	498	414
中山市	Zhongshan City	403	388	347	281	266	230
惠州市区	Huizhou Urban District				233	234	222
惠阳市	Huiyang City				172	171	171
惠东县	Huidong County				304	301	289
博罗县	Boluo County				307	327	299
肇庆市区	Zhaoqing Urban District	107	110	110	94	88	84
高要市	Gaoyao City	314	302	296	287	278	268
四会市	Sihui City	183	175	160	137	125	109

14-2 各级各类学校教师数
Number of Teachers by Level and Type of School

单位：人 (person)

地区	Area	普通高校 Regular Institutions of Higher Education 1990	1995	2000	2003	2004	2005
长江三角洲经济区	**Yangtze River Delta**						
上海市	Shanghai City	25788	21522	20500	24400	28700	31800
南京市	Nanjing City	14841	14238	14965	21339	26051	28961
苏州市	Suzhou City	2927	2793	3127	4408	5435	6428
无锡市	Wuxi City	1363	1035	1755	2887	3719	4509
常州市	Changzhou City	697	957	1233	2979	3156	4515
镇江市	Zhenjiang City	1800	1824	2062	3034	3183	3762
南通市	Nantong City			1413	2387	2790	3062
扬州市	Yangzhou City	1999	2056	2291	2708	3100	3357
泰州市	Taizhou City			137	809	1009	1109
杭州市	Hangzhou City	8075	7799	10477	18141	18445	19583
宁波市	Ningbo City	800	1079	2298	4225	5633	6004
嘉兴市	Jiaxing City	260	256	486	767	964	1040
湖州市	Huzhou City	200	138	333	724	819	943
绍兴市	Shaoxing City	253	275	714	1383	1592	1946
舟山市	Zhoushan City	557	433	804	1046	1475	1545
台州市	Taizhou City	133	169	381	840	1083	1145
珠江三角洲经济区	**Pearl River Delta**						
广州市	Guangzhou City	25900	28899	34379	39304	40399	43287
深圳市	Shenzhen City	2915	4675	6596	9989	11625	14196
珠海市	Zhuhai City	1735	2825	3226	4263	4025	4433
佛山市	Foshan City	7181	12161	15907	19232	20073	20890
江门市	Jiangmen City	8689	10203	12694	14592	15246	15812
东莞市	Dongguan City	2963	4381	5027	8617	9878	11111
中山市	Zhongshan City	3196	4504	5522	6911	7827	7070
惠州市区	Huizhou Urban District				3367	3631	
惠阳市	Huiyang City				1898	2044	
惠东县	Huidong County				2037	2260	
博罗县	Boluo County				2713	2786	
肇庆市区	Zhaoqing Urban District	2448	2203	1933	3019	3056	3196
高要市	Gaoyao City	2205	2169	2071	2182	2478	2482
四会市	Sihui City	1234	1692	1528	1610	1655	1717

14–2 续表 1 continued

单位：人 (person)

地区	Area	普通中等学校 Regular Secondary Schools 1990	1995	2000	2003	2004	2005
长江三角洲经济区	**Yangtze River Delta**						
上海市	Shanghai City	56200	60100	62200	61200	61300	60800
南京市	Nanjing City	16277	19285	18136	21003	24611	27837
苏州市	Suzhou City	17404	21172	23390	277771	25311	28853
无锡市	Wuxi City	13219	14994	16468	19892	21882	25176
常州市	Changzhou City	11372	12758	13929	15127	13208	13340
镇江市	Zhenjiang City	9196	9808	10821	11467	11632	11585
南通市	Nantong City			25825	28210	29431	29660
扬州市	Yangzhou City	515	11842	12750	15961	17588	18684
泰州市	Taizhou City			17345	19951	19889	22029
杭州市	Hangzhou City	15434	17826	20695	23172	23968	29824
宁波市	Ningbo City	10700	12869	15771	18258	19331	20162
嘉兴市	Jiaxing City	6267	7234	9043	11611	11846	12257
湖州市	Huzhou City	5500	6264	8034	9698	10515	10930
绍兴市	Shaoxing City	10662	11725	15059	17568	18590	19170
舟山市	Zhoushan City	3658	3967	4657	4671	4332	4222
台州市	Taizhou City	11000	13731	20068	22317	22473	22938
珠江三角洲经济区	**Pearl River Delta**						
广州市	Guangzhou City	11900	11591	13271	25886	29761	34869
深圳市	Shenzhen City	484	629	1114	2341	2572	2796
珠海市	Zhuhai City						2467
佛山市	Foshan City	400	1068	1362	1864	1927	2605
江门市	Jiangmen City	185		308	476	541	783
东莞市	Dongguan City		119	161	312	560	1081
中山市	Zhongshan City	41	94	131	189	460	1497
惠州市区①	Huizhou Urban District ①				460	496	506
惠阳市	Huiyang City						
惠东县	Huidong County						
博罗县	Boluo County						
肇庆市区	Zhaoqing Urban District	824	1008	718	718	846	880
高要市	Gaoyao City						
四会市	Sihui City						

注：①惠州市数据。

Note: ① Data refer to Huizhou City.

14-2 续表 2 continued

单位：人 (person)

地区	Area	小学 Primary Schools 1990	1995	2000	2003	2004	2005
长江三角洲经济区	**Yangtze River Delta**						
上海市	Shanghai City	58800	54500	44300	38800	37500	37400
南京市	Nanjing City	20060	20456	21957	20959	20369	20153
苏州市	Suzhou City	19609	19896	21122	20671	20821	20851
无锡市	Wuxi City	17229	17980	18041	17318	17298	17546
常州市	Changzhou City	13086	13597	13001	11636	11622	11443
镇江市	Zhenjiang City	11700	15829	10984	9470	8945	8689
南通市	Nantong City			25214	22670	21919	21705
扬州市	Yangzhou City	17400	16799	17660	16673	16011	15341
泰州市	Taizhou City			17440	16365	16238	15896
杭州市	Hangzhou City	18099	21380	23876	22955	23066	23541
宁波市	Ningbo City	15500	16818	17740	18490	19302	19936
嘉兴市	Jiaxing City	9151	9986	11619	11848	11862	11943
湖州市	Huzhou City	7300	7459	8759	8284	8744	8654
绍兴市	Shaoxing City	13026	13005	14551	14404	14467	14527
舟山市	Zhoushan City	3865	4405	4384	3828	3740	3787
台州市	Taizhou City	17000	18123	18809	18364	18353	18782
珠江三角洲经济区	**Pearl River Delta**						
广州市	Guangzhou City	25112	29056	34157	38954	39983	41018
深圳市	Shenzhen City	4221	6429	11550	17920	19660	23866
珠海市	Zhuhai City	2542	3652	4556	4940	5080	5080
佛山市	Foshan City	12009	18287	18229	19460	19918	20347
江门市	Jiangmen City	13326	14798	14931	14609	14891	15076
东莞市	Dongguan City	6785	8060	7946	12490	15512	17478
中山市	Zhongshan City	4440	5502	5713	6620	7354	8216
惠州市区	Huizhou Urban District	11635			4899	5052	5094
惠阳市	Huiyang City				2996	3152	3224
惠东县	Huidong County				4155	4265	4273
博罗县	Boluo County				5118	4832	4943
肇庆市区	Zhaoqing Urban District	1437	1799	1736	1782	1782	1827
高要市	Gaoyao City	3420	3800	3064	3074	3001	3020
四会市	Sihui City	2089	2604	2202	2079	2051	2065

14-3 各级学校在校学生数

Number of Students Enrollment by Level and Type of School

单位：万人 (10 000 persons)

地区	Area	普通高校 Regular Institutions of Higher Education					
		1990	1995	2000	2003	2004	2005
长江三角洲经济区	**Yangtze River Delta**						
上海市	Shanghai City	12.13	14.41	22.68	37.85	41.57	44.26
南京市	Nanjing City	7.51	10.37	21.69	42.94	49.15	50.37
苏州市	Suzhou City	1.63	2.32	4.77	8.05	9.16	11.31
无锡市	Wuxi City	0.63	0.83	2.58	4.84	6.24	7.92
常州市	Changzhou City	0.51	1.16	2.00	5.31	6.67	9.54
镇江市	Zhenjiang City	0.93	1.58	2.56	4.37	5.40	6.02
南通市	Nantong City	0.53		1.66	4.37	4.99	6.10
扬州市	Yangzhou City	1.31	1.82	3.07	4.74	5.30	5.91
泰州市	Taizhou City			0.46	1.04	1.37	2.01
杭州市	Hangzhou City	3.99	6.31	12.24	26.98	31.36	35.19
宁波市	Ningbo City	0.59	0.88	2.59	8.01	9.64	11.12
嘉兴市	Jiaxing City	0.18	0.25	0.58	1.36	1.77	2.13
湖州市	Huzhou City	0.10	0.16	0.40	1.21	1.43	1.64
绍兴市	Shaoxing City	0.15	0.23	0.58	1.93	2.50	3.07
舟山市	Zhoushan City	0.13	0.18	0.38	0.61	0.98	1.35
台州市	Taizhou City	0.10	0.17	0.41	1.28	1.54	1.81
珠江三角洲经济区	**Pearl River Delta**						
广州市	Guangzhou City	6.55	9.54	18.51	37.47	45.97	55.43
深圳市	Shenzhen City	0.40	0.50	1.40	3.20	4.10	4.53
珠海市	Zhuhai City						5.55
佛山市	Foshan City	0.39	0.59	0.87	1.97	2.57	3.33
江门市	Jiangmen City	0.12	0.37	0.61	0.72	0.88	1.42
东莞市	Dongguan City		0.16	0.32	0.69	0.91	1.66
中山市	Zhongshan City	0.05	0.10	0.33	0.45	0.88	1.50
惠州市区	Huizhou Urban District				0.66	0.80	0.81
惠阳市	Huiyang City						
惠东县	Huidong County						
博罗县	Boluo County						
肇庆市区	Zhaoqing Urban District	0.54	1.83	1.82	1.72	1.54	1.64
高要市	Gaoyao City						
四会市	Sihui City						

14-3 续表 1 continued

单位：万人 (10 000 persons)

地区	Area	普通中等学校 Regular Secondary Schools 1990	1995	2000	2003	2004	2005
长江三角洲经济区	**Yangtze River Delta**						
上海市	Shanghai City	62.59	96.38	105.28	100.71	106.94	99.30
南京市	Nanjing City	23.01	23.57	25.38	33.92	42.39	46.33
苏州市	Suzhou City	24.84	33.97	37.72	47.43	42.97	48.10
无锡市	Wuxi City	20.82	21.90	24.86	30.96	36.40	42.41
常州市	Changzhou City	17.84	21.79	25.04	30.49	28.00	26.96
镇江市	Zhenjiang City	13.56	15.47	16.96	21.29	21.31	21.41
南通市	Nantong City			42.98	54.31	56.20	54.97
扬州市	Yangzhou City	19.48	19.11	19.99	26.61	31.81	32.58
泰州市	Taizhou City			27.99	36.50	35.73	37.60
杭州市	Hangzhou City	22.35	29.99	38.77	39.86	38.89	48.67
宁波市	Ningbo City	18.20	25.74	27.98	30.99	32.09	32.30
嘉兴市	Jiaxing City	8.77	14.27	17.31	20.47	20.15	20.42
湖州市	Huzhou City	8.02	12.73	15.10	19.42	19.53	19.41
绍兴市	Shaoxing City	18.55	21.74	27.64	33.90	35.35	35.69
舟山市	Zhoushan City	3.92	5.34	5.86	5.78	5.16	4.81
台州市	Taizhou City	21.58	27.89	37.92	39.78	38.64	37.02
珠江三角洲经济区	**Pearl River Delta**						
广州市	Guangzhou City	36.00	48.17	63.89	74.92	77.24	86.39
深圳市	Shenzhen City	4.60	7.15	10.70	17.92	21.12	24.05
珠海市	Zhuhai City	2.81	3.49	4.87	6.78	7.44	8.06
佛山市	Foshan City	13.41	17.08	24.68	28.94	30.28	31.25
江门市	Jiangmen City	14.88	18.57	23.59	26.45	27.24	27.70
东莞市	Dongguan City	6.12	9.25	11.24	17.73	19.98	22.18
中山市	Zhongshan City	6.07	7.86	10.33	13.50	14.87	13.27
惠州市区	Huizhou Urban District				6.82	8.11	
惠阳市	Huiyang City				3.65	3.90	
惠东县	Huidong County				4.62	5.10	
博罗县	Boluo County				4.97	5.04	
肇庆市区	Zhaoqing Urban District	2.39	3.36	3.70	6.28	7.75	8.33
高要市	Gaoyao City	2.63	2.73	4.49	4.96	4.99	5.09
四会市	Sihui City	1.42	1.94	2.67	2.94	3.05	3.13

14–3 续表 2 continued

单位：万人 (10 000 persons)

地区	Area	小学 Primary Schools 1990	1995	2000	2003	2004	2005
长江三角洲经济区	**Yangtze River Delta**						
上海市	Shanghai City	110.19	109.78	78.86	64.82	53.74	53.50
南京市	Nanjing City	42.08	41.72	45.41	35.16	32.38	30.51
苏州市	Suzhou City	44.56	42.26	44.84	38.15	36.50	35.99
无锡市	Wuxi City	36.18	36.52	39.14	32.98	32.27	31.77
常州市	Changzhou City	27.70	27.16	30.01	26.35	25.56	24.46
镇江市	Zhenjiang City	22.51	22.00	22.46	18.30	17.11	15.88
南通市	Nantong City			61.74	50.01	47.05	43.53
扬州市	Yangzhou City	37.62	32.31	37.51	30.76	28.58	26.57
泰州市	Taizhou City			44.25	34.98	31.97	29.07
杭州市	Hangzhou City	46.05	51.40	48.57	44.90	44.80	45.89
宁波市	Ningbo City	42.70	41.29	42.40	45.26	47.61	47.60
嘉兴市	Jiaxing City	23.35	24.78	27.13	27.68	27.55	26.60
湖州市	Huzhou City	19.44	20.21	21.60	19.25	19.08	18.25
绍兴市	Shaoxing City	34.01	33.25	34.81	33.54	33.79	33.28
舟山市	Zhoushan City	8.97	8.93	6.71	5.24	5.06	5.01
台州市	Taizhou City	46.02	48.69	37.05	36.09	37.51	38.75
珠江三角洲经济区	**Pearl River Delta**						
广州市	Guangzhou City	57.23	69.44	75.70	84.75	87.47	90.34
深圳市	Shenzhen City	11.17	15.72	31.39	46.97	52.61	56.63
珠海市	Zhuhai City	6.58	8.56	10.32	11.66	12.08	12.74
佛山市	Foshan City	30.17	37.12	39.31	40.82	42.30	44.04
江门市	Jiangmen City	36.11	42.24	42.73	40.47	40.03	39.17
东莞市	Dongguan City	16.27	19.51	27.28	38.69	44.83	48.09
中山市	Zhongshan City	12.57	15.24	17.51	19.21	20.87	22.61
惠州市区	Huizhou Urban District				11.03	11.86	12.15
惠阳市	Huiyang City				6.00	6.85	7.08
惠东县	Huidong County				9.51	10.30	11.96
博罗县	Boluo County				9.13	9.53	9.77
肇庆市区	Zhaoqing Urban District	3.02	3.97	4.72	4.72	4.95	5.00
高要市	Gaoyao City	6.91	8.35	7.78	7.78	7.08	7.84
四会市	Sihui City	4.45	4.75	4.51	4.51	4.58	4.52

14-3 续表 3 continued

单位：人 (persons)

地区	Area	成人高等教育学校 Adult Institutions of Higher Education 1990	1995	2000	2003	2004	2005
长江三角洲经济区	**Yangtze River Delta**						
上海市	Shanghai City	60900	75500	114900	198000	147000	147200
南京市	Nanjing City	30250	61575	107327	172027	116961	128424
苏州市	Suzhou City	5256	15014	26183	43550	31315	32064
无锡市	Wuxi City	4200	5482	7078	10116	6775	6116
常州市	Changzhou City	3153	5528	8155	16307	11048	14593
镇江市	Zhenjiang City	1900	8075	13334	25578	18664	20070
南通市	Nantong City		4853	5355	11381	7785	15801
扬州市	Yangzhou City	3220	11294	16754	27223	17730	14155
泰州市	Taizhou City		217	347	1184	772	2385
杭州市	Hangzhou City	21196	45982	105123	157924	117212	114882
宁波市	Ningbo City	1328	11415	20261	35853	23974	29320
嘉兴市	Jiaxing City	1374	2596	2739	14332	12618	14794
湖州市	Huzhou City	683	1355	3393	5260	8483	10329
绍兴市	Shaoxing City	1529	2068	4613	17310	17958	14715
舟山市	Zhoushan City			886	352	2192	2535
台州市	Taizhou City	1962	1543	4802	15614	14973	16332
珠江三角洲经济区	**Pearl River Delta**						
广州市	Guangzhou City	41546	98300	143479	218244	160121	180081
深圳市	Shenzhen City			10425	19623	10618	15596
珠海市	Zhuhai City			6038	4356		
佛山市	Foshan City	4200			7958	12215	10914
江门市	Jiangmen City			19239	26729	26065	21353
东莞市	Dongguan City	531	1254	3642	7343	10562	12665
中山市	Zhongshan City	548	825	6208	8286	7698	14702
惠州市区	Huizhou Urban District				4000	3576	4958
惠阳市	Huiyang City				2312	1996	2241
惠东县	Huidong County				1766	1079	1920
博罗县	Boluo County				1725	1800	1614
肇庆市区	Zhaoqing Urban District	5371	18345	18157	17215	15412	16356
高要市	Gaoyao City						
四会市	Sihui City						

14-4 各类专业技术人员数

Number of Scientific and Technical Personnel

单位：万人 (10 000 persons)

地区	Area	1990	1995	2000	2003	2004	2005
长江三角洲经济区	**Yangtze River Delta**						
上海市	Shanghai City	86.16	91.64	71.03	66.91	74.90	75.08
南京市	Nanjing City	30.75	29.71	28.84	38.42	32.59	34.54
苏州市	Suzhou City	13.18	15.23	29.12	35.98	39.45	41.17
无锡市	Wuxi City	15.44	17.53	22.43	28.59	35.02	36.15
常州市	Changzhou City	11.52	14.10	19.10	23.74	21.15	22.61
镇江市	Zhenjiang City	6.85	7.98	11.01	12.12	10.31	11.45
南通市	Nantong City			17.85	22.48	25.97	27.34
扬州市	Yangzhou City	8.24	13.27	13.52	16.24	14.66	16.20
泰州市	Taizhou City			8.13	15.17	12.84	13.62
杭州市	Hangzhou City			25.98	26.21	32.53	37.91
宁波市	Ningbo City	10.04	14.91	23.10	39.68	40.74	42.25
嘉兴市	Jiaxing City			5.68	6.75	13.42	14.25
湖州市	Huzhou City	3.06	3.33	3.64	6.23	10.76	12.51
绍兴市	Shaoxing City	6.23	6.26	6.75	16.68	24.44	30.81
舟山市	Zhoushan City	1.91	1.93	1.98	1.87	1.93	1.91
台州市	Taizhou City		5.77	9.39	14.36	15.32	19.18
珠江三角洲经济区	**Pearl River Delta**						
广州市	Guangzhou City	31.95	37.95	43.74	45.60	46.46	47.53
深圳市	Shenzhen City			15.89	57.54	66.34	79.10
珠海市	Zhuhai City	0.79	3.30	5.70	7.90	8.47	8.90
佛山市	Foshan City	1.94		7.48	6.99	7.29	7.30
江门市	Jiangmen City			6.49	8.14	8.14	11.29
东莞市	Dongguan City	1.16	2.31		3.31	3.94	4.26
中山市	Zhongshan City	2.34	3.89	14.80	22.99	15.38	16.72
惠州市区	Huizhou Urban District			2.76	3.90	3.32	
惠阳市	Huiyang County			1.79	1.87	1.13	
惠东县	Huidong County			1.01	0.93	1.12	
博罗县	Boluo County			1.51	1.47	1.39	
肇庆市区	Zhaoqing Urban District	0.49	0.23	2.62	2.93	3.02	3.10
高要市	Gaoyao City	0.95	1.46	1.21	1.22	1.26	1.28
四会市	Sihui City		0.72	0.92	0.99	1.01	1.03

14-5 公共图书馆图书藏量

Total Collections of Public Libraries

单位：万册 (10 000 volumes)

地区	Area	1990	1995	2000	2003	2004	2005
长江三角洲经济区	**Yangtze River Delta**						
上海市	Shanghai City	1586	1586	5500	1816	2085	2165
南京市	Nanjing City	847	908	1003	1098	1168	1150
苏州市	Suzhou City	210	286	296	309	345	324
无锡市	Wuxi City	139	169	203	206	215	223
常州市	Changzhou City	120	141	161	179	186	194
镇江市	Zhenjiang City	98	114	120	133	134	134
南通市	Nantong City			178	196	201	221
扬州市	Yangzhou City		114	142	142	152	195
泰州市	Taizhou City			91	95	98	90
杭州市	Hangzhou City	52	618	626	712	732	816
宁波市	Ningbo City	12	154	131	155	199	264
嘉兴市	Jiaxing City	108	128	141	165	192	210
湖州市	Huzhou City		46	52	69	73	80
绍兴市	Shaoxing City	89	93	107	120	129	158
舟山市	Zhoushan City	28	35	43	49	50	52
台州市	Taizhou City	77	71	92	103	114	141
珠江三角洲经济区	**Pearl River Delta**						
广州市	Guangzhou City	519	619	651	864	969	1204
深圳市	Shenzhen City	66	231	245	346	385	499
珠海市	Zhuhai City	23	28	35	34	35	37
佛山市	Foshan City	61	115	154	170	174	191
江门市	Jiangmen City	57	66	128	138	140	142
东莞市	Dongguan City	30	68	97	289	631	660
中山市	Zhongshan City	16	27	39	42	53	58
惠州市区	Huizhou Urban District			26	28	37	22
惠阳市	Huiyang City				11	11	10
惠东县	Huidong County				7	8	6
博罗县	Boluo County				4	4	4
肇庆市区	Zhaoqing Urban District				21	23	3
高要市	Gaoyao City				8	9	9
四会市	Sihui City				11	10	9

14-6 剧场、影剧院数

Number of Theaters and Music Halls

单位：个 (unit)

地区	Area	1990	1995	2000	2003	2004	2005
长江三角洲经济区	**Yangtze River Delta**						
上海市	Shanghai City	211	249	242	238	225	193
南京市	Nanjing City			126	13	13	13
苏州市	Suzhou City	161	165	163	83	83	84
无锡市	Wuxi City	237	163	142	125	125	125
常州市	Changzhou City		106	106	87	87	87
镇江市	Zhenjiang City	91	78	87	86	86	74
南通市	Nantong City			155	159	159	159
扬州市	Yangzhou City	110	172	297	76	76	76
泰州市	Taizhou City			92	90	88	84
杭州市	Hangzhou City	223	163	123	58	44	35
宁波市	Ningbo City			60	63	13	21
嘉兴市	Jiaxing City	113	103	74	87	87	74
湖州市	Huzhou City			51	27	20	18
绍兴市	Shaoxing City	142	98	66	42	36	34
舟山市	Zhoushan City	91	64	35	23	11	11
台州市	Taizhou City	104	89	75	64	64	64
珠江三角洲经济区	**Pearl River Delta**						
广州市	Guangzhou City	14	19	19	15	15	13
深圳市	Shenzhen City			126	69	55	45
珠海市	Zhuhai City	38	50	26	17	17	6
佛山市	Foshan City	52	89	96	55	75	67
江门市	Jiangmen City			47	16	16	16
东莞市	Dongguan City	26	97	87	55	78	31
中山市	Zhongshan City	22	12	44	37	38	31
惠州市区	Huizhou Urban District			3	2	3	3
惠阳市	Huiyang City				4	1	1
惠东县	Huidong County				1		
博罗县	Boluo County				2		
肇庆市区	Zhaoqing Urban District	5	11	5	4	4	5
高要市	Gaoyao City	2	7	1	1	1	1
四会市	Sihui City	2	3	1	1	1	1

14-7 体育场馆数

Number of Stadiums and Gymnasiums

单位：个 (unit)

地区	Area	1990	1995	2000	2003	2004	2005
长江三角洲经济区	**Yangtze River Delta**						
上海市	Shanghai City	305	153	211			
南京市	Nanjing City				33	33	33
苏州市	Suzhou City	16	20	26	36	47	54
无锡市	Wuxi City	7	11	10	10	28	27
常州市	Changzhou City	5	13	13	13	14	16
镇江市	Zhenjiang City	4	6	12	20	27	27
南通市	Nantong City			17	14	33	33
扬州市	Yangzhou City			11	11	11	12
泰州市	Taizhou City				17	17	22
杭州市	Hangzhou City				45	97	98
宁波市	Ningbo City		9	9		77	77
嘉兴市	Jiaxing City	9	12	13	12	10	15
湖州市	Huzhou City	11	12	15	17	20	20
绍兴市	Shaoxing City				43	43	47
舟山市	Zhoushan City				50	50	50
台州市	Taizhou City				50	50	46
珠江三角洲经济区	**Pearl River Delta**						
广州市	Guangzhou City						
深圳市	Shenzhen City	3	9	14	23	23	23
珠海市	Zhuhai City				4	4	3
佛山市	Foshan City				98	49	47
江门市	Jiangmen City				33	33	20
东莞市	Dongguan City				22	30	17
中山市	Zhongshan City			10	15	18	18
惠州市区	Huizhou Urban District						29
惠阳市	Huiyang City						3
惠东县	Huidong County						3
博罗县	Boluo County						3
肇庆市区	Zhaoqing Urban District				4	6	6
高要市	Gaoyao City				2	3	3
四会市	Sihui City				2	4	4

14-8 卫生机构数

Number of Health Institutions

单位：个 (unit)

地区	Area	医院数 Number of Hospitals					
		1990	1995	2000	2003	2004	2005
长江三角洲经济区	**Yangtze River Delta**						
上海市	Shanghai City	462	485	459	452	489	487
南京市	Nanjing City	221	228	169	187	165	158
苏州市	Suzhou City	49	42	53	62	85	97
无锡市	Wuxi City	40	42	44	61	62	59
常州市	Changzhou City	28	28	27	30	28	32
镇江市	Zhenjiang City	27	27	28	31	33	33
南通市	Nantong City			43	41	41	42
扬州市	Yangzhou City			33	61	69	54
泰州市	Taizhou City			19	20	42	43
杭州市	Hangzhou City	84	99	95	112	114	127
宁波市	Ningbo City		62	56	55	58	67
嘉兴市	Jiaxing City	28	30	31	31	32	35
湖州市	Huzhou City	22	23	21	28	27	28
绍兴市	Shaoxing City	24	24	26	37	42	40
舟山市	Zhoushan City	10	12	14	18	18	18
台州市	Taizhou City	21	25	35	40	47	48
珠江三角洲经济区	**Pearl River Delta**						
广州市	Guangzhou City	190	221	252	183	188	211
深圳市	Shenzhen City	38	63	72	85	87	97
珠海市	Zhuhai City	22	12	19	22	29	27
佛山市	Foshan City	69	81	85	81	169	204
江门市	Jiangmen City	100	116	131	126	124	127
东莞市	Dongguan City			46	51	53	54
中山市	Zhongshan City	26	36	30	29	29	29
惠州市区	Huizhou Urban District			8	15	17	18
惠阳市	Huiyang City			10	8	8	9
惠东县	Huidong County			3	2	2	2
博罗县	Boluo County			6	4	3	3
肇庆市区	Zhaoqing Urban District	8		14	15	16	20
高要市	Gaoyao City	3		4	4	4	4
四会市	Sihui City	3		5	7	7	7

14–8 续表 continued

单位：个 (unit)

地区	Area	卫生院数 Number of Township Hospitals					
		1990	1995	2000	2003	2004	2005
长江三角洲经济区	**Yangtze River Delta**						
上海市	Shanghai City	178	170	168	126	123	100
南京市	Nanjing City	124	125	116	107	72	72
苏州市	Suzhou City	158	156	144	137	122	98
无锡市	Wuxi City	120	116	116	114	113	98
常州市	Changzhou City	135	133	90	81	81	81
镇江市	Zhenjiang City	88	90	93	75	72	71
南通市	Nantong City			260	273	272	277
扬州市	Yangzhou City			151	141	128	144
泰州市	Taizhou City			152	150	127	128
杭州市	Hangzhou City	356	315	301	296	268	261
宁波市	Ningbo City		283	238	217	184	181
嘉兴市	Jiaxing City	142	144	112	126	124	123
湖州市	Huzhou City	136	132	114	99	100	100
绍兴市	Shaoxing City		271	231	301	287	281
舟山市	Zhoushan City	91	90	84	67	64	62
台州市	Taizhou City	340	377	310	189	185	189
珠江三角洲经济区	**Pearl River Delta**						
广州市	Guangzhou City	70	72	94	71	75	65
深圳市	Shenzhen City	20	23	44	61	87	97
珠海市	Zhuhai City	12		22	22	19	17
佛山市	Foshan City		52	57	53	46	42
江门市	Jiangmen City			102	93	91	91
东莞市	Dongguan City			39			
中山市	Zhongshan City	22	29	26	25	25	25
惠州市区	Huizhou Urban District			6	19	20	18
惠阳市	Huiyang City			20	8	11	11
惠东县	Huidong County			21	20	20	20
博罗县	Boluo County			23	22	22	22
肇庆市区	Zhaoqing Urban District	4		5	5	5	5
高要市	Gaoyao City	10		19	19	18	18
四会市	Sihui City	13		15	16	16	16

14-9 卫生机构床位数

Number of Beds in Health Institutions

单位：张 (unit)

地区	Area	医院床位数 Number of Beds in Hospitals					
		1990	1995	2000	2003	2004	2005
长江三角洲经济区	**Yangtze River Delta**						
上海市	Shanghai City	62100	66900	73070	81058	84952	89337
南京市	Nanjing City	17407	19019	18140	19458	19104	19344
苏州市	Suzhou City	9144	9912	10410	12454	14774	18003
无锡市	Wuxi City	7620	8307	9090	11429	11973	12503
常州市	Changzhou City	5873	6393	6663	7742	7998	7737
镇江市	Zhenjiang City	6997	7368	4763	5252	5517	5607
南通市	Nantong City			8623	9372	9714	10344
扬州市	Yangzhou City			6227	6883	7127	7628
泰州市	Taizhou City			4631	4783	6048	6552
杭州市	Hangzhou City	18879	21360	23303	22036	24444	25907
宁波市	Ningbo City	10522	12316	9968	10654	17053	17856
嘉兴市	Jiaxing City	4940	4891	5660	6448	7046	7698
湖州市	Huzhou City	4564	4710	4477	6083	5764	6736
绍兴市	Shaoxing City	4056	5066	6085	8178	9009	9308
舟山市	Zhoushan City	1911	2332	2785	2789	2952	2944
台州市	Taizhou City	4120	4974	7006	9545	12285	10622
珠江三角洲经济区	**Pearl River Delta**						
广州市	Guangzhou City	24395	28721	33716	34140	35979	39359
深圳市	Shenzhen City	3108	6640	9616	12607	14186	15577
珠海市	Zhuhai City	1243	2572	2412	4415	4814	4468
佛山市	Foshan City	7279	10118	12540	15014	16447	17292
江门市	Jiangmen City	7474	8042	8151	8640	9313	9535
东莞市	Dongguan City			7081	9820	10797	11688
中山市	Zhongshan City	2171	3094	3935	4971	5438	5531
惠州市区	Huizhou Urban District			1585	2081	2392	2562
惠阳市	Huiyang City			737	601	647	794
惠东县	Huidong County			420	332	344	388
博罗县	Boluo County			665	684	589	580
肇庆市区	Zhaoqing Urban District	1725		2286	2315	2565	2664
高要市	Gaoyao City	319		406	367	367	447
四会市	Sihui City	314		420	530	593	573

14-9 续表 continued

单位：张 (unit)

地区	Area	卫生院床位数 Number of Beds in Township Hospitals					
		1990	1995	2000	2003	2004	2005
长江三角洲经济区	**Yangtze River Delta**						
上海市	Shanghai City	8074	8200	8762	10552	10944	9712
南京市	Nanjing City	3304	3223	2838	2580	1944	1925
苏州市	Suzhou City	7079	6921	7172	6670	6481	5353
无锡市	Wuxi City	5147	5740	5765	5859	5853	5407
常州市	Changzhou City	3622	3946	4067	3945	3934	3997
镇江市	Zhenjiang City	2704	2703	2930	2836	2415	2492
南通市	Nantong City			10124	9900	10070	10161
扬州市	Yangzhou City			4279	3981	3864	4137
泰州市	Taizhou City			6152	3144	4661	4963
杭州市	Hangzhou City	3840	3794	3913	2873	2818	2678
宁波市	Ningbo City			3903	3406	3476	3352
嘉兴市	Jiaxing City	3132	2954	2888	2896	2947	2879
湖州市	Huzhou City	2441	2367	2102	2052	2093	2093
绍兴市	Shaoxing City	3361	2979	3200	2756	2722	2515
舟山市	Zhoushan City	887	927	508	528	463	557
台州市	Taizhou City	2722	2880	2353	1490	1774	1745
珠江三角洲经济区	**Pearl River Delta**						
广州市	Guangzhou City	2494	2623	2856	3573	3382	2910
深圳市	Shenzhen City	3108	6640	9616	12607	14186	15577
珠海市	Zhuhai City	144		539	615	585	573
佛山市	Foshan City		4011	5392	5754	5834	5980
江门市	Jiangmen City			2499	2517	2565	2452
东莞市	Dongguan City			5218			
中山市	Zhongshan City	1225	1759	2370	2966	3418	3511
惠州市区	Huizhou Urban District			92	479	551	586
惠阳市	Huiyang City			516	368	426	458
惠东县	Huidong County			680	705	666	669
博罗县	Boluo County			653	776	900	924
肇庆市区	Zhaoqing Urban District	130		115	126	117	117
高要市	Gaoyao City	272		358	474	449	573
四会市	Sihui City	270		305	312	285	247

14-10 卫生机构的人员数

Number of Employed Personnel in Health Institutions

单位：人 (person)

地区	Area	医生数 Doctors 1990	1995	2000	2003	2004	2005
长江三角洲经济区	**Yangtze River Delta**						
上海市	Shanghai City	58200	53700	49900	44100	43775	42956
南京市	Nanjing City	15726	16384	15239	13599	13931	14292
苏州市	Suzhou City	10895	12182	11594	11747	11964	12592
无锡市	Wuxi City	8786	9227	9903	9023	9722	10162
常州市	Changzhou City	6144	7073	7779	6592	6586	6740
镇江市	Zhenjiang City	4525	5260	4582	3909	5163	5437
南通市	Nantong City			13009	10878	10863	10993
扬州市	Yangzhou City			6605	6574	6880	7002
泰州市	Taizhou City			8438	7346	7457	7663
杭州市	Hangzhou City	14483	16465	16317	16614	16770	17833
宁波市	Ningbo City	7453	8716	9472	10630	11357	13203
嘉兴市	Jiaxing City	3921	4569	5201	5461	5915	6054
湖州市	Huzhou City	3092	3665	4106	4381	4402	4704
绍兴市	Shaoxing City	5288	6113	5707	6994	7846	8074
舟山市	Zhoushan City	1592	1856	2072	1999	2027	2093
台州市	Taizhou City	4512	5357	6479	7837	7804	8577
珠江三角洲经济区	**Pearl River Delta**						
广州市	Guangzhou City	21015	23321	23503	23464	24493	25852
深圳市	Shenzhen City	3426	6050	7418	9439	28593	31577
珠海市	Zhuhai City	1276	1573	1627	2296	2410	2521
佛山市	Foshan City	5131	6455	7048	7577	7318	7449
江门市	Jiangmen City	5289	5177	5617	4443	5486	5672
东莞市	Dongguan City	1721	2299	3309	3758	4870	5981
中山市	Zhongshan City	1101	1775	2387	2496	2975	3340
惠州市区	Huizhou Urban District				1567	1874	2069
惠阳市	Huiyang City				709	756	786
惠东县	Huidong County				589	680	712
博罗县	Boluo County				797	806	775
肇庆市区	Zhaoqing Urban District	1051		1474	1413	1412	1402
高要市	Gaoyao City	437		624	715	669	689
四会市	Sihui City	413		551	508	479	477

14–10 续表 continued

单位：人 (person)

地区	Area	护士数 Nurses					
		1990	1995	2000	2003	2004	2005
长江三角洲经济区	**Yangtze River Delta**						
上海市	Shanghai City	36600	34000	38300	37900	38112	39379
南京市	Nanjing City	9998	10946	11617	11135	11495	11903
苏州市	Suzhou City	2804	3407	2994	8629	9408	9830
无锡市	Wuxi City	4620	5452	6517	6692	7158	7841
常州市	Changzhou City	1930	1756	2210	5385	5578	5849
镇江市	Zhenjiang City	1442	1030	1133	3518	3899	4001
南通市	Nantong City			6768	6757	6823	7074
扬州市	Yangzhou City			4442	4401	4451	4765
泰州市	Taizhou City			3787	3948	4114	4389
杭州市	Hangzhou City	7822	9531	11186	12460	13248	14514
宁波市	Ningbo City	3989	4308	5162	6253	7605	8955
嘉兴市	Jiaxing City	2109	2898	3008	3593	4117	4607
湖州市	Huzhou City	1709	1970	2468	2868	3083	3269
绍兴市	Shaoxing City		2530	2658	3786	4643	4904
舟山市	Zhoushan City	1164	1247	1296	1437	1516	1531
台州市	Taizhou City	2193	2443	3576	4658	4873	5845
珠江三角洲经济区	**Pearl River Delta**						
广州市	Guangzhou City	15329	17705	19743	20136	21927	24083
深圳市	Shenzhen City	2145	4034	5425	7321	7975	8981
珠海市	Zhuhai City	696	824	1592	2190	2275	2320
佛山市	Foshan City	3456	5169	6188	6857	6940	7381
江门市	Jiangmen City				4141	4527	4717
东莞市	Dongguan City	1164	1751	2673	3577	3998	6303
中山市	Zhongshan City	869	834	1017	2217	2536	3020
惠州市区	Huizhou Urban District				1453	1624	1802
惠阳市	Huiyang City				560	526	619
惠东县	Huidong County				455	472	484
博罗县	Boluo County				701	696	686
肇庆市区	Zhaoqing Urban District	937		1408	1405	1487	1483
高要市	Gaoyao City	253		479	543	497	510
四会市	Sihui City	187		428	463	448	441

14-11 专利申请受理量

Patent Applications Examined

单位：项 (item)

地区	Area	1990	1995	2000	2003	2004	2005
长江三角洲经济区	**Yangtze River Delta**						
上海市	Shanghai City	1526	2456	11318	22374	20471	32741
南京市	Nanjing City				3159	3908	5228
苏州市	Suzhou City		773	2021	3780	4687	6780
无锡市	Wuxi City			1024	2160	3279	5621
常州市	Changzhou City	150	547	837	1647	1886	2696
镇江市	Zhenjiang City			235	909	1262	2066
南通市	Nantong City			623	1184	1859	3120
扬州市	Yangzhou City	94	127	334	1029	1399	2077
泰州市	Taizhou City			411	1064	1236	1645
杭州市	Hangzhou City	756	933	1809	4528	5932	9486
宁波市	Ningbo City				4628	5932	7752
嘉兴市	Jiaxing City	93	100	495	698	1075	3806
湖州市	Huzhou City	81	92	127	476	708	1774
绍兴市	Shaoxing City	86	146	629	1432	1532	3068
舟山市	Zhoushan City	12	26	59	101	145	250
台州市	Taizhou City	107	285	829	2345	2803	4834
珠江三角洲经济区	**Pearl River Delta**						
广州市	Guangzhou City	587	768	4493	8206	8230	11012
深圳市	Shenzhen City		1104	4431	12361	14981	20940
珠海市	Zhuhai City	34	212	694	989	1220	1680
佛山市	Foshan City	219	1407	3987	7388	10809	17248
江门市	Jiangmen City			692	1848	2116	2787
东莞市	Dongguan City	34	325	1653	3865	4325	6694
中山市	Zhongshan City			1327	2159	2545	3399
惠州市区	Huizhou Urban District				423	668	690
惠阳市	Huiyang City				225	81	128
惠东县	Huidong County				30	21	23
博罗县	Boluo County				173	307	197
肇庆市区	Zhaoqing Urban District				91	121	138
高要市	Gaoyao City				84	97	37
四会市	Sihui City				42	41	53

14-12 专利申请授权量

Patent Applications Granted

单位：项 (item)

地区	Area	1990	1995	2000	2003	2004	2005
长江三角洲经济区	**Yangtze River Delta**						
上海市	Shanghai City	924	1436	4048	16671	10625	12603
南京市	Nanjing City				1552	1761	2166
苏州市	Suzhou City		415	1922	2593	2783	3315
无锡市	Wuxi City	228	358	903	1351	1371	2095
常州市	Changzhou City	115	255	731	922	1175	1240
镇江市	Zhenjiang City			167	422	615	729
南通市	Nantong City			391	486	612	792
扬州市	Yangzhou City	52	93	289	714	733	895
泰州市	Taizhou City			208	409	488	634
杭州市	Hangzhou City	442	558	1337	2350	2831	4072
宁波市	Ningbo City		346	1662	3414	3559	3985
嘉兴市	Jiaxing City	90	95	367	529	516	1464
湖州市	Huzhou City	31	95	148	212	471	482
绍兴市	Shaoxing City	54	93	332	797	946	957
舟山市	Zhoushan City	9	12	33	85	55	70
台州市	Taizhou City	58	245	772	1795	1698	2136
珠江三角洲经济区	**Pearl River Delta**						
广州市	Guangzhou City	387	744	3318	5020	5535	5724
深圳市	Shenzhen City		721	3076	6652	7737	8983
珠海市	Zhuhai City			504	703	696	931
佛山市	Foshan City	211	1139	3299	6456	6193	8704
江门市	Jiangmen City			520	1048	1365	1553
东莞市	Dongguan City	30	262	1399	2858	3167	3114
中山市	Zhongshan City			1079	1699	1795	2108
惠州市区	Huizhou Urban District				211	369	409
惠阳市	Huiyang City				152	81	70
惠东县	Huidong County				22	22	18
博罗县	Boluo County				146	200	152
惠州市区	Huizhou Urban District				60	70	63
惠阳市	Huiyang City				58	53	58
惠东县	Huidong County				26	32	22
博罗县	Boluo County				146		
肇庆市区	Zhaoqing Urban District				60		
高要市	Gaoyao City				58		
四会市	Sihui City				26		

14-13 三种专利申请受理和授权量(2005年)
Three Types of Patent Applications Examined and Granted(2005)

单位：项 (item)

地区	Area	申请受理量合计 Number of Patent Applications Examined	发明 Inventions	实用新型 Utility Models	外观设计 Designs
长江三角洲经济区	**Yangtze River Delta**				
上海市	Shanghai City	32741	10441	8711	13589
南京市	Nanjing City	5228	2321	1676	1231
苏州市	Suzhou City	6780	988	2349	3443
无锡市	Wuxi City	5621	723	1569	3329
常州市	Changzhou City	2696	575	963	1158
镇江市	Zhenjiang City	2066	207	336	1523
南通市	Nantong City	3120	483	939	1698
扬州市	Yangzhou City	2077	271	833	973
泰州市	Taizhou City	1645	203	484	958
杭州市	Hangzhou City	9486	3429	3201	2856
宁波市	Ningbo City	7752			
嘉兴市	Jiaxing City	3806	244	870	2692
湖州市	Huzhou City	1774	161	467	1146
绍兴市	Shaoxing City	3068	436	837	1795
舟山市	Zhoushan City	250	47	100	103
台州市	Taizhou City	4834	337	1360	3137
珠江三角洲经济区	**Pearl River Delta**				
广州市	Guangzhou City	11012	2029	3051	5932
深圳市	Shenzhen City	20940	8327	5687	6928
珠海市	Zhuhai City	1680	255	730	695
佛山市	Foshan City	17248	1026	3795	12427
江门市	Jiangmen City	2787	106	676	2005
东莞市	Dongguan City	6694	245	1971	4478
中山市	Zhongshan City	3399	139	985	2275
惠州市区	Huizhou Urban District	690	201	220	269
惠阳市	Huiyang City	128	4	57	67
惠东县	Huidong County	23	4	6	13
博罗县	Boluo County	197	39	55	103
肇庆市区	Zhaoqing Urban District	138	18	69	51
高要市	Gaoyao City	37	1	14	22
四会市	Sihui City	53	2	20	31

14–13 续表 continued

单位：项 (item)

地区	Area	授权量合计 Number of Patent Applications Granted	发明 Inventions	实用新型 Utility Models	外观设计 Designs
长江三角洲经济区	**Yangtze River Delta**				
上海市	Shanghai City	12603	1997	4437	6169
南京市	Nanjing City	2166	593	1000	573
苏州市	Suzhou City	3315	148	1496	1671
无锡市	Wuxi City	2095	153	1009	933
常州市	Changzhou City	1240	85	587	568
镇江市	Zhenjiang City	729	33	245	451
南通市	Nantong City	792	60	419	313
扬州市	Yangzhou City	895	31	410	454
泰州市	Taizhou City	634	41	309	284
杭州市	Hangzhou City	4072	687	1744	1641
宁波市	Ningbo City	3985	157	1143	2685
嘉兴市	Jiaxing City	1464	18	280	1166
湖州市	Huzhou City	482	8	130	344
绍兴市	Shaoxing City	957	49	435	473
舟山市	Zhoushan City	70	9	43	18
台州市	Taizhou City	2136	38	705	1393
珠江三角洲经济区	**Pearl River Delta**				
广州市	Guangzhou City	5724	604	1977	3143
深圳市	Shenzhen City	8983	917	3458	4608
珠海市	Zhuhai City	931	42	361	528
佛山市	Foshan City	8704	83	1821	6800
江门市	Jiangmen City	1553	38	437	1078
东莞市	Dongguan City	3114	24	1116	1974
中山市	Zhongshan City	2108	29	559	1520
惠州市区	Huizhou Urban District	409	12	161	236
惠阳市	Huiyang City	70	1	37	32
惠东县	Huidong County	18	1	3	14
博罗县	Boluo County	152	3	56	93
肇庆市区	Zhaoqing Urban District	63	6	30	27
高要市	Gaoyao City	58		30	28
四会市	Sihui City	22		9	13

主要统计指标解释

普通高等学校 指按照国家规定的标准和审批程序批准举办的，通过全国统一招生考试，招收高中毕业生为主要培养对象，实施高等教育的全日制大学、独立设置的学院和高等专科学校、高等职业学校和其他机构。

大学、独立设置的学院主要实施本科层次以上教育，高等专科学校、高等职业学校实施专科层次教育，其他机构是承担国家普通招生计划任务不计校数的机构。包括普通高等学校 分校和批准筹建的普通高等学校等。

成人高等学校 指按照国家规定的设置标准和审批程序批准举办的，通过全国成人高等学校统一招生考试，招收具有高中毕业或同等学历的在职从业人员为主要培养对象，利用函授、业余、脱产等多种形式对其实施高等学历教育的学校。包括职工高等学校、农民高等学校、管理干部学院、教育学院、独立函授学院、广播电视大学、其他机构等。其他机构是承担国家成人招生计划任务不计校数的机构。

专业技术人员 指从事专业技术工作和专业技术管理工作的人员，即企事业单位中已经聘任专业技术职务从事专业技术工作和专业技术管理工作的人员，以及未聘任专业技术职务，现在专业技术岗位上工作的人员。包括工程技术人员、农业技术人员、科学研究人员、卫生技术人员、教学人员、经济人员、会计人员、统计人员、翻译人员、图书资料、档案、文博人员、新闻出版人员、律师、公证人员、广播电视播音人员、工艺美术人员、体育人员、艺术人员及企业政治思想工作人员，共十七个专业技术职务类别。用来反映科技人力资源情况。

卫生机构 包括医疗机构、疾病预防控制中心（防疫站）、采供血机构、卫生监督及监测（检验）机构、医学科研和在职培训机构、健康教育所等。

医院 包括综合医院、中医医院、中西医结合医院、民族医院、各类专科医院和护理院。

医生 指在医疗、预防保健机构工作且取得《执业医师证书》的执业医师和执业助理医师。

专利 是专利权的简称，是对发明人的发明创造经审查合格后，由专利局依据专利法授予发明人和设计人对该项发明创造享有的专有权。包括发明、实用新型和外观设计。反映拥有自主知识产权的科技和设计成果情况。

发明 指对有关产品、方法或者其改进所提出的新的技术方案。是国际通行的反映拥有自主知识产权技术的核心指标。

实用新型 指对产品的形状、构造或者其结合所提出的适于实用的新的技术方案。反映具有一定技术含量的技术成果情况。

外观设计 指对产品的形状、图案、色彩或者其结合所作出的富有美感并适于工业上应用的新设计。反映拥有自主知识产权的外观设计成果情况。

Explanatory Notes on Main Statistical Indicators

Regular Institutions of Higher Learning refer to educational establishments set up according to the government evaluation and approval procedures , enrolling graduates from senior secondary schools and providing higher education courses and training for senior professionals. They include full-time universities, colleges, high professional schools, high professional vocational schools and others.

Universities and colleges are mainly providing undergraduate courses; those high profess ional schools and high professional vocational schools are mainly providing professional trainings; and others refer to educational establishments, which are responsible for enrolling students but not covered in the total number of schools, including: branch schools of universities and colleges, and universities and colleges that have been proved and prepared to construct.

Institutions of Higher Learning for Adults refer to educational establishments, set up in line with relevant rules approved by the government, enrolling staff and workers with senior secondary school or equivalent education, and providing higher education courses in many forms of correspondence, spare time, or full time for adults. Professionals thus trained receive a qualification equivalent to graduates studying regular courses at regular universities, colleges and professional colleges. Institutions of higher learning for adults include schools of high education for staff and workers, schools of high education for peasants, colleges for management cadres, pedagogical colleges , independent correspondence colleges, Radio and TV universities and other educational establishments. Other educational establishments are responsible for enrolling adult students but not covered in the number of schools.

Professional and Technical Personnel refer to persons engaged in professional and technical work or in the management of professional and technical activities, i.e., people with professional or technical posit ions who are engaged in professional and technical work or in the management of professional and technical activities, and people without professional or technical positions but are working on professional or technical posts. They include professionals and technicians working in 17 categories of technical occupations including engineering, agriculture, scientific researches, medical service, teaching, economic research and application, accounting, statistics , translation, libraries, archives, cultural and museum service, journalism and publication, lawyers, notarization service, radio and television broadcasting, handicraft and fine arts, sports, performing art, and political workers in enterprises. This indicator reflect s the condition of human resources in S&T.

Health Care Institutions include: medical institutions, disease prevent ion and control centers (epidemic prevention stations), blood gathering and supplying institutions, health supervision and inspection (check up) institutions, medicinal scientific research and on-job training institutions , health education and so on.

Hospitals include: polyclinics, traditional Chinese medical hospitals, hospitals integrated with traditional Chinese therapeutics and western therapeutics, ethical hospitals, various specialties hospitals and nursing hospitals.

Doctors refer to certified physicians and certified assistant physicians with certifications working in medical and health care and prevention agencies.

Patent is an abbreviation for the patent right and refers to the exclusive right of ownership by the inventors or designers for the creation or inventions, given from the patent offices after due process of assessment and approval in accordance with the Patent Law. Patents are granted for inventions, utility models and designs. This indicator reflects the achievements of S&T and design with independent intellectual property.

Inventions refer to the new technical proposals to the products or methods or their modifications. This is universal core indicator reflecting the technologies with independent intellectual property.

Utility Models refer to the practical and new technical proposals on the shape and structure of the product or the combination of both. This indicator reflects the condition of technological results with certain technical content.

Designs refer to the aesthetics and industrially applicable new designs for the shape, pattern and color of the product, or their combinations. This indicator reflects the appearance design achievements with independent intellectual property.

15-1 年末离退休人员情况

Number of Retired and Resigned Persons at the Year-end

单位：人 (person)

地区	Area	离休人员 Retired Veterans 2000	2002	2003	2004	2005
长江三角洲经济区	**Yangtze River Delta**					
上海市	Shanghai City	36971	35465	34400	33300	32000
南京市	Nanjing City	15900	16295	17254	14149	13209
苏州市	Suzhou City	6149	5509	5230	5391	5219
无锡市	Wuxi City	4027	3625	4421	4129	3917
常州市	Changzhou City	3231	2857	2760	2716	2307
镇江市	Zhenjiang City	4049	2635	2988	3572	2617
南通市	Nantong City	10075	8298	7526	7272	3702
扬州市	Yangzhou City	4435	4291	4093	1412	2166
泰州市	Taizhou City	4307	3784	3657	3213	3354
杭州市	Hangzhou City	11209	11450	10697	10697	8769
宁波市	Ningbo City	3844	3469	3333	3333	3020
嘉兴市	Jiaxing City	2550	2240	2111	2033	1992
湖州市	Huzhou City	2027	867	2254	2254	1490
绍兴市	Shaoxing City	2399	1828	1786	1786	1628
舟山市	Zhoushan City	931	890	874	874	807
台州市	Taizhou City	2605	2341	2294	2294	2026
珠江三角洲经济区	**Pearl River Delta**					
广州市	Guangzhou City	18293	17524	16012	15739	14702
深圳市	Shenzhen City			2021	1963	1100
珠海市	Zhuhai City	560	530	519	497	
佛山市	Foshan City			3499		1767
江门市	Jiangmen City					
东莞市	Dongguan City	791	620	610	471	484
中山市	Zhongshan City	507	630	607	1192	1000
惠州市区①	Huizhou Urban District ①	688	667	643	636	625
惠阳县①	Huiyang County ①	294	268	214	198	183
惠东县①	Huidong County ①	265	230	215	210	204
博罗县①	Boluo County ①	264	223	220	203	191
肇庆市区	Zhaoqing Urban District	870	934	850	739	738
高要市	Gaoyao City	108	175	170	165	150
四会市	Sihui City	84	109	104	124	117

15-1 续表 continued

单位：人 (person)

地区	Area	退休人员 Retired Persons 2000	2002	2003	2004	2005
长江三角洲经济区	**Yangtze River Delta**					
上海市	Shanghai City	2274849	2402496	2479500	2586100	2790400
南京市	Nanjing City	412819	459404	486258	506655	535306
苏州市	Suzhou City	299490	322620	328573	362881	435315
无锡市	Wuxi City	263389	283390	347628	367151	401552
常州市	Changzhou City	168059	180870	187926	199721	236719
镇江市	Zhenjiang City	111321	113488	129049	128012	145673
南通市	Nantong City	223663	253949	260337	297991	310000
扬州市	Yangzhou City	126360	140082	153041	133975	154151
泰州市	Taizhou City	113640	123565	152122	159282	171642
杭州市	Hangzhou City	398727	439515	453107	456825	493136
宁波市	Ningbo City	166984	205794	216003	226781	252102
嘉兴市	Jiaxing City	115193	136425	161763	149084	197822
湖州市	Huzhou City	73309	72956	86593	89705	93793
绍兴市	Shaoxing City	81343	96062	100210	105390	115287
舟山市	Zhoushan City	21482	30177	32720	36237	41237
台州市	Taizhou City	74031	88472	95523	100574	106384
珠江三角洲经济区	**Pearl River Delta**					
广州市	Guangzhou City	587583	619001	686734	711540	736957
深圳市	Shenzhen City			61895	123452	13700
珠海市	Zhuhai City	28436	24710	37097	39963	
佛山市	Foshan City				166589	192103
江门市	Jiangmen City					
东莞市	Dongguan City	31962	25639	24781	21774	22819
中山市	Zhongshan City	26308	56909	58361	66496	72328
惠州市区①	Huizhou Urban District ①	14348	15592	18938	20265	21289
惠阳县①	Huiyang County ①	5342	5921	4772	5143	5135
惠东县①	Huidong County ①	3723	4643	5035	5443	5833
博罗县①	Boluo County ①	6694	10850	11314	12054	13091
肇庆市区	Zhaoqing Urban District	24781	31203	30817	33442	35068
高要市	Gaoyao City	4992	9063	9369	10036	10189
四会市	Sihui City	5887	7283	7400	11640	12501

注：①因区划调整，2003年及以后数据与2000年口径不同。

Note: ① The coverage after 2003 is different from the coverage in 2000 because of adjusted by regionalism.

15-2 社会保险情况
Statistics of Social Welfare

单位：万人 (10 000 persons)

地区	Area	基本养老保险参保职工 Basic Pension Insurance Contributors					
		2000	2001	2002	2003	2004	2005
长江三角洲经济区	**Yangtze River Delta**						
上海市	Shanghai City	441.09	443.67	452.85	461.06	455.40	454.78
南京市	Nanjing City	86.38	91.55	110.97	118.63	128.92	144.05
苏州市	Suzhou City	76.81	103.85	123.77	146.15	152.33	226.96
无锡市	Wuxi City	55.23	76.56	83.62	103.94	108.81	128.00
常州市	Changzhou City	34.91	36.23	39.36	43.54	56.38	69.07
镇江市	Zhenjiang City	40.76	31.92	33.93	38.88	39.35	45.56
南通市	Nantong City	55.08	58.73	59.99	61.42	68.36	72.80
扬州市	Yangzhou City	45.89	48.04	48.13	44.96	47.59	50.72
泰州市	Taizhou City	35.07	36.07	35.88	36.01	36.95	40.87
杭州市	Hangzhou City	81.96	109.31	127.99	140.06	169.06	185.32
宁波市	Ningbo City	158.07	81.50	71.26	100.73	115.05	151.28
嘉兴市	Jiaxing City	33.20	38.15	47.48	53.75	68.98	74.39
湖州市	Huzhou City	2.20	27.29	35.45	35.33	36.11	37.91
绍兴市	Shaoxing City	39.43	51.80	54.48	77.71	83.60	89.38
舟山市	Zhoushan City	11.43	11.63	15.00	15.85	16.58	17.95
台州市	Taizhou City	26.01	26.90	40.46	56.42	58.49	61.65
珠江三角洲经济区	**Pearl River Delta**						
广州市	Guangzhou City	152.07	157.55	160.55	172.69	186.76	204.97
深圳市	Shenzhen City			127.38	253.09	295.89	352.75
珠海市	Zhuhai City	27.09	32.60	36.05	36.72	42.20	49.10
佛山市	Foshan City	34.80	66.90	110.00	119.60	126.60	135.01
江门市	Jiangmen City	43.46	43.84	44.05	42.55	41.71	47.18
东莞市	Dongguan City	82.95	83.01	103.19	104.13	100.77	178.58
中山市	Zhongshan City	31.49	50.63	45.84	55.76	76.04	85.35
惠州市区	Huizhou Urban District	14.01	15.97	17.18	22.85	25.64	28.08
惠阳县	Huiyang County	4.68	7.07	6.05	6.90	7.80	8.85
惠东县	Huidong County	3.56	3.98	4.24	5.40	5.30	5.66
博罗县	Boluo County	5.18	4.71	5.00	7.33	7.02	8.43
肇庆市区	Zhaoqing Urban District	10.37	11.76	11.80	11.77	11.99	12.51
高要市	Gaoyao City	3.88	4.42	4.41	4.43	4.44	4.44
四会市	Sihui City	2.99	3.49	3.49	3.97	3.97	3.98

15–2 续表 1 continued

单位：万人 (10 000 persons)

地区	Area	基本医疗保险参保职工 Basic Medical Insurance Contributors					
		2000	2001	2002	2003	2004	2005
长江三角洲经济区	**Yangtze River Delta**						
上海市	Shanghai City	364.59	441.80	448.97	459.06	453.26	452.77
南京市	Nanjing City	25.47	34.70	70.22	100.24	124.15	146.81
苏州市	Suzhou City	49.34	106.15	144.75	174.71	207.44	240.32
无锡市	Wuxi City	61.59	75.79	89.50	116.76	127.37	150.82
常州市	Changzhou City	13.29	30.00	48.21	57.07	69.92	79.78
镇江市	Zhenjiang City	39.85	41.24	43.40	46.36	50.08	55.39
南通市	Nantong City	34.82	47.86	58.38	68.97	82.00	91.00
扬州市	Yangzhou City	7.71	30.10	38.97	46.99	54.01	60.03
泰州市	Taizhou City	12.77	19.64	35.24	35.00	44.66	44.34
杭州市	Hangzhou City	53.39	76.99	139.75	155.66	172.35	187.71
宁波市	Ningbo City	42.93	52.28	53.45	84.25	94.54	106.04
嘉兴市	Jiaxing City			19.03	28.28	38.72	43.37
湖州市	Huzhou City		13.14	15.29	24.10	24.26	30.37
绍兴市	Shaoxing City		14.10	24.05	40.52	44.31	49.39
舟山市	Zhoushan City	10.45	14.60	15.19	15.83	17.36	18.48
台州市	Taizhou City	9.63	9.01	15.70	21.94	25.04	28.29
珠江三角洲经济区	**Pearl River Delta**						
广州市	Guangzhou City		41.50	108.64	158.14	190.45	208.58
深圳市	Shenzhen City	86.10	104.39	127.38	165.63	231.36	269.58
珠海市	Zhuhai City	13.60	19.60	25.35	38.88	46.68	54.24
佛山市	Foshan City	38.72	35.70	86.60	92.11	107.97	115.87
江门市	Jiangmen City	23.72	30.99	36.88	38.79	40.12	44.88
东莞市	Dongguan City	88.21	84.99	105.19	105.90	105.95	189.40
中山市	Zhongshan City	12.49	54.82	53.90	60.58	79.23	88.55
惠州市区	Huizhou Urban District		11.81	16.20	18.42	20.46	27.49
惠阳县	Huiyang County		3.79	4.81	4.18	6.48	7.42
惠东县	Huidong County		2.30	3.04	2.50	2.41	2.40
博罗县	Boluo County		2.31	3.82	3.86	4.10	7.82
肇庆市区	Zhaoqing Urban District		10.78	11.60	12.75	13.18	14.06
高要市	Gaoyao City			2.60	3.63	3.64	3.64
四会市	Sihui City			1.30	3.39	3.38	3.47

15–2 续表 2 continued

单位：万人 (10 000 persons)

地区	Area	失业保险参保职工 Unemployment Insurance Contributors					
		2000	2001	2002	2003	2004	2005
长江三角洲经济区	**Yangtze River Delta**						
上海市	Shanghai City	434.86	430.71	436.01	441.14	488.32	466.06
南京市	Nanjing City	108.63	109.46	112.40	113.06	119.93	129.36
苏州市	Suzhou City	86.10	91.34	97.52	113.46	130.08	149.01
无锡市	Wuxi City	66.01	66.06	64.32	74.71	83.21	90.78
常州市	Changzhou City	51.15	49.60	49.71	49.83	57.31	57.30
镇江市	Zhenjiang City	38.25	39.83	38.00	39.02	39.50	39.49
南通市	Nantong City	73.18	70.33	67.24	68.06	67.91	67.94
扬州市	Yangzhou City	53.19	49.75	45.75	46.24	47.75	46.42
泰州市	Taizhou City	45.85	45.55	42.33	41.30	34.36	33.43
杭州市	Hangzhou City	96.66	95.52	96.93	98.71	105.73	118.36
宁波市	Ningbo City		59.85	69.76	70.73	74.49	75.78
嘉兴市	Jiaxing City	33.65	33.65	33.65	33.81	36.66	38.17
湖州市	Huzhou City	21.70	21.50	19.50	19.50	21.14	22.21
绍兴市	Shaoxing City	36.71	37.73	37.22	36.80	39.10	40.10
舟山市	Zhoushan City	12.24	11.90	11.86	11.22	11.51	11.71
台州市	Taizhou City		28.41	31.00	32.07	34.64	34.83
珠江三角洲经济区	**Pearl River Delta**						
广州市	Guangzhou City	178.85	183.02	186.01	202.27	221.20	234.07
深圳市	Shenzhen City		90.47	110.15	113.49	128.15	143.18
珠海市	Zhuhai City	29.17	32.12	31.54	34.77	39.32	45.09
佛山市	Foshan City	41.05	45.10	85.50	89.57	96.30	101.70
江门市	Jiangmen City	36.41	36.61	37.83	37.03	34.38	38.39
东莞市	Dongguan City	17.84	17.91	67.91	100.00	100.08	177.78
中山市	Zhongshan City	25.84	50.67	44.51	55.37	75.54	84.84
惠州市区	Huizhou Urban District	15.39	18.83	19.13	22.13	24.06	26.61
惠阳县	Huiyang County	5.71	6.89	7.30	6.04	5.41	7.89
惠东县	Huidong County	3.94	4.18	4.40	3.79	3.88	4.10
博罗县	Boluo County	5.22	4.57	4.63	4.24	4.72	5.44
肇庆市区	Zhaoqing Urban District	10.03	11.33	11.40	11.40	11.41	11.61
高要市	Gaoyao City	2.92	3.33	3.32	3.40	3.40	3.40
四会市	Sihui City	2.63	3.00	3.05	3.32	3.32	3.32

15-3 福利机构基本情况

Basic Statistics on Welfare Institutions

地区	Area	社会福利院数（个） Number of Social Welfare Homes (unit)				
		2000	2002	2003	2004	2005
长江三角洲经济区	**Yangtze River Delta**					
上海市①	Shanghai City ①	23	27	26	26	23
南京市	Nanjing City	166	151	153	157	164
苏州市	Suzhou City	192	186	163	175	156
无锡市	Wuxi City	6	6	5	137	135
常州市	Changzhou City	125	99	104	106	104
镇江市	Zhenjiang City	94	76	74	76	71
南通市	Nantong City	139	178	186	189	172
扬州市	Yangzhou City	183	153	133	124	119
泰州市	Taizhou City	258	258	251	251	243
杭州市	Hangzhou City	284	259	223	224	206
宁波市	Ningbo City	211	196	183	182	174
嘉兴市	Jiaxing City	125	101	94	93	91
湖州市	Huzhou City	85	93	84	80	79
绍兴市	Shaoxing City	161	145	149	148	155
舟山市	Zhoushan City	64	67	64	60	42
台州市	Taizhou City	240	161	146	158	168
珠江三角洲经济区	**Pearl River Delta**					
广州市①	Guangzhou City ①	182	166	163	169	166
深圳市	Shenzhen City	3	6	12	22	25
珠海市	Zhuhai City	3	3	3	3	3
佛山市	Foshan City	3	5	81	91	66
江门市	Jiangmen City	103	88	87	86	86
东莞市	Dongguan City	2	1	1	3	3
中山市	Zhongshan City	2	2	1	1	1
惠州市区②	Huizhou Urban District ②	1	1	17	13	13
惠阳县②	Huiyang County ②	1	2	11	10	11
惠东县②	Huidong County ②	1	1	25	21	20
博罗县②	Boluo County ②	1	1	21	20	20
肇庆市区	Zhaoqing Urban District	1	2	2	2	2
高要市	Gaoyao City					
四会市	Sihui City					1

15–3 续表 1 continued

地区	Area	福利机构床位数（张） Number of Bed Owned by Welfare Institutions (bed) 2000	2002	2003	2004	2005
长江三角洲经济区	**Yangtze River Delta**					
上海市①	Shanghai City ①		36853	39608	42897	53007
南京市	Nanjing City	7587	9048	9810	11139	12476
苏州市	Suzhou City	7589	10840	8695	10799	12765
无锡市	Wuxi City	1054	1142	1282	10250	12013
常州市	Changzhou City	4991	5185	5813	6264	7551
镇江市	Zhenjiang City	2732	2789	2822	3044	2863
南通市	Nantong City	6859	9394	10110	10746	10054
扬州市	Yangzhou City	5517	5634	4747	8419	52041
泰州市	Taizhou City	7866	7866	7617	7699	6998
杭州市	Hangzhou City	6770	7357	7460	15208	15719
宁波市	Ningbo City	10322	12345	11909	14106	15443
嘉兴市	Jiaxing City	3813	4271	4988	6134	7373
湖州市	Huzhou City	1894	3068	4017	4711	4978
绍兴市	Shaoxing City	3306	4168	6576	10028	10661
舟山市	Zhoushan City	951	1063	1323	2014	2498
台州市	Taizhou City	4635	5877	5221	8014	10391
珠江三角洲经济区	**Pearl River Delta**					
广州市①	Guangzhou City ①	12371	13916	16090	17415	17770
深圳市	Shenzhen City		1453	1453	2070	2716
珠海市	Zhuhai City	215	223	270	190	190
佛山市	Foshan City	586	1500	7349	8529	8263
江门市	Jiangmen City	4327	4479	4595	4437	4383
东莞市	Dongguan City	430	80	697	735	940
中山市	Zhongshan City	530	567	160	160	132
惠州市区②	Huizhou Urban District ②	108	128	775	417	570
惠阳县②	Huiyang County ②		150	356	205	318
惠东县②	Huidong County ②	20	20	616	556	576
博罗县②	Boluo County ②	100	120	462	272	402
肇庆市区	Zhaoqing Urban District	142	287	230	391	321
高要市	Gaoyao City					
四会市	Sihui City					25

15–3 续表 2 continued

地区	Area	社区服务设施数（个） Number of Welfare Facilities (unit)				
		2000	2002	2003	2004	2005
长江三角洲经济区	**Yangtze River Delta**					
上海市①	Shanghai City ①	12592		7451	9703	8016
南京市	Nanjing City	1953	1220	1689	1605	1807
苏州市	Suzhou City	3811	5606	4623	4667	4421
无锡市	Wuxi City	7569	5852	6165	5654	5684
常州市	Changzhou City	169	2028	2378	2671	2501
镇江市	Zhenjiang City	1524	1755	1684	1833	2006
南通市	Nantong City	813	1194	1413	1731	1305
扬州市	Yangzhou City	143	1287	642	2232	2197
泰州市	Taizhou City	245	245	245	211	213
杭州市	Hangzhou City	1529	2085	1840	2431	5822
宁波市	Ningbo City	1155	2180	3496	4477	4195
嘉兴市	Jiaxing City	585	542	621	1395	774
湖州市	Huzhou City	402	491	775	849	153
绍兴市	Shaoxing City	943	454	1003	1090	1512
舟山市	Zhoushan City	87	66	100	108	123
台州市	Taizhou City	444	516	542	719	665
珠江三角洲经济区	**Pearl River Delta**					
广州市①	Guangzhou City ①	236	862	1643	1647	1871
深圳市	Shenzhen City				3485	4167
珠海市	Zhuhai City	64	119	263	171	105
佛山市	Foshan City	400	623	902	900	1040
江门市	Jiangmen City		252	292	265	442
东莞市	Dongguan City	342	48	48	48	48
中山市	Zhongshan City	261	309	325	385	392
惠州市区②	Huizhou Urban District ②		13			119
惠阳县②	Huiyang County ②			25	11	15
惠东县②	Huidong County ②			36	37	47
博罗县②	Boluo County ②					12
肇庆市区	Zhaoqing Urban District	40	43	66	66	66
高要市	Gaoyao City			35	37	42
四会市	Sihui City			196	217	31

注：①上海、广州为收养性福利事业单位。②因区划调整，2003年及以后数据与2000年口径不同。

Note: ① The data of Shanghai and Guangzhou are on adopting social welare institutes. ② The coverage after 2003 is different from the coverage in 2000 because of adjusted by regionalism.

15-4 居民最低生活保障人数

Number of Persons Receiving Lowest Cost-of-living

单位：人 (person)

地区	Area	2000	2001	2002	2003	2004	2005
长江三角洲经济区	**Yangtze River Delta**						
上海市	Shanghai City	196000	370400	498600	550700	494600	476400
南京市	Nanjing City	23782	37285	71625	67614	120486	130544
苏州市	Suzhou City	17100	32671	39802	51575	64080	76663
无锡市	Wuxi City	72131	52105	54184	64670	68195	71647
常州市	Changzhou City	1775	4105	8056	11754	38234	43618
镇江市	Zhenjiang City	7592	10495	12283	15265	22580	34463
南通市	Nantong City		36777	45189	51524	59830	98050
扬州市	Yangzhou City	20714	23520	31943	36735	58049	64370
泰州市	Taizhou City	4764	26275	29504	41172	58342	73926
杭州市	Hangzhou City	2847	5029	8497	13450	16324	16782
宁波市	Ningbo City	2531	5487	10388	18563	17080	16829
嘉兴市	Jiaxing City	10067	18725	26666	35735	8100	8108
湖州市	Huzhou City	1492	2012	4071	6549	7871	7637
绍兴市	Shaoxing City	11754	20368	28597	38857	44365	45487
舟山市	Zhoushan City	389	1039	1644	2130	2138	2216
台州市	Taizhou City	29611	33487	48926	56751	60893	56747
珠江三角洲经济区	**Pearl River Delta**						
广州市	Guangzhou City	35819	44900	58257	71960	106079	113303
深圳市	Shenzhen City		4978	8478	11228	13364	14602
珠海市	Zhuhai City	4361	5956	7945	15934	8143	8259
佛山市	Foshan City			49960	23120	24324	24523
江门市	Jiangmen City	14227	17356	30427	49121	51105	61253
东莞市	Dongguan City	1825	2003	2711	2876	4968	4885
中山市	Zhongshan City	8500	12400	16500	18100	19198	22749
惠州市区①	Huizhou Urban District ①	1099	1295	1507	5346	1479	1730
惠阳县①	Huiyang City ①	3492	3702	5737	1942	2468	2432
惠东县①	Huidong County ①	1409	1414	6326	1197	1273	1276
博罗县①	Boluo County ①	1715	2206	6730	922	1113	1102
肇庆市区	Zhaoqing Urban District			4109	4792	4954	5405
高要市	Gaoyao City			8232	8743	9364	9497
四会市	Sihui City			5527	5555	5965	6123

注：①因区划调整，2003年及以后数据与2000年口径不同。

Note: ① The coverage after 2003 is different from the coverage in 2000 because of adjusted by regionalism.

15−5 交通事故基本情况

Basic Statistics on Traffic Accidents

地区	Area	交通事故件数（起） Number of Traffic Accidents (case)			死亡人数（人） Number of Deaths (person)		
		2000	2004	2005	2000	2004	2005
长江三角洲经济区	**Yangtze River Delta**						
上海市	Shanghai City	41300	27136	9238	1492	1543	1393
南京市	Nanjing City	4583	2666	1716	534	561	560
苏州市	Suzhou City	9886	6170	5447	1113	1018	1361
无锡市	Wuxi City	12564	5147	4617	736	881	728
常州市	Changzhou City	3405	2428	2995	514	799	721
镇江市	Zhenjiang City	1733	893	903	364	436	411
南通市	Nantong City	3929	3212	2862	788	745	724
扬州市	Yangzhou City	2011	1359	1502	539	406	488
泰州市	Taizhou City	2896	2112	1953	451	552	456
杭州市	Hangzhou City	9805	10761	7833	855	1195	1040
宁波市	Ningbo City	10626	7430	6087		1038	938
嘉兴市	Jiaxing City		2722	2687		451	438
湖州市	Huzhou City	785	3055	2847	382	504	484
绍兴市	Shaoxing City	3431	3641	3439	628	757	741
舟山市	Zhoushan City		366	359		49	46
台州市	Taizhou City	5912	4148	4771		689	689
珠江三角洲经济区	**Pearl River Delta**						
广州市	Guangzhou City	15304	9930	8809	1714	1813	1739
深圳市	Shenzhen City	2567	9312	7105		1035	971
珠海市	Zhuhai City		2544	2287		150	183
佛山市	Foshan City		9499	9139		934	911
江门市	Jiangmen City	8990	5408	8015		574	534
东莞市	Dongguan City	7386	8029	7120	903	978	910
中山市	Zhongshan City	2728	8057	8257	481	457	441
惠州市区	Huizhou Urban District		375	595		170	241
惠阳县	Huiyang County		360	288		42	134
惠东县	Huidong County		224	464		100	97
博罗县	Boluo County		659	519		220	207
肇庆市区	Zhaoqing Urban District	991	529	574		70	70
高要市	Gaoyao City		415	375		56	57
四会市	Sihui City		424	338		63	51

15-6 社会治安基本情况

Basic Statistics on Public Security

地区	Area	刑事案件立案数（件）Number of Criminal Cases Registered (case)			犯罪人数（人）Number of Criminal Suspects (person)		
		2000	2004	2005	2000	2004	2005
长江三角洲经济区	**Yangtze River Delta**						
上海市	Shanghai City	104946	127143	127757	15449	19547	22020
南京市	Nanjing City	4118	34386	55961	4898	5063	6196
苏州市	Suzhou City	4148	33514	51107	5967	10592	10892
无锡市	Wuxi City	3301	31685	45810	4369	6090	6844
常州市	Changzhou City	2379	21393	41951	7595	4168	5135
镇江市	Zhenjiang City	1982	21928	21869	2420	2297	3078
南通市	Nantong City	2880	13674	27782	3897	3429	4182
扬州市	Yangzhou City	2019	23609	24039	2324	2172	2804
泰州市	Taizhou City	1761	19111	19899	2627	2326	2665
杭州市	Hangzhou City	29666		75110	7542	10240	12060
宁波市	Ningbo City	38566	80335	77843	6861	11271	12133
嘉兴市	Jiaxing City	19218	41412	40849	2995	5002	6437
湖州市	Huzhou City	12913	19965	21391	1739	2627	3324
绍兴市	Shaoxing City	22215	44828	43717	3587	5229	6028
舟山市	Zhoushan City	8707	11010	11182	1028	1254	1313
台州市	Taizhou City	38657	61169	60840	5382	8466	10154
珠江三角洲经济区	**Pearl River Delta**						
广州市	Guangzhou City	141930	111745	105364	10490	14308	
深圳市	Shenzhen City	20745	23922	78598	7550	12218	15505
珠海市	Zhuhai City	13849	16267	16183	4313	5012	5349
佛山市	Foshan City	48571	66445	72981	5241	7471	8619
江门市	Jiangmen City	23835	27402	3720	5878	7256	5675
东莞市	Dongguan City		42525	44641		12729	16309
中山市	Zhongshan City	16684	17548	17642	1934	3566	4802
惠州市区①	Huizhou Urban District ①	5575	5754	4865	528	3256	1533
惠阳县①	Huiyang County ①	4726	2902	2439	1209	2137	1774
惠东县①	Huidong County ①	2418	1716	1646	677	1131	1022
博罗县①	Boluo County ①	3652	2422	2159	1049	1380	1405
肇庆市区	Zhaoqing Urban District	5960	5327	5568	1293	813	759
高要市	Gaoyao City	1397	1344		540	235	
四会市	Sihui City	1588	1434		403	214	

注：①因区划调整，2003年及以后数据与2000年口径不同。

Note: ① The coverage after 2003 is different from the coverage in 2000 because of adjusted by regionalism.

主要统计指标解释

年末离休、退休、退职人员　指正式办理了离休、退休、退职手续，并享受相应的离休、退休、退职待遇的人员。

基本养老保险参保职工人数　指报告期末按照国家法律、法规和有关政策规定参加基本养老保险的职工。包括不能正常缴费、已中断缴费但未终止保险关系的职工。

基本医疗保险参保人数　指报告期末按国家有关规定参加基本医疗保险的人数。包括参加保险的职工人数和退休人员人数。

失业保险参保人数　指报告期末按照国家法律、法规和有关政策规定参加了失业保险的城镇企业事业单位的职工及地方政府规定参加失业保险的其他人员的人数。

社会福利机构　指集中收养社会孤老、残、幼的机构，包括由民政部门管理的社会福利院、儿童福利院、精神病人福利院和城镇集体举办的福利院及农村集体举办的敬老院以及优抚医院和具有收养能力的社区服务中心等。该指标主要反映我国在社会福利性单位投入的水平。

社会福利事业单位收养人数　包括民政部门管理和城镇、农村集体举办的社会福利事业单位中收养的老人、少年儿童、缺乏生活自理能力的残疾人员和精神病人。该指标主要反映收养性社会福利单位的收养能力。

Explanatory Notes on Main Statistical Indicators

Retirees at the Year-end refers to people who have formally gone through the formalities for their retirement or quitting work and enjoy the corresponding treatments.

Contributors of Basic Endowment Insurance by the end of reference period, number of staff and workers participating in the insurance program in line with national laws, regulations and related policies, including those who can not make regular payment or interrupt payment but not terminate the insurance program.

Contributors of Basic Medical Insurance refers to number of people participated in the basic medical care insurance program according to related regulation by the end of reference period, including: number of staff and workers and retired persons participated in this insurance program.

Contributors of Unemployment Insurance refers to number of staff and workers in urban enterprises or institutions and other people according to local government regulations participated in unemployment insurance program in line with national law, regulations and related policies by the end of the reference period.

Social Welfare Institutions refers to institutions taking care of old people without children, handicapped people and orphans. They include social welfare institutions run by civil affairs departments, children welfare institutions, social welfare institutions for mental patients, collective-owned old peoples homes in rural areas, convalescent homes and community service centers with the capacity of receiving those people. This indicator reflects the input in social welfare institutions.

Number of People Taken in by Social Welfare Institutions refers to the number of old people, children, totally dependent handicapped people and mental patients taken in by social welfare institutions run by civil affairs departments and those run by collective units in urban and rural areas. This indicator reflects the capacity of social welfare institutions.

16-1 香港特别行政区主要统计指标

Key Statistical Indicators of Hong Kong Special Administrative Region

项 目	Item	1990	2000	2002	2003	2004	2005
一、按区议会地区划分的香港陆地面积(平方公里)	**Land Area of Hong Kong by District Council District(sq.km)**						
总计①	**Total ①**	1075	1098	1101	1102	1103	1104
香港岛	**Hong Kong Island**						
中西区	Central and Western	12	12	12	12	12	12
湾仔	Wan Chai	10	10	10	10	10	10
东区	Eastern	19	19	19	19	19	19
南区	Southern	39	39	39	39	39	39
小计	Sub-total	80	80	80	80	80	80
九龙	**Kowloon**						
九龙城	Kowloon City	10	10	10	10	10	10
观塘	Kwun Tong	11	11	11	11	11	11
深水埗	Sham Shui Po	8	9	9	9	9	9
黄大仙	Wong Tai Sin	9	9	9	9	9	9
油尖旺	Yau Tsim Mong		7	7	7	7	7
小计	Sub-total	43	47	47	47	47	47
新界	**New Territories**						
离岛	Islands	163	175	176	176	176	176
北区	North	137	137	137	137	137	137
西贡	Sai Kung	134	136	136	136	136	136
沙田	Sha Tin	69	69	69	69	69	69
大埔	Tai Po	147	147	148	148	148	148
荃湾	Tsuen Wan	60	61	62	62	62	62
葵青	Kwai Tsing	21	22	23	23	23	23
屯门	Tuen Mun	83	84	85	85	85	85
元朗	Yuen Long	138	139	139	139	139	139
小计	Sub-total	952	971	974	975	975	975
二、国民经济核算	**National Accounts**						
本地生产总值②	**Gross Domestic Product ② (GDP)**						
按2000年不变价格计算	At Constant (2000) Market Prices						
年增长率 (%)	Annual Growth Rate (%)	3.7	10.2	1.8	3.2	8.6@	7.3@
本地生产总值 (亿港元)	GDP (HKD 100 million)	8275	12883	13475	13906	15102@	16200@
人均本地生产总值 (港元)	Per Capita GDP (HKD)	145056	193299	198541	204408	219420@	233565@
按当年价格计算	At Current Market Prices						
年增长率 (%)	Annual Growth Rate (%)	11.5	3.4	-1.7	-3.4	4.7@	7.0@
本地生产总值 (亿港元)	GDP (HKD 100 million)	5876	12883	12768	12340	12916@	13821@
人均本地生产总值 (港元)	Per Capita GDP (HKD)	103010	193299	188118	181385	187657@	199261@
本地居民生产总值	**Gross National Product (GNP)**						
按当年价格计算	GNP at Current Market Prices						

16-1 续表 1 continued

项　目	Item	1990	2000	2002	2003	2004	2005
本地居民生产总值②(亿港元)	② (HKD 100 million)		13094	12824	12625	13150@	13845@
人均本地居民生产总值②（港元）	Per Capita GNP at Current Market ② Prices (HKD)		196460	188951	185573	191058@	199616@
国外净要素收入②（亿港元）	Net External Factor Income Flows ② (HKD 100 million)		210.69	56.52	284.91	234.1@	24.63@
国际收支平衡表	**Balance of Payments Account**						
经常帐③（亿港元）	Current Account ③ (HKD 100 million)		545.0	968.0	1282.4	1224.9@	1576.9@
资本及金融帐③（亿港元）	Capital and Financial Account ③ (HKD 100 million)		-578.6	-1511.8	-1790.9	-1846.4	-1608.8
净误差及遗漏④（亿港元）	Net Errors and Omissions ④ (HKD 100 million)		33.7	543.8	508.5	621.5@	31.9@
整体的国际收支（亿港元）	Overall Balance of Payments (HKD 100 million)		783.2 （盈余） (in surplus)	-185.4 （赤字） (in deficit)	75.9 （盈余） (in surplus)	254.9@ （盈余） (in surplus)	106.8@ （盈余） (in surplus)
国际投资头寸⑤	**International Investment Position ⑤**						
国际投资头寸净值⑥（亿港元）	Net International Investment Position ⑥ (HKD 100 million)		17295.5	26773.7	30598.3	33017.7	34818.5@
对外金融资产（亿港元）	External Financial Assets (HKD 100 million)		88993.0	80327.4	92023.1	106987.1	116565.3@
对外金融负债（亿港元）	External Financial Liabilities (HKD 100 million)		71697.5	53553.8	61424.8	73969.4	81746.8@
三、人口、就业和工资	**Population,Employment and Wages**						
人口及生命统计	**Population and Vital Events**						
年中人口（万人）	Mid-year Population (10 000 persons)	570.0	666.5	678.7	680.3	688.3	693.6
粗出生率（‰）	Crude Birth Rate (‰)	12.0	8.1	7.1	6.9	7.2	8.2
粗死亡率（‰）	Crude Death Rate (‰)	5.2	5.1	5.0	5.4	5.4	5.5@
婴儿死亡率（‰）	Infant Mortality Rate (‰)	6.2	3.0	2.3	2.3	2.7	2.4@
自然增长率（‰）	Rate of Natural Increase (‰)	6.8	3.1	2.1	1.5	1.9	2.7@
总和生育率⑦⑧	Total Fertility Rate ⑦⑧			939	901	927	966
登记结婚数（对）	Registered Marriages (couple)	47168	30879	32070	35439	41376	43018
离婚判令（对）	Divorce Decrees (couple)	5551	13247	12943	13829	15604	14873
出生时平均预期寿命（年）	Expectation of Life at Birth (years)						
男	Male	74.6	78.0	78.6	78.5	79.0	78.8@
女	Female	80.3	83.9	84.5	84.3	84.7	84.4@
劳工	**Labour**						
劳动人口（万人）	Labour Force (10 000 persons)	274.8	337.4	348.7	349.6	355.1	358.6@
劳动人口参与率（%）	Labour Force Participation Rate (%)	63.2	61.4	61.8	61.4	61.3	60.9@
失业率（%）	Unemployment Rate (%)	1.3	4.9	7.3	7.9	6.8	5.6@
就业不足率⑨（%）	Underemployment Rate ⑨ (%)	0.9	2.8	3.0	3.5	3.3	2.8@

16-1 续表 2 continued

项　目	Item	1990	2000	2002	2003	2004	2005
选定行业的就业人数 （千人）	Number of Employed Persons in Selected Industries (1 000 persons)						
(i)制造业	(i) Manufacturing	751.0	333.7	290.2	272.0	235.5	227.7@
(ii)建筑业	(ii) Construction	226.0	301.7	286.5	265.9	268.2	270.1@
(iii)批发、零售、进出口贸易饮食及酒店业	(iii) Wholesale, Retail and Import/ Export Trades, Restaurants and Hotels	703.2	981.7	983.4	991.8	1074.3	1110.6@
(iv)运输、仓库及通讯业	(iv) Transport, Storage and Communications	268.4	356.6	345.8	346.1	360.1	362.4@
(v)金融、保险、地产及商用服务业	(v) Financing, Insurance, Real Estate and Business Services	208.6	452.7	474.4	469.7	482.2	506.1@
(vi)社区、社会及个人服务业	(vi) Community, Social and Personal Services	511.8	754.7	825.1	849.5	864.5	883.5@
实际工资指数⑩ (1992 年 9 月 =100)	Real Wage Index ⑩ (September 1992=100)	100.1	112.8	117.8	118.6	115.5	114.9
四、居民消费价格指数 (2004 年 10 月至 2005 年 9 月 =100)	**Consumer Price Indices (Oct. 2004-Sep. 2005 =100)**						
总指数	**General Index**		99.4	102.4	99.8	99.4	100.3
食品	Food		99.7	99.1	97.6	98.6	100.4
外出用餐	Meals Bought away from Home		99.9	100.6	99.2	99.4	100.3
食品(不包括外出用餐)	Food, Excluding Meals Bought away from Home		99.4	96.6	95.0	97.4	100.5
住房⑪	Housing ⑪		98.5	111.5	106.2	100.6	100.7
私人房屋租金	Private Housing Rent		98.2	115.3	108.0	100.9	100.8
公营房屋租金	Public Housing Rent		99.8	89.3	97.5	99.9	100.0
电力、煤气及水	Electricity, Gas and Water		100.7	85.9	87.1	97.0	101.0
烟酒	Alcoholic Drinks and Tobacco		100.1	99.6	99.8	99.7	100.1
服装、鞋	Clothing and Footwear		97.9	94.8	92.2	98.4	100.0
耐用物品	Durable Goods		98.7	110.9	103.8	102.1	98.3
杂项物品	Miscellaneous Goods		100.5	92.9	95.1	98.6	100.0
交通	Transport		100.3	99.0	98.6	99.1	100.4
杂项服务⑫	Miscellaneous Services ⑫		99.9	102.8	99.5	99.3	100.3
教育服务	Educational Services		100.4	97.8	98.5	99.0	100.4
电话及其他通讯服务	Telephone and Other Communications Services		98.6	131.7	114.3	103.8	99.1
医疗服务	Medical Services		100.2	96.8	98.1	99.1	100.1
五、工业和能源	**Industry and Energy**						
工业生产	**Industrial Production**						
工业生产指数(2000 年 =100)	**Index of Industrial Production (2000=100)**		100.0	86.2	78.3	80.6	82.6

16-1 续表3 continued

项　目	Item	1990	2000	2002	2003	2004	2005
食品、饮品及烟草制品业	Food, Beverages and Tobacco		100.0	106.4	94.1	99.4	100.5
服装制品业(鞋类除外)	Wearing Apparel, Except Footwear		100.0	93.3	95.1	94.7	84.2
纺织制品业(包括针织)	Textiles(Including Knitting)		100.0	92.5	82.6	79.1	82.5
纸品及印刷业	Paper Products and Printing		100.0	98.6	98.2	95.9	95.9
化学产品、橡胶制品、塑胶制品及非金属矿产制品业	Chemical, Rubber, Plastic and Non-metallic Mineral Products		100.0	76.3	77.3	76.0	77.3
塑胶制品业	Plastic Products		100.0	75.7	69.6	68.1	69.3
基本金属及金属制品业	Basic Metals and Fabricated Metal Products		100.0	64.5	60.3	65.4	71.1
金属制品业(机械及设备除外)	Fabricated Metal Products, Except Machinery and Equipment		100.0	63.4	48.3	49.9	53.2
电器及电子制品、机械、专业设备及光学用品制造业	Electrical and Electronic Products, Machinery,Professional Equipment and Optical Goods		100.0	71.7	56.4	63.0	69.7
电器及电子制品制造业	Consumer Electrical and Electronic Products		100.0	76.4	65.9	61.1	64.4
机械、设备、仪器及零件制造业	Machinery, Equipment, Apparatus, Parts and Components		100.0	76.1	58.9	68.4	77.3
其他产品制造行业	Miscellaneous Manufacturing Industries		100.0	98.5	91.8	95.9	102.6
电力、煤气、水消费量	**Electricity, Gas and Water Consumption**						
电力　（万亿焦耳）	**Electricity　(Terajoules)**						
住宅	Domestic	19037	32234	33394	34365	34134	35811
商业	Commercial	41582	80347	87241	88834	91255	93341
工业	Industrial	24934	17769	16112	14851	15430	14636
街灯	Street lighting	248	325	365	384	383	383
出口往中国内地	Export to the Mainland of China	6470	4253	7830	10827	11112	16192
总计	Total	92271	134928	144942	149262	152313	160363
煤气　（万亿焦耳）	**Gas　(Terajoules)**						
住宅	Domestic	7596	13866	14794	15446	15237	15444
商业	Commercial	6877	11209	10860	10542	10945	10919
工业	Industrial	583	982	987	1015	955	898
总计	Total	15056	26057	26641	27002	27137	27261
水　（万立方米）	**Water　(10 000 Cubic Meters)**	87300	92400	94900	97400	95500	96800
六、经销贸易业、运输业和服务业	**Distributive Trades, Transport Services and Other Services**						
增加值　（亿港元）	Value Added　(HKD 100 million)						

16−1 续表 4 continued

项　目	Item	1990	2000	2002	2003	2004	2005
批发贸易业	Wholesale Trade	95	125	124	114	127	
零售贸易业	Retail Trade	205	288	279	264	341	
进出口贸易业	Import/Export	880	2254	2316	2411	2614	
运输及有关服务	Transport and Related Services	370	880	895	872	992	
仓库、通讯、财务(银行除外)及商用服务业	Storage, Communications, Financing (Except Banking) and Business Services	320	995	896	954	1050	
七、土地、楼宇、建筑	**Land, Building and Construction**						
土地、楼宇、建造及地产	**Land, Building, Construction and Real Estate**						
建造工程完成名义总值（亿港元）	Gross Value of Construction Work in Nominal Terms (HKD 100 million)		1221	1060	990	932	909
获批准可动工兴建私人居住单位（个）	Private Residential Flats with Consent to Commence Work(number)						
初次呈交图则⑬	First submission ⑬		30039	17292	16655	8682	7829
重大修改⑬	Major revision ⑬				12497	5373	4912
房屋及物业	**Housing and Property**						
公营房屋⑭	Public Housing⑭						
新落成房屋委员会公营租住房屋单位⑮（个）	Housing Authority Public Rental Housing Flats Newly Completed ⑮ (number)		46756	20390	15148	24682	17153
私人物业	Private Housing						
私人住宅单位落成量	Private domestic units newly completed		25790	31052	26397	26036	17321
楼宇售价指数(1999 年 =100)	Property Price Index (1999=100)						
私人住宅单位	Private Domestic Units		89.6	69.9	61.6	78.0	92.0
私人写字楼（甲级、乙级及丙级）	Private Offices (Grades A, B and C)		89.9	68.4	62.5	99.3	133.1@
楼宇租金指数(1999 年 =100)	Property Rental Index (1999=100)						
私人住宅单位	Private Domestic Units		98.1	83.4	73.6	77.7	86.5
私人写字楼（甲级、乙级及丙级）	Private Offices (Grades A, B and C)		98.5	85.4	74.6	78.1	96.4
已登记楼宇买卖合约涉及的价值（亿港元）	Value of Registered Agreements for Sale and Purchase of Building Units (HKD 100 million)						
住宅	Residential		1684	1543	1536	2767	3128
非住宅	Non-residential		541	311	358	751	827
总计	Total		2225	1854	1894	3518	3955

16-1 续表 5 continued

项　目	Item	1990	2000	2002	2003	2004	2005
八、运输、通讯、旅游	**Transport, Communications and Tourism**						
进出香港货运车辆（万辆）	Inward/Outward Movement of Goods Vehicle (10 000 vehicle)	473.35	937.98	975.51	988.26	974.83	973.4
进出香港货物	Inward and Outward Movements of Cargo						
总卸下（万吨）	Total Discharged (10 000 tons)	6076	13035	14210	15059	15779	16333
总装上（万吨）	Total Loaded (10 000 tons)	2997	8692	9265	9993	10693	10914
集装箱吞吐量（万标准集装箱单位）	Container Throughput (10 000 TEUs)		1810	1914	2045	2198	2260
领牌车辆⑯（千辆）	Motor Vehicles Licensed ⑯ (1 000 vehicle)	510.0	516.8	525.6	524.2	532.9	540.6
电话服务（万条操作线路）	Telephone Services (10 000 working lines)	370	395	384	382	378	379
访港旅客⑰（万人次）	Visitor Arrivals ⑰ (10 000 person-times)	658.1	1305.9	1656.6	1553.7	2181.1	2335.9
酒店入住率（%）	Hotel Room Occupancy Rate (%)	79	83	84	70	88	86
九、对外贸易	**External Trade**						
对外商品贸易	External Merchandise Trade						
进口（亿港元）	Imports (HKD 100 million)	6425.3	16579.6	16194.2	18057.7	21111.2	23294.7
港产品出口（亿港元）	Domestic Exports(HKD 100 million)	2258.8	1809.7	1309.3	1216.9	1259.8	1360.3
转口（亿港元）	Re-exports (HKD 100 million)	4140.0	13917.2	14295.9	16207.5	18931.3	21141.4
贸易价格比率指数（2000 年 =100）	Terms of Trade Index (2000=100)		100.0	102.1	101.0	99.3	97.9
对外服务贸易	External Trade in Services						
服务出口②（亿港元）	Exports of Services ② (HKD 100 million)		3018.1	3478.4	3624.2	4295.6	4834.6@
服务进口②（亿港元）	Imports of Services ② (HKD 100 million)		1915.4	2024.9	2034	2425.1	2518.3@
十、政府收支、货币、金融（亿港元）	**Public Accounts, Money and Finance (HKD 100 million)**						
政府储备结余⑱	Government's Reserve Balances ⑱		4303	3114	2753	2960	3107
政府收入总额⑱⑲	Total Government Revenue ⑱⑲	895	2251	1775	2073	2636	2470
政府开支及证券投资总额⑱⑲	Total Government Expenditure and Equity Investments ⑱⑲	855	2329	2392	2475	2422	2331
货币供应量 M3@	Money Supply M3@						
港元⑳	Hong Kong Dollar ⑳	5712	20024	20042	21229	22196	23453
外币㉑	Foreign Currency ㉑	7168	16904	15576	17352	19700	20580
总计	Total	12880	36928	35619	38580	41895	44034
在港使用的贷款及垫款 @	Loans and Advances for Use in Hong Kong@	6894	18615	17429	17085	17924	19265
港汇指数㉒（贸易总值加权）（2000 年 1 月 =100）	Effective Exchange Rate Indices for the Hong Kong Dollar ㉒ (trade-weighted)(January 2000=100)		101.7	104.0	100.7	98.3	97.4
汇率（每单位外币兑换港元）	**Exchange Rates (HKD per unit of foreign currency)**						
年内平均数字	**Average for the year**						

16-1 续表6 continued

项　目	Item	1990	2000	2002	2003	2004	2005
人民币　（每百港元）	Chinese Renminbi (per HK$100)	61.32	106.17	105.84	105.86	106.21	105.26
日圆	Japanese Yen	0.0541	0.0723	0.0625	0.0673	0.0720	0.0707
英镑	Pound Sterling	13.92	11.81	11.73	12.73	14.27	14.15
美元	US Dollar	7.789	7.791	7.799	7.787	7.788	7.777
欧元	Euro		7.20	7.38	8.81	9.69	9.68
十一、教育和卫生	**Education and Public Health**						
教育	**Education**						
小学学生人数　（人）	Student Enrolment in Primary School (person)	524919	493979	483218	468792	447137	425864
中学学生人数㉓　（人）	Student Enrolment in Secondary School㉓ (person)	431381	466710	465926	470487	476954	482273
教资会资助院校学生人数㉔（人）	Student Enrolment in UGC-funded Institutions㉔ (person)	57824	78295	85602.4	90355	91865	91786@
卫生	**Health**						
登记死亡人数　（人）	Registered Deaths (person)	29201	33993	34316	36423	37321	38683
婴儿死亡率(按每千名登记活产婴儿计算)	Infant Mortality Rate (per 1 000 Registered Live Births)	5.9	2.9	2.4	2.3	2.5	2.4@
医疗卫生条件	**Conditions of Public Health**						
注册医护人员　（人）	Number of Registered Medical Personnel (person)						
西医	Western Medicine Practitioners	6260	10130	10731	11016	11242	11505
中医㉕	Chinese Medicine Practitioners㉕			2385	4738	4986	5133
牙医	Dentists	1532	1826	1907	1848	1896	1941
药剂师	Pharmacists	694	1315	1414	1457	1517	1583
护士	Nurses	27679	40388	43383	43782	44402	35465
按每千名人口计算的医生数	Doctors Per Thousand Population	1.1	1.5	1.6	1.6	1.6	1.7@
医疗机构和病床	Number of Medical Institutions and Hospital Beds						
医疗机构　（个）	Medical Institutions (number)	88	105	98	97	98	99
病床　（张）	Hospital Beds (bed)	25282	34286	35159	35526	34400	34119
按每千名人口计算的病床数	Beds Per Thousand Population	4.4	5.2	5.2	5.2	5.0	4.9@
十二、社会保障	**Social Security**						
综合社会保障援助⑱	Comprehensive Social Security Assistance⑱						
个案数目㉖　（个）	Number of Cases㉖ (case)	66675	228263	271893	290705	296688	297434
发放款项㉗　（亿港元）	Amount㉗ (HKD 100 million)	9.6	135.60	161.31	173.06	176.31	177.66
公共福利金⑱	Social Security Allowances⑱						
个案数目㉖　（个）	Number of Cases㉖ (case)	444517	550585	560215	563908	567859	574135
发放款项㉗　（亿港元）	Amount㉗ (HKD 100 million)	21.60	51.30	52.81	52.14	52.45	53.39
交通意外伤亡援助⑱	Traffic Accident Victims Assistance⑱						
获批个案数目　（个）	Number of Cases Authorized for Payment (case)	5310	5998	7102	7190	7360	7893
发放款项　（亿港元）	Amount (HKD million)	0.499	1.300	1.513	1.511	1.543	1.640
十三、治安	**Law and Order**						
举报罪案合计　（件）	Overall Reported Crimes (case)	88300	77245	75877	88377	81315	77437
暴力罪案总计　（件）	Total Violent Crimes (case)	18820	14812	14140	14542	13890	13890
犯罪被捕人数总计㉘　（人）	Total Persons Arrested for Crime㉘ (person)	44013	40930	39665	42051	42991	40804

注：①2005年及2006年的面积包括不在区议会分区内的落马洲河套。

②政府统计处在2005年8月中完成一项工作，就是在估计香港国民经济核算统计数字时，采用最新国际指引处理由银行所提供的金融中介服务。由于这项统计发展，载于本表内的数字已作出修订。

③经常帐差额的正数显示盈余而负数则显示赤字。在资本及金融帐方面，正数显示净流入而负数则显示净流出。由于对外资产的增加是属于借方帐目，而减少则属贷方帐目，因此负数的储备资产变动净值显示储备资产的增加，而正数则显示减少。

④原则上，贷方和借方各项帐目的净总和应相等于零。但实际上，贷方和借方帐目的资料是通过不同的来源搜集，基于各种原因会有差异。为了使贷方和借方帐目的总和相等，便须加进一个余额项目，以反映平衡表的“净误差及遗漏”。

⑤期末头寸。

⑥国际投资头寸净值是对外金融资产总值与对外金融负债总值之差。

⑦按每千名没有包括外籍家庭佣工的女性人口计算。

⑧鉴于近年女性在香港生育的情况有所转变，数字已作出修订。详情请参阅《香港统计月刊》2005年四月号题为「1975年至2004年香港生育趋势」的专题文章。

⑨数字是指就业不足人士在劳动人口中所占的比例。就业不足人士是指包括在统计前7天内在非自愿情况下工作少于35小时，而在统计前30天内有找寻更多工作，或即使不是找寻工作，但在统计前7天内可担任更多工作的就业人士。根据此定义，因工作量不足而在统计前7天内放取无薪假期的就业人士，若在该7天期间内工作少于35小时，甚或全段期间都在休假，亦会界定为就业不足人士。

⑩实际工资指数是从名义工资指数中，按甲类消费价格指数的变幅，扣除通胀的影响而得出，显示雇员所赚取工资金额购买力的转变。

⑪除“私人房屋租金”及“公营房屋租金”外，“住房”类别还包括“管理费及其他住房杂费”和“保养住所材料”。而丙类消费价格指数中的“住房”类别并不包括“公营房屋租金”。

⑫“杂项服务”包括“教育服务”、“电话及其他通讯服务”、“医疗服务”及其他杂项服务。

⑬2002年及以前没有「初次呈交图则」和「重大修改」细分数字。

⑭数字是以相应的财政年度为根据。例如2005年的数字代表2005至2006财政年度数字。从2005年5月起，房屋委员会建屋落成量的房屋类别重新修订如下列注15所述。上述建屋量数据是已反映修订后的结果。

⑮房屋委员会的公营租住房屋亦包括那些由剩余居者有其屋计划转作公营租住房屋的单位。中转房屋及那些由公营租住房屋转作出售用途的可租可买计划／重建置业计划的单位则不包括在内。

⑯数字是指期末的数字。

⑰访港旅客数字包括经澳门访港的非澳门居民。

⑱数字是以相应的财政年度为根据。例如2005年的数字代表2005至2006财政年度数字。

⑲2005年的数字有待审计署署长核实。

⑳所列数字已包括外币掉期存款。

㉑所列数字已扣除外币掉期存款。《中华人民共和国香港特别行政区基本法》说明，港元是香港特别行政区的法定货币。外币指港元以外的其他货币，因而人民币亦视作外币。

㉒由2002年1月2日起公布的新系列。

㉓数字涵盖日、夜校。

㉔数字包括教资会资助课程的所有学生及就读自资全日制经评审副学位程度的专上课程的学生人数。2003年以前的研究院研究课程只包括在一般的修业期内及教资会指标内的学生。自2003年起，数字亦包括在一般的修业期内及在教资会指标外但受教资会资助的研究院研究课程学生。

㉕数字自2002年开始提供。

㉖于财政年度终结时的数字。

㉗2001年的数字包括2001年4月2日至2002年4月1日期间所发放的款项。2002年的数字则包括2002年4月2日至2003年3月31日期间所发放的款项。

㉘犯罪被捕人数的计算方法是按罪犯被捕的次数而定，不论有否遭起诉。若某人在两宗或以上事件中被捕，会于每次事件中分别记录。若某人在一宗事件中因多项罪名被捕，则只选其中可被判最重刑罚的一项罪名作统计之用。

@ 数字将于日后修订。

Notes: ① Figures for 2005 and 2006 include land area of Lok Ma Chau Loop which is not covered in District Council Districts.

② The Census and Statistics Department completed an exercise to implement the latest international guidelines on dealing with financial intermediation services produced by banks in the estimation of national accounts statistics of Hong Kong in mid-August 2005. As a result of this statistical development, figures presented in this table were revised.

③ A positive value for the balance figure in the current account represents a surplus whereas a negative value represents a deficit. For the capital and financial account, a positive value indicates a net inflow and a negative value indicates a net outflow. As increases in external assets are debit entries and decreases are credit entries, a negative value for net change in reserve assets represents a net increase and a positive value represents a net decrease.

④ In principle, the net sum of credit entries and debit entries is zero. In practice, discrepancies between the credit and debit entries may however occur for various reasons as the data are collected from different sources. Equality between the sum of credit entries and debit entries is brought about by the inclusion of a balancing item which reflects net errors and omissions.

⑤ Position as at end of period.

⑥ Net international investment position is the difference between total external financial assets and total external financial liabilities.

⑦ Per 1000 female population excluding foreign domestic helpers.

⑧ Figures have been revised in view of the recent change in the situation of women giving births in Hong Kong. For details, please refer to the feature article entitled "The fertility trend in Hong Kong, 1975-2004" in the April 2005 issue of the Hong Kong Monthly Digest of Statistics.

⑨ Figures refers to the proportion of underemployed persons in the labour force. Underemployed persons comprises those employed persons who have involuntarily worked less than 35 hours during the 7 days before enumeration and have sought additional work during the 30 days before enumeration, or have not sought additional work but have been available for additional work during the 7 days before enumeration. Following this definition, employed persons taking no-pay leave due to slack work during the 7 days before enumeration are also classified as underemployed if they worked less than 35 hours or were on leave even for the whole period during the 7-day period.

⑩ The real wage index indicates changes in the purchasing power of the amount of wages earned and is obtained by deflating the nominal wage index by the Consumer Price Index (A).

⑪Apart from "Private Housing Rent" and "Public Housing Rent", the "Housing" section also includes "Management Fees and Other Housing Charges" and "Materials for House Maintenance". For CPI(C), the "Housing" section does not include "Public Housing Rent".

⑫"Miscellaneous Services" section includes "Educational Services", "Telephone and Other Communications Services", "Medical Services" and other miscellaneous services.

⑬Separate figures for "First submission" and "Major revision" were not available for 2002 and the years before.

⑭ Figures are for the corresponding financial year. For example, figures for 2005 represent those for financial year 2005/06. Since May 2005, the housing type classifications of Housing Authority public housing production have been revised as stated in Note 6 below. The above production figures have taken into account this reclassification.

⑮Figures also include flats transferred from the surplus of the Home Ownership Scheme. Interim Housing flats and those public rental housing flats transferred to Buy or Rent Option Scheme / Mortgage Subsidy Scheme are not included.

⑯Figures refer to end of period position.

⑰Figures include arrival of non-Macao residents via Macao.

⑱Figures are for the corresponding financial year. For example, figures for 2005 represent those for financial year 2005/06.

⑲Figures for 2005 are subject to audit by the Director of Audit.

⑳Figures are adjusted to include foreign currency swap deposits.

㉑Figures are adjusted to exclude foreign currency swap deposits. Hong Kong dollar is the legal tender in the Hong Kong Special Administrative Region, as stated in "The Basic Law of the Hong Kong Special Administrative Region of the People's Republic of China". Foreign currency refers to any currency other than Hong Kong dollar and thus Chinese Renminbi is also treated as a foreign currency.

㉒New series released since 2 January 2002.

㉓Figures cover both day and evening schools.

㉔Figures refer to all students of University Grants Committee (UGC) - funded programmes and students attending full-time accredited self-financing post-secondary programmes at sub-degree level. For research postgraduate (RPg) programmes, figures before 2003 include only students countedwithin the formal time limit and within the UGC student number target. From 2003 onwards, RPg students counted within the formal time limit and outside the UGC student number target but wholly funded by UGC are also included.

㉕Figures have been made available since 2002.

㉖Figures are as at end of the financial year.

㉗Figures for 2001 include the payments for 2 April 2001 to 1 April 2002. Figures for 2002 include the payments for 2 April 2002 to 31 March 2003.

㉘Persons arrested for crime are counted based on the number of occasions on which the offenders are arrested, whether or not they are prosecuted. If a person is arrested on two or more occasions, each occasion is counted as a'separate'person. If a person is arrested on one occasion for several offences, the offence with the maximum permissible penalty, being the heaviest, is chosen for statistical purposes.

@ Figures are subject to revision later on.

主要统计指标解释

本地生产总值　是指一个地区的所有常住生产单位，在一个指定的期间内，未扣除固定资本消耗的生产总值。

人均本地生产总值　是指该地区在某统计年的本地生产总值除以该地区在该年的人口总数而得的数字。

本地居民生产总值　是指一个地区的居民从事各项经济活动而赚取的收益，不论该经济活动是否在该地区的经济领域内进行。换言之，编制本地居民生产总值应包括本地居民在经济领域内或领域以外从事各类经济活动的收益，而扣除非本地居民在经济领域内从事经济活动的收益。

计算本地居民生产总值，可用以下方程式：本地居民生产总值 ＝本地生产总值 ＋ 本地居民从经济领域外所赚取的要素收－非本地居民从经济领域内所赚取的要素收益

人均本地居民生产总值是指该地区在某统计年的本地居民生产总值除以该年的人口总数而得的数字。

要素收益组成部分主要分为投资收益及雇员报酬，而投资收益包括了直接投资收益、有价证券投资收益及其它投资收益。

国际收支平衡表　是有系统地载录，在指定期间内，某经济体系与世界各地的各类经济交易的统计表。完整的国际收支平衡表包括以下两个主要核算帐：（甲）经常帐；（乙）资本及金融帐。

经常帐　是主要量度实际资源的流动，包括货物的进出口、服务的进口及出口、从外地应收及应付予外地的收益，以及从外地及往外地的经常转移。

国际投资头寸　是在一特定时点上一个经济体系的对外金融资产及负债存量的资产负债表。对外金融资产涵盖对非居民的申索。另一方面，某经济体系的对外金融负债是指非居民向这经济体系的居民的金融申索。

国际投资头寸净值　是对外金融资产总值与对外金融负债总值之差。国际投资头寸的分类与国际收支平衡表内的金融帐完全一致，资产及负债分为直接投资、有价证券投资、金融衍生工具和其它投资。国际投资头寸的资产项目亦包括储备资产在内。有关投资组成部分的详细解释请参阅国际收支平衡表内金融帐组成部分的解释。

粗出生率　是指某一年内的活产婴儿数目与年中人口的比率，一般按每千人口表示。

粗死亡率　是指某一年内的死亡人数与年中人口的比率，一般按每千人口表示。

出生时平均预期寿命　是指某年出生的男、女性，若其一生经历的死亡情况，正如该年的年龄性别死亡率所反映，他／她预期能活的年数。

年中人口　在1996年前是以“广义时点”方法编制，数字包括在统计时点身在香港的永久性居民、非永久性居民和旅客，亦包括暂时离港前往中国内地及澳门的香港永久性居民。自2000年8月起，“居住人口”方法已取代“广义时点”方法用以编制香港的人口数字。追溯至1996年的修订人口数字已经编制。利用“居住人口”方法所编制的人口估计，称“居港人口”。“居港人口”包括“常住居民”和“流动居民”。“常住居民”指两类人士：（一）在统计时点之前的6个月内，在港逗留最少3个月，又或在统计时点之后的6个月内，在港逗留最少3个月的香港永久性居民，不论在统计时点他们是否身在香港；及（二）在统计时点身在香港的香港非永久性居民。至于“流动居民”，是指在统计时点之前的6个月内，在港逗留最少一个月但少于3个月，又或在统计时点之后的6个月内，在港逗留最少1个月但少于3个月的香港永久性居民，不论在统计时点他们是否身在香港。根据新的编制方法，旅客并不包括在香港人口内。

婴儿死亡率　是以一年内，年龄一岁以下死亡人数与同年出生的每千名活产婴儿的比率。

劳动人口　是指15岁及以上陆上非住院人口，并符合就业人口或失业人口定义的人士。

劳动人口参与率　是指劳动人口占所有15岁及以上陆上非住院人口的比例。

就业人口　包括在统计前7天内有做工赚取薪酬或利润或有一份正式工作的15岁及以上人士。无酬家庭从业员及在统计前7天内正休假的就业人士亦包括在内。

失业率　是指失业人士在劳动人口中所占的比例。

就业不足人口　包括在统计前7天内在非自愿情况下工作少于35小时，而在统计前30天内有找寻更多工作，或即使不是找寻工作，但在统计前7天内可担任更多工作的就业人士。根据此定义，因工作量不足而在统计前7天内放取无薪假期的就业人士，若在该7天期间内工作少于35小时，甚或全段期间都在休假，亦会界定为就业不足人士。

就业不足率　是指就业不足人士在劳动人口中所占的比例。

实际工资指数　是从名义工资指数中，按甲类消费价格指数的变幅，扣除通胀的影响而得出，显示督导级及以下雇员所赚取工资金额购买力的转变。

居民消费价格指数　居民消费价格指数在香港特别行政区刊物中称为“消费价格指数”。反映住户一般所购买的消费商品和服务价格水平变动情况。指数的变动反映购买一个固定篮子的消费品和服务的总值的变动。居民消费价格指数的按年变动率是一个重要指标，用以量度通胀对消费者的影响。按年变动率是指当期指数比较早一年同期指数的上升或下降的百分率。

工业生产指数　量度本地制造业生产量的实际变动，即撇除价格调整因素后的本地生产量变动。

获批准可动工兴建楼宇　是指获屋宇署签发《同意书》动工兴建的楼宇。这种《同意书》是发给私人发展计划（包括香港房屋协会的计划）及香港房屋委员会的私人机构参建

居屋计划，但建于新界区小型屋宇则毋须获取这种《同意书》。

实用楼面面积　指各层楼面面积总和，但不包括楼梯、公共通道空间、升降机（指电梯，下同）等候处、盥洗室、厕所、厨房、及为楼宇提供升降机、空调系统、或类似设施而安装的机械所占用的空间。

港产品出口货物　是指香港的天然产品或在香港经过制造工序，以致其基本原料的形状、性质、式样或用途受到永久改变的产品。其货值是以离岸价值计算。

外币掉期存款　是指顾客在现货市场购买外币，然后存入认可机构，但同时订下远期合约，将该笔外币（本金加利息）在存款到期时售予认可机构。从分析角度来看，这类掉期存款应当作港元定期存款。

综合社会保障援助计划　（1993年7月1日前为公共援助计划）是向有需要的个人或家庭提供经济援助，使他们的入息达到一定水平，以应付生活上的基本需要。申请人必须接受经济状况调查。

公共福利金计划　（1993年7月1日前为特别需要津贴计划）包括高龄津贴及伤残津贴。本计划的目的是为65岁或以上或严重残疾的香港居民每月提供现金津贴，以应付因年老或残疾而引致的特别需要。

交通意外伤亡援助计划　为道路交通意外受害人或其遗属迅速提供经济援助。申请人毋需接受经济状况调查，亦不论交通意外是因何人的过失而引致。援助金只按当事人伤亡情况支付，但不包括补偿财物损失。

Explanatory Notes on Main Statistical Indicators

Gross Domestic Product (GDP) is a measure of the total value of production of all resident producing units of a country or territory in a specified period, before deducting allowance for consumption of fixed capital.

Per capita GDP of a country or territory is obtained by dividing total GDP in a year by the population of that country or territory in the same year.

Gross National Product (GNP) refers to the total income of the residents of a country or region from engaging in various economic activities, irrespective of whether the economic activities are carried out in the economic territory of the country or region or not. In other words, the gross national product should include the income of the residents engaged in various economic activities within or outside the economic territory of the country or region, but exclude the income of non-residents engaged in economic activities in the economic territory of the country or region. The following formula is used in the calculation of the gross national product:

GNP = Gross Domestic Product + Factor income earned by residents from outside the economic territory of the country or region - Factor income earned by non-residents from within the economic territory of the country or region.

Per capita GNP of a country or a region refers to the gross national product of the country or region in a year divided by the total population in the same year.

The components of factor income are mainly classified into investment income and compensation of employees. Investment income includes direct investment income, portfolio investment income and other investment income.

Balance of Payments (BOP) account is a statistical statement that systematically summarizes, for a specific time period, the economic transactions of an economy with the rest of the world. A complete BOP account comprises two broad accounts: (a) Current Account; (b) Capital and Financial Account.

Current account largely measures flow of real resources, including exports and imports of good and services, income receivable and payable abroad, and current transfers from and to abroad.

International Investment Position (IIP) is a balance sheet showing an economy's stock of external financial assets and liabilities at a particular time point. External financial assets consist of claims on non-residents. On the other hand, an economy's external financial liabilities refer to the financial claims of non-residents on residents of the economy.

Net IIP is the difference between total external financial assets and total external financial liabilities. Fully consistent with the balance of payments financial account, IIP is categorized by type of investment. Assets and liabilities are divided into direct investment, portfolio investment, financial derivatives and other investment. The asset side of IIP also includes the reserve assets. For detailed explanation on investment components, please refer to the explanatory notes on the components of the financial account of the Balance of Payments account.

Crude birth rate refers to the number of live births occurred during a calendar year to the mid-year population of that year. It is usually expressed in terms of 1000 population.

Crude death rate refers to the number of deaths occurred during a calendar year to the mid-year population of that year. It is usually expressed in terms of 1000 population.

Expectation of life at birth refers to the average number of years of life that a male/female born in a given year can expect to live if he/she were subjected to the prevalent mortality conditions as reflected by the set of age sex specific mortality rates for that year.

Mid-year population before 1996 was compiled using the "extended de facto" approach. It includes Hong Kong Permanent and Non-permanent Residents and visitors who are in Hong Kong at the reference time-point. Hong Kong Permanent Residents temporarily away to the mainland of China and Macao are also included. Since August 2000, the "resident population" approach has been adopted in place of the "extended de facto" approach for compiling Hong Kong population figures. Revised population figures backdated to 1996 have been compiled. The population estimate compiled under the "resident population" approach is referred to as the "Hong Kong Resident Population". The "Hong Kong Resident Population" comprises "Usual Residents" and "Mobile Residents". "Usual Residents" refer to two categories of people : (1) Hong Kong Permanent Residents who have stayed in Hong Kong for at least three months during the six months before or for at least three months during the six months after the reference time-point, regardless of whether they are in Hong Kong or not at the reference time-point; and (2) Hong Kong Non-permanent Residents who are in Hong Kong at the reference time-point. As for "Mobile Residents", they are Hong Kong Permanent Residents who have stayed in Hong Kong for at least one month but less than three months during the six months before or for at least one month but less than three months during the six months after the reference time-point, regardless of whether they are in Hong Kong or not at the reference time-point. Under the new approach, visitors are not included in the Hong Kong

Population.

Infant mortality rate refers to the number of deaths aged under one occurred during a calendar year per 1000 live births in the same year.

Labour force refers to the land-based non-institutional population aged 15 and over who satisfy the criteria for inclusion in the employed population or the unemployed population.

Labour force participation rate refers to the proportion of labour force in the land-based non-institutional population aged 15 and over.

Employed population consists of those persons aged 15 and over who have been at work for pay or profit during the seven days before enumeration or have had formal job attachment. Unpaid family workers and employed persons who have been on leave/holiday during the seven days before enumeration are included.

Unemployment rate refers to the proportion of unemployed persons in the labour force.

Underemployed population comprises those employed persons who have involuntarily worked less than thirty-five hours during the seven days before enumeration and have sought additional work during the thirty days before enumeration, or have not sought but have been available for additional work during the seven days before enumeration. Following this definition, employed persons taking no-pay leave due to slack work during the seven days before enumeration are also classified as underemployed if they worked less than thirty-five hours or were on leave even for the whole period during the seven-day period.

Underemployment rate refers to the proportion of underemployed persons in the labour force.

Real wage index indicates changes in the purchasing power of the amount of money earned as wages by employees up to supervisory level and is obtained by deflating the nominal wage index by the Consumer Price Index(A).

Consumer Price Index (CPI) summarizes changes in the price level of consumer goods and services purchased by households. Its change measures the change over time in the total cost of a given basket of goods and services. Its year-on-year rate of change is an important indicator of inflation affecting consumers. The year-on-year rate of change is the percentage increase or decrease in the current index compared to that in the same period of preceding year.

Index of industrial production measures the changes in local manufacturing output in real terms, i.e. changes in the volume of local production after discounting the effect of price changes.

Buildings with consents to commence work refer to buildings with consents to commence building works issued by the Buildings Department. Such "consents" are issued to private development projects (including Hong Kong Housing Society's projects) and Hong Kong Housing Authority's development projects under the Private Sector Participation Scheme, except small houses in the New Territories where "consents" are not required.

Usable floor area is defined as the aggregate of the areas of the floor or floors in a storey or a building excluding any staircases, public circulation space, lift landings, lavatories, waterclosets, kitchens and any space occupied by machinery for any lift, air-conditioning system or similar service provided for the building.

Domestic exports are the natural produce of Hong Kong or the products of a manufacturing process in Hong Kong which has changed permanently the shape, nature, form or utility of the basic materials used in manufacture. Their values are recorded on f.o.b (free-on-board) basis.

Foreign currency swap deposits refer to deposits involving customers buying foreign currencies in the spot market and placing them as deposits with authorized institutions, while at the same time entering into a contract to sell such foreign currencies (principal plus interest) forward in line with the maturity of such deposits. For most analytical purpose, they should be regarded as Hong Kong dollar time deposits.

The Comprehensive Social Security Assistance (CSSA) Scheme (known as Public Assistance (PA) Scheme before 1 July 1993), which is means-tested, is designed to provide financial assistance to bring the income of needy individuals and families up to a prescribed level to meet their basic needs.

The Social Security Allowance (SSA) Scheme (known as Special Needs Allowance (SNA) Scheme before 1 July 1993) comprises Old Age Allowance (OAA) and Disability Allowance (DA). It provides monthly allowance to Hong Kong residents who are 65 years of age or above or who are severely disabled to meet special needs arising from old age or disability.

The Traffic Accident Victims Assistance (TAVA) Scheme provides speedy cash assistance for people injured or for dependants of those killed in road traffic accident. It is a non-means-tested scheme which does not take into account the element of fault in causing the accident. Payments cover only personal injury and death but not damage to property.

16-2 澳门特别行政区主要统计指标
Key Statistical Indicators of Macao Special Administrative Region

项　目	Item	1990	2000	2002	2003	2004	2005
一、按堂区划分得澳门陆地面积（平方公里）	**Land Area of Macao by Parish(sq.km)**						
总面积	**Total Land Area**	17.4	25.4	26.8	27.3	27.5	28.2
澳门	**Macao Peninsula**	6.5	8.5	8.5	8.7	8.8	8.9
圣安多尼堂区	Santo Antonio		1.1	1.1	1.1	1.1	1.1
望德堂区	Sao Lazaro		0.6	0.6	0.6	0.6	0.6
风顺堂区	Sao Lourenco		0.9	0.9	0.9	1.0	1.0
大堂区	Se		2.9	2.9	3.0	3.0	3.0
花地玛堂区	N.S. de Fatima		3.0	3.0	3.1	3.1	3.2
氹仔	**Island of Taipa**	3.8	6.2	6.2	6.3	6.4	6.5
路环	**Island of Coloane**	7.1	7.6	7.6	7.6	7.6	7.6
路氹填海区	**Reclaimed Land between the Islands of Taipa and Coloane**		3.1	4.5	4.7	4.7	5.2
二、国民经济核算	**National Accounts**						
本地生产总值①	**Gross Domestic Product(GDP) ①**						
按2002年不变价格计算	At Constant (2002) Prices						
支出法本地生产总值实际增长率 (%)	Expenditure-based GDP Real Growth Rate (%)		5.7r	10.1	14.2	28.3r	6.7
本地生产总值（亿澳门元）	GDP (100 million MOP)		483.9r	548.2	625.8	802.8r	856.3
人均本地生产总值(万澳门元)	GDP per Capita (10 000 MOP)		11.2r	12.5	14.1	17.5	18.0
按当年价格计算	At Current Prices						
支出法本地生产总值名义增长率 (%)	Expenditure-based GDP Nominal Growth Rate (%)		3.6r	10.3	16.0	30.4r	11.7
本地生产总值（亿澳门元）	GDP (100 million MOP)		489.7r	548.2	635.7r	829.0r	925.9
人均本地生产总值(万澳门元)	GDP per Capita (10 000 MOP)		11.4r	12.5	14.3	18.1	19.4
三、人口和就业	**Population and Employment**						
人口及生命统计	**Population and Demographics Characteristics**						
年中人口估计 (万人)	Mid-year Estimates of Population (10 000)	33.5	43.1	43.9	44.5	45.7	47.7
粗出生率 (‰)	Crude Birth Rate (‰)	20.5	8.9	7.2	7.2	7.2	7.7
粗死亡率 (‰)	Crude Death Rate (‰)	4.4	3.1	3.2	3.3	3.4	3.4
婴儿死亡率 (‰)	Infant Mortality Rate (‰)	8.4	2.9	3.5	0.6	3.0	3.3
自然增长率 (‰)	Natural Growth Rate (‰)	16.1	5.8	4.0	3.9	3.9	4.3
总和生育率	Total Fertility Rate	1.8	0.9	0.8	0.8	0.8	0.9
登记结婚数 (宗)	No. of Registered Marriages	1794	1222	1209	1309	1737	1734
离婚数目 (宗)	No. of Registered Divorces	95	369	385	440	475	573
出生时平均预期寿命 (岁)	Life Expectancy at Birth (years)		77.9	78.9	79.0	79.2	79.3

16–2 续表 1 continued

项 目	Item	1990	2000	2002	2003	2004	2005
男	Male		76.1	77.2	77.3	77.4	77.5
女	Female		80.5	81.5	81.8	82.0	82.1
劳工	**Labour**						
劳动人口 （万人）	Labour Force (10 000)	16.9	20.9	21.4	21.6	22.9	24.8
劳动力参与率 （%）	Labour Force Participation Rate (%)	66.6	64.3	62.3	60.9	61.9	63.1
失业率 （%）	Unemployment Rate (%)	3.2	6.8	6.3	6.0	4.8	4.1
就业不足率 （%）	Underemployment Rate (%)	2.3	3.0	3.4	2.7	1.9	1.4
就业人口 （万人）	Employed Population (10 000)	16.3	19.5	20.1	20.3	21.8	23.8
制造业	Manufacturing	5.3	3.8	4.1	3.7	3.6	3.6
批发及零售业	Wholesale and Retail	3.5	3.0	3.1	3.3	3.5	3.5
酒店及饮食业	Hotels and Restaurants		2.1	2.3	2.2	2.4	2.5
公共行政、社会及个人服务业	Public Administration, Community,	4.5	5.6	5.9	6.0	6.9	8.1
四、居民消费物价指数	**Consumer Price Index**						
（1999年10月至2000年9月=100）	**(October.1999-September.2000=100)**						
总指数	**General Index**	65.25	99.49	94.94	93.46	94.38	98.53
食品及饮料	Foodstuff and Beverages		99.74	96.21	95.00	97.13	101.00
服装、鞋	Clothing and Footwear		95.35	81.56	71.37	73.79	73.13
租金及住屋开支	Rent and Housing Expenses		99.54	94.05	92.86	92.49	100.14
烟酒	Tobacco and Alcoholic Beverages		99.95	105.16	105.13	105.46	107.36
家居用品	Household Goods		99.20	90.59	88.18	89.25	90.14
医疗	Health		100.46	101.32	100.88	100.81	101.36
交通及通讯	Transport and Communications		100.49	95.44	94.31	94.94	95.35
教育及消闲	Education and Leisure		99.45	98.21	98.25	99.65	103.71
其他商品及服务	Other Goods and Services		99.49	95.42	95.19	94.84	97.12
五、工业、能源和建筑业	**Industry,Energy and construction**						
工业生产	**Industrial Production**						
工业电力消耗量（亿千瓦小时）	Electricity Consumption (100 million kwh)		1.6	1.9	2.0	2.1	2.5
电力 （万千瓦小时）	**Electricity (10 000kwh)**						
住户	Domestic	51292	52270	44329	45278	48544	54870
工业	Industrial	18380r	16167r	18678r	20289	21499	25260
商业②	Commercial ②	85029	90337	109682	111582	120271	135766
燃料	**Fuels**						
重油 （万公升）	Fuel Oil (10 000 liters)	20391	31578	32883	30855	31561	35796
轻柴油 （万公升）	Gas Oil and Diesel (10 000 liters)	10177	9597	12542	15551	21603	19441
汽油 （万公升）	Gasoline (10 000 liters)	2264	4109	4254	4471	4807	5321
液化石油气 （吨）	L.P.G. (ton)	11929	24466	26420	28055	29279	30955
水 （万立方米）	**Water (10 000 cu.m)**	3460	4885	4908	5163	5339	5586
建筑 （私人部门）	**Construction (Private Sector)**						

16-2 续表 2 continued

项 目	Item	1990	2000	2002	2003	2004	2005
新建及扩建私人楼宇单位数目 (个)	Units Completed and Extended (No.)	11574	3146	381	1566	1108	1277
新建及扩建私人楼宇总面积 (万平方米)	Gross Floor Area of Buildings Completed and Extended (10 000 sq.m)	106	37	10	24	22	39
新动工的私人楼宇单位数目(个)	Units Started (No.)		1167	1326	2658	2757	4947
新动工的私人楼宇总面积 (万平方米)	Gross Floor Area of Buildings Started (10 000 sq.m)		20	16	53	72	213
楼宇单位买卖数目 (个)	Number of Units Sold (No.)	8463	10211	16831	18556	27823	33644
不动产买卖契约数目 (宗)	Deed of Real Estate Transacted (No.)	8559	12484	17513	14400	18623	20022
不动产按揭贷款数目 (宗)	Real Estate Mortgage Loans (No.)	6610	7367	9902	9198	13786	14769
六、运输、通讯和旅游	**Transport, Communications and Tourism**						
进出澳门货运车辆数目(万次)	Lorries Entering and Departing Macao (10 000)	26.4	45.4*	47.8	47.8	56.6	60.8
进出澳门的客船班 (万次)	Ferry Trips Entering and Departing Macao (10 000)		7.5	7.7	7.7	8.6	9.2
澳门国际机场的商业航班(万次)	Commercial Flights at Macao International Airport (10 000)		2.4	3.4	2.9	3.8	4.3
登记车辆 (万辆)	Licensed Vehicles (10 000)	5.1	11.4	12.4	13.2	14.3	15.4
电话线 (万条)	Telephone Lines (10 000)	9.6	31.8	45.2	53.9	60.6	70.7
访澳旅客 (万人次)	Visitors (10 000)	594	916	1153	1189	1667	1871
酒店入住率 (%)	Hotel Occupancy Rate (%)	69	58	67	64	76	71
七、对外贸易	**External Trade**						
出口 (亿澳门元)	Exports (100 million MOP)	136	204	189	207	226	198
本地产品出口 (亿澳门元)	Domestic Exports (100 million MOP)		171	148	163	173	144
再出口 (亿澳门元)	Re-exports (100 million MOP)		33	42	44	52	55
进口 (亿澳门元)	Imports (100 million MOP)	123	181	203	221	279	313
贸易条件指数(1996 年 =100)	Terms of Trade Index (1996=100)	100.7	100.7	99.7	100.9	99.0	95.1
八、政府收支、货币、金融 (亿澳门元)	**Government Accounts, Money and Finance (100 million MOP)**						
财政总收入③	Total Government Revenue ③	60r	153	152	184	239r	230
财政总支出③	Total Government Expenditure ③	55r	150	135	157	177r	160
货币供应(广义货币供应量 M2)	Money Supply (M2)						
澳门元④	MOP ④	69	232	275	297	314	367
港元	HKD	150	445	512	594	662	701
其他货币	Other Currencies	87	172	202	220	234	288
总计	Total	306	849	990	1111	1209r	1357

16−2 续表3 continued

项　目		Item	1990	2000	2002	2003	2004	2005
本地机构及私人贷款及垫款		Loans/Advances to Resident Firms & Individuals	157	382	336	331	355r	425
外币兑换率		Exchange Rates						
欧元		Euro	10.2280	7.4183	7.5984	9.0696	9.9645	9.9721
美元		US Dollar	8.0230	8.0260	8.0334	8.0214	8.0226	8.0109
英镑		Pound Sterling	14.3239	12.1663	12.0766	13.104	14.691	14.582
日圆		Japanese Yen	0.0556	0.0745	0.0643	0.0692	0.0742	0.0729
人民币		P.R. China Renminbi	1.6879	0.9695	0.9706	0.9691	0.9693	0.9778
九、教育和卫生		**Education and Public Health**						
教育⑤		**Education ⑤**						
学前教育学生	（人）	Pre-primary Education (Students)	20814	14978	12737	11936	11128	
小学生	（人）	Primary Education (Students)	34972	45474	41535	39278	37216	
中学生	（人）	Secondary Education (Students)	17601	38156	43999	45600	43851	
高等教育学生	（人）	Higher Education (Students)	7425	8358	11995	13680	13967	
医疗卫生		**Health**						
登记死亡人数	（人）	Registered Deaths (No.)	1482	1338	1415	1474	1533	1615
死于心脏病人数	（人）	Deaths of Heart Diseases (No.)		326	296	329	298r	343
死于癌症人数	（人）	Deaths of Cancers (No.)	283	383	439	421	477r	455
婴儿死亡率		Infant Mortality Rate	8.4	2.9	3.5	0.6	3.0	3.3
（按每千名登记活产婴儿计算）		(per 1000 registered live births)						
医护人员	**（人）**	**Medical Personnel in Health Care**						
医生		Doctors	537	895	921	1009	1024	1105
牙科技术员		Odontologists		86	85	83	82	81
护士		Nurses	864	943	980	1010	1063	1134
诊断及治疗助理员		Diagnostic and Therapeutic Technical Assistants		208	240	239		
卫生服务助理员		Health Service Assistants		381	388	412		
按每千名人口计算的医生数⑥		Number of Doctors per 1000 Residents ⑥	1.6	2.1	2.0r	2.1r	2.2	2.1
医疗机构和病床		**Health Care Establishments and Beds**						
医院	（所）	Hospitals (No.)	2	2	2	2	2	2
病床	（张）⑦	Beds (No.) ⑦	974	990	951r	960r	984	984
按每千名人口计算的病床数		Number of Beds per 1000 Residents	3.5	2.3	2.2r	2.1r	2.1	2.0
十、社会保障		**Social Security**						
受益人数目	（人）	Beneficiaries (persons)		122327	138514	145677	164165	181117
供款单位数目	（个）	Contributors(No.)		8451	9421	10078	11013	12305
总发放援助次数	（万次）	Number of Payments Granted (10 000)		16.3	23.6	30.4	28.3	23.9
总发放金额	（万澳门元）	Amount of Payments Granted (10 000 MOP)		20191	34610	53003	45302	28556
十一、治安		**Crime**						

16−2 续表4 continued

项　目	Item	1990	2000	2002	2003	2004	2005
罪案数目　（宗）	Number of Crimes	5514	8925	9088	9920	9786	10538
囚犯数目　（期末值，人）	Number of Prisoners (as at the end of year)	719	847	928	913	867	897

注：　"r"表示更正资料

"*"包括关闸及路氹城边检站

①2005年对本地生产总值(GDP)数列进行了主要修订，并将基年由1996年更新为2002年。

②包括公共照明。

③ 因2005年自治机构的指定账目未完整，故2005年的总收入及总支出不能与2004年直接比较。2005年数字在日后得到更多资料时会作出修订。

④《中华人民共和国澳门特别行政区基本法》规定，澳门元是澳门特别行政区的法定货币。

⑤不包括特殊教育学生。第n年的学生人数是指n/n+1学年年终学生人数。

⑥不包括牙科医生。

⑦包括普通住院、深切治疗部及新生婴儿的病床。

Notes: "r" indicates rectified data

"*" Including the Border gate and the Checkpoint of CoTai

① Major revision to GDP series was conducted in 2005 and the base year was renewed from 1996 to 2002.

② Including public lighting.

③ Because of incomplete data on the revenue and expenditure of the Autonomous Agencies in the specific accounts of 2005,the total revenue and the total expenditure of 2005 are not directly comparable with those of 2004. Figures of 2005 are subject to revisions as more data become available.

④ Pataca (MOP) is the legal tender in the Macao Special Administrative Region, as stated in "The Basic Law of the Macao Special Administrative Region of the People's Republic of China".

⑤ Excluding students in special education. The number of students of year n refer to the students at the end of academic year n/n+1.

⑥ Excluding dentists.

⑦ Including beds for general hospitalization, intensive care and newborns.

主要统计指标解释

本地生产总值 反映每年在澳门特区生产的货物和提供各种服务的总量。本年鉴中的本地生产总值用支出法及生产法估算，支出法等于私人消费支出、政府最终消费支出、固定资本形成总额、库存变化和货物及服务出口净值（出口减进口）的总和。而生产法等于各经济行业的增加值总额的总和，这种方法可以评估澳门特区的产业结构。

婴儿死亡率 参考期内年龄在1岁或以下的死亡人数与出生活婴数目的千分比。

自然增长率 参考期内出生人数和死亡人数差额与平均人口之千分比。

粗出生率 参考期内出生活婴数目与平均人口之千分比。

粗死亡率 参考期内死亡人数与平均人口之千分比。

学前教育 分为幼儿教育与小学教育预备班。

（1）幼儿教育：对象是年龄3–4岁的儿童。在报名当年的12月31日年满3岁的幼儿皆可报读。而晋升方面，则无须进行知识的考核。

（2）小学教育预备班：在报名当年的12月31日年满5岁的儿童可报读预备班。为晋升之目的，只设有进度测验。在某些教育机构，小学教育预备班仍被称为学前教育第三年。

小学教育 为期6年，完成小学教育预备班或在报名当年的12月31日年满6岁的儿童可报读小学教育第一年。就读小学的最高年龄为15岁。

中学教育 由两个阶段组成：初中教育及高中教育。大学预科亦被视为中学教育。

（1）初中教育：为期3年，合格完成小学教育者可以入读。就读初中最大年龄为18岁，但在特别情况下，经教育机构决定，可以逾越此年限。

（2）高中教育：为期最少2年，最多3年，合格完成初中教育者可以入读。就读高中最大年龄为21岁，但在特别情况下，经教育机构决定，可以逾越此年限。

高等教育 由大学、理工学院及相等之学院开办之学位或非学位课程。

劳动人口 在参考期间，可参与生产商品或提供服务之14岁或以上人士的总合。包括就业人口及失业人口。

就业人口 在参考期间，为了金钱或物质的报酬、利润或家庭收入而工作至少1小时的14岁或以上人士的总合。亦包括那些被雇用而没有上班，但与雇主保持正式联系，或拥有1间公司，但因特别原因暂时没有上班的人士。

劳动力参与率 指劳动人口在14岁或以上的居住人口中所占的比例。

失业率 指失业人口在劳动人口中所占的比例。

就业不足率 指就业不足人口在劳动人口中所占的比例。

访澳旅客 指任何非以澳门特区为常居地的人士，其连续逗留时间自2000年8月开始由原来少于3个月改为少于12个月，旅客之旅游目的并非在澳门特区参与任何有偿活动。

酒店入住率 入住客房数量与可供应客房数量之百分比。

进口 指将产自外地的货物输入澳门特区，但再进口和转运制度下输入者除外。

出口 指将货物输出澳门特区，但暂时出口和转运制度下输出者除外。

本地产品出口 指将产地为澳门特区的货物输出澳门特区。

再出口 指原进口的货物未经加工输出澳门特区，或虽加工，但不能取得澳门特区产地资格。

贸易价格比率指数 即出口单位价格指数与进口单位价格指数之比率。

单位 指永久性楼宇之一个或多个间格及其附属建筑物。每一个单位具有独立入口与楼宇内之公用地方相通，具有合法条件进行分层物业登记和作独立转让。

楼宇建筑面积 相等于所有层数之面积总和。楼面面积的计算方法是从外墙起量度，同时亦包括大堂面积、楼梯、升降机所占面积以及所有公用地方面积(两个或以上单位合用)。

居民消费物价指数 反映澳门特区家庭于购买一篮子之指定商品或服务时，在不同时间该等商品或服务之价格变动。

广义货币供应量M2 指狭义货币供应量M1加上准货币负债。准货币负债指储蓄存款、通知存款、定期存款和存款证明书。

Explanatory Notes on Main Statistical Indicators

Gross Domestic Product (GDP) Reflects the total of goods produced and services provided annually in Macao, China. GDP in this statistical yearbook is estimated by using the expenditure and production approaches. The expenditure-based GDP is measured as the sum of private consumption expenditure, government final consumption expenditure, gross fixed capital formation, changes in inventories, and net exports (exports less imports) of goods and services. The production-based GDP, which is measured as the sum of gross value added of all economic activities, can be used to evaluate the structure of the industrial sectors in Macao, China.

Infant Mortality Rate Deaths of infants under one year old per 1,000 live births within the reference period.

Natural Growth Rate Surplus (or deficit) of births over deaths per 1,000 residents of the average population within the reference period.

Crude Birth Rate Live births per 1,000 residents of the average population within the reference period.

Crude Mortality Rate Deaths per 1,000 residents of the average population within the reference period.

Pre-primary Education Composed of 2 stages: infant education and the preparatory level for primary education.

(1) Infant education: Designed for children aged between 3-4 years old. Children aged 3 as at 31st December of the year of enrolment are also eligible. No knowledge assessment tests are required for progression.

(2) Preparatory level for primary education: Designed for children aged 5 as at 31st December of the year of enrolment. Progress examination is a pre-requisite for advancement access. This type of preparatory level is also called the third year of pre-primary education in some educational institutes.

Primary Education Lasts for 6 years. Children having completed the preparatory level or aged 6 as at 31st December of the year of enrolment are eligible to the first year of primary education. The maximum age for primary education is 15.

Secondary Education It is divided into 2 stages: Junior secondary and senior secondary. Pre-university courses are also considered secondary education.

(1) Junior Secondary Education: For a duration of 3 years. Students having successfully completed the primary education are eligible. The maximum age for this level is 18 years old. However, under certain circumstances, the educational institutes can exercise their discretion to accept enrolment beyond the age limit.

(2) Senior Secondary Education: For a duration of 2-3 years. Students having successfully completed the junior secondary level are eligible. The maximum age for this level is 21. However, under certain circumstances, the educational institutes can exercise their discretion to accept enrolment beyond the age limit.

Higher Education Degree or non-degree programmes offered by universities, polytechnical institutes or equivalent.

Labour Force Total number of people aged 14 and above who are available to participate in the production of goods and services during the reference period. It comprises employed population and unemployed population.

Employed Population Total number of people aged 14 and above who have worked at least 1 hour during the reference period, for pay, profits or family gains, in cash or in kind. It also includes individuals who have a job and are absent from work but maintain a formal job attachment with the employer, or company owners who are temporarily not working due to specific reasons.

Labour Force Participation Rate The proportion of labour force in the resident population aged 14 and above in Macao, China.

Unemployment Rate The proportion of unemployed in the labour force.

Underemployment Rate The proportion of underemployed in the labour force.

Visitor Any person travelling to a place (ie Macao, China) other than his/her usual environment and whose main purpose of travel is other than the exercise of an activity remunerated from within the place visited. The maximum length of stay has been amended from 3 consecutive months to 12 consecutive months since August 2000.

Hotel Occupancy Rate The percentage of rooms occupied by guests in the total number of available rooms.

Imports The entry of any commodities into Macao, China, except Re-imports and Transit.

Exports The outgoing from Macao, China, of any commodities, excluding Temporary Exports and Transit.

Domestic Exports The outgoing from Macao, China, of any commodities with the origin of Macao, China.

Re-exports The outgoing from Macao, China of any commodities previously imported, without any transformation or even with transformation, the commodities did not obtain the origin of Macao, China.

Terms of Trade Index The ratio of the unit value index of exports to that of imports.

Housing Unit Division(s) or annex of a permanent building. Each housing unit has independent entrance of access to the common area of the building; can be legally registered with the property registry and can be independently transacted.

Gross Floor Area The sum of area of each floor in a building measured to the outer surface of the outer walls including the area of lobbies, stairs, lift landings and communal space (shared by 2 or more housing units).

Consumer Price Index Reflects the price change of a representative "basket" of goods and services consumed by families in Macao, China.

Money Supply (M2) Refers to the sum of money supply M1 and quasi-monetary liabilities that consist of savings deposits, notice deposits, time deposits and certificates of deposits.

第三部分　企业竞争力篇

Part 3 Competitive Forces of Enterprises

R-1 上海工业企业主营业务收入前100家
The Top 100 Industrial Enterprises of Shanghai by Main Business Revenue

单位：万元 (10 000 yuan)

位次	单位名称	主营业务收入
1	宝山钢铁股份有限公司	12660836
2	上海通用汽车有限公司	4586146
3	中国石化上海石油化工股份有限公司	4226184
4	上海市电力公司	3752776
5	达丰（上海）电脑有限公司	3633024
6	英顺达科技有限公司	3574463
7	中国石油化工股份有限公司上海高桥分公司	3331285
8	达业（上海）电脑科技有限公司	2894040
9	达功（上海）电脑有限公司	2780258
10	上海大众汽车有限公司	2511060
11	英华达（上海）电子有限公司	2319466
12	上海烟草（集团）公司	2037342
13	惠普科技（上海）有限公司	1581781
14	上海惠普有限公司	1464467
15	上海赛科石油化工有限责任公司	1269020
16	上海振华港口机械（集团）股份有限公司	1210480
17	上海三钢有限责任公司	1124688
18	上海贝尔阿尔卡特股份有限公司	1056921
19	达辉（上海）电子有限公司	937182
20	上海西门子移动通信有限公司	893771
21	上海联想电子有限公司	862225
22	宝钢集团上海第一钢铁有限公司	805206
23	中芯国际集成电路制造（上海）有限公司	777125
24	上海锅炉厂有限公司	759726
25	光明乳业股份有限公司	690386
26	宝钢新日铁汽车板有限公司	682783
27	江南造船（集团）有限责任公司	670502
28	沪东中华造船（集团）有限公司	657085
29	上海索广电子有限公司	529129
30	上海外高桥造船有限公司	522068
31	上海三菱电梯有限公司	519308
32	上海轮胎橡胶（集团）股份有限公司	507796
33	柯达电子（上海）有限公司	505371
34	上海海立（集团）股份有限公司	440592
35	上海汽轮机有限公司	427373
36	上海焦化有限公司	426686
37	飞利浦电子元件（上海）有限公司	420590
38	伟创力电子科技（上海）有限公司	378283
39	上海氯碱化工股份有限公司	375402
40	上海电力股份有限公司	360963
41	上海汇众汽车制造有限公司	357918
42	上海乐金广电电子有限公司	348672
43	上海延锋江森座椅有限公司	347787
44	上海外高桥第二发电有限责任公司	347337
45	上海广电信息产业股份有限公司	340520
46	先锋高科技（上海）有限公司	330744
47	上海夏普电器有限公司	324607
48	远纺工业（上海）有限公司	321119
49	中国石化上海高桥石油化工公司	321081
50	上海柴油机股份有限公司	310912

R-1 续表 continued

单位：万元 (10 000 yuan)

位次	单位名称	主营业务收入
51	中国第一铅笔股份有限公司	293571
52	联合汽车电子有限公司	292886
53	富士通将军（上海）有限公司	290972
54	英华达（上海）科技有限公司	285821
55	可口可乐（中国）饮料有限公司	283467
56	达研（上海）光电有限公司	274779
57	上海华谊丙烯酸有限公司	270696
58	上海大金空调有限公司	266355
59	宝钢集团上海五钢有限公司	261733
60	上海广电NEC液晶显示器有限公司	261717
61	上海索广映像有限公司	261498
62	上海市吴泾第二发电有限责任公司	257152
63	上海外高桥发电有限责任公司	248644
64	上海美蓓亚精密机电有限公司	244247
65	上海华虹NEC电子有限公司	241217
66	华能国际电力股份有限公司上海石洞口第二电厂	236030
67	上海富士施乐有限公司	233078
68	上海联吉合纤有限公司	230383
69	上海新格有色金属有限公司	226764
70	上海永新彩色显像管股份有限公司	224032
71	英特尔产品（上海）有限公司	221761
72	上海汽轮发电机有限公司	221175
73	上海雷允上药业有限公司	220074
74	新大洲本田摩托车有限公司上海分公司	218870
75	德尔福派克电气系统有限公司	212922
76	上海汽车股份有限公司	212157
77	上海动力设备有限公司	210832
78	上海先锋电声器材有限公司	209382
79	中国石油化工股份有限公司润滑油上海分公司	206160
80	上海嘉里粮油工业有限公司	205528
81	上海莫仕连接器有限公司	199268
82	上海申美饮料食品有限公司	197530
83	宝钢集团上海二钢有限公司	197039
84	华能国际电力股份有限公司上海石洞口第一电厂	195867
85	华捷联合信息（上海）有限公司	195288
86	上海家化联合股份有限公司	194887
87	上海重型机器厂有限公司	192949
88	上海石油天然气有限公司	191977
89	柯尼卡美能达光学仪器（上海）有限公司	191212
90	上海京瓷电子有限公司	190428
91	上海海欣集团股份有限公司	190297
92	上海松下等离子显示器有限公司	188750
93	延锋伟世通汽车饰件系统有限公司	187030
94	上海克虏伯不锈钢有限公司	186890
95	上海电气集团上海电机厂有限公司	185952
96	上海耀华皮尔金顿玻璃股份有限公司	184252
97	上海大昌铜业有限公司	182647
98	上海松下半导体有限公司	182473
99	龙工（上海）机械制造有限公司	182436
100	上海港机重工有限公司	181497

R-2　江苏省工业企业主营业务收入前50家

The Top 50 Industrial Enterprises of Jiangsu by Main Business Revenue

位次	企业名称	位次	企业名称
1	江苏省电力公司	26	南京瀚宇彩欣科技有限责任公司
2	江苏沙钢集团有限公司	27	苏州三星电子电脑有限公司
3	扬子石油化工股份有限公司	28	东海粮油工业(张家港)有限公司
4	中国石油化工股份有限公司金陵分公司	29	东风悦达起亚汽车有限公司
5	乐金飞利浦液晶显示（南京）有限公司	30	南京汽车集团有限公司
6	江苏华西集团公司	31	法尔胜集团公司
7	明基电通信息技术有限公司	32	苏州爱普生有限公司
8	南京钢铁集团有限公司	33	LG同创彩色显示系统有限责任公司
9	希捷国际科技（无锡）有限公司	34	苏州三星电子有限公司
10	中国石化仪征化纤股份有限公司	35	扬子石化—巴斯夫有限责任公司
11	江苏三房巷集团有限公司	36	江苏淮钢集团
12	徐州工程机械集团有限公司	37	徐州矿务集团有限公司
13	江苏永钢集团有限公司	38	纬新资通（昆山）有限公司
14	上海梅山钢铁股份有限公司	39	金东纸业(江苏)有限公司
15	苏州飞利浦消费电子有限公司	40	旭电(苏州)科技有限公司
16	无锡夏普电子元器件有限公司	41	索尼电子（无锡）有限公司
17	江阴兴澄特钢有限公司	42	亚旭电子科技（江苏）有限公司
18	常州中天钢铁有限公司	43	海澜集团公司
19	南京爱立信熊猫通信有限公司	44	徐州卷烟厂
20	华芳集团有限公司	45	江苏波司登股份有限公司
21	江苏阳光集团有限公司	46	南京卷烟厂
22	扬子江药业集团有限公司	47	仁宝电脑工业（中国）有限公司
23	仁宝电子科技（昆山）有限公司	48	日立显示器(苏州有限公司
24	纬创资通（昆山）有限公司	49	仁宝资讯工业（昆山）有限公司
25	维维集团	50	江阴市西城钢铁有限公司

R-3 广东省工业企业销售收入前50家

The Top 50 Industrial Enterprises of Guangdong by Sales Revenue

单位：万元　　　　(10 000 yuan)

位次	企业名称	产品销售收入
1	广东电网公司	13084171
2	华为技术有限公司	4814843
3	联想国际信息产品（深圳）有限公司	4287766
4	中石化股份有限公司茂名分公司	4117836
5	广州本田汽车有限公司	3431338
6	美的集团有限公司	3408181
7	东风汽车有限公司乘用车公司	2611208
8	中国石油化工股份有限公司广州分公司	2216801
9	中兴通讯股份有限公司	2200000
10	广州宝洁有限公司	1874075
11	深圳富泰宏精密工业有限公司	1862334
12	珠海格力电器股份有限公司	1787143
13	伟创力实业（珠海）有限公司	1599509
14	中海石油（中国）有限公司深圳分公司	1599168
15	安利（中国）日用品有限公司	1553439
16	乐金电子（惠州）有限公司	1534127
17	广东卷烟总厂	1483266
18	群康科技深圳有限公司	1415390
19	深圳创维-RGB电子有限公司	1295201
20	佛山市顺德区顺达电脑厂有限公司	1265566
21	广东格兰仕集团有限公司	1187457
22	ＴＣＬ王牌电器（惠州）有限公司	1168038
23	建兴光电科技（广州）有限公司	1151238
24	恩斯迈电子（深圳）有限公司	1145680
25	广东省韶关钢铁集团有限公司	1109751
26	东风本田发动机有限公司	1077334
27	晶冠科技（深圳）有限公司	1012099
28	中海石油（中国）有限公司湛江分公司	941967
29	康佳集团股份有限公司	921605
30	湛江东兴石油企业有限公司	838320
31	佳能珠海有限公司	830423
32	鑫茂科技（深圳）有限公司	803787
33	深圳开发科技股份有限公司	800001
34	佛山普立华科技有限公司	798217
35	爱普生技术（深圳）有限公司	771656
36	广东核电合营有限公司	744166
37	江门市大长江集团有限公司	710080
38	富士施乐高科技（深圳）有限公司	701137
39	惠州三星电子有限公司	676733
40	广东科龙电器股份有限公司	676454
41	广州珠江钢铁有限公司	674922
42	捷普电子（广州）有限公司	661353
43	深圳三星科健移动通信技术有限公司	656443
44	伟创力科技（珠海）有限公司	652874
45	佳能（中山）办公设备有限公司	637880
46	广州钢铁股份有限公司	629093
47	东莞三星视界有限公司	622217
48	长城国际系统科技（深圳）有限公司	611037
49	台达电子电源（东莞）有限公司	598827
50	旭丽电子（广州）有限公司	582917

R-4 广东省工业企业工业总产值前50家

The Top 50 Industrial Enterprises of Guangdong by Gross Output Value

单位：万元 (10 000 yuan)

位次	企业名称	工业总产值
1	广东电网公司	13084171
2	中石化股份有限公司茂名分公司	4311636
3	联想国际信息产品（深圳）有限公司	4255198
4	华为技术有限公司	3857798
5	广州本田汽车有限公司	3490060
6	中海石油（中国）有限公司深圳分公司	3465270
7	美的集团有限公司	3326353
8	深圳富泰宏精密工业有限公司	2976015
9	东风汽车有限公司乘用车公司	2643616
10	中兴通讯股份有限公司	2316108
11	中国石油化工股份有限公司广州分公司	2197862
12	珠海格力电器股份有限公司	2111400
13	广州宝洁有限公司	2017650
14	群康科技深圳有限公司	1737490
15	深圳创维-RGB电子有限公司	1671813
16	伟创力实业（珠海）有限公司	1599509
17	乐金电子（惠州）有限公司	1566856
18	广东卷烟总厂	1498590
19	安利（中国）日用品有限公司	1367605
20	广东格兰仕集团有限公司	1355239
21	佛山市顺德区顺达电脑厂有限公司	1346132
22	中海石油（中国）有限公司湛江分公司	1306669
23	建兴光电科技（广州）有限公司	1154243
24	恩斯迈电子（深圳）有限公司	1145680
25	广东省韶关钢铁集团有限公司	1132356
26	东风本田发动机有限公司	1076866
27	ＴＣＬ王牌电器（惠州）有限公司	1068028
28	湛江东兴石油企业有限公司	1042179
29	晶冠科技（深圳）有限公司	1010380
30	康佳集团股份有限公司	954100
31	长城国际系统科技（深圳）有限公司	890952
32	广东科龙电器股份有限公司	833068
33	佳能珠海有限公司	830035
34	鑫茂科技（深圳）有限公司	807941
35	佛山普立华科技有限公司	803941
36	深圳开发科技股份有限公司	800001
37	爱普生技术（深圳）有限公司	771656
38	广东核电合营有限公司	744166
39	富士施乐高科技（深圳）有限公司	722171
40	江门市大长江集团有限公司	707218
41	广州珠江钢铁有限公司	706468
42	伟创力电脑（珠海）有限公司	693958
43	伟创力科技（珠海）有限公司	673631
44	捷普电子（广州）有限公司	658540
45	深圳三星科健移动通信技术有限公司	657495
46	惠州三星电子有限公司	629555
47	东莞三星视界有限公司	626135
48	佳能（中山）办公设备有限公司	616425
49	东莞市方正科技电脑有限公司	591314
50	台达电子电源（东莞）有限公司	586914

R-5　上海集团公司营业收入前100家

The Top 100 Enterprise Groups of Shanghai by Revenue

单位：万元　　　　(10 000 yuan)

位次	集团公司名称	营业收入
1	宝钢集团有限公司	17680446
2	上海汽车工业（集团）总公司	11824051
3	中国华源集团有限公司	6067640
4	百联集团有限公司	5997281
5	中国海运（集团）总公司	5399485
6	中国太平洋保险（集团）股份有限公司	5090727
7	上海电气（集团）总公司	5028192
8	上海埃力生（集团）有限公司	4034811
9	上海复星高科技（集团）有限公司	3219836
10	中国东方航空集团	3193646
11	上海农工商（集团）有限公司	2854347
12	上海建工（集团）总公司	2762333
13	上海华谊（集团）公司	2720239
14	上海烟草（集团）公司	2638031
15	东方国际（集团）有限公司	2385385
16	上海绿地集团	1489480
17	上海振华港口机械（集团）股份有限公司	1211445
18	申能（集团）有限公司	1155912
19	上海国际港务（集团）股份有限公司	1148286
20	上海工业投资（集团）有限公司	1030721
21	上海城建（集团）公司	955320
22	上海世博（集团）有限公司	938842
23	上海永达控股（集团）有限公司	925749
24	锦江国际（集团）有限公司	922685
25	沪东中华造船（集团）有限公司	896977
26	上海兰生（集团）有限公司	892963
27	上海市糖业烟酒（集团）有限公司	807459
28	上海外高桥（集团）有限公司	799721
29	上海地产（集团）有限公司	765411
30	江南造船（集团）有限责任公司	682948
31	上海电信实业（集团）有限公司	653696
32	上海文化广播影视集团	626599
33	上海申达（集团）有限公司	613460
34	上海交通投资（集团）有限公司	588527
35	上海良友（集团）有限公司	546554
36	上海机场（集团）有限公司	515444
37	大华集团	494697
38	东方希望集团有限公司	488848
39	上海东昌企业集团有限公司	477423
40	上海协通（集团）有限公司	457997
41	上海新世界（集团）有限公司	454653
42	上海海立（集团）股份有限公司	440592
43	上海中山物贸（集团）有限公司	434070
44	上海华虹（集团）有限公司	426172
45	光明食品（集团）有限公司	418465
46	大众交通（集团）股份有限公司	402657
47	上海仪电控股（集团）公司	371733
48	上海建筑材料（集团）总公司	365197
49	上海浦东发展（集团）有限公司	363360
50	上海紫江企业集团股份有限公司	352981

R–5 续表 continued

单位：万元 (10 000 yuan)

位次	集团公司名称	营业收入
51	上海久隆电力（集团）有限公司	350389
52	上海龙头（集团）股份有限公司	342731
53	上海舜业钢铁集团	338235
54	上海外经贸投资（集团）有限公司	308204
55	上海水产（集团）总公司	301158
56	上海城开（集团）有限公司	281129
57	上海交运（集团）公司	270021
58	上海强生集团有限公司	258512
59	上海东亚（集团）有限公司	248246
60	中国高科集团股份有限公司	244321
61	上海华申国际企业（集团）有限公司	238941
62	上海陆家嘴（集团）有限公司	233144
63	上海家化（集团）有限公司	222974
64	上海市机械设备成套（集团）有限公司	222476
65	上海白猫（集团）有限公司	202249
66	上海广厦（集团）有限公司	194858
67	上海海欣集团股份有限公司	191207
68	上海上实（集团）有限公司	185892
69	长江经济联合发展（集团）股份有限公司	183162
70	中国金茂（集团）股份有限公司	181866
71	上海徐家汇商城（集团）有限公司	181141
72	中信华东（集团）有限公司	177052
73	上海九百（集团）有限公司	172266
74	西上海（集团）有限公司	168621
75	上海服装（集团）有限公司	167685
76	上海青年实业（集团）有限公司	158547
77	上海精文置业（集团）有限公司	155091
78	上海由由（集团）股份有限公司	152773
79	上工申贝（集团）股份有限公司	150606
80	上海淮海商业（集团）有限公司	150283
81	上海三毛企业（集团）股份有限公司	148614
82	上海张江（集团）有限公司	145391
83	上海申通地铁集团有限公司	141659
84	上海金桥（集团）有限公司	138695
85	上海国际集团有限公司	137975
86	上海中凯企业集团有限公司	132566
87	上海恒大（集团）有限公司	129541
88	上海现代建筑设计（集团）有限公司	128764
89	上海中路（集团）有限公司	127704
90	上海新长宁（集团）有限公司	127475
91	上海凯泉泵业（集团）有限公司	124732
92	解放日报报业集团	123713
93	上海航空工业（集团）有限公司	120568
94	上海致达科技（集团）股份有限公司	118979
95	上海静安地产（集团）有限公司	115720
96	上海汇成（集团）有限公司	112979
97	上海盛勤（集团）有限公司	112567
98	上海西部企业（集团）有限公司	112134
99	上海瀛通（集团）有限公司	110520
100	上海开开（集团）有限公司	108435

R-6 江苏省企业（集团）营业收入前50家

The Top 50 Enterprise Groups of Jiangsu by Revenue

位次	企业名称	位次	企业名称
1	江苏省电力公司	26	江苏国泰国际集团有限公司
2	中国石化集团金陵石油化工公司	27	江苏交通控股有限公司
3	扬子石油化工股份有限公司	28	苏州飞利浦消费电子有限公司
4	苏宁电器集团	29	上海梅山钢铁股份有限公司
5	江苏沙钢集团有限公司	30	春兰集团
6	中国石油化工股份有限公司江苏石油分公司	31	红豆集团有限公司
7	乐金飞利浦液晶显示（南京）有限公司	32	江阴兴澄特种钢铁有限公司
8	江苏华西集团公司	33	中天钢铁集团有限公司
9	太平洋建设集团	34	海澜集团公司
10	南京钢铁集团有限公司	35	徐州矿务集团有限公司
11	熊猫电子集团	36	江阴澄星实业集团有限公司
12	明基电通信息技术有限公司	37	江苏舜天国际集团
13	江苏悦达集团	38	江苏雨润食品产业集团有限公司
14	华芳集团有限公司	39	江苏文峰集团
15	江苏省电信有限公司	40	无锡威孚集团有限公司
16	徐州工程机械集团有限公司	41	扬子江药业集团
17	南京斯威特集团有限公司	42	连云港如意集团股份有限公司
18	希捷国际科技（无锡）有限公司	43	仁宝电子科技（昆山）有限公司
19	江苏永钢集团有限公司	44	纬创资通（昆山）有限公司
20	江苏三房巷集团有限公司	45	南京医药产业集团
21	苏果超市有限公司	46	维维集团
22	江苏移动通信有限责任公司	47	跃进汽车集团
23	江苏阳光集团有限公司	48	苏州创元（集团）有限公司
24	中国石化仪征化纤股份有限公司	49	法尔胜集团公司
25	无锡夏普电子元器件有限公司	50	中国石油天然气股份有限公司江苏销售分公司

R-7 广东省工业企业固定资产净值前50家

The Top 50 Industrial Enterprises of Guangdong by Net Fixed Assets

单位：万元 (10 000 yuan)

位次	企业名称	固定资产净值
1	广东电网公司	8434927
2	岭澳核电有限公司	2302855
3	广东核电合营有限公司	1377305
4	中石化股份有限公司茂名分公司	819732
5	华为技术有限公司	691036
6	广东省韶关钢铁集团有限公司	643530
7	广东省珠海发电厂	611012
8	广州珠江钢铁有限公司	553084
9	广东国华粤电台山发电有限公司	535911
10	中海石油（中国）有限公司湛江分公司	490728
11	美的集团有限公司	463520
12	中国石油化工股份有限公司广州分公司	439799
13	广州市自来水公司	422111
14	广州本田汽车有限公司	365552
15	广东蓄能发电有限公司	353559
16	深圳市水务（集团）有限公司	343123
17	东莞玖龙纸业有限公司	330824
18	深圳赛格三星股份有限公司	325250
19	广东省开平涤纶企业集团公司	266279
20	华能国际电力股份有限公司广东分公司	256017
21	珠海碧阳化工有限公司	252581
22	湛江电力有限公司	249250
23	深圳赛意法微电子有限公司	241997
24	中兴通讯股份有限公司	219033
25	广东广合电力有限公司	217099
26	广东卷烟总厂	212896
27	深圳市西部电力有限公司	212456
28	广州东方电力有限公司	212321
29	广东科龙电器股份有限公司	187347
30	中国石化集团茂名石油化工公司	181666
31	深圳南山热电股份有限公司	179747
32	广州市越堡水泥有限公司	178315
33	东莞建晖纸业有限公司	176371
34	广州恒运企业集团股份有限公司	170126
35	广东格兰仕集团有限公司	165223
36	佛山塑料集团股份有限公司	164741
37	广州钢铁股份有限公司	157611
38	珠海格力电器股份有限公司	154300
39	广州市华南橡胶轮胎有限公司	152049
40	广州宝洁有限公司	150590
41	东莞德永佳纺织制衣有限公司	135345
42	东莞理文造纸厂有限公司	133490
43	广州市煤气公司	133458
44	佛山市沙口发电厂有限公司	131775
45	华通电脑（惠州）有限公司	125939
46	广东省电力发展股份有限公司沙角A电厂	124547
47	主力实业（深圳）有限公司	123799
48	广东省韶关粤江发电有限公司	123420
49	安利（中国）日用品有限公司	122929
50	广东省连州粤连电厂有限公司	121304

R-8 江苏省外商投资出口企业出口额前20家
The top 20 Foreign Funded Enterprises of Jiangsu by Export Value

位次	企业名称
1	名硕电脑（苏州）有限公司
2	三星电子（苏州）半导体有限公司
3	仁宝电子科技（昆山）有限公司
4	仁宝资讯工业（昆山）有限公司
5	明基电通信息技术有限公司
6	希捷国际科技（无锡）有限公司
7	友达光电（苏州）有限公司
8	苏州三星电子液晶显示器有限公司
9	无锡夏普电子元器件有限公司
10	乐金飞利浦液晶显示（南京）有限公司
11	飞索半导体（苏州）有限公司
12	联建（中国）科技有限公司
13	苏州飞利浦消费电子有限公司
14	苏州三星电子电脑有限公司
15	纬新资通（昆山）有限公司
16	迈拓科技（苏州）有限公司
17	南京LG同创彩色显示系统有限责任公司
18	亚旭电子科技（江苏）有限公司
19	志合电脑（苏州工业园区）有限公司
20	仁宝电脑工业（中国）有限公司

R-9　上海建筑业企业综合实力前50家
The Top 50 Construction Enterprises of Shanghai

位次	单位名称	位次	单位名称
1	上海建工股份有限公司	26	上海市基础工程公司
2	中国建筑第八工程局	27	上海送变电工程公司
3	上海宝冶建设有限公司	28	上海中远建设总承包有限公司
4	中国第二十冶金建设公司	29	上海国际建设总承包有限公司
5	上海隧道工程股份有限公司	30	上海大康建筑装潢有限公司
6	上海十三冶建设有限公司	31	上海颛桥建筑工程有限公司
7	上海五冶冶金建设有限公司	32	上海华盛建设（集团）有限公司
8	上海市安装工程有限公司	33	上海公路桥梁工程有限公司
9	上海绿地建设（集团）有限公司	34	上海市建工机械工程有限公司
10	上海市第二市政工程有限公司	35	上海嘉实（集团）有限公司
11	上海开天建设（集团）有限公司	36	上海建设机场道路工程有限公司
12	上海城建建设实业（集团）有限公司	37	上海腾发建筑工程有限公司
13	中港疏浚股份有限公司	38	上海三航工程船舶公司
14	舜杰建设（集团）有限公司	39	上海市机械施工有限公司
15	上海港务工程公司	40	上海浦东路桥建设股份有限公司
16	上海惠生化工工程有限公司	41	上海电力建筑工程公司
17	上海市住安建设发展股份有限公司	42	上海康厦建设发展有限公司
18	东亚联合控股（集团）有限公司	43	上海陆海建设有限公司
19	上海东方疏浚工程公司	44	上海闵行市政建设有限公司
20	上海广厦（集团）有限公司	45	上海海直建设工程有限公司
21	上海南汇建筑总公司	46	华东送变电工程公司
22	上海绿地建筑工程有限公司	47	上海银润建筑安装工程有限公司
23	上海宝钢工程建设总公司	48	上海警通路桥建设有限公司
24	上海崇明建设（集团）有限公司	49	上海三航奔腾建筑工程有限公司
25	上海电力电缆工程有限公司	50	上海其士电梯工程有限公司

R-10 江苏省建筑企业总产值前50家

The Top 50 Construction Enterprises of Jiangsu by Gross Output Value

位次	企业名称	位次	企业名称
1	江苏省第一建筑安装有限公司	26	中国核工业华兴建设有限公司
2	江苏南通三建集团有限公司	27	江苏邗建集团有限公司
3	南通四建集团有限公司	28	江苏金土木建设集团有限公司
4	江苏省苏中建设集团股份有限公司	29	南通建筑工程总承包有限公司
5	江苏南通二建集团有限公司	30	南通华新建工集团有限公司
6	江苏中兴建设有限公司	31	江苏建业建筑安装工程集团有限公司
7	正太集团有限公司	32	江苏省电力建设第三工程公司
8	江苏江都建设工程有限公司	33	启东市建筑安装工程有限公司
9	通州建总集团有限公司	34	江苏中阳建设集团有限公司
10	江苏南通六建建设集团有限公司	35	苏州金螳螂建筑装饰股份有限公司
11	江苏省华建建设股份有限公司	36	中煤第五建设公司
12	江苏江中集团有限公司	37	江苏镇江四建建工集团有限公司
13	金坛市建筑安装工程公司	38	南京市第六建筑安装工程有限公司
14	苏州二建建筑集团有限公司	39	江苏省金陵建工集团有限
15	江苏弘盛建设工程集团有限公司	40	江苏通州四建集团有限公司
16	江苏盐城二建集团有限公司	41	江苏省送变电公司
17	苏州第一建筑集团有限公司	42	江苏省电力建设第一工程公司
18	南通五建建设工程有限公司	43	锦宸集团有限公司
19	江苏三兴建工集团有限公司	44	江苏省江建集团有限公司
20	南通市新华建筑安装工程有限公司	45	江苏汉中建设集团有限公司
21	江苏省交通工程有限公司	46	南京交通工程有限公司
22	南通建工集团有限公司	47	中建八局工业设备安装有限责任公司
23	江苏顺通建设工程有限公司	48	中港第二航务工程局三公司
24	龙信建设集团有限公司	49	中铁大桥局集团第四工程有限公司
25	江苏广宇建设有限公司	50	南京大地建设（集团）股份有限公司

R-11 上海连锁商业公司销售额前20家

The Top 20 Chain Business Companies of Shanghai by Sales Revenue

单位：万元 (10 000 yuan)

位次	企业名称	销售收入
1	联华超市股份有限公司	3828478
2	农工商超市（集团）有限公司	1754888
3	华联超市股份有限公司	1701265
4	锦江麦德龙现购自运有限公司	754633
5	上海易初莲花连锁超市有限公司	699510
6	华联集团吉买盛购物中心有限公司	403570
7	上海家得利超市有限公司	241164
8	上海可的便利店有限公司	239139
9	上海捷强烟草糖酒（集团）连锁有限公司	191330
10	上海欧尚超市有限公司	135794
11	上海良友金伴便利连锁有限公司	98840
12	上海文峰千家惠购物中心有限公司	70916
13	上海易买得超市有限公司	69007
14	上海华联罗森有限公司	66330
15	上海屈臣氏日用品有限公司	62400
16	上海诚达百货商业有限公司	51951
17	上海长发购物中心有限公司	50011
18	上海新欧尚超市有限公司	44717
19	上海梅林正广和便利连锁有限公司	39005
20	上海康仁乐购超市贸易有限公司	36061

R-12 江苏省贸易零售企业销售额前20家

The top 20 Retail Sales Enterprises of Jiangsu by Sales Value

位次	企业名称
1	苏果超市有限公司
2	江苏无锡商业大厦集团有限公司
3	江苏五星电器有限公司
4	中石化壳牌（江苏）石油销售有限公司
5	南京宏图三胞企业发展有限公司
6	南京朗驰集团有限公司
7	南京医药股份有限公司
8	江苏明都汽车摩托车有限公司
9	中国石油化工股份有限公司江苏江阴石油分公司
10	南京中央商场股份有限公司
11	南京金鹰国际购物集团有限公司
12	南京新街口百货商店股份有限公司
13	苏州人民商场股份有限公司
14	徐州医药股份有限公司
15	江苏文峰大世界连锁发展股份有限公司南通文峰大世界
16	苏宁电器盐城大买场
17	无锡八佰伴经济管理有限公司
18	无锡市新纪元汽车贸易有限公司
19	中国石油化工股份有限公司江苏宿迁石油分公司
20	苏州礼安医药有限公司

R-13 江苏省商品交易市场成交额前 20 家
The top 20 Commodity Exchange Markets of Jiangsu by Turnover Value

位次	企业名称
1	江苏吴江中国东方丝绸市场
2	江苏无锡生产资料交易市场
3	张家港保税区化工品交易市场
4	常熟市招商场
5	南京生产资料中心批发市场
6	无锡南方不锈钢市场
7	江阴长江港口物流园区交易中心
8	南京钢材交易市场
9	江阴市金属材料市场
10	江苏叠石桥绣品城
11	徐州淮惠物产管理有限公司
12	江苏无锡汽车交易市场
13	江苏省徐州宣武市场
14	凌家塘农副产品批发市场
15	江苏常熟招商城纺织品交易市场
16	金桥市场
17	无锡不锈钢市场
18	江苏省川港寝饰用品面料市场
19	无锡食品商城
20	无锡市机电五金市场有限公司

R-14 上海旅馆业营业收入前100家

The Top 100 Hotels of Shanghai by Revenue

单位：万元 (10 000 yuan)

位次	企业名称	营业收入
1	中国金茂（集团）股份有限公司金茂君悦大酒店分公司	72133
2	上海浦东新区香格里拉酒店有限公司	59363
3	上海商城上海波特曼丽嘉酒店	47208
4	静安希尔顿饭店（上海）	46925
5	上海上实南洋大酒店有限公司上海四季酒店	39757
6	上海金光外滩置地有限公司威斯汀大饭店	38609
7	上海明天广场有限公司金威万豪酒店	37172
8	花园饭店（上海）	32049
9	上海扬子江大酒店有限公司	28200
10	上海锦沧文华大酒店有限公司	23571
11	上海太平洋大饭店有限公司	23538
12	上海新锦江大酒店有限公司	23232
13	上海王宝和大酒店有限公司	22661
14	上海紫泰酒店管理有限公司万豪虹桥大酒店	22162
15	上海锦江汤臣大酒店有限公司	21630
16	上海锦江饭店有限公司	21066
17	上海华亭宾馆有限公司	21063
18	上海国际会议中心有限公司东方滨江大酒店	19754
19	上海光大会展中心有限公司	19170
20	上海红塔大酒店有限公司	18917
21	上海华美达广场有限公司巴黎春天大酒店	18505
22	上海银河宾馆有限公司	18390
23	上海国际贵都大饭店有限公司	18110
24	上海银星皇冠假日酒店	16795
25	上海虹桥宾馆有限公司	16436
26	上海市上海宾馆有限公司	16104
27	上海东锦江大酒店有限公司	15878
28	上海古象大酒店有限公司	14970
29	上海和平饭店有限公司	14685
30	上海兴国宾馆	14504
31	上海西郊宾馆	14480
32	上海紫金山大酒店	14309
33	上海南新雅大酒店有限公司	14092
34	上海建国宾馆	13904
35	宝钢集团宝山宾馆	13849
36	上海海仑宾馆有限公司	13512
37	上海虹桥迎宾馆	13200
38	上海新亚广场长城酒店有限公司	12793
39	上海国际机场宾馆	11211
40	上海中国煤炭大厦有限责任公司浦东假日酒店	11135
41	上海浦东华油实业有限责任公司中油大酒店	10465
42	上海国际航运大厦有限公司海神诺富特大酒店	10411
43	上海中福世福汇大酒店有限公司	10115
44	上海民航置业有限公司浦东华美达大酒店	9990
45	上海宝隆宾馆有限公司	9852
46	上海体育场酒店管理有限公司富豪东亚酒店	9610
47	上海美丽园大酒店有限公司	9591
48	上海通贸大酒店有限公司	9272
49	上海山东齐鲁实业总公司齐鲁万怡大酒店	8942
50	上海机场（集团）有限公司浦东机场华美达大酒店	8798

R-14 续表 continued

单位：万元 (10 000 yuan)

位次	企业名称	营业收入
51	上海锦江国际饭店有限公司	8289
52	上海宝章实业有限公司	8158
53	城市酒店（上海）	8130
54	上海远洋宾馆有限公司	8125
55	上海古井金豪房地产开发有限公司古井假日酒店	7955
56	锦江之星旅馆有限公司	7669
57	上海太阳岛国际俱乐部有限公司	7491
58	上海市衡山（集团）公司衡山宾馆	7389
59	上海大厦	7364
60	上海圣淘沙大酒店有限公司	6747
61	上海新世纪酒店发展有限公司兰生大酒店	6629
62	上海中福大酒店有限公司	6604
63	青松城大酒店	6544
64	上海明城大酒店	6406
65	上海长航美林阁大酒店有限公司	6275
66	上海东湖宾馆	6267
67	上海棕榈滩海景酒店有限公司	6136
68	上海悦华大酒店	6032
69	海鸥饭店	5964
70	上海新元大酒店	5714
71	上海大众美林阁酒店有限公司	5639
72	上海逸和龙柏酒店有限公司	5508
73	上海中亚饭店	5477
74	上海九龙宾馆有限公司	5418
75	上海龙柏饭店有限公司	5398
76	上海锦江金门大酒店有限公司	5370
77	上海宝安大酒店有限公司	5290
78	上海恒升半岛国际酒店有限公司	5196
79	上海百乐门大酒店有限公司	5181
80	上海锦江国际酒店发展股份有限公司新亚大酒店	5010
81	上海华夏宾馆	4992
82	上海世博会议大酒店有限公司	4985
83	上海金外滩宾馆有限公司	4810
84	上海迎园饭店有限公司	4705
85	上海粤海大酒店有限公司	4675
86	上海建工锦江大酒店有限公司	4649
87	上海斯波特体育发展有限公司斯波特大酒店	4332
88	上海烟草集团卢湾烟草糖酒有限公司美臣大酒店	4229
89	上海老饭店	4214
90	上海扬子饭店	4153
91	上海外航大厦有限公司古北湾大酒店	4125
92	上海延安饭店	4125
93	上海和平汇中饭店有限公司	4111
94	上海华东大酒店有限公司	4072
95	上海金富门酒店有限公司宝隆金富门酒店	4055
96	上海宝钢商务大厦	4035
97	上海红楼宾馆有限公司	3799
98	上海江苏饭店	3733
99	上海瑞泰虹桥酒店	3702
100	上海奥林匹克俱乐部	3698

R-15 江苏省住宿餐饮企业营业收入前20家

The top 20 Hotels and Catering Enterprises of Jiangsu by Revenue

位次	企业名称
1	金陵饭店股份有限公司
2	江苏大娘水饺餐饮有限公司
3	常州市丽华快餐有限公司
4	苏州吴宫大酒店有限公司
5	南京国际大酒店有限公司
6	南京丁山花园酒店有限公司
7	南京侨鸿国际集团有限公司侨鸿皇冠酒店
8	江苏省会议中心有限公司
9	南京金都饮食服务有限公司
10	南京玄武饭店有限责任公司
11	苏州尼盛大酒店有限公司
12	无锡花园城广场大酒店有限公司
13	苏州新城花园酒店有限公司
14	南京狮王府美食休闲有限公司
15	无锡蓝天新港餐饮娱乐有限公司
16	南京中心大酒店
17	南京金丝利喜来登酒店
18	南京古南都饭店有限公司
19	常州富都大酒店有限公司
20	苏州凯莱大酒店有限公司

R-16 江苏省旅游涉外饭店营业收入前50家

The Top 50 Tourist Foreign Concerned Hotels of Jiangsu by Revenue

位次	企业名称	位次	企业名称
1	金陵饭店股份有限公司	26	苏州竹辉饭店
2	镇江国际饭店	27	无锡大饭店
3	苏州吴宫喜来登大酒店	28	无锡国际饭店
4	南京中山大厦	29	苏州雅戈尔富宫投资有限公司雅戈尔富宫大酒
5	南京维景国际大酒店	30	常州市富都大酒店有限公司
6	南京丁山花园酒店有限公司	31	南京饭店
7	苏州尼盛万丽酒店	32	苏州雅都大酒店
8	南京侨鸿皇冠大酒店	33	无锡江阴国际大酒店有限公司
9	南京玄武饭店	34	苏州常熟国际饭店
10	苏州新城花园有限公司	35	无锡锡州花园酒店
11	无锡蓝天新港餐饮娱乐有限公司	36	江苏新纪元大酒店有限公司
12	无锡喜来登大饭店	37	南通有斐饭店
13	江苏金丝利喜来登酒店	38	苏州市会议中心
14	南京中心大酒店	39	无锡宜兴国际饭店有限公司
15	南京古南都饭店	40	常州市金陵明都大饭店
16	苏州张家港市华芳金陵国际酒店	41	无锡锦江大酒店
17	苏州凯莱大酒店	42	苏州昆山宾馆
18	苏州张家港国贸酒店	43	江苏凤凰台饭店有限公司
19	苏州胥城大厦有限公司	44	苏州同里湖大饭店有限公司
20	南京国际会议大酒店	45	南京太阳宫经营有限公司
21	无锡湖滨饭店	46	南通三德大酒店
22	南通市文峰饭店	47	南通大饭店
23	常州溧阳市天目湖宾馆有限公司	48	无锡华美达酒店
24	无锡太湖饭店	49	无锡鸿运大酒店
25	常州大酒店有限公司	50	苏州太仓花园酒店有限公司

R-17　上海房地产企业销售额前50家

The Top 50 Real Estate Enterprises of Shanghai by Sales Value

单位：万元　　(10 000 yuan)

位次	企业名称	销售额
1	上海长甲置业有限公司	269008
2	上海仁恒房地产有限公司	258949
3	上海东闻房地产开发有限公司	207386
4	上海沪莘置业发展有限公司	153252
5	上海世茂房地产有限公司	145727
6	上海新浩中房地产有限公司	134419
7	上海巴鼎房地产发展有限公司	131783
8	上海奉贤正阳置业有限公司	129058
9	上海国际汽车城置业有限公司	115266
10	上海智铭房地产开发有限公司	110949
11	上海安信复兴置地有限公司	108931
12	上海海益置业有限公司	108334
13	上海仁恒置业发展有限公司	101508
14	上海金磐房地产开发有限公司	93730
15	上海意景房地产开发有限公司	92932
16	上海和联房产开发有限公司	92417
17	上海和联房产开发有限公司	92417
18	上海瀛通（集团）有限公司	92286
19	上海七浦万丰房地产开发经营有限公司	90868
20	上海浦东中核大厦房地产开发有限公司	89107
21	上海建工房产有限公司	88878
22	上海证大商业旅游投资发展有限公司	87328
23	上海新湖房地产开发有限公司	83513
24	上海达安锦迪置业有限公司	82091
25	上海汇峰房地产开发有限公司	79200
26	上海昆承房地产有限公司	79186
27	上海地杰置业有限公司	76373
28	上海新凯房地产开发有限公司	76000
29	上海张杨商业建设联合发展有限公司	73857
30	上海东北明园实业发展有限公司	73183
31	上海陆洋经济联合发展有限公司	73041
32	上海富星房地产开发有限公司	72000
33	上海天祥华侨城投资有限公司	71548
34	上海韵园置业有限公司	70832
35	上海中兴瑞平置业有限公司	70821
36	上海先锦置业有限公司	70554
37	上海亨盛置业有限公司	67214
38	上海申能汇颂房地产有限公司	66697
39	上海中凯企业集团有限公司	64697
40	上海老西门新苑置业有限公司	63517
41	上海瑞虹新城有限公司	63325
42	上海中鼎房地产开发有限公司	59027
43	上海益恒置业有限公司	58250
44	上海广洋房地产开发经营公司	58234
45	金大元（上海）有限公司	58171
46	上海市浦东土地发展（控股）公司	57915
47	上海江海置业有限公司	57880
48	上海宏诚房地产有限公司	57119
49	上海科怡房地产有限公司	56933
50	上海西部大众地产置业有限公司	56475

R-18 上海房地产集团销售额前 20 家

The Top 20 Real Estate Enterprise Groups of Shanghai by Sales Value

单位：万元 (10 000 yuan)

位次	企业名称	销售额
1	大华集团	489054
2	复地（集团）股份有限公司	350893
3	中华企业股份有限公司	270355
4	上海万科房地产集团有限公司	228578
5	上海农工商房地产（集团）有限公司	220529
6	上海中房置业股份有限公司	206705
7	上海绿地（集团）有限公司	178762
8	上海顾村房地产开发（集团）有限公司	172184
9	上海精文置业（集团）有限公司	155091
10	上海城投置业（集团）有限公司	130060
11	上海住宅科技投资股份有限公司	115080
12	上海新长宁（集团）有限公司	107777
13	上海中虹（集团）有限公司	101000
14	上海嘉定区房地产（集团）有限公司	81046
15	上海金外滩集团	70215
16	上海东苑房地产开发（集团）有限公司	60498
17	上海康桥半岛（集团）有限公司	42111
18	上海阳光欧洲城投资发展（集团）有限公司	33492
19	中环投资开发（集团）有限公司	18144
20	上海地纬（集团）有限公司	8606

R-19 上海房地产企业销售面积前50家

The Top 50 Real Estate Enterprises of Shanghai by Sold Space

单位：平方米 (sq.m)

位次	企业名称	销售面积
1	上海奉贤正阳置业有限公司	292507
2	上海营巢房产开发有限公司	292000
3	上海浦西房地产有限公司	261800
4	上海昆承房地产有限公司	203040
5	上海新凯房地产开发有限公司	200000
6	上海沪莘置业发展有限公司	187471
7	上海新申房产建设有限公司	179161
8	上海国际汽车城置业有限公司	177308
9	上海仁恒房地产有限公司	174263
10	上海申能汇颂房地产有限公司	166743
11	上海市浦东土地发展（控股）公司	165473
12	上海智铭房地产开发有限公司	160367
13	上海建工房产有限公司	156710
14	上海海益置业有限公司	156346
15	上海西部大众地产置业有限公司	149193
16	上海益恒置业有限公司	148000
17	上海民惠佳苑建设开发有限公司	146466
18	上海长甲置业有限公司	136000
19	上海申能汇腾房地产有限公司	132200
20	上海金爵置业有限公司	130491
21	上海罗店房地产有限责任公司	127212
22	上海江海置业有限公司	124126
23	上海嘉黄房产开发有限公司	123100
24	上海宏诚房地产有限公司	120812
25	上海双拥文化园投资开发有限公司	120433
26	上海意景房地产开发有限公司	119153
27	上海仓桥房产经营有限公司	115400
28	上海科润房地产开发有限公司	109620
29	上海恒信源置业有限公司	104384
30	上海金明置业公司	100254
31	上海地杰置业有限公司	97763
32	上海漕河泾开发区高科技园发展有限公司	97347
33	上海瀛通双佳房地产开发有限公司	96226
34	上海瀛通（集团）有限公司	96226
35	上海山鑫置业有限公司	95936
36	上海高行华飞房地产有限公司	93106
37	上海国际机电五金交易中心有限公司	92529
38	上海张杨商业建设联合发展有限公司	92188
39	上海顾路房地产开发经营公司	91364
40	上海汇裕置业有限公司	91000
41	上海豪邦置业发展有限公司	90939
42	上海杨泰房地产开发有限公司	88485
43	上海怡文置业有限公司	88169
44	上海亿峰置业有限公司	87000
45	上海闵行协和房地产经营有限公司	86856
46	上海中兴瑞平置业有限公司	86379
47	上海宝地宝山房地产开发有限公司	85796
48	上海安阁房地产有限公司	84495
49	上海刚泰房地产发展有限公司	82181
50	上海车兴房地产开发建设有限公司	81069

R-20　上海市房地产集团销售面积前20家
The Top 20 Real Estate Enterprise Groups of Shanghai by Sold Space

单位：平方米　　(sq.m)

位次	单位名称	销售面积
1	大华集团	757789
2	上海中房置业股份有限公司	486335
3	上海顾村房地产开发（集团）有限公司	430428
4	上海农工商房地产（集团）有限公司	364334
5	复地（集团）股份有限公司	363926
6	上海绿地（集团）有限公司	313296
7	上海城投置业（集团）有限公司	294634
8	上海住宅科技投资股份有限公司	233238
9	中华企业股份有限公司	229648
10	上海精文置业（集团）有限公司	200704
11	上海万科房地产集团有限公司	192689
12	上海中虹（集团）有限公司	168630
13	上海新长宁（集团）有限公司	146253
14	上海嘉定区房地产（集团）有限公司	138234
15	上海东苑房地产开发（集团）有限公司	130453
16	上海康桥半岛（集团）有限公司	73630
17	上海阳光欧洲城投资发展（集团）有限公司	41073
18	上海地纬（集团）有限公司	30500
19	上海金外滩集团	28253
20	中环投资开发（集团）有限公司	23602

R-21　上海市可支配收入百强村
The Top 100 Villages of Shanghai by Disposable Income

单位：万元　　　　(10 000 yuan)

位次	区名	乡镇	单位名称	法定代表人	村可支配收入
1	闵行区	七宝镇	九星村	吴恩福	33132
2	闵行区	马桥镇	旗忠村	高凤池	17221
3	闵行区	虹桥镇	虹桥村	沈洪华	6040
4	闵行区	梅陇镇	华一村	徐四弟	5847
5	宝山区	罗店镇	四方村	苏保华	5735
6	闵行区	虹桥镇	新桥村	李生发	5389
7	闵行区	梅陇镇	行西村	朱永周	5280
8	闵行区	虹桥镇	井亭村	侯顺发	5066
9	闵行区	虹桥镇	虹六村	朱林国	4910
10	宝山区	大场镇	联西村	杨建国	4587
11	宝山区	庙行镇	康家村	朱国忠	4500
12	宝山区	大场镇	场南村	杨建国	3056
13	闵行区	虹桥镇	西郊村	张龙宝	3051
14	闵行区	莘庄镇	莘北村	彭建忠	2871
15	松江区	新桥镇	春申村	王胜良	2745
16	闵行区	七宝镇	号上村	陈利敏	2677
17	宝山区	大场镇	东方红村	张永德	2557
18	闵行区	梅陇镇	陇西村	许惠兴	2496
19	闵行区	华漕镇	光华村	薄长发	2422
20	嘉定区	安亭镇	塔庙村	王根泉	2351
21	闵行区	华漕镇	许浦村	钱国忠	2336
22	闵行区	七宝镇	沪星村	丁桂珍	2323
23	闵行区	梅陇镇	集心村	陈明才	2208
24	浦东新区	金桥镇	三桥村	张惠中	2052
25	闵行区	梅陇镇	张慕村	朱国弟	2037
26	嘉定区	马陆镇	彭赵村	赵正灿	1997
27	闵行区	梅陇镇	民建村	康顺龙	1969
28	闵行区	虹桥镇	虹二村	陈　皓	1942
29	宝山区	顾村镇	大陆村	陆明兴	1922
30	浦东新区	北蔡镇	同福村	唐一鸣	1899
31	闵行区	七宝镇	友谊村	琚汉连	1891
32	松江区	泗泾镇	新南村	李文华	1890
33	浦东新区	金桥镇	张浜村	张惠中	1862
34	闵行区	梅陇镇	行南村	顾永辉	1799
35	闵行区	梅陇镇	永联村	金永辉	1798
36	闵行区	虹桥镇	虹四村	马建明	1774
37	闵行区	七宝镇	联明村	严纪龙	1747
38	闵行区	梅陇镇	朱家行村	黄耀民	1682
39	闵行区	七宝镇	七宝村	马伟功	1667
40	青浦区	徐泾镇	光联村	潘雪明	1632
41	闵行区	七宝镇	红明村	朱林芳	1603
42	闵行区	梅陇镇	双溪村	罗凤英	1533
43	闵行区	华漕镇	建设村	徐颖峰	1502
44	浦东新区	三林镇	临江村	周德明	1500
45	嘉定区	马陆镇	樊家村	费才其	1491
46	嘉定区	马陆镇	石冈村	徐家新	1487
47	闵行区	七宝镇	新龙村	王宝弟	1456
48	闵行区	梅陇镇	曹中村	孙君文	1410
49	闵行区	龙柏街道	虹光村	陆永山	1397
50	闵行区	七宝镇	中华村	吴春欣	1385

R−21 续表 continued

单位：万元 (10 000 yuan)

位次	区名	乡镇	单位名称	法定代表人	村可支配收入
51	闵行区	莘庄镇	莘东村	杨福基	1356
52	嘉定区	江桥镇	华庄村	邵忠华	1330
53	闵行区	华漕镇	华漕村	谢永元	1305
54	浦东新区	北蔡镇	北蔡村	顾秀娟	1300
55	闵行区	梅陇镇	曹行村	姚建峰	1300
56	闵行区	华漕镇	肖王庙村	徐荣祥	1295
57	闵行区	颛桥镇	中心村	沈建国	1293
58	嘉定区	黄渡镇	联西村	唐祝平	1270
59	闵行区	梅陇镇	曙建村	李家贤	1261
60	闵行区	梅陇镇	五一村	金永辉	1260
61	宝山区	顾村镇	羌家村	张永芳	1258
62	嘉定区	安亭镇	顾浦村	施浩明	1234
63	浦东新区	高行镇	周桥村	顾正贤	1221
64	闵行区	华漕镇	陈家角村	周锦发	1218
65	闵行区	梅陇镇	许泾村	蔡正权	1217
66	闵行区	华漕镇	诸翟村	沈卫国	1207
67	嘉定区	安亭镇	南安村	沈继军	1201
68	浦东新区	曹路镇	星火村	徐路平	1177
69	浦东新区	三林镇	联丰村	蒋镇林	1155
70	闵行区	华漕镇	王泥浜村	乔顺生	1151
71	闵行区	颛桥镇	光辉村	张海林	1142
72	浦东新区	北蔡镇	南新村	龚继光	1132
73	闵行区	颛桥镇	黄一村	谢银荣	1108
74	闵行区	华漕镇	吴家巷村	朱伟军	1091
75	闵行区	梅陇镇	车沟村	罗凤英	1080
76	宝山区	顾村镇	盛宅村	汪永兴	1043
77	闵行区	华漕镇	新家弄村	沈正明	1036
78	浦东新区	川沙镇	赵行村	黄　伟	1019
79	嘉定区	安亭镇	双浦村	陈新福	1015
80	闵行区	浦江镇	勤劳村	陈志岗	1010
81	浦东新区	金桥镇	金巷村	张惠良	1002
82	宝山区	杨行镇	杨北村	徐继光	1000
83	嘉定区	江桥镇	张家村	匡培林	991
84	宝山区	大场镇	红光村	朱红兵	986
85	闵行区	华漕镇	侯家角村	俞根林	959
86	松江区	新桥镇	马汤村	吴金康	953
87	浦东新区	张江镇	环东村	沈金国	950
88	宝山区	顾村镇	毅翔村	朱金荣	948
89	闵行区	莘庄镇	莘联村	张德弟	940
90	闵行区	马桥镇	友好村	沈金忠	911
91	嘉定区	黄渡镇	横河村	陈春华	907
92	浦东新区	北蔡镇	艾东村	朱福弟	892
93	嘉定区	南翔镇	红翔村	徐宝元	888
94	嘉定区	马陆镇	陆家村	张金龙	885
95	闵行区	马桥镇	星星村	朱德明	878
96	闵行区	吴泾镇	新建村	翁顺基	872
97	青浦区	徐泾镇	连庵村	徐宝玉	864
98	闵行区	华漕镇	鹫山村	朱春兴	849
99	嘉定区	江桥镇	星火村	姚一鸣	833
100	嘉定区	马陆镇	戬浜村	庄建平	832

中国统计出版社最新资料书简目

(仅供参考,以最后出书为准)

中国统计年鉴-2006
中国统计摘要-2006
2006中国发展报告
中国城市统计年鉴-2005
中国劳动统计年鉴-2006
中国人口统计年鉴-2006
中国工业经济统计年鉴-2006
中国市场统计年鉴-2006
2005中国经济景气年鉴
中国建筑业统计年鉴-2005
中国城市调查年鉴-2006
中国商品交易市场统计年鉴-2006
中国连锁餐饮企业统计年鉴-2005、2006
中国连锁零售业统计年鉴-2005、2006
中国能源统计年鉴-2004、2005
全国农产品成本收益资料汇编-2005
国际统计年鉴-2006
中国对外经济贸易统计年鉴-2005
中国基本单位统计年鉴-2005
中国民政统计年鉴-2006
中国高技术产业统计年鉴-2006
中国房地产行业名录
中国农村统计年鉴-2006
中国农村住户调查年鉴-2006 (中文)
中国农村住户调查年鉴-2006 (英文)
中国乡镇统计资料-2006
中国县(市)社会经济调查年鉴-2006
中国西部农村统计资料-2006
中国建制镇统计资料-2006
中国农产品价格调查年鉴-2006
中国国民经济核算年鉴-2006
中国经济普查年鉴-2004
中国棉花年鉴-2004、2005
中国百强县(市)发展年鉴-2006
中国教育经费统计年鉴-2005

北京统计年鉴-2006
天津统计年鉴-2006
河北经济年鉴-2006
山西统计年鉴-2006
内蒙古统计年鉴-2006
辽宁统计年鉴-2006
吉林统计年鉴-2006
黑龙江统计年鉴-2006
上海统计年鉴-2006
江苏统计年鉴-2006
浙江统计年鉴-2006
安徽统计年鉴-2006
福建统计年鉴-2006
江西统计年鉴-2006
山东统计年鉴-2006
河南统计年鉴-2006
湖北统计年鉴-2006
湖南统计年鉴-2006
广东统计年鉴-2006
广西统计年鉴-2006
海南统计年鉴-2006
重庆统计年鉴-2006
四川统计年鉴-2006
贵州统计年鉴-2006
云南统计年鉴-2006
西藏统计年鉴-2006
陕西统计年鉴-2006
甘肃年鉴-2006
青海统计年鉴-2006
宁夏统计年鉴-2006
新疆统计年鉴-2006
新疆生产建设兵团统计年鉴-2006
石家庄统计年鉴-2006
唐山统计年鉴-2006
邯郸统计年鉴-2006
张家口统计年鉴-2006
朔州统计年鉴-2006
呼和浩特经济统计年鉴-2006
鄂尔多斯市统计年鉴-2006
包头统计年鉴-2006
沈阳年鉴-2006
大连统计年鉴-2006
鞍山统计年鉴-2006
长春统计年鉴-2006
吉林市社会经济统计年鉴-2006
四平统计年鉴-2006
延吉统计年鉴-2006
哈尔滨统计年鉴-2006
齐齐哈尔经济统计年鉴-2006
黑龙江垦区统计年鉴-2006
上海浦东新区统计年鉴-2006
南京统计年鉴-2006
苏州统计年鉴-2006
无锡统计年鉴-2006
常州统计年鉴-2006
徐州统计年鉴-2006
南通统计年鉴-2006
盐城统计年鉴-2006
镇江统计年鉴-2006
江阴统计年鉴-2006
杭州统计年鉴-2006
宁波统计年鉴-2006
绍兴统计年鉴-2006
台州统计年鉴-2006
舟山统计年鉴-2006
温州统计年鉴-2006
金华统计年鉴-2006
嘉兴统计年鉴-2006
湖州统计年鉴-2006
安庆经济统计年鉴-2006
福州统计年鉴-2006
福州年鉴-2006
厦门经济特区年鉴-2006
福州经济技术开发区年鉴-2006
南昌经济社会统计年鉴-2006
上饶经济社会统计年鉴-2006
九江经济统计年鉴-2006
济南统计年鉴-2006
青岛统计年鉴-2006
潍坊统计年鉴-2006
淄博统计年鉴-2006
郑州统计年鉴-2006
洛阳统计年鉴-2006
三门峡统计年鉴-2006
南阳经济统计年鉴-2006
武汉统计年鉴-2006
宜昌统计年鉴-2006
十堰统计年鉴-2006
荆州统计年鉴-2006
长沙统计年鉴-2006
广州统计年鉴-2006
东莞统计年鉴-2006
惠州统计年鉴-2006
深圳统计年鉴-2006
南宁统计年鉴-2006
桂林经济社会统计年鉴-2006
柳州经济统计年鉴-2006
来宾统计年鉴-2006
河池地区经济社会统计年鉴-2006
海口统计年鉴-2006
成都统计年鉴-2006
贵阳统计年鉴-2006
昆明统计年鉴-2006
西安统计年鉴-2006
兰州年鉴-2006
西宁统计年鉴-2006
银川统计年鉴-2006
乌鲁木齐统计年鉴-2006
吐鲁番统计年鉴-2006

上海银行
Bank of Shanghai

立足地方　辐射全国　接轨国际

上海银行成立以来，以“立足地方、服务市民、坚持中小、挺进大型”为市场定位，稳健经营、规范管理、开拓创新，银行品质显著提升，获得了良好的社会效益和经济效益。在英国《银行家》全球前1000家大银行的排名中，上海银行连续三年跻身500强；并在全国城市商业银行综合竞争力排名中位居榜首。为实现上海银行“立足上海、辐射全国、接轨国际”发展战略目标，1999年9月和2001年12月，上海银行分别吸收了世界银行集团成员国际金融公司和香港上海汇丰银行、上海商业银行等外资银行的参股投资，从而在现代金融企业发展道路上迈出了坚实的步伐。2004年，上海银行荣获上海市著名商标称号。2005年，上海银行获准在宁波市设立分行，2006年4月，上海银行宁波分行正式开业，从而实现了跨区域发展。

长 沙 市

城市远眺

长沙，一座具有深厚底蕴的文化古城，一座乘上时代快车的开放新城，一座散发动人魅力的山水名城。古老、美丽、年轻而令人心弛神往，文明、开放、富饶而催人奋发向上。

长沙是湖南的省会，位于长三角、珠三角、中部地区三大经济版块交汇处，全市总面积1.18万平方公里，其中市区面积556平方公里；全市总人口639.3万人，其中市区人口237.3万人。现辖芙蓉、天心、岳麓、开福、雨花5区和长沙、望城、宁乡3县及浏阳市。长沙是中国唯一城名和城址经历3000年不变的历史文化名城，是全国首批优秀旅游城市和生态试点市，是中部地区充满活力的区域性中心城市和外向型开放城市。

长沙是影响力悠远的区域性中心城市。历史与时代演进交相辉映，写就了长沙壮美的史诗，自秦汉以来长沙就是湖湘地区的政治、经济、文化、科教和商贸中心。从马王堆古墓葬里风韵犹存的轪侯夫人，到走马楼中字字珠玑的三国吴简；从铜官窑的唐釉瓷器，到千年学府的岳麓书院，无不闪烁着人类文明智慧的光芒。长沙物华天宝，资源丰富，交通便捷。拥有优良的土地资源、丰沛的淡水资源、雄厚的旅游资源、丰富的人力资源、发达的通信网络，长沙的资源优势度指数在全国200多座城市中排第7位。水、陆、空现代化立体交通网络，使长沙的区位优势更加明显。京广、湘黔、浙赣、洛湛、长石铁路线联通东西南北；京珠、长常、长永高速公路和106、107、319国道纵横交错；湘江千吨级航道水流平缓，霞凝新港是全国最大的内河主枢纽港；民航直达国内35个主要城市和香港及曼谷、首尔、釜山等境外城市。长沙古来素称荆豫唇齿，黔粤咽喉，是中部地区具有独特影响力和辐射力的区域性中心城市。

长沙是成长力旺盛的外向型开放城市。长沙是开放与发展和创新激情谱就的昂扬乐章。长沙实施“开放带动”战略，加快推进工业化、城市化和农业产业化进程，经济和社会发展焕发勃勃生机，城市竞争力日益提升。以长沙高新技术产业开发区、长沙经济技术开发区为代表的“二区六园”园区经济发展迅速，以工程机械、电子信息、烟草食品三大支柱产业和生物医药、新型材料两大新兴产业为支撑的工业经济快速崛起，以商贸云集、物流畅通、旅游旺盛、会展发达为主的三产业欣欣向荣。开放的长沙不断融入世界经济一体化潮流，有2000多家外商投资企业相继落户长沙，世界500强企业中已有88家来长沙投资或设立办事机构，韩国的LG、日本的平和堂、美国的沃尔玛、德国的西门子、瑞典的伊莱克斯等在长沙快速发展。长沙陶瓷、工程机械、空调、纺织品等广受世界各地的欢迎。

城市大动脉

长沙是吸引力卓著的生态型山水城市。长沙是人与自然和谐相处共生互动绘就的锦绣画卷，自古就以“山水名郡”饮誉天下。极目星城，岳麓山巍峨西峙，浏阳河逶迤东来，湘江水穿城而过，橘子洲静卧江心，大自然恩赐给长沙的是一个集山、水、洲、城于一体的独特的秀美风景。长沙坚持人与自然的和谐发展，致力于建设最适宜人居和创业的现代化文化生态型山水城市，处处凸现出灵秀清丽、古风新韵以及美感时尚的诱人魅力，已成为中国园林绿化先进市、生态市建设试点市。

橘子洲头

田汉大剧院

远大空调有限公司

广州花都汽车产业基地

——中国汽

东风日产研发中心

东风日产发动机厂

花都--珠江三角洲经济圈强劲的后起之秀，座拥优越的交通地理优势。广州、深圳、珠海、香港、澳门五大国际机场云集周边，京广铁路、花都港、高速公路、建设中的武广快速铁路专线、广州地铁9号线等发达的立体交通网络，使花都一跃成为华南地区重要的交通枢纽。

2003年东风日产乘用车公司落户花都，为花都汽车产业的快速发展装上了疾跑的车轮。短短两年，东风日产在花都缔造出令业界震惊的发展神话，2005年凭借全年销售增长160%，全行业增幅第一的骄人业绩，成为2005年度中国汽车产业最佳合资公司。2003年，广东省人民政府正式批准花都作为广东省目前唯一的汽车产业基地(简称花都汽车城)，并纳入全省工业发展总体布局，从而构成广州汽车产业的一个重要板块。

花都区委区政府坚持“发展第一、经济第一、工业第一、汽车第一”的发展方针，高起点、高层次地规划发展总占地50平方公里的汽车城。以东风日产乘用车公司为主体，以整车生产组团和汽车研发为核心，以汽车零配件工业组团、汽车贸易组团、文体科教组团为基础，构成了花都汽车城现代化工业城区的主骨轴。东风日产乘用车公司、东风日产研发中心、东风日产发动机中心工厂、华南理工大学、广州汽车学院和大批汽车零部件生产企业共落户111家，投资总额145.9亿元人民币，其中投资额3000万美元以上和“世界500强”的企业各有10家，形成了“产、学、研”和谐发展的完整汽车产业链。2005年12月，国家科技部授予花都汽车城“国家火炬计划广州花都汽车及零部件产业基地”的称号；省政府批准花都汽车城为“广东省汽车产业集群升级示范区”。

总体规划效果图

交通优势_花都港

产业链最完整、发展速度最快的区域

汽车学院

2006年是区“十一五”规划实施的第一年，区“十一五”《纲要》中明确指出要使我区发展成为以汽车为龙头的现代制造业中心和工业强区。花都汽车集群优势的形成为每个参与企业提供了全球资源整合共享的国际性发展平台。放眼未来，随着东风日产发动机项目、研发中心项目相继建成投入生产，日产新一代的发动机及概念车将从这里发布，风景秀丽的汽车主题公园在这里诞生，每年近5000名各类汽车专业人才从这里进出....花都为汽车时代的到来做好了充分的准备。可以预见，花都汽车产业到2010年产能将达到80万辆，花都汽车城将发展成为华南地区乃至全国最重要的汽车产业基地！

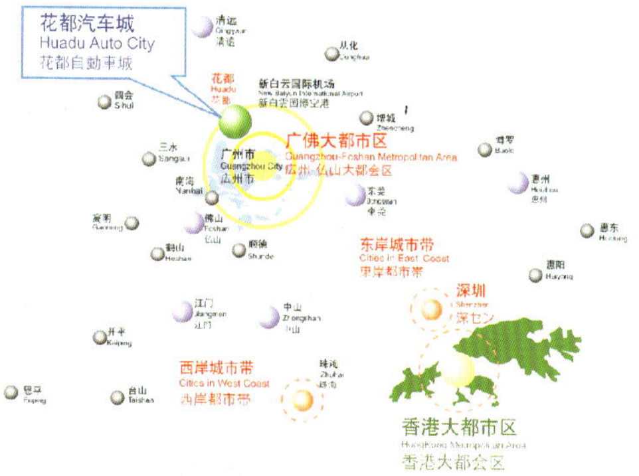

珠三角示意图

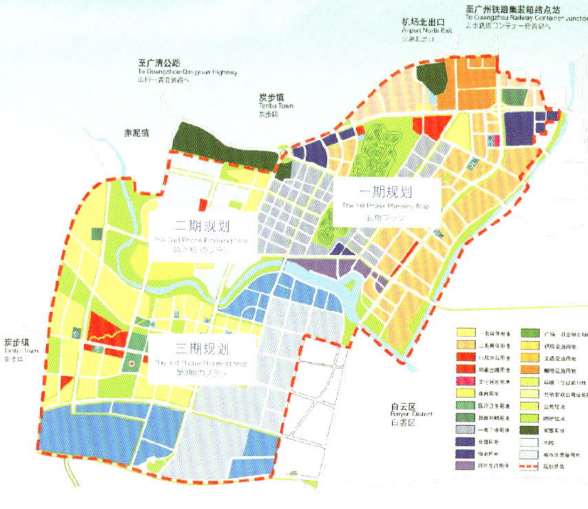

总体规划图

交通优势_地铁

交通优势_机场

交通优势_火车站